D1090796

EURIPIDES

II

10

THE LOEB CLASSICAL LIBRARY

FOUNDED BY JAMES LOEB, LL.D.

EDITED BY

†T. E. PAGE, C.H., LITT.D.

†E. CAPPS, PH.D., LL.D. †W. H. D. ROUSE, LITT.D.

L. A. POST, L.H.D. E. H. WARMINGTON, M.A., F.R.HIST.SOC.

EURIPIDES

III

EURIPIDES

WITH AN ENGLISH TRANSLATION BY

ARTHUR S. WAY, D.Lit.

IN FOUR VOLUMES

II

ELECTRA   ORESTES
IPHIGENEIA IN TAURICA
ANDROMACHE   CYCLOPS

CAMBRIDGE, MASSACHUSETTS
HARVARD UNIVERSITY PRESS

LONDON
WILLIAM HEINEMANN LTD

MCMLXXXVIII

American ISBN 0–674–99011–0
British ISBN 0 434 9910 8

First Printed, 1912
Reprinted, 1916, 1919, 1924, 1939,
1953, 1958, 1968, 1978, 1988

15.50

Printed in Great Britain by
Richard Clay Ltd, Bungay, Suffolk

CONTENTS

INTRODUCTION

THE life of Euripides coincides with the most strenuous and most triumphant period of Athenian history, strenuous and triumphant not only in action, but in thought, a period of daring enterprise, alike in material conquest and development, and in art, poetry, and philosophic speculation. He was born in 480 B.C., the year of Thermopylae and Salamis. Athens was at the height of her glory and power, and was year by year becoming more and more the City Beautiful, when his genius was in its first flush of creation. He had been writing for more than forty years before the tragedy of the Sicilian Expedition was enacted; and, *felix opportunitate mortis*, he was spared the knowledge of the shameful sequel of Arginusae, the miserable disaster of Aegospotami, the last lingering agony of famished Athens. He died more than a year before these calamities befell.

INTRODUCTION

His father was named Mnesarchides, his mother Kleito. They must have been wealthy, for their son possessed not only considerable property (he had at least once to discharge a " liturgy," [1] and was " proxenus," or consul, for Magnesia, costly duties both), but also, what was especially rare then, a valuable library. His family must have been well-born, for it is on record that he took part as a boy in certain festivals of Apollo, for which any one of mean birth would have been ineligible.

He appeared in the dramatic arena at a time when it was thronged with competitors, and when it must have been most difficult for a new writer to achieve a position. Aeschylus had just died, after being before the public for 45 years : Sophocles had been for ten years in the front rank, and was to write for fifty years longer, while there were others, forgotten now, but good enough to wrest the victory from these at half the annual dramatic competitions at least. Moreover, the new poet was not content to achieve excellence along the lines laid down by his predecessors and already marked with the stamp of public approval. His genius was original, and he

---

[1] Perhaps the expense, or part-expense, of equipping a war-ship.

followed it fearlessly, and so became an innovator in his handling of the religious and ethical problems presented by the old legends, in the literary setting he gave to these, and even in the technicalities of stage-presentation. As originality makes conquest of the official judges of literature last, and as his work ran counter to a host of prejudices, honest and otherwise,[1] it is hardly surprising that his plays gained the first prize only five times in fifty years.

But the number of these official recognitions is no index of his real popularity, of his hold on the hearts, not only of his countrymen, but of all who spoke his mother-tongue. It is told how on two occasions the bitterest enemies of Athens so far yielded to his spell, that for his sake they spared to his conquered countrymen, to captured Athens, the last horrors of war, the last humiliation of the vanquished. After death he became, and remained, so long as Greek was a living language, the most popular and the most influential of the three great masters of the drama. His nineteenth-century eclipse has been followed by a reaction in which he is recognised as

---

[1] "He was baited incessantly by a rabble of comic writers, and of course by the great pack of the orthodox and the vulgar."—MURRAY.

presenting one of the most interesting studies in all literature.

In his seventy-third year he left Athens and his clamorous enemies, to be an honoured guest at the court of the king of Macedon. There, unharassed by the malicious vexations, the political unrest, and the now imminent perils of Athens, he wrote with a freedom, a rapidity, a depth and fervour of thought, and a splendour of diction, which even he had scarcely attained before.

He died in 406 B.C., and, in a revulsion of repentant admiration and love, all Athens,. following Sophocles' example, put on mourning for him. Four plays, which were part of the fruits of his Macedonian leisure, were represented at Athens shortly after his death, and were crowned by acclamation with the first prize, in spite of the attempt of Aristophanes, in his comedy of *The Frogs*, a few months before, to belittle his genius.

His characteristics, as compared with those of his two great brother-dramatists, may be concisely stated thus :—

Aeschylus sets forth the operation of *great principles*, especially of the certainty of divine retribution, and of the persistence of sin as an ineradicable plague-taint. He believes and trembles. Sophocles depicts *great characters*: he ignores the malevolence of destiny and the persistent power of evil: to him "man is man, and master of his fate." He believes with unquestioning faith. Euripides propounds *great moral problems*: he analyses human nature, its instincts, its passions, its motives; he voices the cry of the human soul against the tyranny of the supernatural, the selfishness and cruelty of man, the crushing weight of environment. He questions: "he will not make his judgment blind."

Of more than 90 plays which Euripides wrote, the names of 81 have been preserved, of which 19 are extant—18 tragedies, and one satyric drama, the *Cyclops*. His first play, *The Daughters of Pelias* (lost) was represented in 455 B.C. The extant plays may be arranged, according to the latest authorities, in the following chronological order of representation, the dates in brackets being conjectural: (1) *Rhesus* (probably the earliest); (2) *Cyclops*; (3) *Alcestis*, 438; (4) *Medea*, 431; (5) *Children of Hercules*, (429–427); (6) *Hippolytus*, 428; (7) *Andromache*, (430–424); (8) *Hecuba*, (425); (9) *Suppliants*, (421); (10) *Madness of Hercules*, (423-420); (11) *Ion*, (419–416); (12) *Daughters of Troy*, 415; (13) *Electra*, (413);

(14) *Iphigeneia in Taurica*, (414–412); (15) *Helen*, 412 ;
(16) *Phoenician Maidens*, (411–409); (17) *Orestes*, 408 ;
(18) *Bacchanals*, 405 ; (19) *Iphigeneia in Aulis*, 405.

In this edition the plays are arranged in three main groups, based on their connexion with (1) the Story of the Trojan War, (2) the Legends of Thebes, (3) the Legends of Athens. The *Alcestis* is a story of old Thessaly. The reader must, however, be prepared to find that the Trojan War series does not present a continuously connected story, nor, in some details, a consistent one. These plays, produced at times widely apart, and not in the order of the story, sometimes present situations (as in *Hecuba, Daughters of Troy*, and *Helen*) mutually exclusive, the poet not having followed the same legend throughout the series.

The Greek text of this edition may be called eclectic, being based upon what appeared, after careful consideration, to be the soundest conclusions of previous editors and critics. In only a few instances, and for special reasons, have foot-notes on readings been admitted. Nauck's arrangement of the choruses has been followed, with few exceptions.

The translation (first published 1894–1898) has been revised throughout, with two especial aims,

INTRODUCTION

closer fidelity to the original, and greater lucidity in expression. It is hoped that the many hundreds of corrections will be found to bring it nearer to the attainment of these objects. The version of the *Cyclops*, which was not included in the author's translation of the Tragedies, has been made for this edition. This play has been generally neglected by English translators, the only existing renderings in verse being those of Shelley (1819), and Wodhull (1782).

BIBLIOGRAPHY.

I. *Editiones principes :—*

    1. J. Lascaris (Florence, 1496) ; *Med., Hipp., Alc., Andr.* 2. M. Musurus (Aldus, Venice, 1503) ; 17 plays, all except *Herc. Fur.* (added in supplementary volume), and *Electra.* 3. P. Victorius ; *Electra,* from Florentine Codex (1545).

II. Latest Critical Editions :—

    G. Murray (Clar. Press, 1902–09) ; Prinz-Wecklein (Teubner, Leipzig, 1878–1902).

III. Latest Important Commentaries :—

    Paley, all the plays, 3 v. (Whitaker and Bell, 1872–1880) ; H. Weil, *Sept Tragédies d'Euripide* (Paris, 1878).

IV. Recent Important Monographs on Euripides :—

    Decharme's *Euripides and the Spirit of his Dramas* (Paris, 1896), translated by James Loeb (Macmillan, 1906) ; Wilamowitz-Moellendorff, *Herakles* (Berlin, 1893) ; W. Nestle, *Euripides der Dichter der griechischen Aufklärung* (Stuttgart, 1902) ; P. Masqueray, *Euripide et ses idées* (Paris, 1908) ; Verrall, *Euripides the Rationalist* (1895), *Four Plays of Euripides* (1905) ; Tyrrell, *The Bacchants of Euripides and other Essays* (1910) ; Thomson, *Euripides and the Attic Orators* (1898) ; Jones, *The Moral Standpoint of Euripides* (1906).

V. Editions of Single Plays :—

    Bacchae, by J. E. Sandys (Cambridge Press, 1904), R. Y. Tyrrell (Macmillan, 1896) ; *Electra,* C. H. Keene (Bell, 1893) ; *Iph. at Aulis,* E. B. England (Macmillan, 1891) ; *Iph. in Tauris,* E. B. England (Macmillan, 1883) ; *Medea,* by A. W. Verrall (Macmillan, 1881–1883) ; *Orestes,* Wedd (Pitt Press, 1895) ; *Phoenissae,* by A. C. Pearson (Pitt Press, 1911), J. U. Powell (Constable, 1911) ; *Troades,* R. Y. Tyrrell (Macmillan, 1897).

ELECTRA

ARGUMENT

WHEN *Agamemnon returned home from the taking of Troy, his adulterous wife Clytemnestra, with help of her paramour Aegisthus, murdered him as he entered the silver bath in his palace. They sought also to slay his young son Orestes, that no avenger might be left alive; but an old servant stole him away, and took him out of the land, unto Phocis. There was he nurtured by king Strophius, and Pylades the king's son loved him as a brother. So Aegisthus dwelt with Clytemnestra, reigning in Argos, where remained now of Agamemnon's seed Electra his daughter only. And these twain marked how Electra grew up in hate and scorn of them, indignant for her father's murder, and fain to avenge him. Wherefore, lest she should wed a prince, and persuade husband or son to accomplish her heart's desire, they bethought them how they should forestall this peril. Aegisthus indeed would have slain her, yet by the queen's counsel forbore, and gave her in marriage to a poor yeoman, who dwelt far from the city, as thinking that from peasant husband and peasant children there should be nought to fear. Howbeit this man, being full of loyalty to the mighty dead and reverence for blood royal, behaved himself to her as to a queen, so that she continued virgin in his house all the days of her adversity. Now when Orestes was grown to man, he journeyed with Pylades his friend to Argos, to seek out his sister, and to devise how he might avenge his father, since by the oracle of Apollo he was commanded so to do.*

And herein is told the story of his coming, and how brother and sister were made known to each other, and how they fulfilled the oracle in taking vengeance on tyrant and adulteress.

ΤΑ ΤΟΥ ΔΡΑΜΑΤΟΣ ΠΡΟΣΩΠΑ

ΑΥΤΟΥΡΓΟΣ ΜΥΚΗΝΑΙΟΣ

ΗΛΕΚΤΡΑ

ΟΡΕΣΤΗΣ

ΧΟΡΟΣ

ΠΡΕΣΒΥΣ

ΑΓΓΕΛΟΣ

ΚΛΥΤΑΙΜΝΗΣΤΡΑ

ΔΙΟΣΚΟΥΡΟΙ

DRAMATIS PERSONAE

PEASANT, *wedded in name to Electra.*

ELECTRA, *daughter of Agamemnon.*

ORESTES, *son of Agamemnon.*

PYLADES, *son of Strophius, king of Phocis.*

CLYTEMNESTRA, *murderess of her husband Agamemnon.*

OLD MAN, *once servant of Agamemnon.*

MESSENGER, *servant of Orestes.*

THE TWIN BRETHREN, *Castor and Pollux, Sons of Zeus.*

CHORUS, *consisting of Argive women.*

Attendants of Orestes and Pylades; handmaids of Clytemnestra.

SCENE:—Before the Peasant's cottage on the borders of Argolis.

ΗΛΕΚΤΡΑ

ΑΥΤΟΥΡΓΟΣ

Ὦ γῆς παλαιὸν Ἄργος, Ἰνάχου ῥοαί,
ὅθεν ποτ' ἄρας ναυσὶ χιλίαις Ἄρη
εἰς γῆν ἔπλευσε Τρῳάδ' Ἀγαμέμνων ἄναξ.
κτείνας δὲ τὸν κρατοῦντ' ἐν Ἰλίᾳ χθονὶ
Πρίαμον, ἑλών τε Δαρδάνου κλεινὴν πόλιν,
ἀφίκετ' εἰς τόδ' Ἄργος, ὑψηλῶν δ' ἐπὶ
ναῶν τέθεικε σκῦλα πλεῖστα βαρβάρων.
κἀκεῖ μὲν ηὐτύχησεν· ἐν δὲ δώμασι
θνῄσκει γυναικὸς πρὸς Κλυταιμνήστρας δόλῳ
10   καὶ τοῦ Θυέστου παιδὸς Αἰγίσθου χερί.
χὠ μὲν παλαιὰ σκῆπτρα Ταντάλου λιπὼν
ὄλωλεν, Αἴγισθος δὲ βασιλεύει χθονός,
ἄλοχον ἐκείνου Τυνδαρίδα κόρην ἔχων.
οὓς δ' ἐν δόμοισιν ἔλιφ', ὅτ' εἰς Τροίαν ἔπλει,
ἄρσενά τ' Ὀρέστην θῆλύ τ' Ἠλέκτρας θάλος,
τὸν μὲν πατρὸς γεραιὸς ἐκκλέπτει τροφεὺς
μέλλοντ' Ὀρέστην χερὸς ὕπ' Αἰγίσθου θανεῖν,
Στροφίῳ τ' ἔδωκε Φωκέων εἰς γῆν τρέφειν·
ἡ δ' ἐν δόμοις ἔμεινεν Ἠλέκτρα πατρός,
20   ταύτην ἐπειδὴ θαλερὸς εἶχ' ἥβης χρόνος,
μνηστῆρες ᾔτουν Ἑλλάδος πρῶτοι χθονός.

ELECTRA

Enter PEASANT *from the cottage.*

PEASANT

Hail, ancient Argos, streams of Inachus,
Whence, with a thousand galleys battle-bound,
To Troyland's shore King Agamemnon sailed,
And, having slain the lord of Ilian land,
Priam, and taken Dardanus' burg renowned,
Came to this Argos, and on her high fanes
Hung up unnumbered spoils barbarian.
In far lands prospered he ; but in his home
Died by his own wife Clytemnestra's guile,
And by Aegisthus' hand, Thyestes' son.   10
So, leaving Tantalus' ancient sceptre, he
Is gone, and o'er the realm Aegisthus reigns,
Having to wife that king's wife, Tyndareus'
    child.
Of those whom Troyward-bound he left at home,
The boy Orestes, and the maid Electra,
His father's fosterer stole the son away,
Orestes, doomed to die by Aegisthus' hand,
And Phocis-ward to Strophius sent, to rear :
But in her father's halls Electra stayed,
Till o'er her mantled womanhood's first flush,   20
And Hellas' princes wooing asked her hand.

δείσας δὲ μή τῳ παῖδ᾽ ἀριστέων τέκοι
Ἀγαμέμνονος ποινάτορ,᾽ εἶχεν ἐν δόμοις
Αἴγισθος, οὐδ᾽ ἥρμοζε νυμφίῳ τινί.
ἐπεὶ δὲ καὶ τοῦτ᾽ ἦν φόβου πολλοῦ πλέων,
μή τῳ λαθραίως τέκνα γενναίῳ τέκοι,
κτανεῖν σφε βουλεύσαντος ὠμόφρων ὅμως
μήτηρ νιν ἐξέσωσεν Αἰγίσθου χερός.
εἰς μὲν γὰρ ἄνδρα σκῆψιν εἶχ᾽ ὀλωλότα,
30 παίδων δ᾽ ἔδεισε μὴ φθονηθείη φόνῳ.
ἐκ τῶνδε δὴ τοιόνδ᾽ ἐμηχανήσατο
Αἴγισθος· ὃς μὲν γῆς ἀπηλλάχθη φυγὰς
Ἀγαμέμνονος παῖς, χρυσὸν εἶφ᾽ ὃς ἂν κτάνῃ,
ἡμῖν δὲ δὴ δίδωσιν Ἠλέκτραν ἔχειν
δάμαρτα, πατέρων μὲν Μυκηναίων ἄπο
γεγῶσιν· οὐ δὴ τοῦτό γ᾽ ἐξελέγχομαι·
λαμπροὶ γὰρ εἰς γένος γε, χρημάτων γε μὴν
πένητες, ἔνθεν ηὐγένει᾽ ἀπόλλυται·
ὡς ἀσθενεῖ δοὺς ἀσθενῆ λάβοι φόβον.
40 εἰ γάρ νιν ἔσχεν ἀξίωμ᾽ ἔχων ἀνήρ,
εὕδοντ᾽ ἂν ἐξήγειρε τὸν Ἀγαμέμνονος
φόνον, δίκη τ᾽ ἂν ἦλθεν Αἰγίσθῳ τότε.
ἣν οὔποθ᾽ ἀνὴρ ὅδε, σύνοιδέ μοι Κύπρις,
ᾔσχυνεν εὐνῇ· παρθένος δ᾽ ἔτ᾽ ἐστὶ δή.
αἰσχύνομαι γὰρ ὀλβίων ἀνδρῶν τέκνα
λαβὼν ὑβρίζειν, οὐ κατάξιος γεγώς.
στένω δὲ τὸν λόγοισι κηδεύοντ᾽ ἐμοὶ
ἄθλιον Ὀρέστην, εἴ ποτ᾽ εἰς Ἄργος μολὼν
γάμους ἀδελφῆς δυστυχεῖς ἐσόψεται.
50 ὅστις δέ μ᾽ εἶναί φησι μῶρον, εἰ λαβὼν
νέαν ἐς οἴκους παρθένον μὴ θιγγάνω,
γνώμης πονηροῖς κανόσιν ἀναμετρούμενος
τὸ σῶφρον ἴστω, καὐτὸς αὖ τοιοῦτος ὤν.

Aegisthus then, in fear lest she should bear
To a prince a son, avenger of Agamemnon,
Kept her at home, betrothed her unto none.
But, since this too with haunting dread was
  fraught,
Lest she should bear some noble a child of
  stealth,
He would have slain her; yet, how cruel soe'er,
Her mother saved her from Aegisthus' hand;—
A plea she had for murder of her lord,
But feared to be abhorred for children's blood:—   30
Wherefore Aegisthus found out this device:
On Agamemnon's son, who had fled the land,
He set a price, even gold to whoso slew;
But to me gives Electra, her to have
To wife,—from Mycenaean fathers sprung
Am I, herein I may not be contemned;
Noble my blood is, but in this world's goods
I am poor, whereby men's high descent is marred,—
To make his fear naught by this spouse of naught.
For, had she wed a man of high repute,   40
Agamemnon's slumbering blood-feud had he waked;
Then on Aegisthus vengeance might have fallen.
But never I—Cypris my witness is—
Have shamed her couch: a virgin is she yet.

Myself think shame to take a prince's child
And outrage—I, in birth unmeet for her!
Yea, and for him I sigh, in name my kin,
Hapless Orestes, if to Argos e'er
He come, and see his sister's wretched marriage.
If any name me fool, that I should take   50
A young maid to mine home, and touch her not,
Let him know that he meteth chastity
By his own soul's base measure—base as he.

9

ΗΛΕΚΤΡΑ

ὦ νὺξ μέλαινα, χρυσέων ἄστρων τροφέ,
ἐν ᾗ τόδ' ἄγγος τῷδ' ἐφεδρεῦον κάρᾳ
φέρουσα πηγὰς ποταμίας μετέρχομαι,
οὐ δή τι χρείας εἰς τοσόνδ' ἀφιγμένη,
ἀλλ' ὡς ὕβριν δείξωμεν Αἰγίσθου θεοῖς,
γόους τ' ἀφίημ' αἰθέρ' εἰς μέγαν πατρί.
ἡ γὰρ πανώλης Τυνδαρὶς μήτηρ ἐμὴ
ἐξέβαλέ μ' οἴκων, χάριτα τιθεμένη πόσει·
τεκοῦσα δ' ἄλλους παῖδας Αἰγίσθῳ πάρα
πάρεργ' Ὀρέστην κἀμὲ ποιεῖται δόμων.

ΑΥΤΟΥΡΓΟΣ

τί γὰρ τάδ', ὦ δύστην', ἐμὴν μοχθεῖς χάριν
πόνους ἔχουσα, πρόσθεν εὖ τεθραμμένη,
καὶ ταῦτ' ἐμοῦ λέγοντος οὐκ ἀφίστασαι;

ΗΛΕΚΤΡΑ

ἐγώ σ' ἴσον θεοῖσιν ἡγοῦμαι φίλον·
ἐν τοῖς ἐμοῖς γὰρ οὐκ ἐνύβρισας κακοῖς.
μεγάλη δὲ θνητοῖς μοῖρα συμφορᾶς κακῆς
ἰατρὸν εὑρεῖν, ὡς ἐγὼ σὲ λαμβάνω.
δεῖ δή με κἀκέλευστον εἰς ὅσον σθένω
μόχθου 'πικουφίζουσαν, ὡς ῥᾷον φέρῃς,
συνεκκομίζειν σοὶ πόνους· ἅλις δ' ἔχεις
τἄξωθεν ἔργα· τἀν δόμοις δ' ἡμᾶς χρεὼν
ἐξευτρεπίζειν. εἰσιόντι δ' ἐργάτῃ
θύραθεν ἡδὺ τἄνδον εὑρίσκειν καλῶς.

ΑΥΤΟΥΡΓΟΣ

εἴ τοι δοκεῖ σοι, στεῖχε· καὶ γὰρ οὐ πρόσω
πηγαὶ μελάθρων τῶνδ'. ἐγὼ δ' ἅμ' ἡμέρᾳ
βοῦς εἰς ἀρούρας εἰσβαλὼν σπερῶ γύας.
ἀργὸς γὰρ οὐδεὶς θεοὺς ἔχων ἀνὰ στόμα
βίον δύναιτ' ἂν ξυλλέγειν ἄνευ πόνου.

ELECTRA

Enter ELECTRA, *with a water-jar upon her head.*

ELECTRA

Hail, black-winged Night, nurse of the golden stars,
Wherein I bear this pitcher on mine head
Poised, as I fare to river-cradling springs,—
Not that I do this of pure need constrained,
But to show Heaven Aegisthus' tyranny,—
And wail to the broad welkin for my sire.
For mine own mother, Tyndareus' baleful child,   60
Thrust me from home, to pleasure this her spouse,
And, having borne Aegisthus other sons,
Thrusteth aside Orestes' rights and mine.

PEASANT

Why wilt thou toil, O hapless, for my sake,
Thus, nor refrain from labour,—thou of old
Royally nurtured,—though I bid thee so?

ELECTRA

Kind I account thee even as the Gods,
Who in mine ills hast not insulted me.
High fortune this, when men for sore mischance
Find such physician as I find in thee.   70
I ought, as strength shall serve, yea, though forbid,
To ease thy toil, that lighter be thy load,
And share thy burdens.   Work enow afield
Hast thou : beseems that I should keep the house
In order.   When the toiler cometh home,
'Tis sweet to find the household fair-arrayed.

PEASANT

If such thy mind, pass on : in sooth not far
The springs are from yon cot.   I at the dawn
Will drive my team afield and sow the glebe.
None idle—though his lips aye prate of Gods—   80
Can gather without toil a livelihood.

[*Exeunt* PEASANT *and* ELECTRA.

ΗΛΕΚΤΡΑ

Πυλάδη, σὲ γὰρ δὴ πρῶτον ἀνθρώπων ἐγὼ
πιστὸν νομίζω καὶ φίλον ξένον τ᾽ ἐμοί·
μόνος δ᾽ Ὀρέστην τόνδ᾽ ἐθαύμαζες φίλων
πράσσονθ᾽ ἃ πράσσω δείν᾽ ὑπ᾽ Αἰγίσθου παθών,
ὅς μου κατέκτα πατέρα χἠ πανώλεθρος
μήτηρ. ἀφῖγμαι δ᾽ ἐκ θεοῦ χρηστηρίων[1]
Ἀργεῖον οὖδας, οὐδενὸς ξυνειδότος,
φόνον φονεῦσι πατρὸς ἀλλάξων ἐμοῦ.

90 νυκτὸς δὲ τῆσδε πρὸς τάφον μολὼν πατρὸς
δάκρυά τ᾽ ἔδωκα καὶ κόμης ἀπηρξάμην
πυρᾷ τ᾽ ἐπέσφαξ᾽ αἷμα μηλείου φόνου,
λαθὼν τυράννους οἳ κρατοῦσι τῆσδε γῆς.
καὶ τειχέων μὲν ἐντὸς οὐ βαίνω πόδα,
δυοῖν δ᾽ ἅμιλλαν ξυντιθεὶς ἀφικόμην
πρὸς τέρμονας γῆς τῆσδ᾽, ἵν᾽ ἐκβάλω ποδὶ
ἄλλην ἐπ᾽ αἶαν, εἴ μέ τις γνοίη σκοπῶν,
ζητῶν τ᾽ ἀδελφήν, φασὶ γάρ νιν ἐν γάμοις
ζευχθεῖσαν οἰκεῖν, οὐδὲ παρθένον μένειν,

100 ὡς συγγένωμαι καὶ φόνου συνεργάτιν
λαβὼν τά γ᾽ εἴσω τειχέων σαφῶς μάθω.
νῦν οὖν, Ἕως γὰρ λευκὸν ὄμμ᾽ ἀναίρεται,
ἔξω τρίβου τοῦδ᾽ ἴχνος ἀλλαξώμεθα.
ἦ γάρ τις ἀροτὴρ ἤ τις οἰκέτις γυνὴ
φανήσεται νῷν, ἥντιν᾽ ἱστορήσομεν
εἰ τούσδε ναίει σύγγονος τόπους ἐμή.
ἀλλ᾽ εἰσορῶ γὰρ τήνδε προσπόλων τινά,
πηγαῖον ἄχθος ἐν κεκαρμένῳ κάρα
φέρουσαν· ἑζώμεσθα κἀκπυθώμεθα

110 δούλης γυναικός, ἤν τι δεξώμεσθ᾽ ἔπος
ἐφ᾽ οἷσι, Πυλάδη, τήνδ᾽ ἀφίγμεθα χθόνα.

---

[1] Barnes: for MSS. μυστηρίων: "from Phoebus' mystic shrine."

ELECTRA

Enter ORESTES *and* PYLADES.

ORESTES

Pylades, foremost thee of men I count
In loyalty, love, and friendship unto me.
Sole of Orestes' friends, thou hast honoured me
In this my plight, wronged foully by Aegisthus,
Who, with my utter-baneful mother, slew
My sire.   At Phoebus' oracle-hest I come
To Argos' soil, none privy thereunto,
To pay my father's murderers murder-wage.
This night o'erpast to my sire's tomb I went;   90
There tears I gave and offerings of shorn hair,
And a slain sheep's blood poured upon the grave,
Unmarked of despot-rulers of this land.
And now I set not foot within their walls,
But blending two assays in one I come
To this land's border,—that to another soil
Forth I may flee, if any watch and know me;
To seek withal my sister,—for she dwells
In wedlock yoked, men say, nor bides a maid,—
To meet her, for the vengeance win her help,   100
And that which passeth in the city learn.
Now—for the Dawn uplifteth eyelids white—
Step we a little from this path aside.
Haply shall some hind or some bondwoman
Appear to us, of whom we shall inquire
If in some spot hereby my sister dwell.
Lo, yonder I discern a serving-maid
Who on shorn head her burden from the spring
Bears : crouch we low, then of this bondmaid ask,
If tidings haply we may win of that   110
For which we came to this land, Pylades.

[ORESTES *and* PYLADES *retire to rear.*

ΗΛΕΚΤΡΑ

σύντειν᾽, ὥρα, ποδὸς ὁρμάν·   στρ. αʹ
ὢ ἔμβα ἔμβα κατακλαίουσα.
ἰώ μοί μοι.
ἐγενόμαν Ἀγαμέμνονος
κούρα, καί μ᾽ ἔτεκε Κλυταιμνήστρα,
στυγνὰ Τυνδάρεω κόρα·
κικλήσκουσι δέ μ᾽ ἀθλίαν
Ἠλέκτραν πολιῆται.
120   φεῦ φεῦ τῶν σχετλίων πόνων
καὶ στυγερᾶς ζόας.
ὢ πάτερ, σὺ δ᾽ ἐν Ἀΐδα
κεῖσαι, σᾶς ἀλόχου σφαγαῖς
Αἰγίσθου τ᾽, Ἀγάμεμνον.

ἴθι τὸν αὐτὸν ἔγειρε γόον,   μεσῳδ.
ἄναγε πολύδακρυν ἀδονάν.

σύντειν᾽, ὥρα, ποδὸς ὁρμάν·   ἀντ. αʹ
ὢ ἔμβα ἔμβα κατακλαίουσα.
ἰώ μοί μοι.
130   τίνα πόλιν, τίνα δ᾽ οἶκον, ὢ
τλᾶμον σύγγονε, λατρεύεις
οἰκτρὰν ἐν θαλάμοις λιπὼν
πατρῴοις ἐπὶ συμφοραῖς
ἀλγίσταισιν ἀδελφάν;
ἔλθοις τῶνδε πόνων ἐμοὶ
τᾷ μελέᾳ λυτήρ,
ὢ Ζεῦ Ζεῦ, πατρί θ᾽ αἱμάτων
ἐχθίστων ἐπίκουρος, Ἄρ-
γει κέλσας πόδ᾽ ἀλάταν.

140   θὲς τόδε τεῦχος ἐμᾶς ἀπὸ κρατὸς ἑ-   στρ. βʹ

14

ELECTRA

Re-enter ELECTRA.

ELECTRA

Bestir thou, for time presses, thy foot's speed;   (*Str.* 1)
    Haste onward weeping bitterly.
I am his child, am Agamemnon's seed,—
      Alas for me, for me !—
And I the daughter Clytemnestra bore,
    Tyndareus' child, abhorred of all ;
And me the city-dwellers evermore
      Hapless Electra call.
Woe and alas for this my lot of sighing,   120
    My life from consolation banned !
O father Agamemnon, thou art lying
In Hades, thou whose wife devised thy dying—
      Her heart, Aegisthus' hand.

               (*Mesode*)
On, wake once more the selfsame note of grieving :
Upraise the dirge of tears that bring relieving.

Bestir thou, for time presses, thy foot's speed;   (*Ant.* 1)
    Haste onward weeping bitterly.
Ah me, what city sees thee in thy need,
      Brother ?—alas for thee !   130
In what proud house hast thou a bondman's place,
    Leaving thy woeful sister lone
Here in the halls ancestral of our race
      In sore distress to moan ?
Come, a Redeemer from this anguish, heeding
    My desolation and my pain :
Come Zeus, come Zeus, the champion of a bleeding
Father most foully killed—to Argos leading
      The wanderer's feet again.

               (*Str.* 2)
    Set down this pitcher from thine head :   140

ΗΛΕΚΤΡΑ

λοῦσ᾽, ἵνα πατρὶ γόους νυχίους
ἐπορθρεύσω,
ἰαχὰν μέλος Ἀΐδα,
Ἀΐδα, πάτερ,
σοὶ κατὰ γᾶς ἐννέπω γόους,
οἷς ἀεὶ τὸ κατ᾽ ἆμαρ
διέπομαι, κατὰ μὲν φίλαν
ὄνυχι τεμνομένα δέραν,
χέρα δὲ κρᾶτ᾽ ἐπὶ κούριμον
τιθεμένα θανάτῳ σῷ.

150 ἒ ἔ, δρύπτε κάρα·   μεσῳδ.
οἷα δέ τις κύκνος ἀχέτας
ποταμίοις παρὰ χεύμασιν
πατέρα φίλτατον ἀγκαλεῖ,
ὀλόμενον δολίοις βρόχων
ἕρκεσιν, ὣς σὲ τὸν ἄθλιον
πατέρ᾽ ἐγὼ κατακλαίομαι,

λουτρὰ πανύσταθ᾽ ὑδρανάμενον χροΐ,   ἀντ. β΄
κοίτᾳ ἐν οἰκτροτάτᾳ θανάτου.
ἰώ μοί μοι
160 πικρᾶς μὲν πελέκεως τομᾶς
σᾶς, πάτερ, πικρᾶς δ᾽
ἐκ Τροίας ὁδίου βουλᾶς.
οὐ μίτραισι γυνή σε
δέξατ᾽ οὐδ᾽ ἐπὶ στεφάνοις.
ξίφεσι δ᾽ ἀμφιτόμοις λυγρὰν
Αἰγίσθου λώβαν θεμένα
δόλιον ἔσχεν ἀκοίταν.

ΧΟΡΟΣ
Ἀγαμέμνονος ὦ κόρα,   στρ. γ΄
ἤλυθον, Ἠλέκτρα, ποτὶ σὰν ἀγρότειραν αὐλάν.

16

Let me prevent the morn
With wailings for a father dead,
   Shrieks down to Hades borne,
Through the grave's gloom, O father, ringing:
Through Hades' hall to thee I call,
Day after day my cries outflinging;
And aye my cheeks are furrowed red
With blood by rending fingers shed.
Mine hands on mine head smiting fall—
   Mine head for thy death shorn.

(Mesode)

Rend the hair grief-defiled!   150
As swan's note, ringing wild
   Where some broad stream still-stealeth,
   O'er its dear sire outpealeth,
Mid guileful nets who lies
Dead—so o'er thee the cries
Wail, father, of thy child,

Thee, on that piteous death-bed laid   *(Ant. 2)*
   When that last bath was o'er!
Woe for the bitter axe-edge swayed,
   Father, adrip with gore!   160
Woe for the dread resolve, prevailing
From Ilion to draw thee on
To her that waited thee—not hailing
With chaplets!—nor with wreaths arrayed
Wast thou; but with the falchion's blade
She made thee Aegisthus' sport, and won
   That treacherous paramour.

Enter CHORUS.

CHORUS

Atreides' child, Electra, I have come   *(Str. 3)*
   Unto thy rustic home.

ΗΛΕΚΤΡΑ

ἔμολέ τις ἔμολε γαλακτοπότας ἀνὴρ
170   Μυκηναῖος ὀρειβάτας·
ἀγγέλλει δ' ὅτι νῦν τριταί-
αν καρύσσουσιν θυσίαν
'Αργεῖοι, πᾶσαι δὲ παρ' "Η-
ραν μέλλουσιν παρθενικαὶ στείχειν.

ΗΛΕΚΤΡΑ

οὐκ ἐπ' ἀγλαΐαις, φίλαι,
θυμὸν οὐδ' ἐπὶ χρυσέοις
ὅρμοισιν πεπόταμαι
τάλαιν', οὐδ' ἱστᾶσα χοροὺς
'Αργείαις ἅμα νύμφαις
180   εἱλικτὸν κρούσω πόδ' ἐμόν.
δάκρυσι νυχεύω, δακρύων δέ μοι μέλει
δειλαίᾳ τὸ κατ' ἆμαρ.
σκέψαι μου πιναρὰν κόμαν
καὶ τρύχη τάδ' ἐμῶν πέπλων,
εἰ πρέποντ' 'Αγαμέμνονος
κούρᾳ τᾷ βασιλείᾳ
Τροίᾳ θ', ἃ τοὐμοῦ πατέρος
μέμναταί ποθ' ἁλοῦσα.

ΧΟΡΟΣ

190   μεγάλα θεός· ἀλλ' ἴθι,   ἀντ. γ
καὶ παρ' ἐμοῦ χρῆσαι πολύπηνα φάρεα δῦναι,
χρύσεά τε χάρισι προσθήματ' ἀγλαΐας.
δοκεῖς τοῖσι σοῖς δακρύοις,
μὴ τιμῶσα θεούς, κρατή-
σειν ἐχθρῶν; οὔτοι στοναχαῖς,
ἀλλ' εὐχαῖσι θεοὺς σεβί-
ζουσ' ἕξεις εὐαμερίαν, ὦ παῖ.

18

One from Mycenae sped this day is here,
    A milk-fed mountaineer.   170
Argos proclaims, saith he, a festival
    The third day hence to fall;
And unto Hera's fane must every maid
    Pass, in long pomp arrayed.

ELECTRA

Friends, not for thought of festal tide,
Nor carcanet's gold-gleaming pride
    The pulses of my breast are leaping;
    Nor with the brides of Argos keeping
The measure of the dance, my feet
The wreathèd maze's time shall beat: 180
Nay, but with tears the night I greet,
    And wear the woeful day with weeping.
Look on mine hair, its glory shorn,
    The disarray of mine attire:
        Say, if a princess this beseemeth,
Daughter to Agamemnon born,
    Or Troy, that, smitten by my sire,
        Of him in nightmare memories dreameth?

CHORUS

Great is the Goddess:[1] borrow then of me   (*Ant.* 3) 190
    Robes woven cunningly,
And jewels whereby shall beauty fairer shine.
    Dost think these tears of thine,
If thou give honour not to Gods, shall bring
    Thy foes low?—reverencing
The Gods with prayers, not groans, shalt thou
    obtain
    Clear shining after rain.

---

[1] Therefore her festival is not lightly to be neglected.

ΗΛΕΚΤΡΑ

ΗΛΕΚΤΡΑ

οὐδεὶς θεῶν ἐνοπὰς κλύει
τᾶς δυσδαίμονος, οὐ παλαι-
ῶν πατρὸς σφαγιασμῶν.
οἴμοι τοῦ καταφθιμένου
τοῦ τε ζῶντος ἀλάτα,
ὅς που γᾶν ἄλλαν κατέχει
μέλεος ἀλαίνων ποτὶ θῆσσαν ἑστίαν,
τοῦ κλεινοῦ πατρὸς ἐκφύς.
αὐτὰ δ᾽ ἐν χερνῆσι δόμοις
ναίω ψυχὰν τακομένα
δωμάτων πατρίων φυγάς,
οὐρείας ἀν᾽ ἐρίπνας.
μάτηρ δ᾽ ἐν λέκτροις φονίοις
ἄλλῳ σύγγαμος οἰκεῖ.

ΧΟΡΟΣ

πολλῶν κακῶν Ἕλλησιν αἰτίαν ἔχει
σῆς μητρὸς Ἑλένη σύγγονος δόμοις τε σοῖς.

ΗΛΕΚΤΡΑ

οἴμοι, γυναῖκες, ἐξέβην θρηνημάτων.
ξένοι τινὲς παρ᾽ οἶκον οἵδ᾽ ἐφεστίους
εὐνὰς ἔχοντες ἐξανίστανται λόχου·
φυγῇ, σὺ μὲν κατ᾽ οἶμον, εἰς δόμους δ᾽ ἐγώ,
φῶτας κακούργους ἐξαλύξωμεν ποδί.

ΟΡΕΣΤΗΣ

μέν᾽, ὦ τάλαινα· μὴ τρέσῃς ἐμὴν χέρα.

ΗΛΕΚΤΡΑ

ὦ Φοῖβ᾽ Ἄπολλον, προσπίτνω σε μὴ θανεῖν.

ΟΡΕΣΤΗΣ

ἄλλους κτάνοιμι μᾶλλον ἐχθίους σέθεν·

ΗΛΕΚΤΡΑ

ἄπελθε, μὴ ψαῦ ὧν σε μὴ ψαύειν χρεών.

ELECTRA

No God regards a wretch's cries,
Nor heeds old flames of sacrifice
   Once on my father's altars burning.   200
    Woe for the dead, the unreturning!
Woe for the living, homeless now,
In alien land constrained, I trow
To serfdom's board in grief to bow—
    That hero's son afar sojourning!
In a poor hovel I abide,
   An exile from my father's door,
     Wasting my soul with tears outwelling,
Mid scaurs of yon wild mountain-side :—   210
   My mother with her paramour
     In murder-bond the while is dwelling!

CHORUS

Of many an ill to Hellas and thine house
Was Helen, sister of thy mother, cause.

ORESTES *and* PYLADES *approach.*

ELECTRA

Woe's me, friends!—needs must I break off my moan!
Lo, yonder, strangers ambushed nigh the house
Out of their hiding-place are rising up!
With flying feet—thou down the path, and I
Into the house,—flee we from evil men!

ORESTES (*intercepting her*)

Tarry, thou hapless one : fear not mine hand.   220

ELECTRA

Phoebus, I pray thee that I be not slain!

ORESTES (*extending his hand to hers*)

God grant I slay some more my foes than thee!

ELECTRA

Hence!—touch not whom beseems thee not to touch!

ΗΛΕΚΤΡΑ

ΟΡΕΣΤΗΣ
οὐκ ἔσθ' ὅτου θίγοιμ' ἂν ἐνδικώτερον.

ΗΛΕΚΤΡΑ
καὶ πῶς ξιφήρης πρὸς δόμοις λοχᾷς ἐμοῖς ;

ΟΡΕΣΤΗΣ
μείνασ' ἄκουσον, καὶ τάχ' οὐκ ἄλλως ἐρεῖς.

ΗΛΕΚΤΡΑ
ἔστηκα· πάντως δ' εἰμὶ σή· κρείσσων γὰρ εἶ.

ΟΡΕΣΤΗΣ
ἥκω φέρων σοι σοῦ κασιγνήτου λόγους.

ΗΛΕΚΤΡΑ
ὦ φίλτατ', ἆρα ζῶντος ἢ τεθνηκότος ;

ΟΡΕΣΤΗΣ
230   ζῇ· πρῶτα γάρ σοι τἀγάθ' ἀγγέλλειν θέλω.

ΗΛΕΚΤΡΑ
εὐδαιμονοίης, μισθὸν ἡδίστων λόγων.

ΟΡΕΣΤΗΣ
κοινῇ δίδωμι τοῦτο νῷν ἀμφοῖν ἔχειν.

ΗΛΕΚΤΡΑ
ποῦ γῆς ὁ τλήμων τλήμονας φυγὰς ἔχων ;

ΟΡΕΣΤΗΣ
οὐχ ἕνα νομίζων φθείρεται πόλεως νόμον.

ΗΛΕΚΤΡΑ
οὔ που σπανίζων τοῦ καθ' ἡμέραν βίου ;

ΟΡΕΣΤΗΣ
ἔχει μέν, ἀσθενὴς δὲ δὴ φεύγων ἀνήρ.

ΗΛΕΚΤΡΑ
λόγον δὲ δὴ τίν' ἦλθες ἐκ κείνου φέρων ;

ΟΡΕΣΤΗΣ
εἰ ζῇς, ὅπως τε ζῶσα συμφορᾶς ἔχεις.

ORESTES

None is there whom with better right I touch.

ELECTRA

Why sword in hand waylay me by mine house?

ORESTES

Tarry and hear: my words shall soon be thine.

ELECTRA

I stand, as in thy power;—the stronger thou.

ORESTES

I come to bring thee tidings of thy brother.

ELECTRA

Friend—friend!—and liveth he, or is he dead?

ORESTES

He liveth: first the good news would I tell.   230

ELECTRA

Blessings on thee, thy meed for words most sweet!

ORESTES

This blessing to us twain I give to share.

ELECTRA

What land hath he for weary exile's home?

ORESTES

Outcast, he claims no city's citizenship.

ELECTRA

Not—surely not in straits for daily bread?

ORESTES

That hath he: yet the exile helpless is.

ELECTRA

And what the message thou hast brought from him?

ORESTES

Liv'st thou?—he asks; and, living, what thy state?

ΗΛΕΚΤΡΑ

ΗΛΕΚΤΡΑ
οὔκουν ὁρᾷς μου πρῶτον ὡς ξηρὸν δέμας ;

ΟΡΕΣΤΗΣ
240 λύπαις γε συντετηκός, ὥστε με στένειν.

ΗΛΕΚΤΡΑ
καὶ κρᾶτα πλόκαμόν τ' ἐσκυθισμένον ξυρῷ.

ΟΡΕΣΤΗΣ
δάκνει σ' ἀδελφὸς ὅ τε θανὼν ἴσως πατήρ.

ΗΛΕΚΤΡΑ
οἴμοι, τί γάρ μοι τῶνδέ γ' ἐστὶ φίλτερον ;

ΟΡΕΣΤΗΣ
φεῦ φεῦ· τί δ' αὖ σὺ σῷ κασιγνήτῳ δοκεῖς ;

ΗΛΕΚΤΡΑ
ἀπὼν ἐκεῖνος, οὐ παρὼν ἡμῖν φίλος.

ΟΡΕΣΤΗΣ
ἐκ τοῦ δὲ ναίεις ἐνθάδ' ἄστεως ἑκάς ;

ΗΛΕΚΤΡΑ
ἐγημάμεσθ', ὦ ξεῖνε, θανάσιμον γάμον.

ΟΡΕΣΤΗΣ
ᾤμωξ' ἀδελφὸν σόν.   Μυκηναίων τινί ;

ΗΛΕΚΤΡΑ
οὐχ ᾧ πατήρ μ' ἤλπιζεν ἐκδώσειν ποτέ.

ΟΡΕΣΤΗΣ
250 εἴφ', ὡς ἀκούσας σῷ κασιγνήτῳ λέγω.

ΗΛΕΚΤΡΑ
ἐν τοῖσδ' ἐκείνου τηλορὸς ναίω δόμοις.

ΟΡΕΣΤΗΣ
σκαφεύς τις ἢ βουφορβὸς ἄξιος δόμων.

ΗΛΕΚΤΡΑ
πένης ἀνὴρ γενναῖος εἴς τ' ἔμ' εὐσεβής.

ΟΡΕΣΤΗΣ
ἡ δ' εὐσέβεια τίς πρόσεστι σῷ πόσει ;

24

ELECTRA
Seest thou not how wasted is my form?—

ORESTES
So sorrow-broken that myself could sigh.   240

ELECTRA
Mine head withal—my tresses closely shorn.

ORESTES
Heart-wrung by a brother's fate, a father's death?

ELECTRA
Ah me, what is to me than these more dear?

ORESTES
Alas! art thou not to thy brother dear?

ELECTRA
Far off he stays, nor comes to prove his love.

ORESTES
Why dost thou dwell here, from the city far?

ELECTRA
I am wedded, stranger—as in bonds of death.

ORESTES
A Mycenaean lord? Alas thy brother!

ELECTRA
Not one to whom my sire once hoped to wed me.

ORESTES
Tell me, that hearing I may tell thy brother.   250

ELECTRA
In this his house from Argos far I live.

ORESTES
Delver or neatherd should but match such house!

ELECTRA
Poor, yet well-born, and reverencing me.

ORESTES
Now what this reverence rendered of thy spouse?

ΗΛΕΚΤΡΑ
οὐπώποτ᾽ εὐνῆς τῆς ἐμῆς ἔτλη θιγεῖν.

ΟΡΕΣΤΗΣ
ἄγνευμ᾽ ἔχων τι θεῖον ἤ σ᾽ ἀπαξιῶν ;

ΗΛΕΚΤΡΑ
γονέας ὑβρίζειν τοὺς ἐμοὺς οὐκ ἠξίου.

ΟΡΕΣΤΗΣ
καὶ πῶς γάμον τοιοῦτον οὐχ ἥσθη λαβών ;

ΗΛΕΚΤΡΑ
οὐ κύριον τὸν δόντα μ᾽ ἡγεῖται, ξένε.

ΟΡΕΣΤΗΣ
260 ξυνῆκ᾽· Ὀρέστῃ μή ποτ᾽ ἐκτίσῃ δίκην.

ΗΛΕΚΤΡΑ
τοῦτ᾽ αὐτὸ ταρβῶν, πρὸς δὲ καὶ σώφρων ἔφυ.

ΟΡΕΣΤΗΣ
φεῦ.
γενναῖον ἄνδρ᾽ ἔλεξας, εὖ τε δραστέον.

ΗΛΕΚΤΡΑ
εἰ δή ποθ᾽ ἥξει γ᾽ εἰς δόμους ὁ νῦν ἀπών.

ΟΡΕΣΤΗΣ
μήτηρ δέ σ᾽ ἡ τεκοῦσα ταῦτ᾽ ἠνέσχετο ;

ΗΛΕΚΤΡΑ
γυναῖκες ἀνδρῶν, ὦ ξέν᾽, οὐ παίδων φίλαι.

ΟΡΕΣΤΗΣ
τίνος δέ σ᾽ εἵνεχ᾽ ὕβρισ᾽ Αἴγισθος τάδε ;

ΗΛΕΚΤΡΑ
τεκεῖν μ᾽ ἐβούλετ᾽ ἀσθενῆ, τοιῷδε δούς.

ΟΡΕΣΤΗΣ
ὡς δῆθε παῖδας μὴ τέκοις ποινάτορας ;

ELECTRA

Never hath he presumed to touch my couch.

ORESTES

A vow of chastity, or scorn of thee?

ELECTRA

He took not on him to insult my sires.

ORESTES

How? did he not exult to win such bride?

ELECTRA

He deems that who betrothed me had not right.

ORESTES

I understand:—and feared Orestes' vengeance?   260

ELECTRA

Yea, this: yet virtuous is he therewithal.

ORESTES

A noble soul this, worthy of reward!

ELECTRA

Yea, if the absent to his home return.

ORESTES

But did the mother who bare thee suffer this?

ELECTRA

Wives be their husbands', not their children's friends.

ORESTES

Why did Aegisthus this despite to thee?

ELECTRA

That weaklings[1] of weak sire my sons might prove.

ORESTES

Ay, lest thou bear sons to avenge the wrong?

---

[1] *i.e.* Politically and socially.

ΗΛΕΚΤΡΑ

τοιαῦτ' ἐβούλευσ'· ὧν ἐμοὶ δοίη δίκην.

ΟΡΕΣΤΗΣ

270 οἶδεν δέ σ' οὖσαν παρθένον μητρὸς πόσις;

ΗΛΕΚΤΡΑ

οὐκ οἶδε· σιγῇ τοῦθ' ὑφαιρούμεσθά νιν.

ΟΡΕΣΤΗΣ

αἵδ' οὖν φίλαι σοι τούσδ' ἀκούουσιν λόγους;

ΗΛΕΚΤΡΑ

ὥστε στέγειν γε τἀμὰ καὶ σ' ἔπη καλῶς.

ΟΡΕΣΤΗΣ

τί δῆτ' Ὀρέστης πρὸς τάδ', Ἄργος ἢν μόλῃ;

ΗΛΕΚΤΡΑ

ἤρου τόδ'; αἰσχρόν γ' εἶπας· οὐ γὰρ νῦν ἀκμή;

ΟΡΕΣΤΗΣ

ἐλθὼν δὲ δὴ πῶς φονέας ἂν κτάνοι πατρός;

ΗΛΕΚΤΡΑ

τολμῶν ὑπ' ἐχθρῶν οἷ' ἐτολμήθη πατήρ.

ΟΡΕΣΤΗΣ

ἦ καὶ μετ' αὐτοῦ μητέρ' ἂν τλαίης κτανεῖν;

ΗΛΕΚΤΡΑ

ταὐτῷ γε πελέκει τῷ πατὴρ ἀπώλετο.

ΟΡΕΣΤΗΣ

280 λέγω τάδ' αὐτῷ, καὶ βέβαια τἀπὸ σοῦ;

ΗΛΕΚΤΡΑ

θάνοιμι μητρὸς αἷμ' ἐπισφάξασ' ἐμῆς.

ΟΡΕΣΤΗΣ

φεῦ·
εἴθ' ἦν Ὀρέστης πλησίον κλύων τάδε.

ΗΛΕΚΤΡΑ

ἀλλ', ὦ ξέν', οὐ γνοίην ἂν εἰσιδοῦσά νιν.

ELECTRA

So schemed he—God grant I requite him yet!

ORESTES

Knows he, thy mother's spouse, thou art maiden still? 270

ELECTRA

Nay, for by silence this we hide from him.

ORESTES

Friends, then, are these which hearken these thy words?

ELECTRA

Yea, true to keep thy counsel close and mine.

ORESTES

What help, if Argos-ward Orestes came?

ELECTRA

Thou ask!—out on thee!—is it not full time?

ORESTES

How slay his father's murderers, if he came?

ELECTRA

Daring what foes against his father dared.

ORESTES

And with him wouldst thou, couldst thou, slay thy mother?

ELECTRA

Ay!—with that axe whereby my father died!

ORESTES

This shall I tell him for thy firm resolve? 280

ELECTRA

My mother's blood for *his*—then welcome death!

ORESTES

Ah, were Orestes nigh to hear that word!

ELECTRA

But, stranger, though I saw, I should not know him.

ΗΛΕΚΤΡΑ

ΟΡΕΣΤΗΣ

νέα γάρ, οὐδὲν θαῦμ᾽, ἀπεζεύχθης νέου.

ΗΛΕΚΤΡΑ

εἷς ἂν μόνος νιν τῶν ἐμῶν γνοίη φίλων.

ΟΡΕΣΤΗΣ

ἆρ᾽ ὃν λέγουσιν αὐτὸν ἐκκλέψαι φόνου ;

ΗΛΕΚΤΡΑ

πατρός γε παιδαγωγὸς ἀρχαῖος γέρων.

ΟΡΕΣΤΗΣ

ὁ κατθανὼν δὲ σὸς πατὴρ τύμβου κυρεῖ ;

ΗΛΕΚΤΡΑ

ἔκυρσεν ὡς ἔκυρσεν, ἐκβληθεὶς δόμων.

ΟΡΕΣΤΗΣ

290   οἴμοι, τόδ᾽ οἷον εἶπας· αἴσθησις γὰρ οὖν
κἀκ τῶν θυραίων πημάτων δάκνει βροτούς.
λέξον δ᾽, ἵν᾽ εἰδὼς σῷ κασιγνήτῳ φέρω
λόγους ἀτερπεῖς, ἀλλ᾽ ἀναγκαίους κλύειν.
ἔνεστι δ᾽ οἶκτος, ἀμαθίᾳ μὲν οὐδαμοῦ,
σοφοῖσι δ᾽ ἀνδρῶν· καὶ γὰρ οὐδ᾽ ἀζήμιον
γνώμην ἐνεῖναι τοῖς σοφοῖς λίαν σοφήν.

ΧΟΡΟΣ

κἀγὼ τὸν αὐτὸν τῷδ᾽ ἔρον ψυχῆς ἔχω.
πρόσω γὰρ ἄστεως οὖσα τἀν πόλει κακὰ
οὐκ οἶδα, νῦν δὲ βούλομαι κἀγὼ μαθεῖν.

ΗΛΕΚΤΡΑ

300   λέγοιμ᾽ ἄν, εἰ χρή· χρὴ δὲ πρὸς φίλον λέγειν
τύχας βαρείας τὰς ἐμὰς κἀμοῦ πατρός.
ἐπεὶ δὲ κινεῖς μῦθον, ἱκετεύω, ξένε,
ἄγγελλ᾽ Ὀρέστῃ τἀμὰ καὶ κείνου κακά,
πρῶτον μὲν οἵοις ἐν πέπλοις αὐλίζομαι,[1]

---

[1] So MSS. Weil reads αὐαίνομαι, "wastes my life away."
Tucker suggests ἀγλαΐζομαι (ironical) : "I am fair-arrayed."

ORESTES

No marvel—a child parted from a child.

ELECTRA

One only of my friends would know him now,—

ORESTES

Who stole him out of murder's clutch, men say?

ELECTRA

That old man, once the child-ward of my sire.

ORESTES

And thy dead father—hath he found a tomb?

ELECTRA

Such tomb as he hath found, flung forth his halls!

ORESTES

Ah me, what tale is this!—Yea, sympathy 290
Even for strangers' pain wrings human hearts.
Tell on, that, knowing, to thy brother I
May bear the joyless tale that must be heard.
Yea, pity dwells, albeit ne'er in churls,
Yet in the wise:—this is the penalty
Laid on the wise for souls too finely wrought.

CHORUS

His heart's desire, the same is also mine:
For, from the town far dwelling, naught know I
The city's sins: now fain would I too hear.

ELECTRA

Tell will I—if I may. Sure I may tell 300
A friend my grievous fortune and my sire's.
Since thou dost wake the tale, I pray thee, stranger,
Report to Orestes all mine ills and his.
Tell in what raiment I am hovel-housed,

πίνω θ' ὅσῳ βέβριθ', ὑπὸ στέγαισί τε
οἵαισι ναίω βασιλικῶν ἐκ δωμάτων,
αὐτὴ μὲν ἐκμοχθοῦσα κερκίσιν πέπλους,
ἢ γυμνὸν ἕξω σῶμα καὶ στερήσομαι,
αὐτὴ δὲ πηγὰς ποταμίους φορουμένη.
310 ἀνέορτος ἱερῶν καὶ χορῶν τητωμένη,
ἀναίνομαι γυναῖκας, οὖσα παρθένος,
ἀναίνομαι δὲ Κάστορ', ᾧ, πρὶν εἰς θεοὺς
ἐλθεῖν ἔμ' ἐμνήστευον, οὖσαν ἐγγενῆ.
μήτηρ δ' ἐμὴ Φρυγίοισιν ἐν σκυλεύμασι
θρόνῳ κάθηται, πρὸς δ' ἕδραισιν Ἀσίδες
δμῳαὶ στατίζουσ', ἃς ἔπερσ' ἐμὸς πατήρ,
Ἰδαῖα φάρη χρυσέαις ἐζευγμέναι
πόρπαισιν. αἷμα δ' ἔτι πατρὸς κατὰ στέγας
μέλαν σέσηπεν· ὃς δ' ἐκεῖνον ἔκτανεν,
320 εἰς ταὐτὰ βαίνων ἅρματ' ἐκφοιτᾷ πατρί,
καὶ σκῆπτρ' ἐν οἷς Ἕλλησιν ἐστρατηλάτει
μιαιφόνοισι χερσὶ γαυροῦται λαβών.
Ἀγαμέμνονος δὲ τύμβος ἠτιμασμένος
οὔπω χοάς ποτ' οὐδὲ κλῶνα μυρσίνης
ἔλαβε, πυρᾶ δὲ χέρσος ἀγλαϊσμάτων.
μέθῃ δὲ βρεχθεὶς τῆς ἐμῆς μητρὸς πόσις
ὁ κλεινός, ὡς λέγουσιν, ἐνθρῴσκει τάφῳ
πέτροις τε λεύει μνῆμα λάϊνον πατρός,
καὶ τοῦτο τολμᾷ τοὔπος εἰς ἡμᾶς λέγειν·
330 ποῦ παῖς Ὀρέστης; ἆρά σοι τύμβῳ καλῶς
παρὼν ἀμύνει; ταῦτ' ἀπὼν ὑβρίζεται.
ἀλλ', ὦ ξέν', ἱκετεύω σ', ἀπάγγειλον τάδε·
πολλοὶ δ' ἐπιστέλλουσιν, ἑρμηνεὺς δ' ἐγώ,
αἱ χεῖρες, ἡ γλῶσσ' ἡ ταλαίπωρός τε φρὴν
κάρα τ' ἐμὸν ξυρῆκες ὅ τ' ἐκείνου τεκών.
αἰσχρὸν γάρ, εἰ πατὴρ μὲν ἐξεῖλεν Φρύγας,

Under what squalor I am crushed, and dwell
Under what roof, after a palace home;
How mine own shuttle weaves with pain my robes,—
Else must I want, all vestureless my frame;—
How from the stream myself the water bear;
Banned from the festal rite, denied the dance,   310
No part have I with wives, who am a maid,
No part in Castor, though they plighted me
To him, my kinsman, ere to heaven he passed.
Mid Phrygian spoils upon a throne the while
Sitteth my mother: at her footstool stand
Bondmaids of Asia, captives of my sire,
Their robes Idaean with the brooches clasped
Of gold:—and yet my sire's blood 'neath the
    roofs,
A dark clot, festers! He that murdered him
Mounteth his very car, rides forth in state;   320
The sceptre that he marshalled Greeks withal
Flaunting he graspeth in his blood-stained hand.

And Agamemnon's tomb is set at naught:
Drink-offerings never yet nor myrtle-spray
Had it, a grave all bare of ornament.
Yea, with wine drunken, he, my mother's spouse—
Named of men "glorious"!—leaps upon the grave,
And pelts with stones my father's monument;
And against us he dares to speak this taunt:
"Where is thy son Orestes?—bravely nigh   330
To shield thy tomb!" So is the absent mocked.

But, stranger, I beseech thee, tell him this:
Many are summoning him,—their mouthpiece I,—
These hands, this tongue, this stricken heart of
    mine,
My shorn head, his own father therewithal.
Shame, that the sire destroyed all Phrygia's race,

ΗΛΕΚΤΡΑ

ὁ δ' ἄνδρ' ἕν' εἷς ὢν οὐ δυνήσεται κτανεῖν
νέος πεφυκὼς κἀξ ἀμείνονος πατρός.

ΧΟΡΟΣ

καὶ μὴν δέδορκα τόνδε, σὸν λέγω πόσιν,
λήξαντα μόχθου πρὸς δόμους ὡρμημένον.

ΑΥΤΟΥΡΓΟΣ

ἔα· τίνας τούσδ' ἐν πύλαις ὁρῶ ξένους ;
τίνος δ' ἕκατι τάσδ' ἐπ' ἀγραύλους πύλας
προσῆλθον ; ἢ 'μοῦ δεόμενοι ; γυναικί τοι
αἰσχρὸν μετ' ἀνδρῶν ἑστάναι νεανιῶν.

ΗΛΕΚΤΡΑ

ὦ φίλτατ', εἰς ὕποπτα μὴ μόλῃς ἐμοί·
τὸν ὄντα δ' εἴσει μῦθον· οἵδε γὰρ ξένοι
ἥκουσ' Ὀρέστου πρός με κήρυκες λόγων.
ἀλλ', ὦ ξένοι, σύγγνωτε τοῖς εἰρημένοις.

ΑΥΤΟΥΡΓΟΣ

τί φασίν ; ἀνὴρ ἔστι καὶ λεύσσει φάος ;

ΗΛΕΚΤΡΑ

ἔστιν λόγῳ γοῦν· φασὶ δ' οὐκ ἄπιστ' ἐμοί.

ΑΥΤΟΥΡΓΟΣ

ἦ καί τι πατρὸς σῶν τε μέμνηται κακῶν ;

ΗΛΕΚΤΡΑ

ἐν ἐλπίσιν ταῦτ'· ἀσθενὴς φεύγων ἀνήρ.

ΑΥΤΟΥΡΓΟΣ

ἦλθον δ' Ὀρέστου τίν' ἀγορεύοντες λόγον ;

ΗΛΕΚΤΡΑ

σκοποὺς ἔπεμψε τούσδε τῶν ἐμῶν κακῶν.

ΑΥΤΟΥΡΓΟΣ

οὔκουν τὰ μὲν λεύσσουσι, τὰ δὲ σύ που λέγεις ;

ΗΛΕΚΤΡΑ

ἴσασιν, οὐδὲν τῶνδ' ἔχουσιν ἐνδεεῖς.

And the son singly cannot slay one man,
Young though he be, and of a nobler sire!

CHORUS

But lo, yon man—thy spouse it is I name—
Hath ceased from toil, and homeward hasteneth.   340

Enter PEASANT.

PEASANT

How now?   What strangers these about my doors?
For what cause unto these my rustic gates
Come they?—or seek they me?   Beseemeth not
That with young men a wife should stand in talk.

ELECTRA

O kindest heart, do not suspect me thou,
And thou shalt hear the truth.   These strangers come
Heralds to me of tidings of Orestes.
And, O ye strangers, pardon these his words.

PEASANT

What say they?   Liveth he, and seeth light?

ELECTRA

Yea, by their tale—and I mistrust it not.   350

PEASANT

Ha!—and remembereth thy sire's wrongs and thine?

ELECTRA

Hope is as yet all: weak the exile is.

PEASANT

And what word from Orestes have they brought?

ELECTRA

These hath he sent, his spies, to mark my wrongs.

PEASANT

They see but part: thou haply tell'st the rest?

ELECTRA

They know: hereof nought lacketh unto them.

ΗΛΕΚΤΡΑ

ΑΥΤΟΥΡΓΟΣ

οὐκοῦν πάλαι χρῆν τοῖσδ᾽ ἀνεπτύχθαι πύλας.
χωρεῖτ᾽ ἐς οἴκους· ἀντὶ γὰρ χρηστῶν λόγων
ξενίων κυρήσεθ᾽, οἷ᾽ ἐμὸς κεύθει δόμος.
360   αἴρεσθ᾽, ὀπαδοί, τῶνδ᾽ ἔσω τεύχη δόμων·
καὶ μηδὲν ἀντείπητε, παρὰ φίλου φίλοι
μολόντες ἀνδρός· καὶ γὰρ εἰ πένης ἔφυν,
οὔτοι τό γ᾽ ἦθος δυσγενὲς παρέξομαι.

ΟΡΕΣΤΗΣ

πρὸς θεῶν, ὅδ᾽ ἀνὴρ ὃς συνεκκλέπτει γάμους
τοὺς σούς, Ὀρέστην οὐ καταισχύνειν θέλων;

ΗΛΕΚΤΡΑ

οὗτος κέκληται πόσις ἐμὸς τῆς ἀθλίας.

ΟΡΕΣΤΗΣ

φεῦ·
οὐκ ἔστ᾽ ἀκριβὲς οὐδὲν εἰς εὐανδρίαν·
ἔχουσι γὰρ ταραγμὸν αἱ φύσεις βροτῶν.
ἤδη γὰρ εἶδον παῖδα γενναίου πατρὸς
370   τὸ μηδὲν ὄντα, χρηστὰ δ᾽ ἐκ κακῶν τέκνα,
λιμόν τ᾽ ἐν ἀνδρὸς πλουσίου φρονήματι,
γνώμην δὲ μεγάλην ἐν πένητι σώματι.
πῶς οὖν τις αὐτὰ διαλαβὼν ὀρθῶς κρινεῖ;
πλούτῳ; πονηρῷ τἆρα χρήσεται κριτῇ·
ἢ τοῖς ἔχουσι μηδέν; ἀλλ᾽ ἔχει νόσον
πενία, διδάσκει δ᾽ ἄνδρα τῇ χρείᾳ κακόν.
ἀλλ᾽ εἰς ὅπλ᾽ ἔλθω; τίς δὲ πρὸς λόγχην βλέπων
μάρτυς γένοιτ᾽ ἂν ὅστις ἐστὶν ἀγαθός;
κράτιστον εἰκῇ ταῦτ᾽ ἐᾶν ἀφειμένα.
380   οὗτος γὰρ ἀνὴρ οὔτ᾽ ἐν Ἀργείοις μέγας
οὔτ᾽ αὖ δοκήσει δωμάτων ὠγκωμένος,
ἐν τοῖς δὲ πολλοῖς ὤν, ἄριστος ηὑρέθη.
οὐ μὴ ἀφρονήσεθ᾽, οἳ κενῶν δοξασμάτων

PEASANT

Then should our doors ere this have been flung
    wide.
Pass ye within : for your fair tidings' sake
Receive such guest-cheer as mine house contains.
Ye henchmen, take their gear these doors within.   360
Say me not nay—friends are ye from a friend
Which come to me : for, what though I be poor,
Yet will I nowise show a low-born soul. [*Goes to rear.*

ORESTES

'Fore heaven, is this the man who keepeth close
Thy wedlock-secret, not to shame Orestes ?

ELECTRA

Even he, named spouse of me the hapless one.

ORESTES

Lo, there is no sure test for manhood's worth :
For mortal natures are confusion-fraught.
I have seen ere now a noble father's son
Proved nothing-worth, seen good sons of ill sires,   370
Starved leanness in a rich man's very soul,
And in a poor man's body a great heart.
How then shall one discern 'twixt these and
    judge ?
By wealth ?—a sorry test were this to use.
Or by the lack of all ?—nay, poverty
Is plague-struck, schooling men to sin through need.
To prowess shall I turn me ?—who, that looks
On spears, can swear which spearman's heart is
    brave ?
Leave Fortune's gifts to fall out as they will !
Lo, this man is not among Argives great,   380
Nor by a noble house's name exalted,
But one of the many—proved a king of men !
Learn wisdom, ye which wander aimless, swoln

37

πλήρεις πλανᾶσθε, τῇ δ' ὁμιλίᾳ βροτοὺς
κρινεῖτε καὶ τοῖς ἤθεσιν τοὺς εὐγενεῖς ;
οἱ γὰρ τοιοίδε τὰς πόλεις οἰκοῦσιν εὖ
καὶ δώμαθ', αἱ δὲ σάρκες αἱ κεναὶ φρενῶν
ἀγάλματ' ἀγορᾶς εἰσιν. οὐδὲ γὰρ δόρυ
μᾶλλον βραχίων σθεναρὸς ἀσθενοῦς μένει·
390   ἐν τῇ φύσει δὲ τοῦτο κἀν εὐψυχίᾳ.
ἀλλ' ἄξιος γὰρ ὅ τε παρὼν ὅ τ' οὐ παρὼν
Ἀγαμέμνονος παῖς, οὗπερ εἵνεχ' ἥκομεν,
δεξώμεθ' οἴκων καταλύσεις· χωρεῖν χρεών,
δμῶες, δόμων τῶνδ' ἐντός. ὡς ἐμοὶ πένης
εἴη πρόθυμος πλουσίου μᾶλλον ξένος.
αἰνῶ μὲν οὖν τοῦδ' ἀνδρὸς εἰσδοχὰς δόμων·
ἐβουλόμην δ' ἄν, εἰ κασίγνητός με σὸς
εἰς εὐτυχοῦντας ἦγεν εὐτυχῶν δόμους.
ἴσως δ' ἂν ἔλθοι· Λοξίου γὰρ ἔμπεδοι
400   χρησμοί, βροτῶν δὲ μαντικὴν χαίρειν ἐῶ.

ΧΟΡΟΣ

νῦν ἢ πάροιθεν μᾶλλον, Ἠλέκτρα, χαρᾷ
θερμαινόμεσθα καρδίαν· ἴσως γὰρ ἂν
μόλις προβαίνουσ' ἡ τύχη σταίη καλῶς.

ΗΛΕΚΤΡΑ

ὦ τλῆμον, εἰδὼς δωμάτων χρείαν σέθεν
τί τούσδ' ἐδέξω μείζονας σαυτοῦ ξένους ;

ΑΥΤΟΥΡΓΟΣ

τί δ' ; εἴπερ εἰσὶν ὡς δοκοῦσιν εὐγενεῖς,
οὐκ ἔν τε μικροῖς ἔν τε μὴ στέρξουσ' ὁμῶς ;

ΗΛΕΚΤΡΑ

ἐπεί νυν ἐξήμαρτες ἐν σμικροῖσιν ὤν,
ἐλθ' ὡς παλαιὸν τροφὸν ἐμοῦ φίλον πατρός·
410   ὃς ἀμφὶ ποταμὸν Τάναον Ἀργείας ὅρους
τέμνοντα γαίας Σπαρτιάτιδός τε γῆς

With vain imaginings: by converse judge
Men, even the noble by their daily walk.
For such be they which govern states aright
And homes: but fleshly bulks devoid of wit
Are statues in the market-place.   Nor bides
The strong arm staunchlier than the weak in fight;
But this of nature's inborn courage springs.   390
But—seeing worthy is Agamemnon's son,
Present or absent, for whose sake we come,—
Accept we shelter of this roof.   Ho, thralls,
Enter this house.   For me the host whose heart
Leaps out in welcome, rather than the rich!
Thanks for the welcome into this man's house;
Yet fain would I it were thy brother now
That prospering led me into prosperous halls.
Yet may he come; for Loxias' oracles
Fail not.   Of men's soothsaying will I none.   400

[ORESTES *and* PYLADES *enter cottage.*

CHORUS

Now, more than heretofore, Electra, glows
Mine heart with joy.   Thy fortune now, though late
Advancing, haply shall be stablished fair.

ELECTRA

Poor man, thou know'st thine house's poverty.
Wherefore receive these guests too great for thee?

PEASANT

How?—an they be of high birth, as they seem,
Will they content them not with little or much?

ELECTRA

Since then thou so hast erred, and thou so poor,
Go to the ancient fosterer of my sire,
Who on the banks of Tanaüs, which parts   410
The Argive marches from the Spartan land,

39

ποίμναις ὁμαρτεῖ πόλεος ἐκβεβλημένος·
κέλευε δ᾽ αὐτὸν εἰς δόμους ἀφιγμένον
ἐλθεῖν, ξένων τ᾽ εἰς δαῖτα πορσῦναί τινα.
ἡσθήσεται τοι καὶ προσεύξεται θεοῖς,
ζῶντ᾽ εἰσακούσας παῖδ᾽ ὃν ἐκσῴζει ποτέ.
οὐ γὰρ πατρῴων ἐκ δόμων μητρὸς πάρα
λάβοιμεν ἄν τι· πικρὰ δ᾽ ἀγγείλαιμεν ἄν,
εἰ ζῶντ᾽ Ὀρέστην ἡ τάλαιν᾽ αἴσθοιτ᾽ ἔτι.

ΑΥΤΟΥΡΓΟΣ

420 ἀλλ᾽ εἰ δοκεῖ σοι, τούσδ᾽ ἀπαγγελῶ λόγους
γέροντι· χώρει δ᾽ εἰς δόμους ὅσον τάχος
καὶ τἄνδον ἐξάρτυε. πολλά τοι γυνὴ
χρῄζουσ᾽ ἂν εὕροι δαιτὶ προσφορήματα.
ἔστιν δὲ δὴ τοσαῦτά γ᾽ ἐν δόμοις ἔτι,
ὥσθ᾽ ἕν γ᾽ ἐπ᾽ ἦμαρ τούσδε πληρῶσαι βορᾶς.
ἐν τοῖς τοιούτοις δ᾽ ἡνίκ᾽ ἂν γνώμη πέσῃ,
σκοπῶ τὰ χρήμαθ᾽ ὡς ἔχει μέγα σθένος,
ξένοις τε δοῦναι σῶμά τ᾽ εἰς νόσον πεσὸν
δαπάναισι σῶσαι· τῆς δ᾽ ἐφ᾽ ἡμέραν βορᾶς
430 εἰς μικρὸν ἥκει· πᾶς γὰρ ἐμπλησθεὶς ἀνὴρ
ὁ πλούσιός τε χὠ πένης ἴσον φέρει.

ΧΟΡΟΣ

κλειναὶ νᾶες, αἵ ποτ᾽ ἔμβατε Τροίαν   στρ. α´
τοῖς ἀμετρήτοις ἐρετμοῖς
πέμπουσαι χορούς μετὰ Νηρῇδων,
ἵν᾽ ὁ φίλαυλος ἔπαλλε δελ-
φὶς πρῴραις κυανεμβόλοις
εἱλισσόμενος,
πορεύων τὸν τᾶς Θέτιδος
κοῦφον ἅλμα ποδῶν Ἀχιλῆ
440 σὺν Ἀγαμέμνονι Τρωίας
ἐπὶ Σιμουντίδας ἀκτάς.

An outcast from our city, tends his flocks.
Bid him to wend home straightway, and to come
And furnish somewhat for the strangers' meat.
He shall rejoice, yea, render thanks to heaven,
To hear how lives the child whom once he saved.
For of my mother from my father's halls
Nought should we gain : our tidings should we rue
If that wretch heard that yet Orestes lives.

PEASANT

If thus thou wilt, thy message will I bear   420
To yon grey sire : but pass thou in with speed,
And there make ready.   Woman's will can find
Many a thing shall eke the feasting out.
Yea, and within the house is store enough
To satisfy for one day these with meat.
In such things, when my thoughts turn thitherward,
I mark what mighty vantage is in wealth,
To give to guests, to medicine the body
In sickness ; but for needs of daily food
Not far it reacheth.   Each man, rich and poor,   430
Can be but filled, when hunger is appeased.

[*Exit* PEASANT.   ELECTRA *enters the cottage.*

CHORUS

O galleys renowned, by your myriad-sweeping   (*Str.* 1)
    Oars hurled high on the Trojan strand,
        Whom the Sea-maids followed, with dances
            surrounding   [ing
        Your dusky prows, when the dolphin was bound-
Around them, bewitched by your music, and leaping
    In sinuous rapture on every hand,
        Escorting Achilles, the fleetfoot son
        Of Thetis, with King Agamemnon on
Unto where broad Simoïs, seaward-creeping   440
    Rippled and glittered o'er Trojan sand.

41

Νηρῇδες δ' Εὐβοίδας ἀκτὰς λιποῦσαι   ἀντ. α
Ἡφαίστου χρυσέων ἀκμόνων
μόχθους ἀσπιστὰς ἔφερον τευχέων,
ἀνά τε Πήλιον ἀνά τε πρύ-
μνας Ὄσσας ἱερὰς νάπας,
Νυμφαίας σκοπιάς,
ἐμάστευον, ἔνθα πατὴρ
ἱππότας τρέφεν Ἑλλάδι φῶς,
450   Θέτιδος εἰνάλιον γόνον,
ταχύπορον πόδ' Ἀτρείδαις.

Ἰλιόθεν δ' ἔκλυόν τινος ἐν λιμέσιν   στρ. β
Ναυπλίοισι βεβῶτος
τᾶς σᾶς, ὦ Θέτιδος παῖ,
κλεινᾶς ἀσπίδος ἐν κύκλῳ
τοιάδε σήματα, δείματα
Φρύγια, τετύχθαι·
περιδρόμῳ μὲν ἴτυος ἕδρᾳ
Περσέα λαιμοτόμον ὑπὲρ
460   ἁλὸς ποτανοῖσι πεδίλοι-
σι φυὰν Γοργόνος ἴσχειν,
Διὸς ἀγγέλῳ σὺν Ἑρμᾷ
τῷ Μαίας ἀγροτῆρι κούρῳ·

ἐν δὲ μέσῳ κατέλαμπε σάκει φαέθων   ἀντ. β'
κύκλος ἀελίοιο
ἵπποις ἂμ πτεροέσσαις
ἄστρων τ' αἰθέριοι χοροί,
Πλειάδες, Ὑάδες, Ἕκτορος
ὄμμασι τροπαῖοι·
470   ἐπὶ δὲ χρυσοτύπῳ κράνει
Σφίγγες ὄνυξιν ἀοίδιμον

42

And the Sea-maids fleeted by shores Euboean   (*Ant.* 1)
   From the depths where the golden anvils are
     Of the Fire-god, a hero's harness bearing—
     Over Pelion, over the wild spurs faring
Of Ossa, over the glens Nymphaean;
   From the watchtower-crags outgazing afar
   They sought where his father, the chariot-lord,
     Fostered for Thetis a sea-born ward,
A light for Hellas, a victory-pæan,   450
   The fleetfoot help to the Atreïds' war.

Of a farer from Ilium heard I the story,   (*Str.* 2)
   Who had stepped to the strand in the Nauplian
        haven,
Heard, O Thetis' son, of thy buckler of glory,
   Of the blazonry midst of the round of it graven
Whose god-fashioned tokens of terror made craven
The hearts of the Trojans in battle adread,—
   How gleamed on the border that compassed its
     splendour
Perseus, on sandals swift-winged as he fled   460
Bearing throat-severed the Gorgon-fiend's head,
   While Maia's son, Prince of the Fields, for defender,
Herald of Zeus, at his side ever sped.

                             (*Ant.* 2)
And flamed in the midst of the buckler outblazing
   The orb of the Sun-god, his heaven-track riding
On the car after coursers wing-wafted on-racing.
   And therein were the stars in their sky-dance
     gliding,
   The Pleiads and Hyades, evil-betiding
To Hector, for death in his eyes did they fling.   [ing
   On the golden-forged helmet were Sphinxes, bear- 470
In their talons the victim that minstrels sing.

43

ἄγραν φέρουσαι· περιπλεύρῳ
δὲ κύτει πύρπνοος ἔσπευ-
δε δρόμῳ λέαινα χαλαῖς
Πειρηναῖον ὁρῶσα πῶλον.   ἐπῳδ.

ἄορι δ᾽ ἐν φονίῳ[1] τετραβάμονες ἵπποι ἔπαλλον,
κελαινὰ δ᾽ ἀμφὶ νῶθ᾽ ἵετο κόνις.
τοιῶνδ᾽ ἄνακτα δοριπόνων
480   ἔκανες ἀνδρῶν, Τυνδαρί,
σὰ λέχεα, κακόφρων κόρα.
τοιγάρ σέ ποτ᾽ οὐρανίδαι
πέμψουσιν θανάτοις· ἦ σὰν
ἔτ᾽ ἔτι φόνιον ὑπὸ δέραν
ὄψομαι αἷμα χυθὲν σιδάρῳ.

ΠΡΕΣΒΥΣ

ποῦ ποῦ νεᾶνις πότνι᾽ ἐμὴ δέσποινά τε,
Ἀγαμέμνονος παῖς, ὅν ποτ᾽ ἐξέθρεψ᾽ ἐγώ;
ὡς πρόσβασιν τῶνδ᾽ ὀρθίαν οἴκων ἔχει
490   ῥυσῷ γέροντι τῷδε προσβῆναι ποδί.
ὅμως δὲ πρός γε τοὺς φίλους ἐξελκτέον
διπλῆν ἄκανθαν καὶ παλίρροπον γόνυ.
ὦ θύγατερ, ἄρτι γάρ σε πρὸς δόμοις ὁρῶ,
ἥκω φέρων σοι τῶν ἐμῶν βοσκημάτων
ποίμνης νεογνὸν θρέμμ᾽ ὑποσπάσας τόδε,
στεφάνους τε τευχέων τ᾽ ἐξελὼν τυρεύματα,
παλαιόν τε θησαύρισμα Διονύσου τόδε
ὀσμῇ κατῆρες, μικρόν, ἀλλ᾽ ἐπεισβαλεῖν
ἡδὺ σκύφον τοῦδ᾽ ἀσθενεστέρῳ ποτῷ.
500   ἴτω φέρων τις τοῖς ξένοις τάδ᾽ εἰς δόμους·
ἐγὼ δὲ τρύχει τῷδ᾽ ἐμῶν πέπλων κόρας
δακρύοισι τέγξας ἐξομόρξασθαι θέλω.

[1] Hartung : for ἐν δὲ δόρει of MSS.

44

On the corslet his bosom encompassing
   The fire-breathing lioness rushed, up-glaring
At the winged steed trapped by Peirene's spring.[1]
                           (*Epode.*)
And battle-steeds pranced on his falchion of slaughter;
   O"er their shoulders was floating the dark dust-
       cloud :—
And thou slewest the chieftain, O Tyndareus' daughter, 480
   That captained such heroes, so godlike and proud !
Thine adultery slew him, O thou false-hearted !
   Therefore the Dwellers in Heaven shall repay
Death unto thee in the on-coming day.
I shall see it—shall see when the life-blood hath started
   From thy neck at the kiss of the steel that shall slay !
Enter OLD MAN.

OLD MAN

Where shall the princess, my young mistress, be,
Child of the great king fostered once of me ?
How steep ascent hath she to this her home
For mine eld-wrinkled feet to attain thereto !   490
Howbeit to those I love must I drag on
Mine age-cramped spine, must drag my bowing knees.
Enter ELECTRA.
Daughter,—for now I see thee at thy door,—
Lo, I am come : I bring thee from my flocks
A suckling lamb, yea, taken from the ewe,
Garlands, and cheeses from the presses drawn,
And this old treasure-drop of the Wine-god's boon,
Rich-odoured—little enow ; yet weaker draughts
Are turned to nectar, blent with a cup of this.
Let one bear these unto thy guests within.   500
Lo, with this tattered vesture am I fain
To wipe away the tears that dim mine eyes.

---

[1] Bellerophon, mounted on Pegasus, attacking the Chimaera.

ΗΛΕΚΤΡΑ

τί δ', ὦ γεραιέ, διάβροχον τόδ' ὄμμ' ἔχεις ;
μῶν τἀμὰ διὰ χρόνου σ' ἀνέμνησεν κακά ;
ἢ τὰς Ὀρέστου τλήμονας φυγὰς στένεις
καὶ πατέρα τὸν ἐμόν, ὅν ποτ' ἐν χεροῖν ἔχων
ἀνόνητ' ἔθρεψάς σοί τε καὶ τοῖς σοῖς φίλοις ;

ΠΡΕΣΒΥΣ

ἀνόνηθ'· ὅμως δ' οὖν τοῦτό γ' οὐκ ἠνεσχόμην.
ἦλθον γὰρ αὐτοῦ πρὸς τάφον πάρεργ' ὁδοῦ,
510   καὶ προσπεσὼν ἔκλαυσ', ἐρημίας τυχών,
σπονδάς τε, λύσας ἀσκὸν ὃν φέρω ξένοις,
ἔσπεισα, τύμβῳ δ' ἀμφέθηκα μυρσίνας.
πυρᾶς δ' ἐπ' αὐτῆς οἶν μελάγχιμον πόκῳ
σφάγιον ἐσεῖδον αἷμά τ' οὐ πάλαι χυθὲν
ξανθῆς τε χαίτης βοστρύχους κεκαρμένους.
κἀθαύμασ', ὦ παῖ, τίς ποτ' ἀνθρώπων ἔτλη
πρὸς τύμβον ἐλθεῖν· οὐ γὰρ Ἀργείων γέ τις·
ἀλλ' ἦλθ' ἴσως που σὸς κασίγνητος λάθρᾳ,
μολὼν δ' ἐθαύμασ' ἄθλιον τύμβον πατρός.
520   σκέψαι δὲ χαίτην προσθεῖσα σῇ κόμῃ,
εἰ χρῶμα ταὐτὸν κουρίμης ἔσται τριχός·
φιλεῖ γάρ, αἷμα ταὐτὸν οἷς ἂν ᾖ πατρός
τὰ πόλλ' ὅμοια σώματος πεφυκέναι.

ΗΛΕΚΤΡΑ

οὐκ ἄξι' ἀνδρός, ὦ γέρον, σοφοῦ λέγεις,
εἰ κρυπτὸν εἰς γῆν τήνδ' ἂν Αἰγίσθου φόβῳ
δοκεῖς ἀδελφὸν τὸν ἐμὸν εὐθαρσῆ μολεῖν.
ἔπειτα χαίτης πῶς συνοίσεται πλόκος,
ὁ μὲν παλαίστραις ἀνδρὸς εὐγενοῦς τραφείς,
ὁ δὲ κτενισμοῖς θῆλυς ; ἀλλ' ἀμήχανον.
530   πολλοῖς δ' ἂν εὕροις βοστρύχους ὁμοπτέρους

46

ELECTRA

Whence to thine eyes, grey sire, this sorrow-rain?
Have mine ills wakened memories long asleep?
Or for Orestes' exile groanest thou,
And for my sire, whom in thine arms of old
Thou fosteredst?—all in vain for thee and thine '

OLD MAN

In vain! Yet this despair could I not brook.
I turned, in coming, to his tomb aside,
There kneeling, for its desolation wept,   510
Poured a drink-offering from the skin I bare
Thy guests, and crowned the tomb with myrtle-
    sprays.
But—on the grave a black-fleeced ewe I saw
New-slain, and blood but short time since out-
    poured,
And severed locks thereby of golden hair!
I marvelled, daughter, who of men had dared
Draw nigh the tomb: no Argive he, I wot.
Haply thy brother hath in secret come,
And honoured so his father's grave forlorn.
Look on the tress; yea, lay it to thine hair;   520
Mark if the shorn lock's colour be the same:
For they which share one father's blood shall oft
By many a bodily likeness kinship show.

ELECTRA

Not worthy a wise man, ancient, be thy words—
To think mine aweless brother would have come,
Fearing Aegisthus, hither secretly.
Then, how should tress be matched with tress of
    hair—
That, a young noble's trained in athlete-strife,
This, womanlike comb-sleeked? It cannot be.
Sooth, many shouldst thou find of hair like-hued,   530

47

καὶ μὴ γεγῶσιν αἵματος ταὐτοῦ, γέρον.
ἀλλ' ἤ τις αὐτοῦ τάφον ἐποικτείρας ξένος[1]
ἐκείρατ', ἢ τῆσδε σκοπὸς λαθὼν χθονός.

ΠΡΕΣΒΥΣ

σὺ δ' εἰς ἴχνος βᾶσ' ἀρβύλης σκέψαι βάσιν,
εἰ σύμμετρος σῷ ποδὶ γενήσεται, τέκνον.

ΗΛΕΚΤΡΑ

πῶς δ' ἂν γένοιτ' ἂν ἐν κραταιλέῳ πέδῳ
γαίας ποδῶν ἔκμακτρον; εἰ δ' ἔστιν τόδε,
δυοῖν ἀδελφοῖν ποὺς ἂν οὐ γένοιτ' ἴσος
ἀνδρός τε καὶ γυναικός, ἀλλ' ἄρσην κρατεῖ.

ΠΡΕΣΒΥΣ

540   οὐκ ἔστιν, εἰ καὶ γῆν κασίγνητος μόλοι,
κερκίδος ὅτῳ γνοίης ἂν ἐξύφασμα σῆς,
ἐν ᾧ ποτ' αὐτὸν ἐξέκλεψα μὴ θανεῖν;

ΗΛΕΚΤΡΑ

οὐκ οἶσθ', Ὀρέστης ἡνίκ' ἐκπίπτει χθονός,
νέαν μ' ἔτ' οὖσαν; εἰ δὲ κἄκρεκον πέπλους,
πῶς ἂν τότ' ὢν παῖς ταὐτὰ νῦν ἔχοι φάρη,
εἰ μὴ ξυναύξοινθ' οἱ πέπλοι τῷ σώματι;

ΠΡΕΣΒΥΣ

οἱ δὲ ξένοι ποῦ; βούλομαι γὰρ εἰσιδὼν
αὐτοὺς ἐρέσθαι σοῦ κασιγνήτου πέρι.

ΗΛΕΚΤΡΑ

οἵδ' ἐκ δόμων βαίνουσι λαιψηρῷ ποδί.

ΠΡΕΣΒΥΣ

550   ἀλλ' εὐγενεῖς μέν, ἐν δὲ κιβδήλῳ τόδε·
πολλοὶ γὰρ ὄντες εὐγενεῖς εἰσιν κακοί.
ὅμως δὲ χαίρειν τοὺς ξένους προσεννέπω.

---

[1] This line and the next are transferred by Paley from
their old place after 544.

48

Though of the same blood, ancient, never born.
Nay, pitying his tomb, some stranger shore it,
Or Argive friend, my brother's secret spy.

OLD MAN

A sandal's print is there : go, look thereon,
Child ; mark if that foot's contour match with thine.

ELECTRA

How on a stony plain should there be made
Impress of feet ?   Yea, if such print be there,
Brother's and sister's foot should never match—
A man's and woman's : greater is the male.

OLD MAN

Is there no weft of thine own loom—whereby   540
To know thy brother, if he should return—
Wherein I stole him, years agone, from death ?

ELECTRA

Know'st thou not, when Orestes fled the land,
I was a child ?   Yea, had I woven vests,
How should that lad the same cloak wear to-day,
Except, as waxed the body, vestures grew ?

OLD MAN

Where be the strangers ?   I would fain behold
And of thine absent brother question them.

ELECTRA

Lo, here with light foot step they forth the house.
Re-enter ORESTES *and* PYLADES.

OLD MAN (*aside*)

High-born of mien :—yet false the coin may be ;   550
For many nobly born be knaves in grain.
Yet—(*aloud*) to the strangers greeting fair I give.

49

ΗΛΕΚΤΡΑ

ΟΡΕΣΤΗΣ

χαῖρ', ὦ γεραιέ. τοῦ ποτ', Ἠλέκτρα, τόδε
παλαιὸν ἀνδρὸς λείψανον φίλων κυρεῖ;

ΗΛΕΚΤΡΑ

οὗτος τὸν ἀμὸν πατέρ' ἔθρεψεν, ὦ ξένε.

ΟΡΕΣΤΗΣ

τί φής; ὅδ' ὃς σὸν ἐξέκλεψε σύγγονον;

ΗΛΕΚΤΡΑ

ὅδ' ἔσθ' ὁ σώσας κεῖνον, εἴπερ ἔστ' ἔτι.

ΟΡΕΣΤΗΣ

ἔα·
τί μ' εἰσδέδορκεν ὥσπερ ἀργύρου σκοπῶν
λαμπρὸν χαρακτῆρ'; ἢ προσεικάζει μέ τῳ;

ΗΛΕΚΤΡΑ

560   ἴσως Ὀρέστου σ' ἥλιχ' ἥδεται βλέπων.

ΟΡΕΣΤΗΣ

φίλου γε φωτός. τί δὲ κυκλεῖ πέριξ πόδα;

ΗΛΕΚΤΡΑ

καὐτὴ τόδ' εἰσορῶσα θαυμάζω, ξένε.

ΠΡΕΣΒΥΣ

ὦ πότνι', εὔχου, θύγατερ Ἠλέκτρα, θεοῖς—

ΗΛΕΚΤΡΑ

τί τῶν ἀπόντων ἢ τί τῶν ὄντων πέρι;

ΠΡΕΣΒΥΣ

λαβεῖν φίλον θησαυρόν, ὃν φαίνει θεός.

ΗΛΕΚΤΡΑ

ἰδού, καλῶ θεούς. ἢ τί δὴ λέγεις, γέρον;

ΠΡΕΣΒΥΣ

βλέψον νυν εἰς τόνδ', ὦ τέκνον, τὸν φίλτατον.

ΗΛΕΚΤΡΑ

πάλαι δέδοικα, μὴ σύ γ' οὐκέτ' εὖ φρονῇς.

ORESTES

Greeting, grey sire ! Electra, of thy friends
Who hath this time-worn wreck of man to thrall?

ELECTRA

This, stranger, was my father's fosterer.

ORESTES

How say'st thou?—this, who stole thy brother
hence?

ELECTRA

Even he who saved him, if he liveth yet.

ORESTES

Why looks he on me, as who eyes the stamp
On silver?—likening me to any man?

ELECTRA

Joying perchance to see Orestes' friend.   560

ORESTES

Yea, dear he is :—yet wherefore pace me round?

ELECTRA

I also marvel, stranger, seeing this.

OLD MAN

Daughter Electra—princess !—pray the Gods—

ELECTRA

For what—of things that are or are not ours?

OLD MAN

To win the precious treasure God reveals '

ELECTRA

Lo, I invoke them. What dost mean, old sire?

OLD MAN

Look on him now, child,—on thy best-beloved !

ELECTRA

Long have I dreaded lest thy wits be crazed.

ΠΡΕΣΒΥΣ
οὐκ εὖ φρονῶ 'γὼ σὸν κασίγνητον βλέπων ;

ΗΛΕΚΤΡΑ
570   πῶς εἶπας, ὦ γεραί, ἀνέλπιστον λόγον ;

ΠΡΕΣΒΥΣ
ὁρᾶν Ὀρέστην τόνδε τὸν Ἀγαμέμνονος.

ΗΛΕΚΤΡΑ
ποῖον χαρακτῆρ' εἰσιδών, ᾧ πείσομαι ;

ΠΡΕΣΒΥΣ
οὐλὴν παρ' ὀφρύν, ἥν ποτ' ἐν πατρὸς δόμοις
νεβρὸν διώκων σοῦ μέθ' ἡμάχθη πεσών.

ΗΛΕΚΤΡΑ
πῶς φῄς ; ὁρῶ μὲν πτώματος τεκμήριον.

ΠΡΕΣΒΥΣ
ἔπειτα μέλλεις προσπίτνειν τοῖς φιλτάτοις ;

ΗΛΕΚΤΡΑ
ἀλλ' οὐκέτ', ὦ γεραιέ· συμβόλοισι γὰρ
τοῖς σοῖς πέπεισμαι θυμόν. ὦ χρόνῳ φανείς,
ἔχω σ' ἀέλπτως

ΟΡΕΣΤΗΣ
κἀξ ἐμοῦ γ' ἔχει χρόνῳ.

ΗΛΕΚΤΡΑ
οὐδέποτε δόξασ'.

ΟΡΕΣΤΗΣ
580   οὐδ' ἐγὼ γὰρ ἤλπισα.

ΗΛΕΚΤΡΑ
ἐκεῖνος εἶ σύ ;

ΟΡΕΣΤΗΣ
σύμμαχός γέ σοι μόνος,
ἢν ἐκσπάσωμαί γ' ὃν μετέρχομαι βόλον.
πέποιθα δ'· ἢ χρὴ μηκέθ' ἡγεῖσθαι θεούς,
εἰ τἄδικ' ἔσται τῆς δίκης ὑπέρτερα.

OLD MAN

I, crazed!—who look upon thy brother,—there!

ELECTRA

What mean'st thou, ancient, by a word past hope?   570

OLD MAN

I see Orestes, Agamemnon's son.

ELECTRA

What token hast thou marked, that I may trust?

OLD MAN

A scar along his brow: in his father's halls
Chasing with thee a fawn, he fell and gashed it.

ELECTRA

How say'st thou?   Yea, I see the mark thereof!

OLD MAN

Now, art thou slow to embrace thy best-beloved?

ELECTRA

No, ancient, no!   By all thy signs convinced
Mine heart is.   Thou who hast at last appeared,
Unhoped I clasp thee!

ORESTES

Clasped at last of me!

ELECTRA

Never I looked for this!

ORESTES

Nor dared I hope.   580

ELECTRA

And art thou he?

ORESTES

Yea, thy one champion I,—
If I draw in the net-cast that I seek:
And sure I shall!   We must believe no more
In Gods, if wrong shall triumph over right.

ἔμολες, ἔμολες, ὦ χρόνιος ἀμέρα,
κατέλαμψας, ἔδειξας ἐμφανῆ
πόλει πυρσόν, ὃς παλαιᾷ φυγᾷ
πατρίων ἀπὸ δωμάτων τάλας
ἀλαίνων ἔβα. θεὸς αὖ θεὸς

590 ἀμετέραν τις ἄγει
νίκαν, ὦ φίλα.
ἄνεχε χέρας, ἄνεχε
λόγον, ἵει λιτὰς εἰς τοὺς θεούς,
τύχᾳ σοι τύχᾳ
κασίγνητον ἐμβατεῦσαι πόλιν.

εἶεν· φίλας μὲν ἡδονὰς ἀσπασμάτων
ἔχω, χρόνῳ δὲ καὖθις αὐτὰ δώσομεν.
σὺ δ', ὦ γεραιέ, καίριος γὰρ ἤλυθες,

600 λέξον, τί δρῶν ἂν φονέα τισαίμην πατρὸς
μητέρα τε τὴν κοινωνὸν ἀνοσίων γάμων;
ἔστιν τί μοι κατ' Ἄργος εὐμενὲς φίλων;
ἢ πάντ' ἀνεσκευάσμεθ', ὥσπερ αἱ τύχαι;
τῷ συγγένωμαι; νύχιος ἢ καθ' ἡμέραν;
ποίαν ὁδὸν τραπώμεθ' εἰς ἐχθροὺς ἐμούς;

ὦ τέκνον, οὐδεὶς δυστυχοῦντί σοι φίλος.
εὕρημα γὰρ τὸ χρῆμα γίγνεται τόδε,
κοινῇ μετασχεῖν τἀγαθοῦ καὶ τοῦ κακοῦ.
σὺ δ', ἐκ βάθρων γὰρ πᾶς ἀνῄρησαι φίλοις
οὐδ' ἐλλέλοιπας ἐλπίδ', ἴσθι μου κλύων,

610 ἐν χειρὶ τῇ σῇ πάντ' ἔχεις καὶ τῇ τύχῃ
πατρῷον οἶκον καὶ πόλιν λαβεῖν σέθεν.

τί δῆτα δρῶντες τοῦδ' ἂν ἐξικοίμεθα;

54

ELECTRA

Thou hast come, thou hast come, dawn long delayed!
　　Thou hast flashed from the sky, thou hast lifted
　　　　on high
O'er the land as a beacon the exile that strayed
　　From his father's halls, while the years dragged by
　　　　　　In misery.
　　　Victory!　God unto us is bringing　　　　　　590
　　　　　　Victory, O my friend!
　　　Lift up thine hands and thy voice upringing
　　In prayers to the Gods, that, with Fortune flinging
Her shield round about him, thy brother through
　　　　Argos' gates may wend!

Hold—the sweet bliss of greeting I receive
Of thee, hereafter must I render back.
But, ancient—for in season hast thou come,—
Say, how shall I requite my father's slayer,
And her that shares his guilty couch, my mother?　　600
Have I in Argos any loyal friend,
Or, like my fortunes, am I bankrupt all?
With whom to league me?—best were night, or
　　day?
What path shall I essay to assault my foes?

Ah son, no friend hast thou in thy misfortune.
Nay, but this thing as treasure-trove is rare,
That one should share thine evil as thy good.
Since thou art wholly, as touching friends, bereft,—
Art even hope-forlorn,—be assured of me,
In thine own hand and fortune is thine all　　　　610
For winning father's house and city again.

What shall I do then, to attain thereto?

55

ΠΡΕΣΒΥΣ

κτανὼν Θυέστου παῖδα σήν τε μητέρα.

ΟΡΕΣΤΗΣ

ἥκω 'πὶ τόνδε στέφανον· ἀλλὰ πῶς λάβω,

ΠΡΕΣΒΥΣ

τειχέων μὲν ἐλθὼν ἐντὸς οὐδ' ἂν εἰ θέλοις.

ΟΡΕΣΤΗΣ

φρουραῖς κέκασται δεξιαῖς τε δορυφόρων;

ΠΡΕΣΒΥΣ

ἔγνως· φοβεῖται γάρ σε κοὐχ εὕδει σαφῶς.

ΟΡΕΣΤΗΣ

εἶεν· σὺ δὴ τοὐνθένδε βούλευσον, γέρον.

ΠΡΕΣΒΥΣ

κἀμοῦ γ' ἄκουσον· ἄρτι γάρ μ' ἐσῆλθέ τι.

ΟΡΕΣΤΗΣ

620   ἐσθλόν τι μηνύσειας, αἰσθοίμην δ' ἐγώ.

ΠΡΕΣΒΥΣ

Αἴγισθον εἶδον, ἡνίχ' εἷρπον ἐνθάδε,

ΟΡΕΣΤΗΣ

προσηκάμην τὸ ῥηθέν. ἐν ποίοις τόποις;

ΠΡΕΣΒΥΣ

ἀγρῶν πέλας τῶνδ' ἱπποφορβίων ἔπι.

ΟΡΕΣΤΗΣ

τί δρῶνθ; ὁρῶ γὰρ ἐλπίδ' ἐξ ἀμηχάνων.

ΠΡΕΣΒΥΣ

Νύμφαις ἐπόρσυν' ἔροτιν, ὡς ἔδοξέ μοι.

ΟΡΕΣΤΗΣ

τροφεῖα παίδων, ἢ πρὸ μέλλοντος τόκου;

ΠΡΕΣΒΥΣ

οὐκ οἶδα πλὴν ἕν· βουσφαγεῖν ὡπλίζετο.

ΟΡΕΣΤΗΣ

πόσων μετ' ἀνδρῶν; ἢ μόνος δμώων μέτα;

OLD MAN

Thyestes' son and thine own mother slay.

ORESTES

To win this prize I come.   How shall I grasp it?

OLD MAN

Through yon gates, never, how good soe'er thy will.

ORESTES

With guards beset is he, and spearmen's hands?

OLD MAN

Thou sayest: he fears thee, that he cannot sleep.

ORESTES

Ay so:—what followeth, ancient, counsel thou.

OLD MAN

Hear me—even now a thought hath come to me.

ORESTES

Be thy device good, keen to follow I!   620

OLD MAN

Aegisthus saw I, hither as I toiled,—

ORESTES

Now welcome be the word! Thou saw'st him—where?

OLD MAN

Nigh to these fields, by pastures of his steeds.

ORESTES

What doth he?   From despair I look on hope!

OLD MAN

A feast would he prepare the Nymphs, meseemed.

ORESTES

For nursing-dues of babes, or birth at hand?

OLD MAN

Nought know I, save his purposed sacrifice.

ORESTES

With guards how many?—or alone with thralls?

ΠΡΕΣΒΥΣ
οὐδεὶς παρῆν Ἀργεῖος, οἰκεία δὲ χείρ.

ΟΡΕΣΤΗΣ
630 οὔ πού τις ὅστις γνωριεῖ μ' ἰδών, γέροι ;

ΠΡΕΣΒΥΣ
δμῶες μέν εἰσιν, οἳ σέ γ' οὐκ εἶδόν ποτε.

ΟΡΕΣΤΗΣ
ἡμῖν ἂν εἶεν, εἰ κρατοῖμεν, εὐμενεῖς ;

ΠΡΕΣΒΥΣ
δούλων γὰρ ἴδιον τοῦτο, σοὶ δὲ σύμφορον.

ΟΡΕΣΤΗΣ
πῶς οὖν ἂν αὐτῷ πλησιασθείην ποτέ ;

ΠΡΕΣΒΥΣ
στείχων ὅθεν σε βουθυτῶν ἐσόψεται.

ΟΡΕΣΤΗΣ
ὁδὸν παρ' αὐτήν, ὡς ἔοικ', ἀγροὺς ἔχει.

ΠΡΕΣΒΥΣ
ὅθεν γ' ἰδών σε δαιτὶ κοινωνὸν καλεῖ.

ΟΡΕΣΤΗΣ
πικρόν γε συνθοινάτορ', ἢν θεὸς θέλῃ.

ΠΡΕΣΒΥΣ
τοὐνθένδε πρὸς τὸ πῖπτον αὐτὸς ἐννόει.

ΟΡΕΣΤΗΣ
640 καλῶς ἔλεξας. ἡ τεκοῦσα δ' ἐστὶ ποῦ ;

ΠΡΕΣΒΥΣ
Ἄργει· παρέσται δ' ἐν τάχει θοίνην ἔπι.

ΟΡΕΣΤΗΣ
τί δ' οὐχ ἅμ' ἐξώρμᾶτ' ἐμὴ μήτηρ πόσει ;

ΠΡΕΣΒΥΣ
ψόγον τρέμουσα δημοτῶν ἐλείπετο.

ΟΡΕΣΤΗΣ
ξυνῆχ'· ὕποπτος οὖσα γιγνώσκει πόλει.

58

OLD MAN

They only of his household ; Argives none.

ORESTES

None, ancient, who might look on me, and know ?   630

OLD MAN

Thralls are they who looked never on thy face.

ORESTES

Haply my partisans, if I prevail ?

OLD MAN

The bondman's wont, by happy chance for thee.

ORESTES

How then shall I make shift to approach to him ?

OLD MAN

Pass full in view at hour of sacrifice.

ORESTES

Hard by the highway be his lands, I trow.

OLD MAN

Thence shall he see, and bid thee to the feast.

ORESTES

A bitter fellow-feaster, heaven to help !

OLD MAN

Thereafter thou take thought, as fortune falls.

ORESTES

Well hast thou said.   My mother—where is she ?   640

OLD MAN

In Argos, yet shall soon attend the feast.

ORESTES

Why went not forth my mother with her lord ?

OLD MAN

Fearing the people's taunts there tarried she.

ORESTES

Yea—knowing how men look askance on her.

ΗΛΕΚΤΡΑ

ΠΡΕΣΒΥΣ
τοιαῦτα· μισεῖται γὰρ ἀνόσιος γυνή.

ΟΡΕΣΤΗΣ
πῶς οὖν ἐκείνην τόνδε τ' ἐν ταὐτῷ κτενῶ ;

ΗΛΕΚΤΡΑ
ἐγὼ φόνον γε μητρὸς ἐξαρτύσομαι.

ΟΡΕΣΤΗΣ
καὶ μὴν ἐκεῖνά γ' ἡ τύχη θήσει καλῶς.

ΗΛΕΚΤΡΑ
ὑπηρετείτω μὲν δυοῖν ὄντοιν ὅδε.

ΠΡΕΣΒΥΣ
650 ἔσται τάδ'· εὑρίσκεις δὲ μητρὶ πῶς φόνον ;

ΗΛΕΚΤΡΑ
λέγ', ὦ γεραιέ, τάδε Κλυταιμνήστρᾳ μολών·
λεχώ μ' ἀπάγγελλ' οὖσαν ἄρσενος τόκου.

ΠΡΕΣΒΥΣ
πότερα πάλαι τεκοῦσαν ἢ νεωστὶ δή ;

ΗΛΕΚΤΡΑ
δέχ' ἡλίους, ἐν οἷσιν ἁγνεύει λεχώ.

ΠΡΕΣΒΥΣ
καὶ δὴ τί τοῦτο μητρὶ προσβάλλει φόνον ;

ΗΛΕΚΤΡΑ
ἥξει κλύουσα λόχι' ἐμοῦ νοσήματα.

ΠΡΕΣΒΥΣ
πόθεν ; τί δ' αὐτῇ σοῦ μέλειν δοκεῖς, τέκνον ;

ΗΛΕΚΤΡΑ
ναί· καὶ δακρύσει γ' ἀξίωμ' ἐμῶν τόκων.

ΠΡΕΣΒΥΣ
ἴσως· πάλιν τοι μῦθον εἰς καμπὴν ἄγε.

ΗΛΕΚΤΡΑ
660 ἐλθοῦσα μέντοι δῆλον ὡς ἀπόλλυται.

OLD MAN

Even so ; a woman for her crimes abhorred.

ORESTES

How shall I slay together him and her?

ELECTRA

Even I my mother's slaying will prepare.

ORESTES

Good sooth, for *his* shall Fortune smooth the path.

ELECTRA

Herein shall twain be served of this one man.

OLD MAN

Yea.   How wilt thou contrive thy mother's death?   650

ELECTRA

Go, ancient, say to Clytemnestra this—
Report me mother of a child, a male.

OLD MAN

Long since delivered, or but as of late?

ELECTRA

Within these ten days—purifying's space.

OLD MAN

Yet—to thy mother how doth this bring death?

ELECTRA

At tidings of my travail will she come.

OLD MAN

How?—deem'st thou, child, she careth aught for thee?

ELECTRA

Yea—even to weeping for my babes' high birth!

OLD MAN

Haply : yet toward thy goal turn thou thy speech.

ELECTRA

Let her but come, and surely is she dead.   660

ΗΛΕΚΤΡΑ

ΠΡΕΣΒΥΣ

καὶ μὴν ἐπ' αὐτάς γ' εἰσίτω δόμων πύλας.

ΗΛΕΚΤΡΑ

οὔκουν τραπέσθαι σμικρὸν εἰς Ἅιδου τόδε;

ΠΡΕΣΒΥΣ

εἰ γὰρ θάνοιμι τοῦτ' ἰδὼν ἐγώ ποτε.

ΗΛΕΚΤΡΑ

πρώτιστα μέν νυν τῷδ' ὑφήγησαι, γέρον.

ΠΡΕΣΒΥΣ

Αἴγισθος ἔνθα νῦν θυηπολεῖ θεοῖς;

ΗΛΕΚΤΡΑ

ἔπειτ' ἀπαντῶν μητρὶ τἀπ' ἐμοῦ φράσον.

ΠΡΕΣΒΥΣ

ὥστ' αὐτά γ' ἐκ σοῦ στόματος εἰρῆσθαι δοκεῖν.

ΗΛΕΚΤΡΑ

σὸν ἔργον ἤδη· πρόσθεν εἴληχας φόνου.

ΟΡΕΣΤΗΣ

στείχοιμ' ἄν, εἴ τις ἡγεμὼν γίγνοιθ' ὁδοῦ.

ΠΡΕΣΒΥΣ

670   καὶ μὴν ἐγὼ πέμποιμ' ἂν οὐκ ἀκουσίως.

ΟΡΕΣΤΗΣ

ὦ Ζεῦ πατρῷε καὶ τροπαῖ' ἐχθρῶν ἐμῶν,[1]

ΗΛΕΚΤΡΑ

οἴκτειρέ θ' ἡμᾶς, οἰκτρὰ γὰρ πεπόνθαμεν,

ΠΡΕΣΒΥΣ

οἴκτειρε δῆτα σούς γε φύντας ἐκγόνους.

ΗΛΕΚΤΡΑ

Ἥρα τε, βωμῶν ἣ Μυκηναίων κρατεῖς,

ΟΡΕΣΤΗΣ

νίκην δὸς ἡμῖν, εἰ δίκαι' αἰτούμεθα.

---

[1] Lines 671-682 have been variously arranged and assigned. Murray's arrangement is here adopted, as most dramatic.

ELECTRA

OLD MAN
Nay then, to the very house-door let her come.

ELECTRA
Is not the bypath thence to Hades' short?

OLD MAN
Oh but to see this hour, then welcome death!

ELECTRA
First, ancient, then, be guide unto this man.

OLD MAN
To where Aegisthus doeth sacrifice?

ELECTRA
Then seek my mother, and my message tell.

OLD MAN
Yea, it shall seem the utterance of thy lips.

ELECTRA (to Orestes)
Now to thy work. Thou drewest first blood-lot.

ORESTES
I will set forth if any guide appear.

OLD MAN
Even I will speed thee thither nothing loth.   670

ORESTES
My fathers' God, Zeus, smiter of my foes,

ELECTRA
Pity us: pitiful our wrongs have been.

OLD MAN
Yea, pity those whose lineage is of thee!

ELECTRA
Queen of Mycenae's altars, Hera, help!

ORESTES
Grant to us victory, if we claim the right.

ΗΛΕΚΤΡΑ

ΠΡΕΣΒΥΣ

δὸς δῆτα πατρὸς τοῖσδε τιμωρὸν δίκην.

ΗΛΕΚΤΡΑ

ὦ Γαῖ᾽ ἄνασσα, χεῖρας ᾖ δίδωμ᾽ ἐμάς,

ΟΡΕΣΤΗΣ

σύ τ᾽, ὦ κάτω γῆς ἀνοσίως οἰκῶν πάτερ,

ΠΡΕΣΒΥΣ

ἄμυν᾽ ἄμυνε τοῖσδε φιλτάτοις τέκνοις.

ΟΡΕΣΤΗΣ

680   νῦν πάντα νεκρὸν ἐλθὲ σύμμαχον λαβών,

ΗΛΕΚΤΡΑ

οἵπερ γε σὺν σοὶ Φρύγας ἀνήλωσαν δορί,

ΠΡΕΣΒΥΣ

χὦσοι στυγοῦσιν ἀνοσίους μιάστορας·

ΟΡΕΣΤΗΣ

ἤκουσας, ὦ δείν᾽ ἐξ ἐμῆς μητρὸς παθών;

ΗΛΕΚΤΡΑ

πάντ᾽, οἶδ᾽, ἀκούει τάδε πατήρ· στείχειν δ᾽ ἀκμή.
καί σοι προφωνῶ πρὸς τάδ᾽ Αἴγισθον θανεῖν·
ὡς, εἰ παλαισθεὶς πτῶμα θανάσιμον πεσεῖ,
τέθνηκα κἀγώ, μηδέ με ζῶσαν λέγε.
παίσω γὰρ ἧπαρ [1] τοὐμὸν ἀμφήκει ξίφει.
δόμων δ᾽ ἔσω βᾶσ᾽ εὐτρεπὲς ποιήσομαι,
690   ὡς, ἢν μὲν ἔλθῃ πύστις εὐτυχὴς σέθεν,
ὀλολύξεται πᾶν δῶμα· θνήσκοντος δὲ σοῦ
τἀναντί᾽ ἔσται τῶνδε· ταῦτά σοι λέγω.

ΟΡΕΣΤΗΣ

πάντ᾽ οἶδα.

ΗΛΕΚΤΡΑ

            πρὸς τάδ᾽ ἄνδρα γίγνεσθαί σε χρή.
ὑμεῖς δέ μοι, γυναῖκες, εὖ πυρσεύετε

---

[1] Geel : for κάρα γάρ of MS.

OLD MAN

Grant for their father vengeance unto these!

ELECTRA

O Earth, O Queen, on whom I lay mine hands,

ORESTES

Father, by foul wrong dweller 'neath the earth,

OLD MAN

Help, help them, these thy children best-beloved.

ORESTES

Come! bring all those thy battle-helpers slain,　　　680

ELECTRA

All them whose spears with thee laid Phrygians low,

OLD MAN

Yea, all which hate defilers impious!

ORESTES

Hear'st thou, O foully-entreated of my mother?

ELECTRA

Our sire hears all, I know :—but time bids forth.
Therefore I warn thee, Aegisthus needs must die.
If thou, o'ermastered, fall a deadly fall,
I die too; count me then no more alive:
For I with sword twin-edged will pierce mine heart.
Now pass I in, to set in order all,
For, if there come fair tidings touching thee,　　　690
The house shall shout its joy; but, if thou die,
Far other shall betide.　Thus charge I thee.

ORESTES

All know I.

ELECTRA

　　　Wherefore must thou play the man.
And ye, girls, beacon-like raise signal cry

κραυγὴν ἀγῶνος τοῦδε. φρουρήσω δ' ἐγὼ
πρόχειρον ἔγχος χειρὶ βαστάζουσ' ἐμῇ.
οὐ γάρ ποτ' ἐχθροῖς τοῖς ἐμοῖς νικωμένη
δίκην ὑφέξω σῶμ' ἐμὸν καθυβρίσαι.

ΧΟΡΟΣ

ἀταλᾶς ὑπὸ ματρὸς   στρ. α΄
700   'Αργείων ὀρέων ποτὲ κληδὼν
ἐν πολιαῖσι μένει φάμαις
εὐαρμόστοις ἐν καλάμοις
Πᾶνα μοῦσαν ἀδύθροον
πνέοντ', ἀγρῶν ταμίαν,
χρυσέαν ἄρνα καλλίποκον πορεῦσαι·
πετρίνοις δ' ἐπιστὰς
κᾶρυξ ἴαχεν βάθροις·
ἀγορὰν ἀγοράν, Μυκηναῖοι,
710   στείχετε μακαρίων ὀψόμενοι τυράννων
φάσματα,† δείματα.
χοροὶ δ' 'Ατρειδᾶν †ἐγέραιρον† οἴκους· [1]

θυμέλαι δ' ἐπίτναντο   ἀντ. α΄
χρυσήλατοι, σελαγεῖτο δ' ἀν' ἄστυ
πῦρ ἐπιβώμιον 'Αργείων·
λωτὸς δὲ φθόγγον κελάδει

---

[1] The text of ll. 711, 712 is corrupt, and scholars are not
agreed as to the sense.

Of this strife's issue.   I will keep good watch,
Holding the sword aye ready in my grasp :
For never, overmastered, to my foes
Will I for vengeance-outrage yield me up.

[*Retires within cottage.   Exeunt* OR., PYL.. *and* O. M.

CHORUS

In ancient song is the tale yet told [1]   (*Str.* 1)
  How Pan, the Master of forest and mead,   700
Unearthly sweet while the melody rolled
  From his pipes of cunningly-linkèd reed,
  Did of yore from the mountains of Argos lead,
From the midst of the tender ewes of the fold,
A lamb bright-fleeced with the splendour of gold.
  From the steps of marble the herald then
    Cried all the folk to the market-place—
" To the gathering away, O Argive men !
    On the awesome portent press to gaze   710
    Of the lords of the heaven-favoured race !"
And with blithe acclaim the dancers came, and with
    songs of praise.

(*Ant.* 1.)

And the gold-laid pavements in glorious wise
  Were tapestry-spread : through street on street
Flashed flames of the Argives' sacrifice ;
  And the voices were ringing of flutes most sweet,
  Which render the Muses service meet :

---

[1] When Atreus and Thyestes both claimed the throne, it
was decided that whichever of them should display a divine
portent should be king.   A lamb with golden fleece
appeared amongst the flocks of Atreus ; but Aerope, his
wife, conveyed it to her paramour Thyestes. Atreus, in
revenge, threw Aerope into the sea, murdered Thyestes'
sons, and served their flesh up at a feast to their father.
Euripides omits the details of this vengeance, and passes on
directly to its consequences in the judgment of Heaven.

κάλλιστον, Μουσᾶν θεράπων·
μολπαὶ δ' ηὔξοντ' ἐραταὶ
χρυσέας ἀρνός, ὡς ἐστὶ λάχος [1] Θυέστου·

720 κρυφίαις γὰρ εὐναῖς
πείσας ἄλοχον φίλαν
Ἀτρέως, τέρας ἐκκομίζει πρὸς
δώματα· νεόμενος δ' εἰς ἀγόρους ἀΰτει
τὰν κερόεσσαν ἔ–
χειν χρυσόμαλλον κατὰ δῶμα ποίμναν.

τότε δὴ τότε φαεννὰς   στρ. β′
ἄστρων μετέβασ' ὁδοὺς
Ζεὺς καὶ φέγγος ἀελίου
730 λευκόν τε πρόσωπον ἀοῦς,
τὰ δ' ἔσπερα νῶτ' ἐλαύνει
θερμᾷ φλογὶ θεοπύρῳ,
νεφέλαι δ' ἔνυδροι πρὸς ἄρκτον,
ξηραί τ' Ἀμμωνίδες ἕδραι
φθίνουσ' ἀπειρόδροσοι,
καλλίστων ὄμβρων Διόθεν στερεῖσαι.

λέγεται, τάδε δὲ πίστιν   ἀντ. β′
σμικρὰν παρ' ἔμοιγ' ἔχει,
στρέψαι θερμὰν ἀέλιον
740 χρυσωπὸν ἕδραν ἀλλάξαν–
τα δυστυχίᾳ βροτείῳ
θνατᾶς ἕνεκεν δίκας.
φοβεροὶ δὲ βροτοῖσι μῦθοι
κέρδος πρὸς θεῶν θεραπείας.
ὧν οὐ μνασθεῖσα πόσιν
κτείνεις, κλεινῶν συγγενέτειρ' ἀδελφῶν.

---

[1] Paley : for (corrupt) ἐπίλογοι of MSS.

68

But with triumph-swell did a strange chant rise—
" Lo, the Golden Lamb is Thyestes' prize ! "
  For the nets of a love with dark guile fraught
    O'er the soul of Atreus' bride did he fling ;   720
  And the marvel so to his halls hath he brought,
    And hath sped to the thronged folk, publishing
    How his palace had gotten that strange horned
        thing,   [they hailed him king.
The golden-fleeced :—and the strife so ceased, and

Then, then, in his anger arose Zeus, turning   (*Str. 2*)
  The stars' feet back on the fire-fretted way ;
Yea, and the Sun's car splendour-burning,
  And the misty eyes of the morning grey.   730
    And with flash of his chariot-wheels back-flying
  Flushed crimson the face of the fading day :
    To the north fled the clouds with their burden
        sighing ;
    And for rains withheld, and for dews fast-drying
The dwellings of Ammon in faintness were yearning,
  For sweet showers crying to heavens denying.
                     (*Ant. 2*)
It is told of the singers,—scant credence such story,
  Touching secrets of Gods, of my spirit hath won——
That the Sun from that vision turned backward the
    glory
  Of the gold of the face of his flaming throne,   [ing
    With the scourge of his wrath in affliction repay- 740
Mortals for deeds in their mad feuds done.
    Yet it may be the tale liveth, soul-affraying,
    To bow us to Godward in lowly obeying.
O mother of princes, it rose not before thee [slaying !
  Mid thy lord's moan, staying thine hand from the

ἔα ἔα·
φίλαι, βοῆς ἤκούσατ᾽, ἢ δοκῶ κενὴ
ὑπῆλθέ μ᾽, ὥστε νερτέρα βροντὴ Διός ;
ἰδού, τάδ᾽ οὐκ ἄσημα πνεύματ᾽ αἴρεται·
750   δέσποιν᾽, ἄμειψον δώματ᾽, Ἠλέκτρα, τάδε.

ΗΛΕΚΤΡΑ
φίλαι, τί χρῆμα ; πῶς ἀγῶνος ἥκομεν ;

ΧΟΡΟΣ
οὐκ οἶδα πλὴν ἕν· φόνιον οἰμωγὴν κλύω.

ΗΛΕΚΤΡΑ
ἤκουσα κἀγώ, τηλόθεν μέν, ἀλλ᾽ ὅμως.

ΧΟΡΟΣ
μακρὰν γὰρ ἕρπει γῆρυς, ἐμφανής γε μήι.

ΗΛΕΚΤΡΑ
Ἀργεῖος ὁ στεναγμὸς ἢ φίλων ἐμῶν ;

ΧΟΡΟΣ
οὐκ οἶδα· πᾶν γὰρ μίγνυται μέλος βοῆς.

ΗΛΕΚΤΡΑ
σφαγὴν ἀυτεῖς τήνδε μοι· τί μέλλομεν ;

ΧΟΡΟΣ
ἔπισχε, τρανῶς ὡς μάθῃς τύχας σέθεν.

ΗΛΕΚΤΡΑ
οὐκ ἔστι· νικώμεσθα· ποῦ γὰρ ἄγγελοι ;

ΧΟΡΟΣ
760   ἥξουσιν· οὗτοι βασιλέα φαῦλον κτανεῖν.

ΑΓΓΕΛΟΣ
ὦ καλλίνικοι παρθένοι Μυκηνίδες,
νικῶντ᾽ Ὀρέστην πᾶσιν ἀγγέλλω φίλοις,
Ἀγαμέμνονος δὲ φονέα κείμενον πέδῳ
Αἴγισθον· ἀλλὰ θεοῖσιν εὔχεσθαι χρεών.

70

ELECTRA

Ha, friends!
Heard ye a great voice—or am I beguiled
Of fancy?—like earth-muffled thunder of Zeus?
Lo there, the gale is swelling all too plain!
Princess, come forth thine house!—Electra, come! 750

Enter ELECTRA.

ELECTRA

Friends, what befalls? How doth our conflict speed?

CHORUS

I know but this, I hear a cry of death.

ELECTRA

I also hear—far off—yet oh, I hear!

CHORUS

Faint from the distance stole the cry, yet clear.

ELECTRA

A shriek of Argives?—or of them I love?

CHORUS

I know not: all confused rang out the strain.

ELECTRA

Thine answer is my death!—why linger I?

CHORUS

Stay, till in certainty thou learn thy fate.

ELECTRA

No—vanquished!—where be they, his messengers?

CHORUS

They yet shall come; not lightly slain are kings. 760

Enter MESSENGER.

MESSENGER

Victory! victory, Mycenaean maids!
To all friends, tidings of Orestes' triumph!
Low lieth Agamemnon's murderer
Aegisthus: render thanks unto the Gods.

ΗΛΕΚΤΡΑ

ΗΛΕΚΤΡΑ

τίς δ' εἶ σύ ; πῶς μοι πιστὰ σημαίνεις τάδε ;

ΑΓΓΕΛΟΣ

οὐκ οἶσθ' ἀδελφοῦ μ' εἰσορῶσα πρόσπολον ;

ΗΛΕΚΤΡΑ

ὦ φίλτατ', ἔκ τοι δείματος δυσγνωσίαν
εἶχον προσώπου· νῦν δὲ γιγνώσκω σε δή.
τί φής ; τέθνηκε πατρὸς ἐμοῦ στυγνὸς φονεύς ;

ΑΓΓΕΛΟΣ

770 τέθνηκε· δίς σοι ταῦθ', ἅ γ' οὖν βούλει, λέγω.

ΗΛΕΚΤΡΑ

ὦ θεοί, Δίκη τε πάνθ' ὁρῶσ', ἦλθές ποτε.
ποίῳ τρόπῳ δὲ καὶ τίνι ῥυθμῷ φόνου
κτείνει Θυέστου παῖδα, βούλομαι μαθεῖν.

ΑΓΓΕΛΟΣ

ἐπεὶ μελάθρων τῶνδ' ἀπήραμεν πόδα,
εἰσβάντες ἦμεν δίκροτον εἰς ἁμαξιτόν,
ἔνθ' ἦν ὁ κλεινὸς τῶν Μυκηναίων ἄναξ.
κυρεῖ δὲ κήποις ἐν καταρρύτοις βεβώς,
δρέπων τερείνης μυρσίνης κάρα πλόκους·
ἰδών τ' ἀυτεῖ· χαίρετ', ὦ ξένοι· τίνες ;
780 πόθεν πορεύεσθ' ; ἔστε τ' ἐκ ποίας χθονός ;
ὁ δ' εἶπ' Ὀρέστης· Θεσσαλοί· πρὸς δ' Ἀλφεὸν
θύσοντες ἐρχόμεσθ' Ὀλυμπίῳ Διί.
κλύων δὲ ταῦτ' Αἴγισθος ἐννέπει τάδε·
νῦν μὲν παρ' ἡμῖν χρὴ συνεστίους ἐμοὶ
θοίνῃ γενέσθαι· τυγχάνω δὲ βουθυτῶν
Νύμφαις· ἑῷοι δ' ἐξαναστάντες λέχους
εἰς ταὐτὸν ἥξετ'. ἀλλ' ἴωμεν εἰς δόμους—
καὶ ταῦθ' ἅμ' ἠγόρευε καὶ χερὸς λαβὼν
παρῆγεν ἡμᾶς—οὐδ' ἀπαρνεῖσθαι χρεών.
790 ἐπεὶ δ' ἐν οἴκοις ἦμεν, ἐννέπει τάδε·

ELECTRA

ELECTRA

Who art thou?—what attests thy tidings' truth?

MESSENGER

Look,—dost thou know me not,—thy brother's
    henchman?

ELECTRA

O friend, I knew not, out of very fear,
Thy face; but now in very sooth I know.
How say'st thou?—is my sire's foul murderer dead?

MESSENGER

Dead. Twice I say it, since thou will'st it so.   770

ELECTRA

Gods! All-seeing Justice, thou hast come at last!
In what wise, and by what device of death,
Slew he Thyestes' son? I fain would know.

MESSENGER

Soon as our feet from thine abode had passed,
The highway chariot-rutted entered we:
There was this Mycenaean king renowned.
Into his watered garden had he turned,
Plucking soft myrtle-sprays to bind his brows.
He saw, and cried, "Hail strangers, who be ye?
Whence journeying, and children of what land?"   780
"Thessalians we," Orestes spake, "who seek
Alpheus, to sacrifice to Olympian Zeus."
Now when Aegisthus heard this, answered he:
"Nay, at this altar-feast ye needs must be
My guests: I sacrifice unto the Nymphs.
With morning shall ye rise from sleep, and speed
No less. Come, let us go into the house,"—
So speaking, did he take us by the hand,
And led us in,—"ye may not say me nay."
And, when we stood within his doors, he spake: 790

λουτρ' ὡς τάχιστα τοῖς ξένοις τις αἱρέτω,
ὡς ἀμφὶ βωμὸν στῶσι χερνίβων πέλας.
ἀλλ' εἶπ' Ὀρέστης· ἀρτίως ἡγνίσμεθα
λουτροῖσι καθαροῖς ποταμίων ῥείθρων ἄπο.
εἰ δὲ ξένους ἀστοῖσι συνθύειν χρεών,
Αἴγισθ', ἕτοιμοι κοὐκ ἀπαρνούμεσθ', ἄναξ.
τοῦτον μὲν οὖν μεθεῖσαν ἐκ μέσου λόγον·
λόγχας δὲ θέντες δεσπότου φρουρήματα
δμῶες πρὸς ἔργον πάντες ἴεσαν χέρας.

800 οἱ μὲν σφαγεῖον ἔφερον, οἱ δ' ἦρον κανᾶ,
ἄλλοι δὲ πῦρ ἀνῆπτον ἀμφί τ' ἐσχάρας
λέβητας ὤρθουν· πᾶσα δ' ἐκτύπει στέγη.
λαβὼν δὲ προχύτας μητρὸς εὐνέτης σέθεν
ἔβαλλε βωμούς, τοιάδ' ἐννέπων ἔπη·
Νύμφαι πετραῖαι, πολλάκις με βουθυτεῖν
καὶ τὴν κατ' οἴκους Τυνδαρίδα δάμαρτ' ἐμὴν
πράσσοντας ὡς νῦν, τοὺς δ' ἐμοὺς ἐχθροὺς
κακῶς·
λέγων Ὀρέστην καὶ σέ. δεσπότης δ' ἐμὸς
τἀναντί' ηὔχετ', οὐ γεγωνίσκων λόγους,

810 λαβεῖν πατρῷα δώματ'. ἐκ κανοῦ δ' ἑλὼν
Αἴγισθος ὀρθὴν σφαγίδα, μοσχείαν τρίχα
τεμών, ἐφ' ἁγνὸν πῦρ ἔθηκε δεξιᾷ,
κἄσφαξ' ἐπ' ὤμων μόσχον ὡς ἦραν χεροῖν
δμῶες, λέγει δὲ σῷ κασιγνήτῳ τάδε·
ἐκ τῶν καλῶν κομποῦσι τοῖσι Θεσσαλοῖς
εἶναι τόδ', ὅστις ταῦρον ἀρταμεῖ καλῶς
ἵππους τ' ὀχμάζει. λαβὲ σίδηρον, ὦ ξένε,
δεῖξόν τε φήμην ἔτυμον ἀμφὶ Θεσσαλῶν.
ὁ δ' εὐκρότητον Δωρίδ' ἁρπάσας χεροῖν,

820 ῥίψας ἀπ' ὤμων εὐπρεπῆ πορπάματα
Πυλάδην μὲν εἷλετ' ἐν πόνοις ὑπηρέτην,

74

" Let one with speed bring water for the guests,
That they may compass with cleansed hands the
    altar."
But spake Orestes, " In pure river-streams
It was but now we purified ourselves.
If strangers may with citizens sacrifice,
Ready we are, nor say thee nay, O King."
Such words they spake in hearing of us all.

Then, laying down their spears, the tyrant's guards,
His thralls, all set their hands unto the work.
Some brought the bowl of slaughter, some the
    maunds: 800
The fire some kindled, and the caldrons set
Over the hearths: with tumult rang the roofs.

Then took thy mother's paramour the meal,
And thus spake, on the altars casting it:
" Nymphs of the Rocks, vouchsafe me oft, with her,
Mine home-mate Tyndareus' child, to sacrifice,
As now, blest, and my foes in like ill case."
Thee and Orestes meant he ; but my lord
Reversed the prayer, low-murmuring, even to win
Ancestral halls.   Aegisthus from the maund   810
Took the straight blade, the calf's hair shore there-
    with,
And on the pure flame with his right hand cast ;
Then, when his thralls heaved shoulder-high the calf,
Severed the throat, and to thy brother spake :
" Herein, men boast, Thessalians take their pride,
In deftly quartering the slaughtered bull,
And taming steeds.   Take thou the steel, O guest,
And prove the fame of the Thessalians true."
He grasped a fair-wrought Dorian blade in hand,
And from his shoulder cast his graceful cloak,   820
Took Pylades for helper in his task,

75

δμῶας δ᾽ ἀπωθεῖ· καὶ λαβὼν μόσχου πόδα,
λευκὰς ἐγύμνου σάρκας ἐκτείνων χέρα·
θᾶσσον δὲ βύρσαν ἐξέδειρεν ἢ δρομεὺς
δισσοὺς διαύλους ἱππίους διήνυσε,
κἀνεῖτο λαγόνας. ἱερὰ δ᾽ εἰς χεῖρας λαβὼν
Αἴγισθος ἤθρει. καὶ λοβὸς μὲν οὐ προσῆν
σπλάγχνοις, πύλαι δὲ καὶ δοχαὶ χολῆς πέλας
κακὰς ἔφαινον τῷ σκοποῦντι προσβολάς.
830   χὠ μὲν σκυθράζει, δεσπότης δ᾽ ἀνιστορεῖ·
τί χρῆμ᾽ ἀθυμεῖς, ὦ ξέν᾽; ὀρρωδῶ τινα
δόλον θυραῖον. ἔστι δ᾽ ἔχθιστος βροτῶν
Ἀγαμέμνονος παῖς πολέμιός τ᾽ ἐμοῖς δόμοις.
ὁ δ᾽ εἶπε· φυγάδος δῆτα δειμαίνεις δόλον,
πόλεως ἀνάσσων; οὐχ, ὅπως παστήρια
θοινασόμεσθα, Φθιάδ᾽ ἀντὶ Δωρικῆς
οἴσει τις ἡμῖν κοπίδ᾽; ἀπορρήξω χέλυν.
λαβὼν δὲ κόπτει. σπλάγχνα δ᾽ Αἴγισθος λαβὼν
ἤθρει διαιρῶν· τοῦ δὲ νεύοντος κάτω
840   ὄνυχας ἐπ᾽ ἄκρους στὰς κασίγνητος σέθεν
εἰς σφονδύλους ἔπαισε, νωτιαῖα δὲ
ἔρρηξεν ἄρθρα· πᾶν δὲ σῶμ᾽ ἄνω κάτω
ἤσπαιρεν, ἐσφάδαζε δυσθνῄσκων φόνῳ.
δμῶες δ᾽ ἰδόντες εὐθὺς ᾖξαν εἰς δόρυ,
πολλοὶ μάχεσθαι πρὸς δύ᾽· ἀνδρείας δ᾽ ὕπο
ἔστησαν ἀντίπρωρα σείοντες βέλη
Πυλάδης Ὀρέστης τ᾽· εἶπε δ᾽, οὐχὶ δυσμενὴς
ἥκω πόλει τῇδ᾽ οὐδ᾽ ἐμοῖς ὀπάοσι,
φονέα δὲ πατρὸς ἀντετιμωρησάμην
850   τλήμων Ὀρέστης· ἀλλὰ μή με καίνετε,
πατρὸς παλαιοὶ δμῶες· οἱ δ᾽, ἐπεὶ λόγων

And put the thralls back; seized the calf's foot
   then,
Bared the white flesh, with free sweep of his arm,
And quicker flayed the hide than runner's feet
Twice round the turnings of the horse-course speed:
So opened it. Aegisthus grasped the inwards,
And gazed thereon. No lobe the liver had:
The gate-vein, the gall-bladder nigh thereto,
Portended perilous scathe to him that looked.
Scowling he stared; but straight my master asks: 830
"Why cast down, O mine host?" "A stranger's
   guile
I dread. Of all men hatefullest to me,
And foe to mine, is Agamemnon's son."
But he, "Go to: *thou* fear an exile's guile—
The King! That we on flesh of sacrifice
May feast, let one for this of Doris bring
A Phthian knife:[1] the breast-bone let me cleave."

So took, and cleft. Aegisthus grasped the inwards,
Parted, and gazed. Even as he bowed his head,
Thy brother strained himself full height, and smote 840
Down on his spine, and through his backbone's joints
Crashed. Shuddered all his frame from head to foot,
Convulsed in throes of agony dying hard.
Straightway the thralls beholding sprang to arms,—
A host to fight with two,—but unafraid
Pylades and Orestes, brandishing
Their weapons, faced them: "Not a foe," he cried,
"To Argos, nor my servants, am I come!
I have avenged me on my father's slayer,—
Orestes I, the hapless! Slay me not,   850
My father's ancient thralls!" They, when they heard

---

[1] A heavy cleaver, better adapted both for his ostensible
and for his real purpose.

77

ἤκουσαν, ἔσχον κάμακας· ἐγνώσθη δ' ὑπὸ
γέροντος ἐν δόμοισιν ἀρχαίου τινός.
στέφουσι δ' εὐθὺς σοῦ κασιγνήτου κάρα
χαίροντες ἀλαλάζοντες. ἔρχεται δὲ σοὶ
κάρα 'πιδείξων, οὐχὶ Γοργόνος φέρων,
ἀλλ' ὃν στυγεῖς Αἴγισθον· αἷμα δ' αἵματος
πικρὸς δανεισμὸς ἦλθε τῷ θανόντι νῦν.

ΧΟΡΟΣ

θὲς εἰς χορόν, ὦ φίλα, ἴχνος,   στρ.
ὡς νεβρὸς οὐράνιον
πήδημα κουφίζουσα σὺν ἀγλαΐᾳ·
νικᾷ στεφαναφορίαν
οἵαν παρ' Ἀλφειοῦ ῥεέθροις τελέσας
κασίγνητος σέθεν· ἀλλ' ἐπάειδε
καλλίνικον ᾠδὰν ἐμῷ χορῷ.

860

ΗΛΕΚΤΡΑ

ὦ φέγγος, ὦ τέθριππον ἡλίου σέλας,
ὦ γαῖα καὶ νὺξ ἣν ἐδερκόμην πάρος,
νῦν ὄμμα τοὐμὸν ἀμπτυχαί τ' ἐλεύθεροι,
ἐπεὶ πατρὸς πέπτωκεν Αἴγισθος φονεύς.
φέρ', οἷα δὴ ἔχω καὶ δόμοι κεύθουσί μου
κόμης ἀγάλματ' ἐξενέγκωμαι, φίλαι,
στέψω τ' ἀδελφοῦ κρᾶτα τοῦ νικηφόρου.

870

ΧΟΡΟΣ

σὺ μέν νυν ἀγάλματ' ἄειρε   ἀντ.
κρατί· τὸ δ' ἀμέτερον
χωρήσεται Μούσαισι χόρευμα φίλον.
νῦν οἱ πάρος ἀμέτεροι
γαίας τυραννεύσουσι φίλοι βασιλῆς,
δικαίως τούσδ' ἀδίκους καθελόντες.
ἀλλ' ἴτω ξύναυλος βοὰ χαρᾷ.

His words, stayed spear ; and recognised was he
Of an old servant, long time of the house.
Straightway a wreath upon thy brother's brow
They set, with shouts rejoicing.   And he comes
To show the head to thee—no Gorgon's this,
But whom thou hat'st, Aegisthus.   Blood for blood,
Bitter repayment, to the slain hath come.

CHORUS

Forth to the dance, O belovèd, with feet   (*Str.*)
    That rapture is winging !   860
Bounding from earth, as a fawn's, let them fleet !
    Lo, thy brother comes bringing
Victory-garlands more fair than they gain
By Alpheus' flow !   As I dance, be thy strain
    Of triumph outringing !

ELECTRA

O light, O splendour of the Sun-god's steeds,
O Earth, and Night that filled my gaze till now,
Free are mine eyes now : dawn's wings open free !
My father's slayer Aegisthus is laid low !
Come, such things as I have, my dwelling's store,   870
Let me bring forth to grace his hair, O friends,
To crown my conquering brother's head withal.

CHORUS

Crown him, the conqueror !—garlands upraise,   (*Ant.*)
    Thy thanksgiving-oblation !
To the dance that the Muses love forth will we pace.
    Now shall rule o'er our nation
Her kings well-beloved whom of old she hath known ;
For the right is triumphant, the tyrant o'erthrown.
    Ring, joy's exultation !

880 ὦ καλλίνικε, πατρὸς ἐκ νικηφόρου
γεγώς, Ὀρέστα, τῆς ὑπ' Ἰλίῳ μάχης,
δέξαι κόμης σῆς βοστρύχων ἀνδήματα.
ἥκεις γὰρ οὐκ ἀχρεῖον ἔκπλεθρον δραμὼν
ἀγῶν' ἐς οἴκους, ἀλλὰ πολέμιον κτανὼν
Αἴγισθον, ὃς σὸν πατέρα κἀμὸν ὤλεσε.
σύ τ', ὦ παρασπίστ', ἀνδρὸς εὐσεβεστάτου
παίδευμα, Πυλάδη, στέφανον ἐξ ἐμῆς χερὸς
δέχου· φέρει γὰρ καὶ σὺ τῷδ' ἴσον μέρος
ἀγῶνος· ἀεὶ δ' εὐτυχεῖς φαίνοισθέ μοι.

ΟΡΕΣΤΗΣ
890 θεοὺς μὲν ἡγοῦ πρῶτον, Ἠλέκτρα, τύχης
ἀρχηγέτας τῆσδ', εἶτα κἄμ' ἐπαίνεσον
τὸν τῶν θεῶν τε τῆς τύχης θ' ὑπηρέτην.
ἥκω γὰρ οὐ λόγοισιν ἀλλ' ἔργοις κτανὼν
Αἴγισθον· ὡς δέ τῳ σάφ' εἰδέναι τάδε
προθῶμεν, αὐτὸν τὸν θανόντα σοι φέρω,
ὅν, εἴτε χρήζεις, θηρσὶν ἁρπαγὴν πρόθες,
ἢ σκῦλον οἰωνοῖσιν αἰθέρος τέκνοις
πήξασ' ἔρεισον σκόλοπι· σὸς γάρ ἐστι νῦν
δοῦλος, πάροιθε δεσπότης κεκλημένος.

ΗΛΕΚΤΡΑ
900 αἰσχύνομαι μέν, βούλομαι δ' εἰπεῖν ὅμως,

ΟΡΕΣΤΗΣ
τί χρῆμα; λέξον, ὡς φόβου γ' ἔξωθεν εἶ.

ΗΛΕΚΤΡΑ
νεκροὺς ὑβρίζειν, μή μέ τις φθόνῳ βάλῃ.

ΟΡΕΣΤΗΣ
οὐκ ἔστιν οὐδεὶς ὅστις ἂν μέμψαιτό σε.

ELECTRA

Enter ORESTES *and* PYLADES, *with attendants bearing Aegisthus' body.*

ELECTRA

Hail, glorious conqueror, Orestes sprung   880
Of father triumph-crowned in Ilium's war!
Receive this wreath to bind thy clustering hair.
Thou hast come home, who hast run no profitless
    course
In athlete-race, but who hast slain thy foe
Aegisthus, murderer of thy sire and mine.
And thou, his battle-helper, Pylades,
A good man's nursling, from mine hand accept
A wreath; for in this conflict was thy part
As his: in my sight ever prosper ye!

ORESTES

The Gods account thou first, Electra, authors   890
Of this day's fortune: praise thereafter me,
Whom am but minister of heaven and fate.
I come, who not in word, but deed, have slain
Aegisthus, and for proof for whoso will
To know, the dead man's self I bring to thee;
Whom, if thou wilt, for ravin of beasts cast forth,
Or for the children of the air to rend
Impale him on a stake: thy bondman now
Is he, who heretofore was called thy lord.

ELECTRA

I take shame—none the less I fain would speak—   900

ORESTES

What is it? Speak: thou hast left fear's prison-house.

ELECTRA

To mock the dead, lest ill-will light on me.

ORESTES

There is no man can blame thee for such cause.

81

ΗΛΕΚΤΡΑ

ΗΛΕΚΤΡΑ

δυσάρεστος ἡμῶν καὶ φιλόψογος πόλις.

ΟΡΕΣΤΗΣ

λέγ᾽, εἴ τι χρῄζεις, σύγγον᾽ · ἀσπόνδοισι γὰρ
νόμοισιν ἔχθραν τῷδε συμβεβλήκαμεν.

ΗΛΕΚΤΡΑ

εἶεν· τίν᾽ ἀρχὴν πρῶτά σ᾽ ἐξείπω κακῶν;
ποίας τελευτάς; τίνα μέσον τάξω λόγον;
καὶ μὴν δι᾽ ὄρθρων γ᾽ οὔποτ᾽ ἐξελίμπανον
910 θρυλοῦσ᾽ ἅ γ᾽ εἰπεῖν ἤθελον κατ᾽ ὄμμα σόν,
εἰ δὴ γενοίμην δειμάτων ἐλευθέρα
τῶν πρόσθε· νῦν οὖν ἐσμεν· ἀποδώσω δέ σοι
ἐκεῖν᾽ ἅ σε ζῶντ᾽ ἤθελον λέξαι κακά.
ἀπώλεσάς με κὠρφανὴν φίλου πατρὸς
καὶ τόνδ᾽ ἔθηκας, οὐδὲν ἠδικημένος,
κἄγημας αἰσχρῶς μητέρ᾽ ἄνδρα τ᾽ ἔκτανες
στρατηλατοῦνθ᾽ Ἕλλησιν, οὐκ ἐλθὼν Φρύγας.
εἰς τοῦτο δ᾽ ἦλθες ἀμαθίας ὥστ᾽ ἤλπισας
ὡς ἐς σὲ μὲν δὴ μητέρ᾽ οὐχ ἕξεις κακὴν
920 γήμας, ἐμοῦ δὲ πατρὸς ἠδίκεις λέχη.
ἴστω δ᾽, ὅταν τις διολέσας δάμαρτά του
κρυπταῖσιν εὐναῖς εἶτ᾽ ἀναγκασθῇ λαβεῖν,
δύστηνός ἐστιν, εἰ δοκεῖ τὸ σωφρονεῖν
ἐκεῖ μὲν αὐτὴν οὐκ ἔχειν, παρ᾽ οἷ δ᾽ ἔχειν.
ἄλγιστα δ᾽ ᾤκεις, οὐ δοκῶν οἰκεῖν κακῶς·
ᾔδησθα γὰρ δῆτ᾽ ἀνόσιον γήμας γάμον,
μήτηρ δὲ σ᾽ ἄνδρα δυσσεβῆ κεκτημένη.
ἄμφω πονηρὼ δ᾽ ὄντ᾽ ἀφαιρεῖσθον τύχην,
κείνη τε τὴν σὴν καὶ σὺ τοὐκείνης κακόν.
930 πᾶσιν δ᾽ ἐν Ἀργείοισιν ἤκουες τάδε·
ὁ τῆς γυναικός, οὐχὶ τἀνδρὸς ἡ γυνή.
καίτοι τόδ᾽ αἰσχρόν, προστατεῖν γε δωμάτων

ELECTRA

Our folk be ill to please, and censure-prone.

ORESTES

Speak, sister, what thou wilt. No terms of truce
Be in the feud betwixt us and this man.

ELECTRA (*to the corpse*)

So be it. Where shall my reproach begin?
Where end? Where shall the arraignment find its
    midst?
Yet, morn by morn, I never wont to cease
Conning what I would tell thee to thy face,   910
If ever from past terrors disenthralled
I stood. Now am I; and I pay the debt
Of taunts I fain had hurled at thee alive.
Thou wast my ruin, of a sire beloved
Didst orphan me and him, who wronged thee never,
Didst foully wed my mother, slew'st her lord,
Hellas' war-chief,—thou who ne'er sawest Troy!
Such was thy folly's depth that thou didst dream
Thou hadst wedded in my mother a true wife,
With whom thou didst defile my father's couch!   920
Let whoso draggeth down his neighbour's wife
To folly, and then must take her for his own,
Know himself dupe, who deemeth that to him
She shall be true, who to her lord was false.
Wretched thy life was, which thou thoughtest
    blest:
Thou knewest thine a marriage impious,
And she, that she had ta'en for lord a villain,
Transgressors both, each other's lot ye took;
She took thy baseness, thou didst take her curse.
And through all Argos this was still thy name—   930
"*That woman's husband*": none said "That man's wife."
Yet shame is this, when foremost in the home

γυναῖκα, μὴ τὸν ἄνδρα· κἀκείνους στυγῶ
τοὺς παῖδας, ὅστις τοῦ μὲν ἄρσενος πατρὸς
οὐκ ὠνόμασται, τῆς δὲ μητρὸς ἐν πόλει.
ἐπίσημα γὰρ γήμαντι καὶ μείζω λέχη
τἀνδρὸς μὲν οὐδείς, τῶν δὲ θηλειῶν λόγος.
ὃ δ᾽ ἠπάτα σε πλεῖστον οὐκ ἐγνωκότα,
ηὔχεις τις εἶναι τοῖσι χρήμασι σθένων·

940 τὰ δ᾽ οὐδὲν εἰ μὴ βραχὺν ὁμιλῆσαι χρόνον.
ἡ γὰρ φύσις βέβαιος, οὐ τὰ χρήματα.
ἡ μὲν γὰρ ἀεὶ παραμένουσ᾽ αἴρει κάρα· [1]
ὁ δ᾽ ὄλβος ἄδικος καὶ μετὰ σκαιῶν ξυνὼν
ἐξέπτατ᾽ οἴκων, σμικρὸν ἀνθήσας χρόνον.
ἃ δ᾽ εἰς γυναῖκας, παρθένῳ γὰρ οὐ καλὸν
λέγειν, σιωπῶ, γνωρίμως δ᾽ αἰνίξομαι.
ὕβριζες, ὡς δὴ βασιλικοὺς ἔχων δόμους
κάλλει τ᾽ ἀραρώς. ἀλλ᾽ ἔμοιγ᾽ εἴη πόσις
μὴ παρθενωπός, ἀλλὰ τἀνδρείου τρόπου.

950 τὰ γὰρ τέκν᾽ αὐτῶν Ἄρεος ἐκκρεμάννυται,
τὰ δ᾽ εὐπρεπῆ δὴ κόσμος ἐν χοροῖς μόνον,
ἔρρ᾽, οὐδὲν εἰδὼς ὧν ἐφευρεθεὶς χρόνῳ
δίκην δέδωκας, ὧδέ τις κακοῦργος ὤν.
μή μοι, τὸ πρῶτον βῆμ᾽ ἐὰν δράμῃ καλῶς,
νικᾶν δοκείτω τὴν δίκην, πρὶν ἂν πέρας
γραμμῆς ἵκηται καὶ τέλος κάμψῃ βίου.

ΧΟΡΟΣ
ἔπραξε δεινά, δεινὰ δ᾽ ἀντέδωκε σοὶ
καὶ τῷδ᾽· ἔχει γὰρ ἡ Δίκη μέγα σθένος.

ΟΡΕΣΤΗΣ
εἶεν· κομίζειν τοῦδε σῶμ᾽ εἴσω χρεὼν

960 σκότῳ τε δοῦναι, δμῶες, ὡς ὅταν μόλῃ
μήτηρ, σφαγῆς πάροιθε μὴ εἰσίδῃ νεκρόν.

---

[1] Tyrwhitt: for κακά, "maketh end of ills."

84

Is wife, not husband.   Out upon the sons
That not the man's, their father's, sons are called,
Nay, but the mother's, all the city through !
For, when the ignoble weddeth high-born bride,
None take account of him, but all of her.
This was thy strong delusion, blind of heart,
Through pride of wealth to boast thee some great
    one !
Nought wealth is, save for fleeting fellowship.   940
'Tis character abideth, not possessions :
This, ever-staying, lifteth up the head ;
But wealth by vanity gotten, held of fools,
Takes to it wings ; as a flower it fadeth soon.

For those thy sins of the flesh—for maid unmeet
To name—I speak them not : suffice the hint !
Thou waxedst wanton, with thy royal halls,
Thy pride of goodlihead !   Be mine a spouse
Not girl-faced, but a man in mien and port.
The sons of these to warrior-prowess cleave ;   950
Those, the fair-seeming, but in dances shine.
Perish, O blind to all for which at last,
Felon convict, thou'rt punished, caitiff thou !
Let none dream, though at starting he run well,
That he outrunneth Justice, ere he touch
The very goal and reach the bourn of life.

CHORUS

Dread were his deeds ; dread payment hath he made
To thee and this man.   Great is Justice' might.

ORESTES

Enough : now must ye bear his corpse within,
And hide in shadow, thralls, that, when she comes,   960
My mother ere she die see not the dead.

ΗΛΕΚΤΡΑ

ΗΛΕΚΤΡΑ
ἐπίσχες· ἐμβάλωμεν εἰς ἄλλον λόγον.

ΟΡΕΣΤΗΣ
τί δ'; ἐκ Μυκηνῶν μῶν βοηδρόμους ὁρᾷς;

ΗΛΕΚΤΡΑ
οὔκ, ἀλλὰ τὴν τεκοῦσαν ἥ μ' ἐγείνατο.

ΟΡΕΣΤΗΣ
καλῶς ἄρ' ἄρκυν εἰς μέσην πορεύεται.

ΗΛΕΚΤΡΑ
καὶ μὴν ὄχοις γε καὶ στολῇ λαμπρύνεται.

ΟΡΕΣΤΗΣ
τί δῆτα δρῶμεν; μητέρ' ἢ φονεύσομεν;

ΗΛΕΚΤΡΑ
μῶν σ' οἶκτος εἷλε, μητρὸς ὡς εἶδες δέμας;

ΟΡΕΣΤΗΣ
φεῦ.
πῶς γὰρ κτάνω νιν, ἥ μ' ἔθρεψε κἄτεκεν;

ΗΛΕΚΤΡΑ
970   ὥσπερ πατέρα σὸν ἥδε κἀμὸν ὤλεσεν.

ΟΡΕΣΤΗΣ
ὦ Φοῖβε, πολλήν γ' ἀμαθίαν ἐθέσπισας,

ΗΛΕΚΤΡΑ
ὅπου δ' Ἀπόλλων σκαιὸς ᾖ, τίνες σοφοί;

ΟΡΕΣΤΗΣ
ὅστις μ' ἔχρησας μητέρ', ἣν οὐ χρῆν, κτανεῖν.

ΗΛΕΚΤΡΑ
βλάπτει δὲ δὴ τί πατρὶ τιμωρῶν σέθεν;

ΟΡΕΣΤΗΣ
μητροκτόνος νῦν φεύξομαι, τόθ' ἁγνὸς ὤν.

ΗΛΕΚΤΡΑ
καὶ μή γ' ἀμύνων πατρὶ δυσσεβὴς ἔσει.

ELECTRA

Hold! Turn we now to our story's second part.

ORESTES

How, from Mycenae seest thou rescue come?

ELECTRA

Nay, but my mother, her that gave me birth.

ORESTES

Ha! fair and full into the toils she runs.

ELECTRA

O flaunting pomp of chariots and attire!

ORESTES

What shall we do? Our mother—murder her?

ELECTRA

How? Hath ruth seized thee, seeing thy mother's form?

ORESTES

Woe!
How can I slay her?—her that nursed, that bare me?

ELECTRA

Even as she thy father slew and mine.   970

ORESTES

O Phoebus, folly exceeding was thine hest—

ELECTRA

Nay, where Apollo erreth, who is wise?

ORESTES

Who against nature bad'st me slay my mother!

ELECTRA

How art thou harmed, avenging thine own sire?

ORESTES

Arraigned for a mother's murder—pure ere this

ELECTRA

Yet impious, if thou succour not thy sire.

ΗΛΕΚΤΡΑ

ΟΡΕΣΤΗΣ
ἐγὼ δὲ μητρὶ τοῦ φόνου δώσω δίκας.

ΗΛΕΚΤΡΑ
τῷ δ', ἢν πατρῷαν διαμεθῇς τιμωρίαν.

ΟΡΕΣΤΗΣ
ἆρ' αὔτ' ἀλάστωρ εἶπ' ἀπεικασθεὶς θεῷ;

ΗΛΕΚΤΡΑ
980   ἱερὸν καθίζων τρίποδ'; ἐγὼ μὲν οὐ δοκῶ.

ΟΡΕΣΤΗΣ
οὐκ ἂν πιθοίμην εὖ μεμαντεῦσθαι τάδε.

ΗΛΕΚΤΡΑ
οὐ μὴ κακισθεὶς εἰς ἀνανδρίαν πεσεῖ;

ΟΡΕΣΤΗΣ
ἀλλ' ἢ τὸν αὐτὸν τῇδ' ὑποστήσω δόλον;

ΗΛΕΚΤΡΑ
ᾧ καὶ πόσιν καθεῖλες Αἴγισθον κτανών.

ΟΡΕΣΤΗΣ
εἴσειμι· δεινοῦ δ' ἄρχομαι προβλήματος,
καὶ δεινὰ δράσω γ'· εἰ θεοῖς δοκεῖ τάδε,
ἔστω· πικρὸν δὲ χἠδὺ τἀγώνισμά μοι.

ΧΟΡΟΣ
ἰώ,
βασίλεια γύναι χθονὸς Ἀργείας,
παῖ Τυνδάρεω,
990   καὶ τοῖν ἀγαθοῖν ξύγγονε κούροιν
Διός, οἳ φλογερὰν αἰθέρ' ἐν ἄστροις
ναίουσι, βροτῶν ἐν ἁλὸς ῥοθίοις
τιμὰς σωτῆρας ἔχοντες·
χαῖρε, σεβίζω σ' ἴσα καὶ μάκαρας

ORESTES

Her blood-price to my mother must I pay.[1]

ELECTRA

And *Him !*—if thou forbear to avenge a father.

ORESTES

Ha !—spake a fiend in likeness of the God ?

ELECTRA

Throned on the holy tripod !—I trow not.　　　　980

ORESTES

I dare not trust this oracle's utter faith !

ELECTRA

Wilt thou turn craven—be no more a man ?

ORESTES

How ? must I lay the selfsame snare for her ?

ELECTRA

Ay ! that which trapped and slew the adulterer !

ORESTES

I will go in.　A horror I essay !—
Yea, will achieve !　If 'tis Heaven's will, so be it.
Oh bitter strife, which I must needs hold sweet !

　　　　　　　　　　　　　　　　[*Enters hut.*

Enter CLYTEMNESTRA *in chariot, with attendants, captive
maids of Troy.*

CHORUS

Hail, Queen of the Argive land !
　　All hail, O Tyndareus' daughter !
Hail, sister of Zeus' sons, heroes twain　　　　990
In the glittering heavens mid stars who stand,
And their proud right this, to deliver from bane
　　Men tossed on the storm-vext water.
Hail ! As to the Blest, do I yield thee thine own,

[1] *i.e.* Her avenging Furies will exact satisfaction from me.

πλούτου μεγάλης τ' εὐδαιμονίας.
τὰς σὰς δὲ τύχας θεραπεύεσθαι
καιρός. χαῖρ', ὦ βασίλεια.

ΚΛΥΤΑΙΜΗΣΤΡΑ

ἔκβητ' ἀπήνης, Τρῳάδες, χειρὸς δ' ἐμῆς
λάβεσθ', ἵν' ἔξω τοῦδ' ὄχου στήσω πόδα.

1000 σκύλοισι μὲν γὰρ θεῶν κεκόσμηνται δόμοι
Φρυγίοις, ἐγὼ δὲ τάσδε, Τρῳάδος χθονὸς
ἐξαίρετ', ἀντὶ παιδὸς ἣν ἀπώλεσα,
σμικρὸν γέρας, καλὸν δὲ κέκτημαι δόμοις.

ΗΛΕΚΤΡΑ

οὔκουν ἐγώ, δούλη γὰρ ἐκβεβλημένη
δόμων πατρῴων δυστυχεῖς οἰκῶ δόμους
μῆτερ, λάβωμαι μακαρίας τῆς σῆς χερός;

ΚΛΥΤΑΙΜΗΣΤΡΑ

δοῦλαι πάρεισιν αἵδε, μὴ σύ μοι πόνει.

ΗΛΕΚΤΡΑ

τί δ'; αἰχμάλωτόν τοί μ' ἀπῴκισας δόμων,
ᾑρημένων δὲ δωμάτων ᾑρήμεθα,
1010 ὡς αἵδε, πατρὸς ὀρφαναὶ λελειμμέναι.

ΚΛΥΤΑΙΜΗΣΤΡΑ

τοιαῦτα μέντοι σὸς πατὴρ βουλεύματα
εἰς οὓς ἐχρῆν ἥκιστ' ἐβούλευσεν φίλων.
λέξω δέ· καίτοι δόξ' ὅταν λάβῃ κακὴ
γυναῖκα, γλώσσῃ πικρότης ἔνεστί τις·
ὡς μὲν παρ' ἡμῖν, οὐ καλῶς· τὸ πρᾶγμα δὲ
μαθόντας, ἢν μὲν ἀξίως μισεῖν ἔχῃ,
στυγεῖν δίκαιον· εἰ δὲ μή, τί δεῖ στυγεῖν;
ἡμᾶς δ' ἔδωκε Τυνδάρεως τῷ σῷ πατρί,
οὐχ ὥστε θνήσκειν, οὐδ' ἃ γειναίμην ἐγώ.

Mine homage, for awe of thy wealth and thy bliss.
With watchful service to compass thy throne
   This, Queen, is the hour, even this!

CLYTEMNESTRA

Step from the wain, Troy's daughters; take mine hand,
That from this chariot-floor I may light down.
As the Gods' temples are with spoils adorned   1000
Of Troy, so these, the chosen of Phrygian land,
Have I, to countervail my daughter lost:[1]—
Scant guerdon, yet fair honour for mine house.

ELECTRA

May I not then,—the slave, the outcast I
From my sire's halls, whose wretched home is here,—
Mother, may I not take that heaven-blest hand?

CLYTEMNESTRA

Here be these bondmaids: trouble not thyself.

ELECTRA

How?—me thou mad'st thy spear-thrall, haled from
   home:
Captive mine house was led, and captive I,
Even as these, unfathered and forlorn.   1010

CLYTEMNESTRA

Such fruit thy father's plottings had, contrived
Against his dearest, all unmerited.
Yea, I will speak; albeit, when ill fame
Compasseth woman, every tongue drops gall—
As touching me, unjustly: let men learn
The truth, and if the hate be proved my due,
'Tis just they loathe me; if not, wherefore loathe?
Of Tyndareus was I given to thy sire—
Not to be slain, nor I, nor those I bare.

[1] Iphigeneia, sacrificed for the Greeks' sake, who have
therefore given these as some compensation.

1020
κεῖνος δὲ παῖδα τὴν ἐμήν, Ἀχιλλέως
λέκτροισι πείσας, ᾤχετ᾽ ἐκ δόμων ἄγων
πρυμνοῦχον Αὖλιν· ἔνθ᾽ ὑπερτείνας πυρᾶς
λευκὴν διῆμσ᾽ Ἰφιγόνης παρηίδα.
κεἰ μὲν πόλεως ἅλωσιν ἐξιώμενος
ἢ δῶμ᾽ ὀνήσων τἄλλα τ᾽ ἐκσώσων τέκνα
ἔκτεινε πολλῶν μίαν ὕπερ, συγγνώστ᾽ ἂν ἦν·
νῦν δ᾽, οὕνεχ᾽ Ἑλένη μάργος ἦν, ὅ τ᾽ αὖ λαβὼν
ἄλοχον κολάζειν προδότιν οὐκ ἠπίστατο,
τούτων ἕκατι παῖδ᾽ ἐμὴν διώλεσεν.
1030
ἐπὶ τοῖσδε τοίνυν, καίπερ ἠδικημένη
οὐκ ἠγριώμην οὐδ᾽ ἂν ἔκτανον πόσιν·
ἀλλ᾽ ἦλθ᾽ ἔχων μοι μαινάδ᾽ ἔνθεον κόρην
λέκτροις τ᾽ ἐπεισέφρηκε, καὶ νύμφα δύο
ἐν τοῖσιν αὐτοῖς δώμασιν κατεῖχ᾽ ὁμοῦ.
μῶρον μὲν οὖν γυναῖκες, οὐκ ἄλλως λέγω·
ὅταν δ᾽, ὑπόντος τοῦδ᾽, ἁμαρτάνῃ πόσις
τἄνδον παρώσας λέκτρα, μιμεῖσθαι θέλει
γυνὴ τὸν ἄνδρα χἅτερον κτᾶσθαι φίλον.
κἄπειτ᾽ ἐν ἡμῖν ὁ ψόγος λαμπρύνεται,
1040
οἱ δ᾽ αἴτιοι τῶνδ᾽ οὐ κλύουσ᾽ ἄνδρες κακῶς.
εἰ δ᾽ ἐκ δόμων ἥρπαστο Μενέλεως λάθρα,
κτανεῖν μ᾽ Ὀρέστην χρῆν, κασιγνήτης πόσιν
Μενέλαον ὡς σώσαιμι; σὸς δὲ πῶς πατὴρ
ἠνέσχετ᾽ ἂν ταῦτ᾽; εἶτα τὸν μὲν οὐ θανεῖν
κτείνοντα χρῆν τἄμ᾽, ἐμὲ δὲ πρὸς κείνου
παθεῖν;
ἔκτειν᾽, ἐτρέφθην ἥνπερ ἦν πορεύσιμον
πρὸς τοὺς ἐκείνῳ πολεμίους. φίλων γὰρ ἂν
τίς ἂν πατρὸς σοῦ φόνον ἐκοινώνησέ μοι;
λέγ᾽, εἴ τι χρῄζεις, κἀντίθες παρρησίᾳ,
1050
ὅπως τέθνηκε σὸς πατὴρ οὐκ ἐνδίκως.

He took my child—drawn by this lie from me,   1020
That she should wed Achilles,—far from home
To that fleet's prison, laid her on the pyre,
And shore through Iphigeneia's snowy throat!
Had he, to avert Mycenae's overthrow,—
To exalt his house,—to save the children left,—
Slain one for many, 'twere not past forgiving.
But, for that Helen was a wanton, he
That wed the traitress impotent for vengeance,
Even for such cause murdered he my child.

Howbeit for this wrong, how wronged soe'er,   1030
I had not raged, nor had I slain my lord;
But to me with that prophet-maid he came,
Made her usurp my couch, and fain would keep
Two brides together in the selfsame halls.

Women be frail: sooth, I deny it not.
But when, this granted, 'tis the husband errs,
Slighting his own true bride, and fain the wife
Would copy him, and find another love,
Ah then, fierce light of scandal beats on us;
But them which show the way, the men, none
    blame!   1040
Now had Menelaus from his home been stoln,
Ought I have slain Orestes, so to save
My sister's lord?   How had thy sire endured
Such deed?   Should he 'scape killing then, who
    slew
My child, who had slain me, had I touched his
    son?
I slew him; turned me—'twas the only way—
Unto his foes; for who of thy sire's friends
Had been partaker with me in his blood?
Speak all thou wilt: boldly set forth thy plea
To prove thy father did not justly die.   1050

ΗΛΕΚΤΡΑ

δίκην ἔλεξας· σῇ δίκῃ δ' αἰσχρῶς ἔχει·
γυναῖκα γὰρ χρὴ πάντα συγχωρεῖν πόσει,
ἥτις φρενήρης· ᾗ δὲ μὴ δοκεῖ τάδε,
οὐδ' εἰς ἀριθμὸν τῶν ἐμῶν ἥκει λόγων.
μέμνησο, μῆτερ, οὓς ἔλεξας ὑστάτους
λόγους, διδοῦσα πρός σέ μοι παρρησίαν.

ΚΛΥΤΑΙΜΝΗΣΤΡΑ

καὶ νῦν δέ φημι κοὐκ ἀπαρνοῦμαι τὸ μή.

ΗΛΕΚΤΡΑ

ἆρα κλύουσα, μῆτερ, εἶτ' ἔρξεις κακῶς ;

ΚΛΥΤΑΙΜΝΗΣΤΡΑ

οὐκ ἔστι, τῇ σῇ δ' ἡδὺ προσθήσω φρενί.

ΗΛΕΚΤΡΑ

1060 λέγοιμ' ἄν· ἀρχὴ δ' ἥδε μοι προοιμίου.
εἴθ' εἶχες, ὦ τεκοῦσα, βελτίους φρένας.
τὸ μὲν γὰρ εἶδος αἶνον ἄξιον φέρει
Ἑλένης τε καὶ σοῦ, δύο δ' ἔφυτε συγγόνω,
ἄμφω ματαίω Κάστορός τ' οὐκ ἀξίω.
ἡ μὲν γὰρ ἁρπασθεῖσ' ἑκοῦσ' ἀπώλετο,
σὺ δ' ἄνδρ' ἄριστον Ἑλλάδος διώλεσας,
σκῆψιν προτείνουσ', ὡς ὑπὲρ τέκνου πόσιν
ἔκτεινας· οὐ γάρ, ὡς ἔγωγ', ἴσασί σ' εὖ.
ἥτις θυγατρὸς πρὶν κεκυρῶσθαι σφαγὰς
1070 νέον τ' ἀπ' οἴκων ἀνδρὸς ἐξωρμημένου
ξανθὸν κατόπτρῳ πλόκαμον ἐξήσκεις κόμης.
ἥτις δ' ἀπόντος ἀνδρὸς ἐκ δόμων γυνὴ
εἰς κάλλος ἀσκεῖ, διάγραφ' ὡς οὖσαν κακήν.
οὐδὲν γὰρ αὐτὴν δεῖ θύρασιν εὐπρεπὲς
φαίνειν πρόσωπον, ἤν τι μὴ ζητῇ κακόν.
μόνην δὲ πασῶν οἶδ' ἐγώ σ' Ἑλληνίδων,
εἰ μὲν τὰ Τρώων εὐτυχοῖ, κεχαρμένην,

ELECTRA

Justice thy plea!—thy " justice " were our shame!
The wife should yield in all things to her lord,
So she be wise.   If any think not so,
With her mine argument hath nought to do.
Bethink thee, mother, of thy latest words,
Vouchsafing me free speech to answer thee.

CLYTEMNESTRA

Again I say it; and I draw not back.

ELECTRA

Yea, mother, but wilt hear—and punish then?

CLYTEMNESTRA

Nay: I grant grace of license to thy mood.

ELECTRA

Then will I speak.   My prelude this shall be:—   1060
O mother, that thou hadst a better heart!
This beauty wins you worthy meed of praise,
Helen's and thine: true sisters twain were ye!—
Ay, wantons both, unworthy Castor's name!—
She, torn from home, yet fain to be undone;
Thou, murderess of Hellas' noblest son,
Pleading that for a daughter's sake thou slew'st
A husband!—ah, men know thee not as I,
Thee, who, before thy daughter's death was doomed,
When from thine home thy lord had newly passed,   1070
Wert sleeking at the mirror thy bright hair!
The woman who, her husband far from home,
Bedecks herself, blot out her name as vile!
She needeth not to flaunt abroad a face
Made fair, except she be on mischief bent.
Of Hellas' daughters none save thee I know,
Who, when the might of Troy prevailed, was
    glad,

εἰ δ' ἧσσον' εἴη, συννεφοῦσαν ὄμματα
'Αγαμέμνον' οὐ χρῆζουσαν ἐκ Τροίας μολεῖν.
1080 καίτοι καλῶς γε σωφρονεῖν παρεῖχέ σοι·
ἄνδρ' εἶχες οὐ κακίον' Αἰγίσθου πόσιν,
ὃν Ἑλλὰς αὑτῆς εἵλετο στρατηλάτην.
Ἑλένης δ' ἀδελφῆς τοιάδ' ἐξειργασμένης
ἐξῆν κλέος σοι μέγα λαβεῖν· τὰ γὰρ κακὰ
παράδειγμα τοῖς ἐσθλοῖσιν εἴσοψίν τ' ἔχει.
εἰ δ', ὡς λέγεις, σὴν θυγατέρ' ἔκτεινεν πατήρ.
ἐγὼ τί σ' ἠδίκησ' ἐμός τε σύγγονος;
πῶς οὐ πόσιν κτείνασα πατρῴους δόμους
ἡμῖν προσῆψας, ἀλλ' ἐπηνέγκω λέχη
1090 τἀλλότρια, μισθοῦ τοὺς γάμους ὠνουμένη;
κοὔτ' ἀντιφεύγει παιδὸς ἀντὶ σοῦ πόσις,
οὔτ' ἀντ' ἐμοῦ τέθνηκε, δὶς τόσως ἐμὲ
κτείνας ἀδελφῆς ζῶσαν. εἰ δ' ἀμείψεται
φόνον δικάζων φόνος, ἀποκτενῶ σ' ἐγὼ
καὶ παῖς Ὀρέστης πατρὶ τιμωρούμενοι·
εἰ γὰρ δίκαι' ἐκεῖνα, καὶ τάδ' ἔνδικα.
[ὅστις δὲ πλοῦτον ἢ εὐγένειαν εἰσιδὼν
γαμεῖ πονηράν, μῶρός ἐστι· μικρὰ γὰρ
μεγάλων ἀμείνω σώφρον' ἐν δόμοις λέχη.

ΧΟΡΟΣ
1100 τύχη γυναικῶν εἰς γάμους. τὰ μὲν γὰρ εὖ,
τὰ δ' οὐ καλῶς πίπτοντα δέρκομαι βροτῶν.][1]

ΚΛΥΤΑΙΜΝΗΣΤΡΑ
ὦ παῖ, πέφυκας πατέρα σὸν στέργειν ἀεί.
ἔστιν δὲ καὶ τόδ'· οἱ μέν εἰσιν ἀρσένων,
οἱ δ' αὖ φιλοῦσι μητέρας μᾶλλον πατρός.
συγγνώσομαί σοι· καὶ γὰρ οὐχ οὕτως ἄγαν

---

[1] Nauck brackets these lines, as of doubtful genuineness.
They certainly weaken the dramatic effect.

96

Whose eyes were clouded when her fortunes
    sank,
Who wished not Agamemnon home from Troy
Yet reason fair thou hadst to be true wife :   1080
Not meaner than Aegisthus was thy lord,
Whom Hellas chose to lead her war-array.
And, when thy sister Helen so had sinned,
High praise was thine to win ; for sinners' deeds
Lift up the good for ensamples in men's sight.
If, as thou say'st, my father slew thy daughter,
How did I wrong thee, and my brother how ?
Why, having slain thy lord, didst thou on us
Bestow not our sire's halls, but buy therewith
An alien couch, and pay a price for shame ?   1090
Nor is thy paramour exiled for thy son,
Nor for me slain, who hath dealt me living
    death
Twice crueller than my sister's : yea, if blood
'Gainst blood in judgment rise, I and thy son,
Orestes, must slay thee to avenge our sire :
For, if thy claim was just, this too is just.
[Whoso, regarding wealth, or birth, shall wed
A wanton, is a fool : the lowly chaste
Are better in men's homes than high-born wives.

CHORUS

Chance ordereth women's bridals. Some I mark   1100
Fair, and some foul of issue among men.]

CLYTEMNESTRA

Child, still thy nature bids thee love thy sire.
'Tis ever thus : some cleave unto their father,
Some more the mothers than the father love.
I pardon thee. In sooth, not all so glad

χαίρω τι, τέκνον, τοῖς δεδραμένοις ἐμοί.
σὺ δ' ὧδ' ἄλουτος καὶ δυσείματος χρόα
λεχὼ νεογνῶν ἐκ τόκων πεπαυμένη;
οἴμοι τάλαινα τῶν ἐμῶν βουλευμάτων·
1110 ὡς μᾶλλον ἢ χρῆν ἤλασ' εἰς ὀργὴν πόσιν.

ΗΛΕΚΤΡΑ

ὀψὲ στενάζεις, ἡνίκ' οὐκ ἔχεις ἄκη.
πατὴρ μὲν οὖν τέθνηκε. τὸν δ' ἔξω χθονὸς
πῶς οὐ κομίζει παῖδ' ἀλητεύοντα σόν;

ΚΛΥΤΑΙΜΝΗΣΤΡΑ

δέδοικα· τοὐμὸν δ', οὐχὶ τοὐκείνου, σκοπῶ.
πατρὸς γάρ, ὡς λέγουσι, θυμοῦται φόνῳ.

ΗΛΕΚΤΡΑ

τί δαὶ πόσιν σὸν ἄγριον εἰς ἡμᾶς ἔχεις;

ΚΛΥΤΑΙΜΝΗΣΤΡΑ

τρόποι τοιοῦτοι· καὶ σὺ δ' αὐθάδης ἔφυς.

ΗΛΕΚΤΡΑ

ἀλγῶ γάρ· ἀλλὰ παύσομαι θυμουμένη.

ΚΛΥΤΑΙΜΝΗΣΤΡΑ

καὶ μὴν ἐκεῖνος οὐκέτ' ἔσται σοι βαρύς.

ΗΛΕΚΤΡΑ

1120 φρονεῖ μέγ'· ἐν γὰρ τοῖς ἐμοῖς ναίει δόμοις.

ΚΛΥΤΑΙΜΝΗΣΤΡΑ

ὁρᾷς, ἀν' αὖ σὺ ζωπυρεῖς νείκη νέα.

ΗΛΕΚΤΡΑ

σιγῶ· δέδοικα γάρ νιν ὡς δέδοικ' ἐγώ.

ΚΛΥΤΑΙΜΝΗΣΤΡΑ

παῦσαι λόγων τῶνδ'· ἀλλὰ τί μ' ἐκάλεις, τέκνον;

ΗΛΕΚΤΡΑ

ἤκουσας, οἶμαι, τῶν ἐμῶν λοχευμάτων·
τούτων ὕπερ μοι θῦσον, οὐ γὰρ οἶδ' ἐγώ,
δεκάτῃ σελήνῃ παιδὸς ὡς νομίζεται·
τρίβων γὰρ οὐκ εἴμ', ἄτοκος οὖσ' ἐν τῷ πάρος.

Am I, my child, for deeds that I have done.
But thou, why thus unwashed and meanly clad,
Seeing thy travail-sickness now is past?
Woe and alas for my devisings!—more
I spurred my spouse to anger than was need   1110

ELECTRA

Too late thou sighest, since thou canst not heal
My sire is dead: but him, the banished one,
Why dost thou not bring back, thine homeless son?

CLYTEMNESTRA

I fear: mine own good I regard, not his.
Wroth for his father's blood he is, men say.

ELECTRA

Why tarre thy spouse on ever against me?

CLYTEMNESTRA

Nay, tis his mood: stiff-necked thou also art,

ELECTRA

For grief am I; yet will I cease from wrath.

CLYTEMNESTRA

Yea?—then he too shall cease from troubling thee.

ELECTRA

He is haughty, seeing he dwelleth in mine home.   1120

CLYTEMNESTRA

Lo there,—thou kindlest fires of strife anew.

ELECTRA

I am dumb: I fear him—even as I fear.

CLYTEMNESTRA

Cease from this talk.   Why didst thou summon me?

ELECTRA

Touching my travailing thou hast heard, I wot.
Thou sacrifice for me—I know not how—
The wonted tenth-moon offerings for the babe.
Skilless am I, who have borne no child ere this.

99

ΗΛΕΚΤΡΑ

ΚΛΥΤΑΙΜΝΗΣΤΡΑ

ἄλλης τόδ᾽ ἔργον, ἥ σ᾽ ἔλυσεν ἐκ τόκων.

ΗΛΕΚΤΡΑ

αὐτὴ 'λόχευον κἄτεκον μόνη βρέφος.

ΚΛΥΤΑΙΜΝΗΣΤΡΑ

1130 οὕτως ἀγείτον᾽ οἶκον ἵδρυσαι φίλων;

ΗΛΕΚΤΡΑ

πένητας οὐδεὶς βούλεται κτᾶσθαι φίλους.

ΚΛΥΤΑΙΜΝΗΣΤΡΑ

ἀλλ᾽ εἶμι, παιδὸς ἀριθμὸν ὡς τελεσφόρον
θύσω θεοῖσι· σοὶ δ᾽ ὅταν πράξω χάριν
τήνδ᾽, εἶμ᾽ ἐπ᾽ ἀγρόν, οὗ πόσις θυηπολεῖ
Νύμφαισιν. ἀλλὰ τούσδ᾽ ὄχους, ὀπάονες,
φάτναις ἄγοντες πρόσθεθ᾽· ἡνίκ᾽ ἂν δέ με
δοκῆτε θυσίας τῆσδ᾽ ἀπηλλάχθαι θεοῖς,
πάρεστε· δεῖ γὰρ καὶ πόσει δοῦναι χάριν.

ΗΛΕΚΤΡΑ

χώρει πένητας εἰς δόμους· φρούρει δέ μοι
1140 μή σ᾽ αἰθαλώσῃ πολύκαπνον στέγος πέπλους.
θύσεις γὰρ οἷα χρή σε δαίμοσιν θύειν.
κανοῦν δ᾽ ἐνῆρκται καὶ τεθηγμένη σφαγίς,
ἥπερ καθεῖλε ταῦρον, οὗ πέλας πεσεῖ
πληγεῖσα· νυμφεύσει δὲ κἀν Ἅιδου δόμοις
ᾧπερ ξυνηῦδες ἐν φάει. τοσήνδ᾽ ἐγὼ
δώσω χάριν σοι, σὺ δὲ δίκην ἐμοὶ πατρός.

ΧΟΡΟΣ

ἀμοιβαὶ κακῶν· μετάτροποι πνέου-   στρ.
σιν αὖραι δόμων. τότε μὲν ἐν λουτροῖς
ἔπεσεν ἐμὸς ἐμὸς ἀρχέτας,
1150 ἰάχησε δὲ στέγα λάινοι

CLYTEMNESTRA

This were her task, who in thy travail helped.

ELECTRA

Unhelped I travailed, bore alone my babe.

CLYTEMNESTRA

Dwell'st thou from friends and neighbours so remote ? 1130

ELECTRA

The poor—none careth to win these for friends !

CLYTEMNESTRA

I enter, to the Gods to pay the dues
For a son's time accomplished.   Having shown thee
That grace, I pass afield, to where my lord
Worships the Nymphs.   This chariot ye my maids
Lead hence, and stall my steeds.   Soon as ye deem
That this my service to the Gods is done,
Attend.   My spouse too must my presence grace.

ELECTRA

Pass in to my poor house ; and have a care
The smoke-grimed beams besmirch not thine attire.
The Gods' due sacrifice there shalt thou offer.   1140

[CLYTEMNESTRA *enters hut.*

The maund is dight, and whetted is the knife
Which slew the bull by whose side thou shalt lie
Stricken.   Thou shalt in Hades be his bride
Whose love thou wast in life.   So great the grace
I grant thee : thine to me—to avenge my sire !

[*Enters hut.*

CHORUS

Vengeance for wrong ! The stormy winds, long
   lashing   (*Str.*)
  The house, have veered ! There was an hour saw fall
My chief, with blood the laver's silver dashing,
  When shrieked the roof,—yea, topstones of the wall 1150

τε θριγκοὶ δόμων, τάδ' ἐνέποντος· ὦ
σχετλία, τί με, γύναι, φονεύεις φίλαν
πατρίδα δεκέτεσι
σποραῖσιν ἐλθόντ' ἐμάν;

παλίρρους δὲ τάνδ' ὑπάγεται δίκα   ἀντ.
διαδρόμου λέχους, μέλεον ἃ πόσιν
χρόνιον ἱκόμενον εἰς οἴκους
Κυκλώπειά τ' οὐράνια τείχε' ὀ-
ξυθήκτῳ βέλει κατέκαν' αὐτόχειρ,
πέλεκυν ἐν χεροῖν λαβοῦσα. τλάμων
πόσις, ὅ τί ποτε τὰν
τάλαιναν ἔσχεν κακόν.

ὀρεία τις ὡς λέαιν' ὀργάδων   ἐπῳδ.
δρύοχα νεμομένα, τάδε κατήνυσεν.

ΚΛΥΤΑΙΜΝΗΣΤΡΑ
ὦ τέκνα, πρὸς θεῶν μὴ κτάνητε μητέρα.

ΧΟΡΟΣ
κλύεις ὑπώροφον βοάν;

ΚΛΥΤΑΙΜΝΗΣΤΡΑ
ἰώ μοί μοι.

ΧΟΡΟΣ
ᾤμωξα κἀγὼ πρὸς τέκνων χειρουμένης.
νέμει τοι δίκαν θεός, ὅταν τύχῃ·
σχέτλια μὲν ἔπαθες, ἀνόσια δ' εἰργάσω,
τάλαιν', εὐνέταν.
ἀλλ' οἵδε μητρὸς νεοφόνοισιν αἵμασι
πεφυρμένοι βαίνουσιν ἐξ οἴκων πόδα,
τροπαῖα δείγματ' ἀθλίων προσφθεγμάτων.
οὐκ ἔστιν οὐδεὶς οἶκος ἀθλιώτερος
τῶν Τανταλείων οὐδ' ἔφυ ποτ' ἐκγόνων.

Shrieked back his cry, " Fiend-wife, and art thou
    tearing
My life from me, who in the tenth year's earing
    Come to my dear land, mine ancestral hall ? "

(Ant.)

The tide of justice whelmeth, refluent-roaring,
    The wanton wife who met her hapless lord,
When to the towers Titanic heavenward-soaring
    He came,—with welcome met him of the sword,
Who grasped in hand the axe keen-edged to sever
Life's thread :—O hapless spouse, what wrong soever 1160
    Stung to the deed the murderess abhorred !

(Epode)

    Ruthless as mountain lioness roaming through
Green glades, she wrought the deed she had set her
    hands to do.

CLYTEMNESTRA *(within)*
O children, in God's name slay not your mother !

CHORUS
Dost thou hear how thrills 'neath the roof a cry ?

CLYTEMNESTRA *(within)*
    Woe ! wretched I !

CHORUS
I too could wail one by her children slain.
God meteth justice out in justice' day.
Ghastly thy sufferings ; foully didst thou slay   1170
    Thy lord for thine own bane !
They come, they come ! Lo, forth the house they set
Their feet, besprent with gouts of mother's blood,
Trophies that witness to her piteous cries.
There is no house more whelmed in misery,
Nor hath been, than the line of Tantalus.

ΟΡΕΣΤΗΣ

ἰὼ Γᾶ καὶ Ζεῦ πανδερκέτα   στρ. α´
βροτῶν, ἴδετε τάδ' ἔργα φόνι-
α μυσαρά, δίγονα σώματ' ἐν
χθονὶ κείμενα, πλαγᾷ
1180   χερὸς ὑπ' ἐμᾶς, ἄποιν' ἐμῶν πημάτων,

                              1

* * * * * * * * *
* * * * * * * * * * *

ΗΛΕΚΤΡΑ

δακρύτ' ἄγαν, ὦ σύγγον', αἰτία δ' ἐγώ.
διὰ πυρὸς ἔμολον ἁ τάλαινα ματρὶ τᾷδ',
ἅ μ' ἔτικτε κούραν.

ΧΟΡΟΣ

ἰὼ τύχας, τᾶς σᾶς τύχας, μᾶτερ τεκοῦσ',
ἄλαστα μέλεα καὶ πέρα
παθοῦσα σῶν τέκνων ὑπαί.
πατρὸς δ' ἔτισας φόνον δικαίως.

ΟΡΕΣΤΗΣ

1190   ἰὼ Φοῖβ', ἀνύμνησας δίκαν,   ἀντ. α´
ἄφαντα φανερὰ δ' ἐξέπρα-
ξας ἄχεα, φόνια δ' ὤπασας
λέχε' ἀπὸ γᾶς Ἑλλανίδος.
τίνα δ' ἑτέραν μόλω πόλιν; τίς ξένος,
τίς εὐσεβὴς ἐμὸν κάρα
προσόψεται ματέρα κτανόντος;

ΗΛΕΚΤΡΑ

ἰὼ ἰώ μοι. ποῖ δ' ἐγώ; τίν' εἰς χορόν,
τίνα γάμον εἶμι; τίς πόσις με δέξεται
1200   νυμφικὰς ἐς εὐνάς;

1 The gap in the metre indicates that two lines have been lost here.

ELECTRA

Enter ORESTES *with* ELECTRA.

ORESTES

Earth, Zeus, whose all-beholding eye   (*Str.* 1)
    Is over men, behold this deed
Of blood, of horror—these that lie
    Twinned corpses on the earth, that bleed
For my wrongs, and by mine hand die.   1180
[Woe and alas ! I weep to know
My mother by mine hand laid low !]¹

ELECTRA

Well may we weep !—it was my sin, brother !
My fury was kindled as flame against her from whose
    womb I came.
Woe's me, a daughter !—and *this*, my mother !

CHORUS

Alas for thy lot ! Their mother wast thou,
    And horrors and anguish no words may tell
At thy children's hands thou hast suffered now !
    Yet justly the blow for their sire's blood fell.

ORESTES

Phoebus, the deed didst thou commend,   (*Ant.* 1) 1190
    Aye whispering "*Justice.*" Thou hast bared
The deeds of darkness, and made end,
    Through Greece, of lust that murder dared.
But me what land shall shield ? What friend,
What righteous man shall bear to see
The slayer of his mother—me ?

ELECTRA

Woe's me ! What refuge shall what land give me ?
O feet from the dance aye banned ! O spousal-
    hopeless hand !
What lord to a bridal-bower shall receive me ?   1200

---

¹ Conjecturally supplied to fill lacuna.

ΗΛΕΚΤΡΑ

πάλιν, πάλιν φρόνημα σὸν μετεστάθη πρὸς αὔραν·
φρονεῖς γὰρ ὅσια νῦν, τότ᾽ οὐ
φρονοῦσα, δεινὰ δ᾽ εἰργάσω,
φίλα, κασίγνητον οὐ θέλοντα.

ΟΡΕΣΤΗΣ

κατεῖδες, οἷον ἁ τάλαιν᾽ ἐμῶν πέπλων   στρ. β´
ἐλάβετ᾽, ἔδειξε μαστὸν ἐν φοναῖσιν,
ἰώ μοι, πρὸς πέδῳ
τιθεῖσα γόνιμα μέλεα; τὰν κόμαν δ᾽ ἐγώ—

ΧΟΡΟΣ

1210 σάφ᾽ οἶδα δι᾽ ὀδύνας ἔβας, ἰήιον
κλύων γόον ματρός, ἅ σ᾽ ἔτικτεν.

ΟΡΕΣΤΗΣ

βοὰν δ᾽ ἔλασκε τάνδε, πρὸς γένυν ἐμὰν   ἀντ. β´
τιθεῖσα χεῖρα· τέκος ἐμόν, λιταίνω·
παρῄδων τ᾽ ἐξ ἐμᾶν
ἐκρήμναθ᾽, ὥστε χέρας ἐμὰς λιπεῖν βέλος.

ΧΟΡΟΣ

τάλαινα, πῶς ἔτλας φόνον δι᾽ ὀμμάτων
1220 ἰδεῖν σέθεν ματρὸς ἐκπνεούσας;

ΟΡΕΣΤΗΣ

ἐγὼ μὲν ἐπιβαλὼν φάρη κόραις ἐμαῖς   στρ. γ´
φασγάνῳ κατηρξάμαν
ματέρος ἔσω δέρας μεθείς.

ΗΛΕΚΤΡΑ

ἐγὼ δ᾽ ἐπεγκέλευσά σοι
ξίφους τ᾽ ἐφηψάμαν ἅμα.
δεινότατον παθέων ἔρεξα.

ELECTRA

Again have thy thoughts veered round, yet again!
  Now right is thine heart, which was then not right
When to deeds of horror didst thou constrain
  Thy brother, O friend, in his heart's despite.

CHORUS

ORESTES

Didst thou mark, how the hapless, clinging,
    clasping   (*Str. 2*)
  My mantle, bared her bosom in dying—
    Woe's me!—and even to the earth bowed low
A mother's limbs?—and her hair was I grasping—

CHORUS

I know thine agony, hearing the crying   1210
  Of the mother that bare thee, her wail of woe.

ORESTES

Her hand on my cheek did she lay, and her
    calling   (*Ant. 2*)
  Rang in mine ears—"*My child! I implore thee!*"
    And she hung, she hung on my neck, to stay
The sword, from my palsied hand-grasp falling.

CHORUS (*to Electra*)

Wretch, how couldst thou bear to behold before thee
  Thy mother, gasping her life away?   1220

ORESTES

I cast my mantle before mine eyes,   (*Str. 3*)
And my sword began that sacrifice,
  Through the throat of my mother cleaving,
    cleaving!

ELECTRA

Yea, and I urged thee with instant word,
And I set with thee mine hand to the sword.
  I have done things horrible past believing!

107

ΗΛΕΚΤΡΑ

ΟΡΕΣΤΗΣ

λαβοῦ, κάλυπτε μέλεα ματέρος πέπλοις,   ἀντ. γ´
καὶ καθάρμοσον σφαγάς.
φονέας ἔτικτες ἆρά σοι.

ΗΛΕΚΤΡΑ

1230 ἰδού, φίλα τε κοὐ φίλα,
φάρεα σέ γ᾽ ἀμφιβάλλομεν.
τέρμα κακῶν μεγάλων δόμοισιν.

ΧΟΡΟΣ

ἀλλ᾽ οἵδε δόμων ὑπὲρ ἀκροτάτων
φαίνουσί τινες δαίμονες ἢ θεῶν
τῶν οὐρανίων; οὐ γὰρ θνητῶν γ᾽
ἥδε κέλευθος· τί ποτ᾽ εἰς φανερὰν
ὄψιν βαίνουσι βροτοῖσιν;

ΚΑΣΤΩΡ

Ἀγαμέμνονος παῖ, κλῦθι· δίπτυχοι δέ σε
καλοῦσι μητρὸς σύγγονοι Διόσκοροι,
1240 Κάστωρ κασίγνητός τε Πολυδεύκης ὅδε.
δεινὸν δὲ ναὸς ἀρτίως πόντου σάλον
παύσαντ᾽ ἀφίγμεθ᾽ Ἄργος, ὡς ἐσείδομεν
σφαγὰς ἀδελφῆς τῆσδε, μητέρος δὲ σῆς.
δίκαια μὲν νῦν ἥδ᾽ ἔχει, σὺ δ᾽ οὐχὶ δρᾷς·
Φοῖβός τε Φοῖβος—ἀλλ᾽ ἄναξ γάρ ἐστ᾽ ἐμός,
σιγῶ· σοφὸς δ᾽ ὢν οὐκ ἔχρησέ σοι σοφά.
αἰνεῖν δ᾽ ἀνάγκη ταῦτα· τἀντεῦθεν δὲ χρὴ
πράσσειν ἃ μοῖρα Ζεύς τ᾽ ἔκρανε σοῦ πέρι.
Πυλάδῃ μὲν Ἠλέκτραν δὸς ἄλοχον εἰς δόμους,
1250 σὺ δ᾽ Ἄργος ἔκλιπ᾽· οὐ γὰρ ἔστι σοι πόλιν
τήνδ᾽ ἐμβατεύειν, μητέρα κτείναντα σήν.
δειναὶ δὲ Κῆρές σ᾽ αἱ κυνώπιδες θεαὶ

ELECTRA

ORESTES

Take, take, with her vesture the limbs shroud
 round   (*Ant.* 3)
Of my mother: O close her wide death-wound.
  Thou barest them, thou, these hands death-
   dealing!

ELECTRA

Lo, thou that wast dear and yet not dear,   1230
With the mantle I veil thee over: here
  May the curse of the house have end and healing!

CASTOR *and* POLLUX *appear in mid air above the stage.*

CHORUS

Lo, lo, where over the roof-ridge high
Demigods gleam;—or from thrones in the sky
 Stoop Gods?—it is not vouchsafed unto men
To tread yon path: why draw these nigh
  Unto mortal ken?

CASTOR

Hear, child of Agamemnon: Sons of Zeus,
Twin brothers of thy mother, call to thee;
I Castor, this my brother Polydeuces.   1240
Even now the sea's shipwrecking surge have we
Assuaged, and come to Argos, having seen
The slaying of our sister, of thy mother.
She hath but justice; yet thou, thou hast sinned;
And Phoebus—Phoebus—since he is my king,
I am dumb. He is wise:—not wise his hest for thee!
We must needs say "'Tis well." Henceforth must thou
Perform what Fate and Zeus ordain for thee.
To Pylades Electra give to wife:
But thou, leave Argos; for thou mayst not tread 1250
Her streets, since thou hast wrought thy mother's
  death.
The dread Weird Sisters, hound-eyed Goddesses,

τροχηλατήσους' ἐμμανῆ πλανώμενον.
ἐλθὼν δ' Ἀθήνας, Παλλάδος σεμνὸν βρέτας
πρόσπτυξον· εἵρξει γάρ νιν ἐπτοημένας
δεινοῖς δράκουσιν ὥστε μὴ ψαύειν σέθεν,
γοργῶφ' ὑπερτείνουσά σου κάρᾳ κύκλον.
ἔστιν δ' Ἄρεώς τις ὄχθος, οὗ πρῶτον θεοὶ
ἕζοντ' ἐπὶ ψήφοισιν αἵματος πέρι,
1260   Ἁλιρρόθιον ὅτ' ἔκταν' ὠμόφρων Ἄρης,
μῆνιν θυγατρὸς ἀνοσίων νυμφευμάτων,
πόντου κρέοντος παῖδ', ἵν' εὐσεβεστάτη
ψῆφος βεβαία τ' ἐστὶν †ἔκ γε τοῦ θεοῖς.
ἐνταῦθα καὶ σὲ δεῖ δραμεῖν φόνου πέρι.
ἴσαι δέ σ' ἐκσῴζουσι μὴ θανεῖν δίκῃ
ψῆφοι τεθεῖσαι· Λοξίας γὰρ αἰτίαν
εἰς αὑτὸν οἴσει, μητέρος χρήσας φόνον.
καὶ τοῖσι λοιποῖς ὅδε νόμος τεθήσεται,
νικᾶν ἴσαις ψήφοισι τὸν φεύγοντ' ἀεί.
1270   δειναὶ μὲν οὖν θεαὶ τῷδ' ἄχει πεπληγμέναι
πάγον παρ' αὐτὸν χάσμα δύσονται χθονός,
σεμνὸν βροτοῖσιν εὐσεβὲς χρηστήριον.
σὲ δ' Ἀρκάδων χρὴ πόλιν ἐπ' Ἀλφειοῦ ῥοαῖς
οἰκεῖν Λυκαίου πλησίον σηκώματος·
ἐπώνυμος δὲ σοῦ πόλις κεκλήσεται.
σοὶ μὲν τάδ' εἶπον· τόνδε δ' Αἰγίσθου νέκυν
Ἄργους πολῖται γῆς καλύψουσιν τάφῳ.
μητέρα δὲ τὴν σὴν ἄρτι Ναυπλίαν παρὼν
Μενέλαος, ἐξ οὗ Τρωικὴν εἷλε χθόνα,
1280   Ἑλένη τε θάψει· Πρωτέως γὰρ ἐκ δόμων
ἥκει λιποῦσ' Αἴγυπτον οὐδ' ἦλθεν Φρύγας.
Ζεὺς δ', ὡς ἔρις γένοιτο καὶ φόνος βροτῶν,
εἴδωλον Ἑλένης ἐξέπεμψ' ἐς Ἴλιον.
Πυλάδης μὲν οὖν κόρην τε καὶ δάμαρτ' ἔχων

Shall drive thee mad, and dog thy wanderings.
To Athens go: the awful image clasp
Of Pallas; for their serpent-frenzied rage
Shall she refrain, that they may touch thee not,
Outstretching o'er thine head her Gorgon shield.
There is a Hill of Ares, where first sat
Gods to give judgment touching blood-shedding,
When fierce-souled Ares Halirrothius slew,   1260
The Sea-king's son, in wrath for outrage done
His daughter.   That tribunal since that hour
Sacred and stablished stands in sight of Gods.
There must thou for this murder be arraigned.
And, in the judgment, equal votes cast down
From death shall save thee: for the blame
      thereof
Shall Loxias take, who bade thee slay thy mother.
And this for after times shall rest the law,
That equal votes shall still acquit the accused.

Yet shall the Dread Ones, anguish-stricken for
      this,   1270
Hard by that hill sink into earth's deep cleft
Revered by men, a sacred oracle.
Thou by Alpheius' streams must found a city
Arcadian, near Lycaean Zeus's shrine;
And by thy name the city shall be called.
This to thee: touching yon Aegisthus' corse,
The Argive folk shall hide it in the tomb.
Thy mother—Menelaus, now first come
To Nauplia, since he won the land of Troy,
Shall bury her, he and Helen: for she comes,   1280
Who ne'er saw Troy, from Proteus' halls in Egypt.
But Zeus, to stir up strife and slaughter of men,
A phantom Helen unto Ilium sent.
And Pylades shall take his virgin wife,

ΗΛΕΚΤΡΑ

Ἀχαιΐδος γῆς οἴκαδ' εἰσπορευέτω,
καὶ τὸν λόγῳ σὸν πενθερὸν κομιζέτω
Φωκέων ἐς αἶαν, καὶ δότω πλούτου βάρος·
σὺ δ' Ἰσθμίας γῆς αὐχέν' ἐμβαίνων ποδὶ
χώρει πρὸς οἶκον Κεκροπίας εὐδαίμονα.

1290   πεπρωμένην γὰρ μοῖραν ἐκπλήσας φόνου
εὐδαιμονήσεις τῶνδ' ἀπαλλαχθεὶς πόνων.

ΧΟΡΟΣ
ὦ παῖδε Διός, θέμις εἰς φθογγὰς
τὰς ὑμετέρας ἡμῖν πελάθειν;

ΚΑΣΤΩΡ
θέμις, οὐ μυσαροῖς τοῖσδε σφαγίοις.

ΗΛΕΚΤΡΑ
κἀμοὶ μύθου μέτα, Τυνδαρίδαι;

ΚΑΣΤΩΡ
καὶ σοί· Φοίβῳ τήνδ' ἀναθήσω
πρᾶξιν φονίαν.

ΧΟΡΟΣ
πῶς ὄντε θεὼ τῆσδέ τ' ἀδελφὼ
τῆς καταφθιμένης

1300   οὐκ ἠρκέσατον κῆρας μελάθροις;

ΚΑΣΤΩΡ
μοῖραν ἀνάγκης ἦγεν τὸ χρεών,
Φοίβου τ' ἄσοφοι γλώσσης ἐνοπαί.

ΗΛΕΚΤΡΑ
τίς δ' ἔμ' Ἀπόλλων, ποῖοι χρησμοὶ
φονίαν ἔδοσαν μητρὶ γενέσθαι;

ΚΑΣΤΩΡ
κοιναὶ πράξεις, κοινοὶ δὲ πότμοι,
μία δ' ἀμφοτέρους
ἄτη πατέρων διέκναισεν.

ELECTRA

And from the land Achaean lead her home;
And him, thy kinsman by repute,[1] shall bring
To Phocis, and shall give him store of wealth.
Thou, journey round the neck of Isthmian land,
Till thou reach Athens, Cecrops' blissful home.
For, when thou hast fulfilled this murder's doom,   1290
Thou shalt be happy, freed from all these toils.

CHORUS

O children of Zeus, may we draw nigh
Unto speech of your Godhead lawfully?

CASTOR

Yea: stainless are ye of the murderous deed.

ELECTRA

I too, may I speak to you, Tyndareus' seed?

CASTOR

Thou too: for on Phoebus I lay the guilt
    Of the blood thou hast spilt.

CHORUS

How fell it, that ye Gods, brethren twain
    Of her that is slain,
Kept not from her halls those Powers of Bane?   1300

CASTOR

By resistless fate was her doom on-driven,
And by Phoebus' response, in unwisdom given.

ELECTRA

Yet why hath Apollo by bodings ordained
That I with a mother's blood be stained?

CASTOR

In the deed ye shared, as the doom ye shared:
The curse of your sires was for twain prepared,
    And it hath not spared.

---

[1] Thy nominal brother-in-law, the peasant.

ΗΛΕΚΤΡΑ

ΟΡΕΣΤΗΣ

ὦ σύγγονέ μοι, χρονίαν σ᾽ ἐσιδὼν
τῶν σῶν εὐθὺς φίλτρων στέρομαι,
1310   καὶ σ᾽ ἀπολείψω σοῦ λειπόμενος.

ΚΑΣΤΩΡ

πόσις ἔστ᾽ αὐτῇ καὶ δόμος· οὐχ ἥδ᾽
οἰκτρὰ πέπονθεν, πλὴν ὅτι λείπει
πόλιν Ἀργείων.

ΗΛΕΚΤΡΑ

καὶ τίνες ἄλλαι στοναχαὶ μείζους
ἢ γῆς πατρίας ὅρον ἐκλείπειν;

ΟΡΕΣΤΗΣ

ἀλλ᾽ ἐγὼ οἴκων ἔξειμι πατρός,
καὶ ἐπ᾽ ἀλλοτρίαις ψήφοισι φόνον
μητρὸς ὑφέξω.

ΚΑΣΤΩΡ

θάρσει· Παλλάδος
1320   ὁσίαν ἥξεις πόλιν· ἀλλ᾽ ἀνέχου.

ΗΛΕΚΤΡΑ

περί μοι στέρνοις στέρνα πρόσαψον,
σύγγονε φίλτατε·
διὰ γὰρ ζευγνῦσ᾽ ἡμᾶς πατρίων
μελάθρων μητρὸς φόνιοι κατάραι.

ΟΡΕΣΤΗΣ

βάλε, πρόσπτυξον σῶμα· θανόντος δ᾽
ὡς ἐπὶ τύμβῳ καταθρήνησον.

ΚΑΣΤΩΡ

φεῦ φεῦ· δεινὸν τόδ᾽ ἐγηρύσω
καὶ θεοῖσι κλύειν.
ἔνι γὰρ κἀμοὶ τοῖς τ᾽ οὐρανίδαις
1330   οἶκτοι θνητῶν πολυμόχθων.

ELECTRA

ORESTES

Ah, sister mine, after long, long space of weary
  waiting, to see thy face,
    And lo, from thy love to be straightway torn,
    To forsake thee, be left of thee forlorn! 1310

CASTOR

A husband is hers and a home : this pain
Alone must she know, no more to remain
      Here, ne'er know Argos again.

ELECTRA

What drearier lot than this, to be banned
For aye from the borders of fatherland?

ORESTES

But I flee from the halls of my father afar ;
For a mother's blood at the alien's bar
      Arraigned must I stand !

CASTOR

Fear not : to the sacred town shalt thou fare
Of Pallas all safely : be strong to bear. 1320

ELECTRA

Fold me around, breast close to breast,
O brother, O loved !—of all loved best !
For the curse of a mother's blood must sever
From our sire's halls us, for ever—for ever !

ORESTES

Fling thee on me ! Cling close, mine own !
As over the grave of the dead make moan.

CASTOR

Alas and alas !—for thy pitiful wail
      Even Gods' hearts fail ;
For with me and with all the Abiders on High
Is compassion for mortals' misery. 1330

ΗΛΕΚΤΡΑ

ΟΡΕΣΤΗΣ

οὐκέτι σ᾽ ὄψομαι.

ΗΛΕΚΤΡΑ

οὐδ᾽ ἐγὼ εἰς σὸν βλέφαρον πελάσω.

ΟΡΕΣΤΗΣ

τάδε λοίσθιά μοι προσφθέγματά σου.

ΗΛΕΚΤΡΑ

ὦ χαῖρε, πόλις·
χαίρετε δ᾽ ὑμεῖς πολλά, πολίτιδες.

ΟΡΕΣΤΗΣ

ὦ πιστοτάτη, στείχεις ἤδη;

ΗΛΕΚΤΡΑ

στείχω βλέφαρον τέγγουσ᾽ ἁπαλόν.

ΟΡΕΣΤΗΣ

1340 Πυλάδη, χαίρων ἴθι, νυμφεύου
δέμας Ἠλέκτρας.

ΚΑΣΤΩΡ

τοῖσδε μελήσει γάμος· ἀλλὰ κύνας
τάσδ᾽ ὑποφεύγων στεῖχ᾽ ἐπ᾽ Ἀθηνῶν·
δεινὸν γὰρ ἴχνος βάλλουσ᾽ ἐπὶ σοὶ
χειροδράκοντες χρῶτα κελαιναί,
δεινῶν ὀδυνῶν καρπὸν ἔχουσαι·
νὼ δ᾽ ἐπὶ πόντον Σικελὸν σπουδῇ
σώσοντε νεῶν πρῴρας ἐνάλους.
διὰ δ᾽ αἰθερίας στείχοντε πλακὸς
1350 τοῖς μὲν μυσαροῖς οὐκ ἐπαρήγομεν,
οἷσιν δ᾽ ὅσιον καὶ τὸ δίκαιον
φίλον ἐν βιότῳ, τούτους χαλεπῶν
ἐκλύοντες μόχθων σῴζομεν.
οὕτως ἀδικεῖν μηδεὶς θελέτω,

ORESTES

I shall look upon thee not again—not again!

ELECTRA

Nor my yearning eyes upon thee shall I strain!

ORESTES

The last words these we may speak, we twain!

ELECTRA

O city, farewell;
Farewell, ye maidens therein that dwell!

ORESTES

O faithful and true, must we part, part so?

ELECTRA

We part;—my welling eyes overflow.

ORESTES

Pylades, go; fair fortune betide:　　　　　　　　　1340
　　Take thou Electra for bride.

CASTOR

These shall find spousal-solace :—up, be doing;
　　Yon hell-hounds flee, till thou to Athens win.
Their fearful feet pad on thy track pursuing,
　　Demons of dragon talon, swart of skin,
Who batten on mortal agonies their malice.
　　We speed to seas Sicilian, from their wrath
To save the prows of surge-imperilled galleys:
　　Yet, as we pace along the cloudland path,
We help not them that work abomination;　　　　　1350
　　But, whoso loveth faith and righteousness
All his life long, to such we bring salvation,
　　Bring them deliverance out of all distress.
Let none dare then in wrong to be partaker,

ΗΛΕΚΤΡΑ

μηδ' ἐπιόρκων μέτα συμπλείτω·
θεὸς ὢν θνητοῖς ἀγορεύω.

ΧΟΡΟΣ

χαίρετε· χαίρειν δ' ὅστις δύναται
καὶ ξυντυχίᾳ μή τινι κάμνει
θνητῶν, εὐδαίμονα πράσσει.

Neither to voyage with the doomed oath-breaker.
I am a God : to men I publish this.

CHORUS

Farewell !   Ah, whosoe'er may know this blessing,
To *fare well*, never crushed 'neath ills oppressing,
Alone of mortals tastes abiding bliss.

[Exeunt OMNES.

ORESTES

ARGUMENT

When *Orestes had avenged his father by slaying his mother Clytemnestra and Aegisthus her paramour, as is told in the Tragedy called " Electra," he was straightway haunted by the Erinyes, the avengers of parricide, and by them made mad ; and in the torment thereof he continued six days, till he was brought to death's door.*

And herein is told how his sister Electra ministered to him, and how by the Argive people they were condemned to death, while their own kin stood far from their help, and how they strove against their doom.

ΤΑ ΤΟΥ ΔΡΑΜΑΤΟΣ ΠΡΟΣΩΠΑ

ΗΛΕΚΤΡΑ
ΕΛΕΝΗ
ΧΟΡΟΣ
ΟΡΕΣΤΗΣ
ΜΕΝΕΛΑΟΣ
ΤΥΝΔΑΡΕΩΣ
ΠΥΛΑΔΗΣ
ΑΓΓΕΛΟΣ
ΕΡΜΙΟΝΗ
ΦΡΥΞ
ΑΠΟΛΛΩΝ

DRAMATIS PERSONAE

ELECTRA, *daughter of Agamemnon.*
HELEN, *wife of Menelaus.*
ORESTES, *son of Agamemnon.*
MENELAUS, *brother of Agamemnon.*
PYLADES, *friend of Orestes.*
TYNDAREUS, *father of Clytemnestra.*
HERMIONE, *daughter of Helen.*
MESSENGER, *an old servant of Agamemnon.*
A PHRYGIAN, *attendant-slave of Helen.*
APOLLO.
CHORUS, *consisting of Argive women.*
Attendants of Helen, Menelaus, and Tyndareus.

SCENE : At the Palace in Argos.

ΟΡΕΣΤΗΣ

ΗΛΕΚΤΡΑ

Οὐκ ἔστιν οὐδὲν δεινὸν ὧδ' εἰπεῖν ἔπος,
οὐδὲ πάθος, οὐδὲ συμφορὰ θεήλατος,
ἧς οὐκ ἂν ἄραιτ' ἄχθος ἀνθρώπου φύσις.
ὁ γὰρ μακάριος, κοὐκ ὀνειδίζω τύχας,
Διὸς πεφυκώς, ὡς λέγουσι, Τάνταλος
κορυφῆς ὑπερτέλλοντα δειμαίνων πέτρον
ἀέρι ποτᾶται καὶ τίνει ταύτην δίκην,
ὡς μὲν λέγουσιν, ὅτι θεοῖς ἄνθρωπος ὢν
κοινῆς τραπέζης ἀξίωμ' ἔχων ἴσον,
10   ἀκόλαστον ἔσχε γλῶσσαν, αἰσχίστην νόσον.
οὗτος φυτεύει Πέλοπα, τοῦ δ' Ἀτρεὺς ἔφυ,
ᾧ στέμματα ξήνασ' ἐπέκλωσεν θεὰ
ἔριν, Θυέστῃ πόλεμον ὄντι συγγόνῳ
θέσθαι· τί τἄρρητ' ἀναμετρήσασθαί με δεῖ;
ἔδαισε δ' οὖν νιν τέκν' ἀποκτείνας Ἀτρεύς.
Ἀτρέως δέ, τὰς γὰρ ἐν μέσῳ σιγῶ τύχας,
ὁ κλεινός, εἰ δὴ κλεινός, Ἀγαμέμνων ἔφυ
Μενέλεώς τε Κρήσσης μητρὸς Ἀερόπης ἄπο.
γαμεῖ δ' ὁ μὲν δὴ τὴν θεοῖς στυγουμένην
20   Μενέλαος Ἑλένην, ὁ δὲ Κλυταιμνήστρας λέχος
ἐπίσημον εἰς Ἕλληνας Ἀγαμέμνων ἄναξ·
ᾧ παρθένοι μὲν τρεῖς ἔφυμεν ἐκ μιᾶς,

ORESTES

ORESTES *asleep on his bed*, ELECTRA *watching beside it.*

ELECTRA

NOTHING there is so terrible to tell,
Nor fleshly pang, nor visitation of God
But poor humanity may have to bear it.
He, the once blest,—I mock not at his doom—
Begotten of Zeus, as men say, Tantalus,
Dreading the crag which topples o'er his head,
Now hangs mid air ; and pays this penalty,
As the tale telleth, for that he, a man,
Honoured to sit god-like at meat with Gods,
Yet bridled not his tongue—O shameful madness !   10
He begat Pelops ; born to him was Atreus,
For whom Fate twined with her doom-threads a
        strand
Of strife against Thyestes, yea, his brother ;—
Why must I tell o'er things unspeakable ?
Atreus for their sire's feasting slew his sons.
Of Atreus—what befell between I tell not—
Famed Agamemnon sprang,—if *this* be fame,—
And Menelaus, of Cretan Aerope.
And Menelaus wedded Helen, loathed
Of heaven, the while King Agamemnon won   20
Clytemnestra's couch, to Hellenes memorable.
To him were daughters three, Chrysothemis,

Χρυσόθεμις Ἰφιγένειά τ᾽ Ἠλέκτρα τ᾽ ἐγώ,
ἄρσην δ᾽ Ὀρέστης, μητρὸς ἀνοσιωτάτης,
ἣ πόσιν ἀπείρῳ περιβαλοῦσ᾽ ὑφάσματι
ἔκτεινεν· ὧν δ᾽ ἕκατι, παρθένῳ λέγειν
οὐ καλόν· ἐῶ τοῦτ᾽ ἀσαφὲς ἐν κοινῷ σκοπεῖν.
Φοίβου δ᾽ ἀδικίαν μὲν τί δεῖ κατηγορεῖν;
πείθει δ᾽ Ὀρέστην μητέρ᾽ ἥ σφ᾽ ἐγείνατο
30 κτεῖναι, πρὸς οὐχ ἅπαντας εὔκλειαν φέρον.
ὅμως δ᾽ ἀπέκτειν᾽ οὐκ ἀπειθήσας θεῷ·
κἀγὼ μετέσχον, οἷα δὴ γυνή, φόνου,
Πυλάδης θ᾽, ὃς ἡμῖν συγκατείργασται τάδε.
ἐντεῦθεν ἀγρίᾳ συντακεὶς νόσῳ δέμας
τλήμων Ὀρέστης ὅδε πεσὼν ἐν δεμνίοις
κεῖται, τὸ μητρὸς δ᾽ αἷμά νιν τροχηλατεῖ
μανίαισιν· ὀνομάζειν γὰρ αἰδοῦμαι θεὰς
Εὐμενίδας, αἳ τόνδ᾽ ἐξαμιλλῶνται φόβῳ.
ἕκτον δὲ δὴ τόδ᾽ ἦμαρ ἐξ ὅτου σφαγαῖς
40 θανοῦσα μήτηρ πυρὶ καθήγνισται δέμας,
ὧν οὔτε σῖτα διὰ δέρης ἐδέξατο,
οὐ λούτρ᾽ ἔδωκε χρωτί· χλανιδίων δ᾽ ἔσω
κρυφθείς, ὅταν μὲν σῶμα κουφισθῇ νόσου,
ἔμφρων δακρύει, ποτὲ δὲ δεμνίων ἄπο
πηδᾷ δρομαῖος, πῶλος ὣς ἀπὸ ζυγοῦ.
ἔδοξε δ᾽ Ἄργει τῷδε μήθ᾽ ἡμᾶς στέγαις,
μὴ πυρὶ δέχεσθαι, μήτε προσφωνεῖν τινα
μητροκτονοῦντας· κυρία δ᾽ ἥδ᾽ ἡμέρα,
ἐν ᾗ διοίσει ψῆφον Ἀργείων πόλις,
50 εἰ χρὴ θανεῖν νὼ λευσίμῳ πετρώματι,
ἢ φάσγανον θήξαντ᾽ ἐπ᾽ αὐχένος βαλεῖν.
ἐλπίδα δὲ δή τιν᾽ ἔχομεν ὥστε μὴ θανεῖν·
ἥκει γὰρ εἰς γῆν Μενέλεως Τροίας ἄπο,
λιμένα δὲ Ναυπλίειον ἐκπληρῶν πλάτῃ

ORESTES

Iphigeneia, Electra, and a son
Orestes, of one impious mother born,
Who trapped in tangling toils her lord, and slew :
Wherefore she slew,—a shame for maid to speak !—
I leave untold, for whoso will to guess.
What boots it to lay wrong to Phoebus' charge,
Who thrust Orestes on to slay the mother
That bare him ?—few but cry shame on the deed,   30
Though in obedience to the God he slew.
I in the deed shared,—far as woman might,—
And Pylades, who helped to compass it.
Thereafter, wasted with fierce malady,
Hapless Orestes, fallen on his couch,
Lieth : his mother's blood aye scourgeth him
With madness. Scarce for awe I name their
      names
Whose terrors rack him, the Eumenides.
And to this day, the sixth since cleansing fire
Enwrapped the murdered form, his mother's corse,   40
Morsel of food his lips have not received,
Nor hath he bathed his flesh ; but in his cloak
Now palled, when he from torment respite hath,
With brain unclouded weeps, now from his couch
Frenzied with wild feet bounds like steed unyoked.
And Argos hath decreed that none with roof
Or fire receive us, none speak word to us,
The matricides. The appointed day is this,
Whereon the Argive state shall cast the vote,
Whether we twain must die, by stoning die,   50
Or through our own necks plunge the whetted
      steel.
Yet one hope have we of escape from death ;
For Menelaus from Troy hath reached the land.
Thronging the Nauplian haven with his fleet

ἀκταῖσιν ὁρμεῖ, δαρὸν ἐκ Τροίας χρόνον
ἄλαισι πλαγχθείς· τὴν δὲ δὴ πολύστονον
Ἑλένην, φυλάξας νύκτα, μή τις εἰσιδὼν
μεθ' ἡμέραν στείχουσαν, ὧν ὑπ' Ἰλίῳ
παῖδες τεθνᾶσιν, εἰς πέτρων ἔλθῃ βολάς,
60 προὔπεμψεν εἰς δῶμ' ἡμέτερον· ἔστιν δ' ἔσω
κλαίουσ' ἀδελφὴν συμφοράς τε δωμάτων.
ἔχει δὲ δή τιν' ἀλγέων παραψυχήν·
ἣν γὰρ κατ' οἴκους ἔλιφ', ὅτ' ἐς Τροίαν ἔπλει,
παρθένον ἐμῇ τε μητρὶ παρέδωκεν τρέφειν
Μενέλαος ἀγαγὼν Ἑρμιόνην Σπάρτης ἄπο,
ταύτῃ γέγηθε κἀπιλήθεται κακῶν.
βλέπω δὲ πᾶσαν εἰς ὁδόν, πότ' ὄψομαι
Μενέλαον ἥκονθ'· ὡς τά γ' ἄλλ' ἐπ' ἀσθενοῦς
ῥώμης ὀχούμεθ', ἤν τι μὴ κείνου πάρα
70 σωθῶμεν. ἄπορον χρῆμα δυστυχῶν δόμος.

ὦ παῖ Κλυταιμνήστρας τε κἀγαμέμνονος,
παρθένε μακρὸν δὴ μῆκος, Ἠλέκτρα, χρόνου,
πῶς, ὦ τάλαινα, σύ τε κασίγνητός τε σὸς
τλήμων Ὀρέστης μητρὸς ὅδε φονεὺς ἔφυ;
προσφθέγμασιν γὰρ οὐ μιαίνομαι σέθεν,
εἰς Φοῖβον ἀναφέρουσα τὴν ἁμαρτίαν.
καίτοι στένω γε τὸν Κλυταιμνήστρας μόρον
ἐμῆς ἀδελφῆς, ἥν, ἐπεὶ πρὸς Ἴλιον
ἔπλευσ' ὅπως ἔπλευσα θεομανεῖ πότμῳ,
80 οὐκ εἶδον, ἀπολειφθεῖσα δ' αἰάζω τύχας.

Ἑλένη, τί σοι λέγοιμ' ἂν ἅ γε παροῦσ' ὁρᾷς,
ἐν συμφοραῖσι τὸν Ἀγαμέμνονος γόνον;
ἐγὼ μὲν ἄυπνος, πάρεδρος ἀθλίῳ νεκρῷ,
νεκρὸς γὰρ οὗτος οὕνεκα σμικρᾶς πνοῆς,

Off-shore he anchors, who hath wandered long
Homeless from Troy.   But Helen—yea, that cause
Of countless woes,—'neath screen of night he sent
Before, unto our house, lest some, whose sons
At Ilium fell, if she by daylight came,
Should see, and stone her.   Now within she weeps   60
Her sister and her house's misery.
And yet hath she some solace in her griefs:
The child whom, sailing unto Troy, she left,
Hermione, whom Menelaus brought
From Sparta to my mother's fostering,
In her she joys, and can forget her woes.
I gaze far down the highway, strain to see
Menelaus come.   Frail anchor of hope is ours
To ride on, if we be not saved of him.
In desperate plight is an ill-fated house.   70

Enter HELEN.

HELEN

Clytemnestra's daughter, Agamemnon's child,
Electra, maid a weary while unwed,
Hapless, how could ye, thou and the stricken one,
Thy brother Orestes, slay a mother thus?
I come, as unpolluted by thy speech,
Since upon Phoebus all thy sin I lay.
Yet do I moan for Clytemnestra's fate,
My sister, whom, since unto Ilium
I sailed,—as heaven-frenzied I did sail,—
I have seen not: now left lorn I wail our lot.   80

ELECTRA

Helen, why tell thee what thyself mayst see—
The piteous plight of Agamemnon's son?
Sleepless I sit beside a wretched corpse;
For, but for faintest breath, a corpse he is.

131

θάσσω· τὰ τούτου δ' οὐκ ὀνειδίζω κακα·
σὺ δ' ἡ μακαρία μακάριός θ' ὁ σὸς πόσις
ἥκετον ἐφ' ἡμᾶς ἀθλίως πεπραγότας.

ΕΛΕΝΗ
πόσον χρόνον δὲ δεμνίοις πέπτωχ' ὅδε ;

ΗΛΕΚΤΡΑ
ἐξ οὗπερ αἷμα γενέθλιον κατήνυσεν.

ΕΛΕΝΗ
90 ὦ μέλεος, ἡ τεκοῦσά θ', ὡς διώλετο.

ΗΛΕΚΤΡΑ
οὕτως ἔχει τάδ', ὥστ' ἀπείρηκεν κακοῖς.

ΕΛΕΝΗ
πρὸς θεῶν, πίθοι' ἂν δῆτά μοί τι, παρθένε ;

ΗΛΕΚΤΡΑ
ὡς ἄσχολός γε συγγόνου προσεδρία.

ΕΛΕΝΗ
βούλει τάφον μοι πρὸς κασιγνήτης μολεῖν ;

ΗΛΕΚΤΡΑ
μητρὸς κελεύεις τῆς ἐμῆς ; τίνος χάριν ;

ΕΛΕΝΗ
κόμης ἀπαρχὰς καὶ χοὰς φέρουσ' ἐμάς.

ΗΛΕΚΤΡΑ
σοὶ δ' οὐ θεμιστὸν πρὸς φίλων στείχειν τάφον ;

ΕΛΕΝΗ
δεῖξαι γὰρ Ἀργείοισι σῶμ' αἰσχύνομαι.

ΗΛΕΚΤΡΑ
ὀψέ γε φρονεῖς εὖ, τότε λιποῦσ' αἰσχρῶς δόμους.

ΕΛΕΝΗ
100 ὀρθῶς ἔλεξας, οὐ φίλως δέ μοι λέγεις.

ΗΛΕΚΤΡΑ
αἰδὼς δὲ δὴ τίς σ' εἰς Μυκηναίους ἔχει ;

132

His evils—none do I reproach with them;
But prosperous thou art come, and prosperous comes
Thy lord, to us the misery-stricken ones.

HELEN

How long hath he so lain upon his couch?

ELECTRA

Even since he spilt the blood of her that bare him.

HELEN

Alas for him, for her!—what death she died!   90

ELECTRA

Such is his plight that he is crushed of ills.

HELEN

In heaven's name, maiden, do to me a grace.

ELECTRA

So far as this my tendance suffereth me.

HELEN

Wilt go for me unto my sister's tomb?

ELECTRA

My mother's?—canst thou ask me?—for what cause?

HELEN

Shorn locks bear from me and drink-offerings.

ELECTRA

What sin, if *thou* draw nigh a dear one's tomb?

HELEN

I shame to show me to the Argive folk.

ELECTRA

Late virtue in who basely fled her home!

HELEN

Thou speakest truly—speakest cruelly.   100

ELECTRA

What shame is thine of Mycenaean eyes?

ΕΛΕΝΗ

δέδοικα πατέρας τῶν ὑπ' Ἰλίῳ νεκρῶν.

ΗΛΕΚΤΡΑ

δεινὸν γάρ· Ἄργει γ' ἀναβοᾷ διὰ στόμα.

ΕΛΕΝΗ

σύ νυν χάριν μοι τὸν φόβον λύσασα δός.

ΗΛΕΚΤΡΑ

οὐκ ἂν δυναίμην μητρὸς εἰσβλέψαι τάφον.

ΕΛΕΝΗ

αἰσχρόν γε μέντοι προσπόλους φέρειν τάδε.

ΗΛΕΚΤΡΑ

τί δ' οὐχὶ θυγατρὸς Ἑρμιόνης πέμπεις δέμας;

ΕΛΕΝΗ

εἰς ὄχλον ἕρπειν παρθένοισιν οὐ καλόν.

ΗΛΕΚΤΡΑ

καὶ μὴν τίνοι γ' ἂν τῇ τεθνηκυίᾳ τροφάς.

ΕΛΕΝΗ

καλῶς ἔλεξας, πείθομαί τέ σοι, κόρη,
110   καὶ πέμψομέν γε θυγατέρ'· εὖ γάρ τοι λέγεις.
ὦ τέκνον, ἔξελθ', Ἑρμιόνη, δόμων πάρος,
καὶ λαβὲ χοὰς τάσδ' ἐν χεροῖν κόμας τ' ἐμάς·
ἐλθοῦσα δ' ἀμφὶ τὸν Κλυταιμνήστρας τάφον
μελίκρατ' ἄφες γάλακτος οἰνωπόν τ' ἄχνην,
καὶ στᾶσ' ἐπ' ἄκρου χώματος λέξον τάδε·
'Ελένη σ' ἀδελφὴ ταῖσδε δωρεῖται χοαῖς,
φόβῳ προσελθεῖν μνῆμα σόν, ταρβοῦσά τε
Ἀργεῖον ὄχλον. εὐμενῆ δ' ἄνωγέ νιν
ἐμοί τε καὶ σοὶ καὶ πόσει γνώμην ἔχειν
120   τοῖν τ' ἀθλίοιν τοῖνδ', οὓς ἀπώλεσεν θεός.
ἃ δ' εἰς ἀδελφὴν καιρὸς ἐκπονεῖν ἐμέ,

HELEN

I fear the sires of those at Ilium dead.

ELECTRA

Well mayst thou fear : all Argos cries on thee.

HELEN

Grant me this grace and break my chain of fear.

ELECTRA

I cannot look upon my mother's tomb.

HELEN

Yet shame it were should handmaids bear these gifts.

ELECTRA

Wherefore send not thy child Hermione ?

HELEN

To pass mid throngs beseemeth maidens not.

ELECTRA

She should pay nurture's debt unto the dead.

HELEN

Sooth hast thou said : I hearken to thee, maid.   110
Yea, I will send my daughter : thou say'st well.
Child, come, Hermione, without the doors :
Enter HERMIONE.
Take these drink-offerings, this mine hair, in hand,
And go thou, and round Clytemnestra's tomb
Shed mingled honey, milk, and foam of wine ;
And, standing on the grave-mound's height, say this :
" Thy sister Helen these drink-offerings gives,
Fearing to approach thy tomb, and dreading sore
The Argive rabble."   Bid her bear a mood
Kindly to me, to thee, and to my lord,   120
And to these hapless twain, whom God hath stricken.
All gifts unto the dead which duty bids

ΟΡΕΣΤΗΣ

ἄπανθ' ὑπισχνοῦ νερτέρων δωρήματα.
ἴθ', ὦ τέκνον μοι, σπεῦδε καὶ χοὰς τάφῳ
δοῦσ' ὡς τάχιστα τῆς πάλιν μέμνησ' ὁδοῦ.

ΗΛΕΚΤΡΑ

ὦ φύσις, ἐν ἀνθρώποισιν ὡς μέγ' εἶ κακόν,
σωτήριόν τε τοῖς καλῶς κεκτημένοις.
εἴδετε παρ' ἄκρας ὡς ἀπέθρισεν τρίχας,
σῴζουσα κάλλος; ἔστι δ' ἡ πάλαι γυνή.
130 θεοί σε μισήσειαν, ὥς μ' ἀπώλεσας
καὶ τόνδε πᾶσάν θ' Ἑλλάδ'. ὦ τάλαιν' ἐγώ,
αἵδ' αὖ πάρεισι τοῖς ἐμοῖς θρηνήμασι
φίλαι ξυνῳδοί· τάχα μεταστήσουσ' ὕπνου
τόνδ' ἡσυχάζοντ', ὄμμα δ' ἐκτήξουσ' ἐμὸν
δακρύοις, ἀδελφὸν ὅταν ὁρῶ μεμηνότα.
ὦ φίλταται γυναῖκες, ἡσύχῳ ποδὶ
χωρεῖτε, μὴ ψοφεῖτε, μηδ' ἔστω κτύπος.
φιλία γὰρ ἡ σὴ πρευμενὴς μέν, ἀλλ' ἐμοὶ
τόνδ' ἐξεγεῖραι συμφορὰ γενήσεται.

ΧΟΡΟΣ

140 σῖγα, σῖγα, λεπτὸν ἴχνος ἀρβύλης   στρ.α΄
τίθετε, μὴ ψοφεῖτε, μὴ 'στω κτύπος.

ΗΛΕΚΤΡΑ

ἀποπρὸ βᾶτ' ἐκεῖσ', ἀποπρό μοι κοίτας.

ΧΟΡΟΣ

ἰδού, πείθομαι.

ΗΛΕΚΤΡΑ

ἃ ἅ, σύριγγος ὅπως πνοὰ λεπτοῦ
δόνακος, ὦ φίλα, φώνει μοι.

ΧΟΡΟΣ

ἴδ', ἀτρεμαῖον ὡς ὑπόροφον φέρω
βοάν.

I render to my sister, promise thou.
Go, daughter, haste : and, soon as thou hast paid
The tomb its offerings, with all speed return.

[*Exeunt* HELEN *and* HERMIONE.

ELECTRA

Ah inbred Nature, cankering curse to men,
Yet blessing to thy virtuous heritors !
Mark, she but trimmed off at the tips her hair,
Sparing its beauty—still the Helen of old !
God's hate be on thee, who hast ruined me,   130
My brother, and all Hellas ! Woe is me !
Lo, hither come my friends who wail with me
My dirges ! Soon shall they uprouse from sleep
Him who hath peace now, and shall drown mine eyes
In tears, when I behold my brother rave.

Enter CHORUS.

Ah friends, dear friends, with soundless footfall tread ;
Make ye no murmur, neither be there jar.
Kindly is this your friendship, yet to me,
If ye but rouse him, misery shall befall.

CHORUS

Hush ye, O hush ye ! light be the tread   (*Str.* 1) 140
Of the sandal ; nor murmur nor jar let there be.

ELECTRA

Afar step ye thitherward, far from his bed !

CHORUS

Lo, I hearken to thee.

ELECTRA

Ha, be thy voice as the light breath blown
Through the pipe of the reed, O friend, I pray !

CHORUS

Lo, softly in murmured undertone
I am sighing.

137

ΟΡΕΣΤΗΣ

ΗΛΕΚΤΡΑ

ναὶ οὕτως,
κάταγε, κάταγε, πρόσιθ' ἀτρέμας, ἀτρέμας ἴθι·
150   λόγον ἀπόδος ἐφ' ὅ τι χρέος ἐμόλετέ ποτε.
χρόνια γὰρ πεσὼν ὅδ' εὐνάζεται.

ΧΟΡΟΣ

πῶς ἔχει ; λόγου μετάδος, ὦ φίλα.   ἀντ. α΄
τίνα τύχαν εἴπω ; τίνα δὲ συμφοράν ;

ΗΛΕΚΤΡΑ

ἔτι μὲν ἐμπνέει, βραχὺ δ' ἀναστένει.

ΧΟΡΟΣ

τί φής ; ὦ τάλας.

ΗΛΕΚΤΡΑ

ὀλεῖς, εἰ βλέφαρα κινήσεις ὕπνου
γλυκυτάταν φερομένῳ χάριν.

ΧΟΡΟΣ

160   μέλεος ἐχθίστων θεόθεν ἐργμάτων,
τάλας. φεῦ μόχθων.

ΗΛΕΚΤΡΑ

ἄδικος ἄδικα τότ' ἄρ' ἔλακεν ἔλακεν, ἀπό-
φονον ὅτ' ἐπὶ τρίποδι Θέμιδος ἄρ' ἐδίκασε
φόνον ὁ Λοξίας ἐμᾶς ματέρος.

ΧΟΡΟΣ

ὁρᾷς ; ἐν πέπλοισι κινεῖ δέμας.   στρ. β΄

ΗΛΕΚΤΡΑ

σὺ γάρ νιν, ὦ τάλαινα,
θωΰξασ' ἔβαλες ἐξ ὕπνου.

ΧΟΡΟΣ

εὕδειν μὲν οὖν ἔδοξα.

ELECTRA

Yea—

Lower—yet lower !—ah softly, ah softly draw nigh !
Make answer, ah why have ye hitherward wended,
  ah why ?—   150
So long is it since he hath stilled him in sleep to lie.

CHORUS

How is it with him ?   Dear friend, speak. (*Ant.* 1)
What tidings for me ?   What hath come to pass ?

ELECTRA

Yet doth he breathe, but his moans wax weak.

CHORUS

How say'st thou ?—alas !

ELECTRA

Thou wilt slay him, if once from his eyes thou
    have driven
The sweetness of slumber that o'er them flows.

CHORUS

Alas for the deeds of the malice of heaven !   160
    Alas for his throes !

ELECTRA

Wrongful was he who uttered that wrongful rede
When Loxias, throned on the tripod of Themis, decreed
The death of my mother, a foul unnatural deed !

CHORUS

See'st thou ?—he stirreth beneath his cloak ! (*Str.* 2)

ELECTRA

Woe unto thee ! it was thy voice broke
    The bands of his sleep by thy wild outcry.

CHORUS

Nay, but I deemed that he yet slept on.

HΛΕΚΤΡΑ

170 οὐκ ἀφ' ἡμῶν, οὐκ ἀπ' οἴκων
πάλιν ἀνὰ πόδα σὸν εἱλίξεις
μεθεμένα κτύπου;

ΧΟΡΟΣ

ὑπνώσσει.

HΛΕΚΤΡΑ

λέγεις εὖ.

ΧΟΡΟΣ

πότνια, πότνια νύξ,
ὑπνοδότειρα τῶν πολυπόνων βροτῶν,
ἐρεβόθεν ἴθι, μόλε μόλε κατάπτερος
τὸν Ἀγαμεμνόνιον ἐπὶ δόμον.
180 ὑπὸ γὰρ ἀλγέων ὑπό τε συμφορᾶς
διοιχόμεθ', οἰχόμεθα.

HΛΕΚΤΡΑ

κτύπον ἠγάγετ'· οὐχὶ σῖγα
σῖγα φυλασσομένα
στόματος ἀνακέλαδον ἄπο λέχεος ἥ-
συχον ὕπνου χάριν παρέξεις, φίλα;

ΧΟΡΟΣ

θρόει, τίς κακῶν τελευτὰ μένει;   ἀντ. β'

HΛΕΚΤΡΑ

θανεῖν· τί δ' ἄλλο;
οὐδὲ γὰρ πόθον ἔχει βορᾶς.

ΧΟΡΟΣ

190 πρόδηλος ἆρ' ὁ πότμος.

HΛΕΚΤΡΑ

ἐξέθυσεν Φοῖβος ἡμᾶς
μέλεον ἀπόφονον αἷμα δοὺς
πατροφόνου ματρός.

ORESTES

ELECTRA

Wilt thou not hence, from the house to be gone? 170
  Ah, turn thee again, and backward hie
With the sound of thy voice, with the jar of thy
  tread!

CHORUS

Yet doth he slumber on.

ELECTRA

      Sooth said.

CHORUS (*singing low*)

    Queen, Majesty of Night,
To travail-burdened mortals giver of sleep,
Float up from Erebus! With wide wings' sweep
  Come, come, on Agamemnon's mansion light!
Fordone with anguish, whelmed in woeful plight, 180
    We are sinking, sinking deep.

ELECTRA

With jarring strain have ye broken in!
Ah hush! ah hush! refrain ye the din
Of chanting lips, and vouchsafe the grace
Of the peace of sleep to his resting-place.

CHORUS

Tell, what end waiteth his misery?   (*Ant.* 2)

ELECTRA

Even to die,—what else should be?
  For he knoweth not even craving for food.

CHORUS

Ah, then is his doom plain—all too plain! 190

ELECTRA

Phoebus for victims hath sealed us twain,
  Who decreed that we spill a mother's blood
For a father's—a deed without a name!

141

ΟΡΕΣΤΗΣ

ΧΟΡΟΣ

δίκᾳ μέν.

ΗΛΕΚΤΡΑ

καλῶς δ᾽ οὔ.
ἔκανες ἔθανες, ὦ
τεκομένα με μᾶτερ, ἀπὸ δ᾽ ὤλεσας
πατέρα τέκνα τε τάδε σέθεν ἀφ᾽ αἵματος·
200 ὀλόμεθ᾽ ἰσονέκυες, ὀλόμεθα.
σύ τε γὰρ ἐν νεκροῖς, τό τ᾽ ἐμὸν οἴχεται
βίου τὸ πλέον μέρος ἐν στοναχαῖσί τε καὶ
γόοισι
δάκρυσί τ᾽ ἐννυχίοις·
ἄγαμος, ἔπιδ᾽, ἄτεκνος ἅτε βίοτον ἁ
μέλεος εἰς τὸν αἰὲν ἕλκω χρόνον.

ΧΟΡΟΣ

ὅρα παροῦσα, παρθέν᾽ Ἠλέκτρα, πέλας,
μὴ κατθανών σε σύγγονος λέληθ᾽ ὅδε·
210 οὐ γάρ μ᾽ ἀρέσκει τῷ λίαν παρειμένῳ.

ΟΡΕΣΤΗΣ

ὦ φίλον ὕπνου θέλγητρον, ἐπίκουρον νόσου,
ὡς ἡδύ μοι προσῆλθες ἐν δέοντί γε.
ὦ πότνια λήθη τῶν κακῶν, ὡς εἶ σοφὴ
καὶ τοῖσι δυστυχοῦσιν εὐκταία θεός.
πόθεν ποτ᾽ ἦλθον δεῦρο; πῶς δ᾽ ἀφικόμην;
ἀμνημονῶ γάρ, τῶν πρὶν ἀπολειφθεὶς φρενῶν.

ΗΛΕΚΤΡΑ

ὦ φίλταθ᾽, ὥς μ᾽ ηὔφρανας εἰς ὕπνον πεσών.
βούλει θίγω σου κἀνακουφίσω δέμας;

ΟΡΕΣΤΗΣ

λαβοῦ λαβοῦ δῆτ᾽, ἐκ δ᾽ ὄμορξον ἀθλίου
220 στόματος ἀφρώδη πέλανον ὀμμάτων τ᾽ ἐμῶν.

142

CHORUS

'Twas a deed of justice—

ELECTRA

A deed of shame!
Thou slewest, and art dead,
Mother that bare me—thrustedst to the tomb
Our father and these children of thy womb.
  For corpse-like are we gone, our life is fled. 200
  Thou art in Hades : of my days hath sped
      The half amidst a doom
  Of lamentation and weary sighs,
  And of tears through the long nights poured
      from mine eyes.
  Spouseless,—behold me!—and childless aye,
  Am I wasting a desolate life away.

CHORUS

Look, maid Electra, who art at his side,
Lest this thy brother unawares have died.
So utter-nerveless, stirless, likes me not. 210

ORESTES (*waking*)

Dear spell of sleep, assuager of disease,
How sweet thou cam'st to me in sorest need!
O sovereign pain-oblivion, ah, how wise
A Goddess!—by the woe-worn how invoked!
Whence came I hitherward?—how found this place?
For I forget : past thoughts are blotted out.

ELECTRA

Belovèd, how thy sleeping made me glad!
Wouldst have me clasp thee, and uplift thy frame?

ORESTES

Take, O yea, take me : from mine anguished lips
Wipe thou the clotted foam, and from mine eyes. 220

ΗΛΕΚΤΡΑ

ἰδού· τὸ δούλευμ᾽ ἡδύ, κοὐκ ἀναίνομαι
ἀδέλφ᾽ ἀδελφῇ χειρὶ θεραπεύειν μέλη.

ΟΡΕΣΤΗΣ

ὑπόβαλε πλευροῖς πλευρά, καὐχμώδη κόμην
ἄφελε προσώπου· λεπτὰ γὰρ λεύσσω κόραις.

ΗΛΕΚΤΡΑ

ὦ βοστρύχων πινῶδες ἄθλιον κάρα,
ὡς ἠγρίωσαι διὰ μακρᾶς ἀλουσίας.

ΟΡΕΣΤΗΣ

κλῖνόν μ᾽ ἐς εὐνὴν αὖθις· ὅταν ἀνῇ νόσος
μανίας, ἄναρθρός εἰμι κἀσθενῶ μέλη.

ΗΛΕΚΤΡΑ

230   ἰδού. φίλον τοι τῷ νοσοῦντι δέμνιον,
ἀνιαρὸν ὂν τὸ κτῆμ᾽, ἀναγκαῖον δ᾽ ὅμως.

ΟΡΕΣΤΗΣ

αὖθίς μ᾽ ἐς ὀρθὸν στῆσον, ἀνακύκλει δέμας·
δυσάρεστον οἱ νοσοῦντες ἀπορίας ὕπο.

ΗΛΕΚΤΡΑ

ἢ κἀπὶ γαίας ἁρμόσαι πόδας θέλεις,
χρόνιον ἴχνος θείς; μεταβολὴ πάντων γλυκύ.

ΟΡΕΣΤΗΣ

μάλιστα· δόξαν γὰρ τόδ᾽ ὑγιείας ἔχει.
κρεῖσσον δὲ τὸ δοκεῖν, κἂν ἀληθείας ἀπῇ.

ΗΛΕΚΤΡΑ

ἄκουε δὴ νῦν, ὦ κασίγνητον κάρα,
ἕως ἐῶσί σ᾽ εὖ φρονεῖν Ἐρινύες.

ΟΡΕΣΤΗΣ

λέξεις τι καινόν ; κεἰ μὲν εὖ, χάριν φέρεις·
240   εἰ δ᾽ εἰς βλάβην τιν᾽, ἅλις ἔχω τοῦ δυστυχεῖν.

ΗΛΕΚΤΡΑ

Μενέλαος ἥκει, σοῦ κασίγνητος πατρός,
ἐν Ναυπλίᾳ δὲ σέλμαθ᾽ ὥρμισται νεῶν.

ELECTRA

Lo !—sweet the service is : nor I think scorn
With sister's hand to tend a brother's limbs.

ORESTES

Put 'neath my side thy side : the matted hair
Brush from my brow, for dimly see mine eyes.

ELECTRA

Ah hapless head of tresses all befouled,
How wildly tossed art thou, unwashen long !

ORESTES

Lay me again down.   When the frenzy-throes
Leave me, unstrung am I, strengthless of limb.

ELECTRA (*lays him down*)

Lo there.   To sick ones welcome is the couch,
A place pain-haunted, and yet necessary.   230

ORESTES

Raise me once more upright : turn me about.
Hard are the sick to please, for helplessness.

ELECTRA

Wilt set thy feet upon the earth, and take
One step at last?   Change is in all things sweet.

ORESTES

Yea, surely : this the semblance hath of health.
Better than nought is seeming, though unreal.

ELECTRA

Give ear unto me now, O brother mine,
While yet the Fiends unclouded leave thy brain.

ORESTES

News hast thou?   Welcome this, so it be fair :
If to mine hurt, sorrow have I enow.   240

ELECTRA

Menelaus, thy sire's brother, home hath come :
In Nauplia his galleys anchored lie.

ΟΡΕΣΤΗΣ

πῶς εἶπας; ἥκει φῶς ἐμοῖς καὶ σοῖς κακοῖς
ἀνὴρ ὁμογενὴς καὶ χάριτας ἔχων πατρός;

ΗΛΕΚΤΡΑ

ἥκει, τὸ πιστὸν τόδε λόγων ἐμῶν δέχου,
Ἑλένην ἀγόμενος Τρωικῶν ἐκ τειχέων.

ΟΡΕΣΤΗΣ

εἰ μονος ἐσώθη, μᾶλλον ἂν ζηλωτὸς ἦν·
εἰ δ' ἄλοχον ἄγεται, κακὸν ἔχων ἥκει μέγα.

ΗΛΕΚΤΡΑ

ἐπίσημον ἔτεκε Τυνδάρεως εἰς τὸν ψόγον
250   γένος θυγατέρων δυσκλεές τ' ἀν' Ἑλλάδα.

ΟΡΕΣΤΗΣ

σύ νυν διάφερε τῶν κακῶν· ἔξεστι γάρ·
καὶ μὴ μόνον λέγ', ἀλλὰ καὶ φρόνει τάδε.

ΗΛΕΚΤΡΑ

οἴμοι, κασίγνητ', ὄμμα σὸν ταράσσεται,
ταχὺς δὲ μετέθου λύσσαν, ἄρτι σωφρονῶν.

ΟΡΕΣΤΗΣ

ὦ μῆτερ, ἱκετεύω σε, μὴ 'πίσειέ μοι
τὰς αἱματωποὺς καὶ δρακοντώδεις κόρας.
αὗται γὰρ αὗται πλησίον θρώσκουσί μου.

ΗΛΕΚΤΡΑ

μέν', ὦ ταλαίπωρ', ἀτρέμα σοῖς ἐν δεμνίοις·
ὁρᾷς γὰρ οὐδὲν ὧν δοκεῖς σάφ' εἰδέναι.

ΟΡΕΣΤΗΣ

260   ὦ Φοῖβ', ἀποκτενοῦσί μ' αἱ κυνώπιδες
γοργῶπες ἐνέρων ἱερίαι, δειναὶ θεαί.

ΗΛΕΚΤΡΑ

οὔτοι μεθήσω· χεῖρα δ' ἐμπλέξασ' ἐμὴν
σχήσω σε πηδᾶν δυστυχῆ πηδήματα.

ORESTES

How say'st ? Comes he a light on thy woes risen
And mine, our kinsman, and our father's debtor ?

ELECTRA

He comes.   Receive for surety of my words
This—he brings Helen from the walls of Troy.

ORESTES

More blest he were had he escaped alone :
Sore bane he bringeth, if he bring his wife.

ELECTRA

As beacons of reproach and infamy
Through Hellas, were the daughters Tyndareus gat.   250

ORESTES (*with sudden fury*)

Be thou not like the vile ones !—this thou mayst—
Not in word only, but in inmost thought !

ELECTRA

Woe's me, my brother ! Wildly rolls thine eye :
Swift changest thou to madness, sane but now !

ORESTES

Mother !—'beseech thee, hark not thou on me
Yon maidens gory-eyed and snaky-haired !
Lo there!—lo there ! They are nigh; they leap on me !

ELECTRA

Stay, hapless one, unshuddering on thy couch :
Nought of thy vivid vision seest thou.

ORESTES

Ah, Phoebus !—they shall slay me—hound-faced
    fiends,   260
Goddesses dread, hell's gorgon-priestesses !

ELECTRA

I will not let thee go ! My clasping arms
Shall hold thee from thy leap of misery.

147

ΟΡΕΣΤΗΣ

ΟΡΕΣΤΗΣ

μέθες· μί᾽ οὖσα τῶν ἐμῶν Ἐρινύων
μέσον μ᾽ ὀχμάζεις, ὡς βάλῃς εἰς Τάρταρον.

ΗΛΕΚΤΡΑ

οἲ ᾽γὼ τάλαινα, τίν᾽ ἐπικουρίαν λάβω,
ἐπεὶ τὸ θεῖον δυσμενὲς κεκτήμεθα;

ΟΡΕΣΤΗΣ

δὸς τόξα μοι κερουλκά, δῶρα Λοξίου,
οἷς μ᾽ εἶπ᾽ Ἀπόλλων ἐξαμύνασθαι θεάς,
270 εἴ μ᾽ ἐκφοβοῖεν μανιάσιν λυσσήμασιν.
βεβλήσεταί τις θεῶν βροτησίᾳ χερί,
εἰ μὴ ᾽ξαμείψει χωρὶς ὀμμάτων ἐμῶν.
οὐκ εἰσακούετ᾽; οὐχ ὁρᾶθ᾽ ἑκηβόλων
τόξων πτερωτὰς γλυφίδας ἐξορμωμένας;
ἃ ἅ.
τί δῆτα μέλλετ᾽; ἐξακρίζετ᾽ αἰθέρα
πτεροῖς· τὰ Φοίβου δ᾽ αἰτιᾶσθε θέσφατα.
ἔα.
τί χρῆμ᾽ ἀλύω, πνεῦμ᾽ ἀνεὶς ἐκ πνευμόνων;
ποῖ ποῖ ποθ᾽ ἡλάμεσθα δεμνίων ἄπο;
ἐκ κυμάτων γὰρ αὖθις αὖ γαλήν᾽ ὁρῶ.
280 σύγγονε, τί κλαίεις κρᾶτα θεῖσ᾽ εἴσω πέπλων;
αἰσχύνομαί σοι μεταδιδοὺς πόνων ἐμῶν,
ὄχλον τε παρέχων παρθένῳ νόσοις ἐμαῖς.
μὴ τῶν ἐμῶν ἕκατι συντήκου κακῶν·
σὺ μὲν γὰρ ἐπένευσας τάδ᾽, εἴργασται δ᾽ ἐμοὶ
μητρῷον αἷμα· Λοξίᾳ δὲ μέμφομαι,
ὅστις μ᾽ ἐπάρας ἔργον ἀνοσιώτατον,
τοῖς μὲν λόγοις ηὔφρανε, τοῖς δ᾽ ἔργοισιν οὔ.
οἶμαι δὲ πατέρα τὸν ἐμόν, εἰ κατ᾽ ὄμματα
ἐξιστόρουν νιν, μητέρ᾽ εἰ κτεῖναί με χρή,
290 πολλὰς γενείου τοῦδ᾽ ἂν ἐκτεῖναι λιτὰς

ORESTES

Unhand me !—of mine Haunting Fiends thou art—
Dost grip my waist to hurl me into hell !

ELECTRA

Ah hapless I !   What succour can I win
Now we have gotten godhead to our foe ?

ORESTES

Give me mine horn-tipped bow, even Loxias' gift,
Wherewith Apollo bade drive back the fiends,
If with their frenzy of madness they should fright
    me.   270
A Goddess shall be smitten of mortal hand,
Except she vanish from before mine eyes.
Do ye not hear ?—not see the feathered shafts
At point to leap from my far-smiting bow ?
Ha ! ha !—
Why tarry ye ? Soar to the welkin's height
On wings ! There rail on Phoebus' oracles !
Ah !
Why do I rave, hard-panting from my lungs ?
Whither have I leapt, whither, from my couch ?
For after storm once more a calm I see.
Sister, why weep'st thou, muffling o'er thine head ?   280
Ashamed am I to make thee share my woes,
To afflict a maiden with my malady.
For mine affliction's sake break not, dear heart.
Thou didst consent thereto, yet spilt of me
My mother's blood was.   Loxias I blame,
Who to a deed accursèd thrust me on,
And cheered me still with words, but not with
    deeds.
I trow, my father, had I face to face
Questioned him if I must my mother slay,
Had earnestly besought me by this beard   290

μήποτε τεκούσης εἰς σφαγὰς ὦσαι ξίφος,
εἰ μήτ᾽ ἐκεῖνος ἀναλαβεῖν ἔμελλε φῶς,
ἐγώ θ᾽ ὁ τλήμων τοιάδ᾽ ἐκπλήσειν κακά,
καὶ νῦν ἀνακάλυπτ᾽, ὦ κασίγνητον κάρα,
ἐκ δακρύων τ᾽ ἄπελθε, κεἰ μάλ᾽ ἀθλίως
ἔχομεν· ὅταν δὲ τἄμ᾽ ἀθυμήσαντ᾽ ἴδῃς,
σύ μου τὸ δεινὸν καὶ διαφθαρὲν φρενῶν
ἴσχναινε παραμυθοῦ θ᾽· ὅταν δὲ σὺ στένῃς,
ἡμᾶς παρόντας χρή σε νουθετεῖν φίλα·
300   ἐπικουρίαι γὰρ αἵδε τοῖς φίλοις καλαί.
ἀλλ᾽, ὦ τάλαινα, βᾶσα δωμάτων ἔσω
ὕπνῳ τ᾽ ἄυπνον βλέφαρον ἐκταθεῖσα δός,
σίτόν τ᾽ ὄρεξαι λουτρά τ᾽ ἐπιβαλοῦ χροΐ.
εἰ γὰρ προλείψεις μ᾽, ἢ προσεδρίᾳ νόσον
κτήσει τιν᾽, οἰχόμεσθα· σὲ γὰρ ἔχω μόνην
ἐπίκουρον, ἄλλων ὡς ὁρᾷς ἔρημος ὤν.

οὐκ ἔστι· σὺν σοὶ καὶ θανεῖν αἱρήσομαι
καὶ ζῆν· ἔχει γὰρ ταὐτόν· ἢν σὺ κατθάνῃς,
γυνὴ τί δράσω ; πῶς μόνη σωθήσομαι,
310   ἀνάδελφος ἀπάτωρ ἄφιλος ; εἰ δὲ σοὶ δοκεῖ,
δρᾶν χρὴ τάδ᾽. ἀλλὰ κλῖνον εἰς εὐνὴν δέμας,
καὶ μὴ τὸ ταρβοῦν κἀκφοβοῦν σ᾽ ἐκ δεμνίων
ἄγαν ἀποδέχου, μένε δ᾽ ἐπὶ στρωτοῦ λέχους.
κἂν μὴ νοσῇς γάρ, ἀλλὰ δοξάζῃς νοσεῖν,
κάματος βροτοῖσιν ἀπορία τε γίγνεται.

αἰαῖ,   στρ.
δρομάδες ὦ πτεροφόροι
ποτνιάδες θεαί,
ἀβάκχευτον αἳ θίασον ἐλάχετ᾽ ἐν
320   δάκρυσι καὶ γόοις,

150

ORESTES

Never to thrust sword through my mother's heart,
Since he should not win so to light again,
And I, woe's me! should drain this cup of ills!
Even now unveil thee, sister well-beloved;
From tears refrain, how miserable soe'er
We be; and, when thou seëst me despair,
Mine horror and the fainting of mine heart
Assuage and comfort; and, when thou shalt moan,
Must I be nigh thee, chiding lovingly;
For friendship's glory is such helpfulness.   300
Now, sorrow-stricken, pass within the house:
Lay thee down, give thy sleepless eyelids sleep:
Put to thy lips food, and thy body bathe.
For if thou fail me, or of tireless watch
Fall sick, I am lost, in thee alone have I
Mine help, of others, as thou seest, forlorn.

ELECTRA

Never! With thee will I make choice of death
Or life: it is all one; for, if thou die,
What shall a woman do? how 'scape alone,
Without friend, father, brother? Yet, if thou   310
Wilt have it so, I must. But lay thee down,
And heed not terrors overmuch, that scare
Thee from thy couch, but on thy bed abide.
For, though thy sickness be but of the brain,
This is affliction, this despair, to men.   [*Exit.*

CHORUS

Terrible Ones of the on-rushing feet,   (*Str.*)
　　Of the pinions far-sailing,
Through whose dance-revel, held where no Baccha-
　　nals meet,
　　　Ringeth weeping and wailing,

μελάγχρωτες Εὐμενίδες, αἵτε τὸν
ταναὸν αἰθέρ' ἀμπάλλεσθ', αἵματος
τινύμεναι δίκαν, τινύμεναι φόνον,
καθικετεύομαι καθικετεύομαι,
τὸν Ἀγαμέμνονος
γόνον ἐάσατ' ἐκλαθέσθαι λύσσας
μανιάδος φοιταλέου.   φεῦ μόχθων,
οἵων, ὦ τάλας, ὀρεχθεὶς ἔρρεις,
τρίποδος ἄπο φάτιν, ἃν ὁ Φοῖβος
330   ἔλακεν ἔλακε, δεξάμενος ἀνὰ δάπεδον
ἵνα μεσόμφαλοι λέγονται μυχοί.

ὦ Ζεῦ,   ἀντ
τίς ἔλεος, τίς ὅδ' ἀγὼν
φόνιος ἔρχεται,
θοάζων σε τὸν μέλεον, ᾧ δάκρυα
δάκρυσι συμβάλλει
πορεύων τις εἰς δόμον ἀλαστόρων
ματέρος αἷμα σᾶς, ὅ σ' ἀναβακχεύει;
κατολοφύρομαι κατολοφύρομαι.
340   ὁ μέγας ὄλβος οὐ μόνιμος ἐν βροτοῖς·
ἀνὰ δὲ λαῖφος ὥς
τις ἀκάτου θοᾶς τινάξας δαίμων
κατέκλυσεν δεινῶν πόνων, ὡς πόντου
λάβροις ὀλεθρίοισιν ἐν κύμασιν.
τίνα γὰρ ἔτι πάρος οἶκον ἄλλον
ἕτερον ἢ τὸν ἀπὸ θεογόνων γάμων
τὸν ἀπὸ Ταντάλου σέβεσθαί με χρή;

καὶ μὴν βασιλεὺς ὅδε δὴ στείχει,
Μενέλαος ἄναξ, πολὺ δ' ἁβροσύνῃ
350   δῆλος ὁρᾶσθαι
τῶν Ταντάλιδῶν ἐξ αἵματος ὤν.

Swart-hued Eumenides, wide 'neath the dome   320
    Of the firmament soaring,
Avenging, avenging blood-guilt,—lo, I come,
    Imploring, imploring !
To the son of Atreides vouchsafe to forget
    His frenzy of raving.
Ah for the task to the woe-stricken set !
    Ah ruinous craving
To accomplish the hest of the Tripod, the word
    That of Phoebus was uttered
At the navel of earth as thou stoodest, when stirred   330
    The dim crypt as it muttered !

O Zeus, is there mercy ? What struggle of doom   (*Ant.*)
    Cometh fraught with death-danger,
Thrusting thee onward, the wretched, on whom
    The Erinnys-avenger
Heapeth tears upon tears, and the blood hath she
    brought
    Of thy mother upon thee   [traught !
And thine house, that it driveth thee frenzy-dis-
    I bemoan thee, bemoan thee !
Not among men doth fair fortune abide,   340
    But, as sail tempest-riven,
Is it whelmed in affliction's death-ravening tide
    By the malice of heaven,—
Nay, abides not, for where shall I find me a line
    Of more honour in story
Than Tantalus' house, from espousals divine
    That traceth its glory ?

But lo, hither cometh a prince, meseems—
Menelaus the king ! for his vesture, that gleams
    In splendour exceeding,   350
The blood of the Tantalid House reveals.

ὦ χιλιόναυν στρατὸν ὁρμήσας
εἰς γῆν Ἀσίαν,
χαῖρ', εὐτυχίᾳ δ' αὐτὸς ὁμιλεῖς,
θεόθεν πράξας ἅπερ ηὔχου.

ΜΕΝΕΛΑΟΣ

ὦ δῶμα, τῇ μέν σ' ἡδέως προσδέρκομαι
Τροίαθεν ἐλθών, τῇ δ' ἰδὼν καταστένω·
κύκλῳ γὰρ εἱλιχθεῖσαν ἀθλίοις κακοῖς
οὐπώποτ' ἄλλην μᾶλλον εἶδον ἑστίαν.
360 Ἀγαμέμνονος μὲν γὰρ τύχας ἠπιστάμην
καὶ θάνατον, οἵῳ πρὸς δάμαρτος ὤλετο,
Μαλέᾳ προσίσχων πρῷραν· ἐκ δὲ κυμάτων
ὁ ναυτίλοισι μάντις ἐξήγγειλέ μοι
Νηρέως προφήτης Γλαῦκος ἀψευδὴς θεός,
ὅς μοι τόδ' εἶπεν ἐμφανῶς κατασταθείς·
Μενέλαε, κεῖται σὸς κασίγνητος θανών,
λουτροῖσιν ἀλόχου περιπεσὼν ἀρκυστάτοις.[1]
δακρύων δ' ἔπλησεν ἐμέ τε καὶ ναύτας ἐμοὺς
πολλῶν. ἐπεὶ δὲ Ναυπλίας ψαύω χθονός,
370 ἤδη δάμαρτος ἐνθάδ' ἐξορμωμένης,
δοκῶν Ὀρέστην παῖδα τὸν Ἀγαμέμνονος
φίλαισι χερσὶ περιβαλεῖν καὶ μητέρα,
ὡς εὐτυχοῦντας, ἔκλυον ἀλιτύπων τινὸς
τῆς Τυνδαρείας θυγατρὸς ἀνόσιον φόνον.
καὶ νῦν ὅπου 'στὶν εἴπατ', ὦ νεάνιδες,
Ἀγαμέμνονος παῖς, ὃς τὰ δείν' ἔτλη κακά.
βρέφος γὰρ ἦν τότ' ἐν Κλυταιμνήστρας χεροῖν,
ὅτ' ἐξέλειπον μέλαθρον εἰς Τροίαν ἰών,
ὥστ' οὐκ ἂν αὐτὸν γνωρίσαιμ' ἂν εἰσιδών.

---

[1] Nauck : for πανυστάτοις of MSS.

Hail, thou who didst sail with a thousand keels
     Unto Asia speeding!
Hail to thee, dweller with fortune fair,
Who hast gained of the Gods' grace all thy prayer!

Enter MENELAUS, *with attendants.*

MENELAUS

All hail, mine home! I see thee half with joy,
From Troy returned, and half with grief behold:
For never saw I other house ere this
So compassed round with toils of woeful ills.
For touching Agamemnon's fate I knew,   360
And by what death at his wife's hands he died,
When my prow touched at Malea: from the waves
The shipman's seer, the unerring God, the son
Of Nereus, Glaucus, made it known to me.
For full in view he rose, and cried to me:
"Thy brother, Menelaus, lieth dead,
Fall'n in the bath, the death-snare of his wife!"—
So filled me and my mariners with tears
Full many. As I touched the Nauplian land,
Even as my wife was hasting hitherward,   370
And looked to clasp dead Agamemnon's son
Orestes, and his mother, in loving arms,
As prospering yet, I heard a fisher tell
Of Tyndareus' daughter's murder heaven-accurst.
Now tell to me, ye damsels, where is he,
Agamemnon's son, who dared that awful deed?
A babe was he in Clytemnestra's arms,
When Troyward bound I went from mine halls
     forth:
Wherefore I should not know him, if I saw.

ΟΡΕΣΤΗΣ

380 ὅδ᾽ εἴμ᾽ Ὀρέστης, Μενέλεως, ὃν ἱστορεῖς.
ἑκὼν ἐγώ σοι τἀμὰ σημανῶ κακά.
τῶν σῶν δὲ γονάτων πρωτόλεια θιγγάνω
ἱκέτης, ἀφύλλους στόματος ἐξάπτων λιτάς·
σῶσόν μ᾽· ἀφῖξαι δ᾽ αὐτὸν εἰς καιρὸν κακῶν.

ΜΕΝΕΛΑΟΣ
ὦ θεοί, τί λεύσσω; τίνα δέδορκα νερτέρων;

ΟΡΕΣΤΗΣ
εὖ γ᾽ εἶπας· οὐ γὰρ ζῶ κακοῖς, φάος δ᾽ ὁρῶ.

ΜΕΝΕΛΑΟΣ
ὡς ἠγρίωσαι πλόκαμον αὐχμηρόν, τάλας.

ΟΡΕΣΤΗΣ
οὐχ ἡ πρόσοψίς μ᾽, ἀλλὰ τἄργ᾽ αἰκίζεται.

ΜΕΝΕΛΑΟΣ
δεινὸν δὲ λεύσσεις ὀμμάτων ξηραῖς κόραις.

ΟΡΕΣΤΗΣ
390 τὸ σῶμα φροῦδον· τὸ δ᾽ ὄνομ᾽ οὐ λέλοιπέ με.

ΜΕΝΕΛΑΟΣ
ὦ παρὰ λόγον μοι σὴ φανεῖσ᾽ ἀμορφία.

ΟΡΕΣΤΗΣ
ὅδ᾽ εἰμὶ μητρὸς τῆς ταλαιπώρου φονεύς.

ΜΕΝΕΛΑΟΣ
ἤκουσα· φείδου δ᾽ ὀλιγάκις λέγειν κακά.

ΟΡΕΣΤΗΣ
φειδόμεθ᾽· ὁ δαίμων δ᾽ εἴς με πλούσιος κακῶν.

ΜΕΝΕΛΑΟΣ
τί χρῆμα πάσχεις; τίς σ᾽ ἀπόλλυσιν νόσος;

ΟΡΕΣΤΗΣ
ἡ σύνεσις, ὅτι σύνοιδα δείν᾽ εἰργασμένος.

ORESTES

I am Orestes! This is he thou seekest.　　　　　**380**
Free-willed shall I declare to thee my woes:
Yet suppliant first for prelude clasp thy knees,
Linking to thee the leafless prayers of lips.[1]
Save me: thou comest in my sorest need.

MENELAUS

Gods!—what see I? What ghost do I behold?

ORESTES

A ghost indeed—through woes a death-in-life!

MENELAUS

How wild thy matted locks are, hapless one!

ORESTES

Stern fact, not outward seeming, tortures me.

MENELAUS

Fearfully glarest thou with stony eyes!

ORESTES

My life is gone: my name alone is left.　　　　　**390**

MENELAUS

Ah visage marred past all imagining!

ORESTES

A hapless mother's murderer am I.

MENELAUS

I heard:—its horrors spare: thy words be few

ORESTES

I spare. No horrors heaven spares to me!

MENELAUS

What aileth thee? What sickness ruineth thee?

ORESTES

Conscience!—to know I have wrought a fearful deed.

---

[1] Suppliants to a God brought leafy boughs, which they laid on his altar, linking themselves thereto by woollen fillets.

ΟΡΕΣΤΗΣ

ΜΕΝΕΛΑΟΣ

πῶς φῄς; σοφόν τοι τὸ σαφές, οὐ τὸ μὴ σαφές.

ΟΡΕΣΤΗΣ

λύπη μάλιστά γ' ἡ διαφθείρουσά με,

ΜΕΝΕΛΑΟΣ

δεινὴ γὰρ ἡ θεός, ἀλλ' ὅμως ἰάσιμος.

ΟΡΕΣΤΗΣ

400 μανίαι τε, μητρὸς αἵματος τιμωρίαι.

ΜΕΝΕΛΑΟΣ

ἤρξω δὲ λύσσης πότε; τίς ἡμέρα τότ' ἦν;

ΟΡΕΣΤΗΣ

ἐν ᾗ τάλαιναν μητέρ' ἐξώγκουν τάφῳ.

ΜΕΝΕΛΑΟΣ

πότερα κατ' οἴκους ἢ προσεδρεύων πυρᾷ;

ΟΡΕΣΤΗΣ

νυκτὸς φυλάσσων ὀστέων ἀναίρεσιν.

ΜΕΝΕΛΑΟΣ

παρῆν τις ἄλλος, ὃς σὸν ὤρθευεν δέμας;

ΟΡΕΣΤΗΣ

Πυλάδης, ὁ συνδρῶν αἷμα καὶ μητρὸς φόνον.

ΜΕΝΕΛΑΟΣ

φαντασμάτων δὲ τάδε νοσεῖς ποίων ὕπο;

ΟΡΕΣΤΗΣ

ἔδοξ' ἰδεῖν τρεῖς νυκτὶ προσφερεῖς κόρας.

ΜΕΝΕΛΑΟΣ

οἶδ' ἃς ἔλεξας, ὀνομάσαι δ' οὐ βούλομαι.

ΟΡΕΣΤΗΣ

410 σεμναὶ γάρ· εὐπαίδευτα δ' ἀποτρέπει λέγειν.

ΜΕΝΕΛΑΟΣ

αὗταί σε βακχεύουσι συγγενεῖ φόνῳ;

ΟΡΕΣΤΗΣ

οἴμοι διωγμῶν, οἷς ἐλαύνομαι τάλας.

MENELAUS

How mean'st thou ?　Clear is wisdom, not obscure.

ORESTES

Grief most of all is that which wasteth me,—

MENELAUS

Dread Goddess she : yet is there cure for her.

ORESTES

And Madness, vengeance for a mother's blood.　400

MENELAUS

And when began thy madness ?　What the day ?

ORESTES

Whereon I heaped my wretched mother's grave.

MENELAUS

At home, or as thou watchedst by the pyre ?

ORESTES

In that night-watch for gathering of the bones.

MENELAUS

Was any by, to raise thy body up ?

ORESTES

Pylades, sharer in my mother's blood.

MENELAUS

And by what phantom-shapes thus art thou plagued ?

ORESTES

Methought I saw three maidens like to night.

MENELAUS

I know of whom thou speak'st, but will not name.

ORESTES

They are Dread Ones : wise art thou to name them not.　410

MENELAUS

Do these by blood of kindred madden thee ?

ORESTES

Woe for their haunting feet that dog me aye

ΟΡΕΣΤΗΣ

ΜΕΝΕΛΑΟΣ
οὐ δεινὰ πάσχειν δεινὰ τοὺς εἰργασμένους.

ΟΡΕΣΤΗΣ
ἀλλ' ἔστιν ἡμῖν ἀναφορὰ τῆς ξυμφορᾶς—

ΜΕΝΕΛΑΟΣ
μὴ θάνατον εἴπῃς· τοῦτο μὲν γὰρ οὐ σοφόν.

ΟΡΕΣΤΗΣ
Φοῖβος, κελεύσας μητρὸς ἐκπρᾶξαι φόνον.

ΜΕΝΕΛΑΟΣ
ἀμαθέστερός γ' ὢν τοῦ καλοῦ καὶ τῆς δίκης.

ΟΡΕΣΤΗΣ
δουλεύομεν θεοῖς, ὅ τι ποτ' εἰσὶν οἱ θεοί.

ΜΕΝΕΛΑΟΣ
κᾆτ' οὐκ ἀμύνει Λοξίας τοῖς σοῖς κακοῖς;

ΟΡΕΣΤΗΣ
420   μέλλει· τὸ θεῖον δ' ἐστὶ τοιοῦτον φύσει.

ΜΕΝΕΛΑΟΣ
πόσον χρόνον δὲ μητρὸς οἴχονται πνοαί;

ΟΡΕΣΤΗΣ
ἕκτον τόδ' ἦμαρ· ἔτι πυρὰ θερμὴ τάφου.

ΜΕΝΕΛΑΟΣ
ὡς ταχὺ μετῆλθόν σ' αἷμα μητέρος θεαί.

ΟΡΕΣΤΗΣ
οὐ σοφός, ἀληθὴς δ' εἰς φίλους ἔφυν φίλος.

ΜΕΝΕΛΑΟΣ
πατρὸς δὲ δή τί σ' ὠφελεῖ τιμωρία;

ΟΡΕΣΤΗΣ
οὔπω· τὸ μέλλον δ' ἴσον ἀπραξίᾳ λέγω.

ΜΕΝΕΛΑΟΣ
τὰ πρὸς πόλιν δὲ πῶς ἔχεις δράσας τάδε;

ΟΡΕΣΤΗΣ
μισούμεθ' οὕτως ὥστε μὴ προσεννέπειν.

ORESTES

MENELAUS

For dread deeds sufferings dread—not strange is this.

ORESTES

Yet can I cast my burden of affliction—

MENELAUS

Nay, speak not thou of death!—not wise were this.

ORESTES

On Phoebus, who bade spill my mother's blood.

MENELAUS

Sore lack was his of justice and of right!

ORESTES

The God's thralls are we—whatsoe'er gods be.

MENELAUS

And doth not Loxias shield thee in thine ills?

ORESTES

He tarrieth long—such is the Gods' wont still.   420

MENELAUS

How long since passed thy mother's breath away.

ORESTES

The sixth day this: the death-pyre yet is warm.

MENELAUS

" Gods tarry long!"—-not long they tarried, these.

ORESTES

Not subtle am I, but loyal friend to friend.

MENELAUS

Thy sire's avenging—doth it aught avail thee?

ORESTES

Naught yet:—delay I count as deedlessness.

MENELAUS

And Argos—how on thy deed looketh she?

ORESTES

I am hated so, that none will speak to me.

ΟΡΕΣΤΗΣ

ΜΕΝΕΛΑΟΣ

οὐδ' ἥγνισαι σὸν αἷμα κατὰ νόμον χεροῖν;

ΟΡΕΣΤΗΣ

430   ἐκκλῄομαι γὰρ δωμάτων ὅπῃ μόλω.

ΜΕΝΕΛΑΟΣ

τίνες πολιτῶν ἐξαμιλλῶνταί σε γῆς;

ΟΡΕΣΤΗΣ

Οἴαξ, τὸ Τροίας μῖσος ἀναφέρων πατρί.

ΜΕΝΕΛΑΟΣ

ξυνῆκα· Παλαμήδους σε τιμωρεῖ φόνου.

ΟΡΕΣΤΗΣ

οὗ γ' οὐ μετῆν μοι· διὰ τριῶν δ' ἀπόλλυμαι.

ΜΕΝΕΛΑΟΣ

τίς δ' ἄλλος; ἦ που τῶν ἀπ' Αἰγίσθου φίλων;

ΟΡΕΣΤΗΣ

οὗτοί μ' ὑβρίζουσ', ὧν πόλις τανῦν κλύει.

ΜΕΝΕΛΑΟΣ

Ἀγαμέμνονος δὲ σκῆπτρ' ἐᾷ σ' ἔχειν πόλις;

ΟΡΕΣΤΗΣ

πῶς, οἵτινες ζῆν οὐκ ἐῶσ' ἡμᾶς ἔτι;

ΜΕΝΕΛΑΟΣ

τί δρῶντες ὅ τι καὶ σαφὲς ἔχεις εἰπεῖν ἐμοί;

ΟΡΕΣΤΗΣ

440   ψῆφος καθ' ἡμῶν οἴσεται τῇδ' ἡμέρᾳ.

ΜΕΝΕΛΑΟΣ

φεύγειν πόλιν τήνδ', ἢ θανεῖν, ἢ μὴ θανεῖν;

ΟΡΕΣΤΗΣ

θανεῖν ὑπ' ἀστῶν λευσίμῳ πετρώματι.

ΜΕΝΕΛΑΟΣ

κᾆτ' οὐχὶ φεύγεις γῆς ὑπερβαλὼν ὅρους;

MENELAUS

Cleansed are thine hands, as bids the law, from blood?

ORESTES

Nay: barred are all doors whereto I draw nigh.[1]   **430**

MENELAUS

Who of the citizens would banish thee?

ORESTES

Oiax, for Troy-born hate against my sire.

MENELAUS

Ay so—to avenge Palamedes' blood on thee.

ORESTES

Not shed by me.   I am trebly overmatched.

MENELAUS

What other foe? Some of Aegisthus' friends?

ORESTES

Yea, these insult me: Argos hears them now.

MENELAUS

Doth Argos let thee keep thy father's sceptre?

ORESTES

How should they, who no more would let me live?

MENELAUS

What do they which thou canst for certain tell?

ORESTES

This day shall they pass sentence on my fate.   **440**

MENELAUS

For exile, death, or other doom than death?

ORESTES

To die by stoning at the people's hands.

MENELAUS

Why flee not o'er the confines of the land?

---

[1] Purification must be performed in some unpolluted house.

ΟΡΕΣΤΗΣ

κύκλῳ γὰρ εἱλισσόμεθα παγχάλκοις ὅπλοις.

ΜΕΝΕΛΑΟΣ

ἰδίᾳ πρὸς ἐχθρῶν ἢ πρὸς Ἀργείας χερός;

ΟΡΕΣΤΗΣ

πάντων πρὸς ἀστῶν, ὡς θάνω· βραχὺς λόγος.

ΜΕΝΕΛΑΟΣ

ὦ μέλεος, ἥκεις ξυμφορᾶς εἰς τοὔσχατον.

ΟΡΕΣΤΗΣ

εἰς σ' ἐλπὶς ἡ 'μὴ καταφυγὰς ἔχει κακῶν.
ἀλλ' ἀθλίως πράσσουσιν εὐτυχὴς μολὼν
450 μετάδος φίλοισι σοῖσι σῆς εὐπραξίας,
καὶ μὴ μόνος τὸ χρηστὸν ἀπολαβὼν ἔχε,
ἀλλ' ἀντιλάζου καὶ πόνων ἐν τῷ μέρει,
χάριτας πατρῴας ἐκτίνων ἐς οὕς σε δεῖ.
ὄνομα γάρ, ἔργον δ' οὐκ ἔχουσιν οἱ φίλοι
οἱ μὴ 'πὶ ταῖσι συμφοραῖς ὄντες φίλοι.

ΧΟΡΟΣ

καὶ μὴν γέροντι δεῦρ' ἁμιλλᾶται ποδὶ
ὁ Σπαρτιάτης Τυνδάρεως, μελάμπεπλος
κουρᾷ τε θυγατρὸς πενθίμῳ κεκαρμένος.

ΟΡΕΣΤΗΣ

ἀπωλόμην, Μενέλαε· Τυνδάρεως ὅδε
460 στείχει πρὸς ἡμᾶς, οὗ μάλιστ' αἰδώς μ' ἔχει
εἰς ὄμματ' ἐλθεῖν τοῖσιν ἐξειργασμένοις.
καὶ γάρ μ' ἔθρεψε μικρὸν ὄντα, πολλὰ δὲ
φιλήματ' ἐξέπλησε, τὸν Ἀγαμέμνονος
παῖδ' ἀγκάλαισι περιφέρων, Λήδα θ' ἅμα,
τιμῶντέ μ' οὐδὲν ἧσσον ἢ Διοσκόρω·
οἷς, ὦ τάλαινα καρδία ψυχή τ' ἐμή,

ORESTES

ORESTES

I am in the toils, ringed round by brazen arms.

MENELAUS

Of private foes, or of all Argos' power?

ORESTES

Of all the folk, that I may die ;—soon said.

MENELAUS

Hapless! Misfortune's deepest depth thou hast reached!

ORESTES

In thee mine hope hath refuge yet from ills.
Thou com'st to folk in misery, prosperous thou :
Give thy friends share of thy prosperity,   450
And not for self keep back thine happiness,
But bear a part in suffering in thy turn :
Requite, to whom thou ow'st, my father's boon.
The name of friendship have they, not the truth,
The friends that in misfortune are not friends.

CHORUS

Lo, hither straineth on with agèd feet
The Spartan Tyndareus, in vesture black,
His hair, in mourning for his daughter, shorn.

ORESTES

Undone, Menelaus!—hither Tyndareus
Draws nigh me, whose eye most of all I shun   460
To meet, by reason of the deed I wrought.
He fostered me a babe, and many a kiss
Lavished upon me, dandling in his arms
Agamemnon's son, with Leda at his side,
No less than those Twin Brethren honouring me.
To them—O wretched heart and soul of mine !—

ἀπέδωκ' ἀμοιβὰς οὐ καλάς. τινα σκότον
λάβω προσώπῳ; ποῖον ἐπίπροσθεν νέφος
θῶμαι, γέροντος ὀμμάτων φεύγων κόρας;

TΥΝΔΑΡΕΩΣ

470 ποῦ ποῦ θυγατρὸς τῆς ἐμῆς ἴδω πόσιν,
Μενέλαον; ἐπὶ γὰρ τῷ Κλυταιμνήστρας τάφῳ
χοὰς χεόμενος ἔκλυον ὡς εἰς Ναυπλίαν
ἥκοι σὺν ἀλόχῳ πολυετὴς σεσωσμένος.
ἄγετέ με· πρὸς γὰρ δεξιὰν αὐτοῦ θέλω
στὰς ἀσπάσασθαι, χρόνιος εἰσιδὼν φίλον.

ΜΕΝΕΛΑΟΣ

ὦ πρέσβυ, χαῖρε, Ζηνὸς ὁμόλεκτρον κάρα.

ΤΥΝΔΑΡΕΩΣ

ὦ χαῖρε καὶ σύ, Μενέλεως, κήδευμ' ἐμόν.
ἔα· τὸ μέλλον ὡς κακὸν τὸ μὴ εἰδέναι.
ὁ μητροφόντης ὅδε πρὸ δωμάτων δράκων
480 στίλβει νοσώδεις ἀστραπάς, στύγημ' ἐμόν.
Μενέλαε, προσφθέγγει νιν ἀνόσιον κάρα;

ΜΕΝΕΛΑΟΣ

τί γάρ; φίλου μοι πατρός ἐστιν ἔκγονος.

ΤΥΝΔΑΡΕΩΣ

κείνου γὰρ ὅδε πέφυκε, τοιοῦτος γεγώς;

ΜΕΝΕΛΑΟΣ

πέφυκεν· εἰ δὲ δυστυχεῖ, τιμητέος.

ΤΥΝΔΑΡΕΩΣ

βεβαρβάρωσαι, χρόνιος ὢν ἐν βαρβάροις.

ΜΕΝΕΛΑΟΣ

Ἑλληνικόν τοι τὸν ὁμόθεν τιμᾶν ἀεί.

ΤΥΝΔΑΡΕΩΣ

καὶ τῶν νόμων γε μὴ πρότερον εἶναι θέλειν·

ΜΕΝΕΛΑΟΣ

πᾶν τοὐξ ἀνάγκης δοῦλόν ἐστ' ἐν τοῖς σοφοῖς.

I have rendered foul return !   What veil of gloom
Can I take for my face ?—before me spread
What cloud, to shun the old man's searching eye ?
Enter TYNDAREUS.

TYNDAREUS

Where, where shall I behold my daughter's lord   470
Menelaus ?   Upon Clytemnestra's tomb
Pouring libations, heard I he had won
After long years to Nauplia with his wife.
Lead me : at his right hand I fain would stand,
And greet a loved one after long space seen.

MENELAUS

Hail, ancient, sharer in the couch of Zeus !

TYNDAREUS

Hail thou too, Menelaus, kinsman mine !—
Ha, what a curse is blindness to the future !
Yon serpent matricide before the halls
Gleams venom-lightnings, he whom I abhor !   480
Menelaus, speakest thou to the accurst ?

MENELAUS

Why not ?   He is son to one beloved of me.

TYNDAREUS

That hero's son he !—such a wretch as he !

MENELAUS

His son.   If hapless, worthy honour still.

TYNDAREUS

Thou hast grown barbarian, midst barbarians long.

MENELAUS

Greek is it still to honour kindred blood.

TYNDAREUS

Yea, and to wish not to o'erride the laws.

MENELAUS

Fate's victims are Fate's thralls in wise men's eyes.

ΤΥΝΔΑΡΕΩΣ

κέκτησό νυν σὺ τοῦτ᾽, ἐγὼ δ᾽ οὐ κτήσομαι.

ΜΕΝΕΛΑΟΣ

490 ὀργὴ γὰρ ἅμα σου καὶ τὸ γῆρας οὐ σοφόν.

ΤΥΝΔΑΡΕΩΣ

πρὸς τόνδ᾽ ἀγὼν ἂν τί σοφίας εἴη πέρι;
εἰ τὰ καλὰ πᾶσι φανερὰ καὶ τὰ μὴ καλά,
τούτου τίς ἀνδρῶν ἐγένετ᾽ ἀσυνετώτερος,
ὅστις τὸ μὲν δίκαιον οὐκ ἐσκέψατο,
οὐδ᾽ ἦλθεν ἐπὶ τὸν κοινὸν Ἑλλήνων νόμον;
ἐπεὶ γὰρ ἐξέπνευσεν Ἀγαμέμνων βίον
πληγεὶς θυγατρὸς τῆς ἐμῆς ὑπὲρ κάρα,
αἴσχιστον ἔργον, οὐ γὰρ αἰνέσω ποτέ,
500 χρῆν αὐτὸν ἐπιθεῖναι μὲν αἵματος δίκην
ὁσίαν διώκοντ᾽, ἐκβαλεῖν τε δωμάτων
μητέρα· τὸ σῶφρόν τ᾽ ἔλαβεν ἀντὶ συμφορᾶς,
καὶ τοῦ νόμου τ᾽ ἂν εἴχετ᾽ εὐσεβής τ᾽ ἂν ἦν.
νῦν δ᾽ εἰς τὸν αὐτὸν δαίμον᾽ ἦλθε μητέρι·
κακὴν γὰρ αὐτὴν ἐνδίκως ἡγούμενος,
αὐτὸς κακίων γέγονε μητέρα κτανών.
ἐρήσομαι δέ, Μενέλεως, τοσόνδε σε·
εἰ τόνδ᾽ ἀποκτείνειεν ὁμόλεκτρος γυνή,
χὠ τοῦδε παῖς αὖ μητέρ᾽ ἀνταποκτενεῖ,
510 κἄπειθ᾽ ὁ κείνου γενόμενος φόνῳ φόνον
λύσει, πέρας δὴ ποῖ κακῶν προβήσεται;
καλῶς ἔθεντο ταῦτα πατέρες οἱ παλαι·
εἰς ὀμμάτων μὲν ὄψιν οὐκ εἴων περᾶν,
οὐδ᾽ εἰς ἀπάντημ᾽, ὅστις αἷμ᾽ ἔχων κυρεῖ,
φυγαῖσι δ᾽ ὁσιοῦν, ἀνταποκτείνειν δὲ μή.
ἀεὶ γὰρ εἷς ἔμελλ᾽ ἐνέξεσθαι φόνῳ,
τὸ λοίσθιον μίασμα λαμβάνων χεροῖν.
ἐγὼ δὲ μισῶ μὲν γυναῖκας ἀνοσίους,

TYNDAREUS

Hold *thou* by that: not I will hold thereby.

MENELAUS

Thy rage with grey hairs joined makes not for wisdom. 490

TYNDAREUS

Debate of wisdom—what is that to *him*?
If right and wrong be manifest to all,
What man was ever more unwise than this,
He who on justice never turned an eye,
Nor to the common law of Greeks appealed?
When Agamemnon yielded up the ghost,
His head in sunder by my daughter cleft,—
A deed most foul, which ne'er will I commend,—
He ought to have impleaded her for blood   500
In lawful vengeance, and cast forth the home,
So from disaster had won wisdom's fame,
Had held by law, and by the fear of God.
But now, he but partakes his mother's curse;
For, rightfully accounting her as vile,
Viler himself is made by matricide.

But this, Menelaus, will I ask of thee :—
If of his wedded wife this man were slain
And his son in revenge his mother slay,
And his son blood with blood requite thereafter,   510
Where shall the limit of the horror lie?
Well did our ancient fathers thus ordain :
Whoso was stained with blood, they suffered not
To come before their eyes, to cross their path—
" By exile justify, not blood for blood."
Else one had aye been liable to death
Still taking the last blood-guilt on his hands.

For me, sooth, wicked women I abhor,

πρώτην δὲ θυγατέρ᾽, ἢ πόσιν κατέκτανεν·
520 Ἑλένην τε τὴν σὴν ἄλοχον οὔποτ᾽ αἰνέσω
οὐδ᾽ ἂν προσείποιμ᾽· οὐδὲ σὲ ζηλῶ, κακῆς
γυναικὸς ἐλθόνθ᾽ εἵνεκ᾽ εἰς Τροίας πέδον.
ἀμυνῶ δ᾽ ὅσονπερ δυνατός εἰμι τῷ νόμῳ,
τὸ θηριῶδες τοῦτο καὶ μιαιφόνον
παύων, ὃ καὶ γῆν καὶ πόλεις ὄλλυσ᾽ ἀεί.
ἐπεὶ τίν᾽ εἶχες, ὦ τάλας, ψυχὴν τότε
ὅτ᾽ ἐξέβαλλε μαστὸν ἱκετεύουσά σε
μήτηρ; ἐγὼ μὲν οὐκ ἰδὼν τἀκεῖ κακὰ
δακρύοις γέροντ᾽ ὀφθαλμὸν ἐκτήκω τάλας.
530 ἐν δ᾽ οὖν λόγοισι τοῖς ἐμοῖς ὁμορροθεῖ·
μισεῖ γε πρὸς θεῶν καὶ τίνεις μητρὸς δίκας,
μανίαις ἀλαίνων καὶ φόβοις. τί μαρτύρων
ἄλλων ἀκούειν δεῖ μ᾽, ἅ γ᾽ εἰσορᾶν πάρα;
ὡς οὖν ἂν εἰδῇς, Μενέλεως, τοῖσιν θεοῖς
μὴ πρᾶσσ᾽ ἐναντί᾽, ὠφελεῖν τοῦτον θέλων,
ἔα δ᾽ ὑπ᾽ ἀστῶν καταφονευθῆναι πέτροις,
ἢ μὴ ᾽πίβαινε Σπαρτιάτιδος χθονός.
θυγάτηρ δ᾽ ἐμὴ θανοῦσ᾽ ἔπραξεν ἔνδικα·
ἀλλ᾽ οὐχὶ πρὸς τοῦδ᾽ εἰκὸς ἦν αὐτὴν θανεῖν.
540 ἐγὼ δὲ τἄλλα μακάριος πέφυκ᾽ ἀνήρ,
πλὴν εἰς θυγατέρας· τοῦτο δ᾽ οὐκ εὐδαιμονῶ.

ΧΟΡΟΣ
ζηλωτὸς ὅστις ηὐτύχησεν εἰς τέκνα
καὶ μὴ ᾽πισήμους συμφορὰς ἐκτήσατο.

ΟΡΕΣΤΗΣ
ὦ γέρον, ἐγώ τοι πρὸς σὲ δειμαίνω λέγειν,
ὅπου γε μέλλω σήν τι λυπήσειν φρένα.
548 ἀπελθέτω δὴ τοῖς λόγοισιν ἐκποδὼν
549 τὸ γῆρας ἡμῖν τὸ σόν, ὅ μ᾽ ἐκπλήσσει λόγου,
550 καὶ καθ᾽ ὁδὸν εἰμι· νῦν δὲ σὴν ταρβῶ τρίχα.

My daughter most of all, who slew her lord.
Helen thy wife shall have no praise of mine: 520
I will not speak to her; nor envy thee
Thy journeying unto Troy for such vile wife.
But, all I can, will I stand up for Law,
To quell this brute in man, this murder-thirst,
Which evermore destroyeth lands and towns.

What heart hadst thou, O miscreant, in that hour
When suppliant unto thee thy mother bared
Her breast? I, who saw not the horrors there,
Yet drown, ah me! mine agèd eyes with tears.
One thing, in any wise, attests my words—   530
Thou art loathed of Gods, punished for matricide
By terrors and mad ravings. Where is need
For other witness of things plain to see?
Be warned then, Menelaus: strive not thou
Against the Gods, being fain to help this man.
Leave him to die by stoning of the folk,
Or never set thou foot on Spartan ground.
Dying, my daughter paid but justice' debt,
Yet it beseemed not *him* to deal her death.
I in all else have been a happy man   540
Save in my daughters: herein most ill-starred.

CHORUS

Well fares he who is in his children blest,
And hath not won misfortune world-renowned.

ORESTES

Ancient, I fear to make defence to thee,
Wherein I cannot but offend thy soul.
Let thine old age, which overawes my tongue,
Untrammelled leave the path of my defence,
And I will on, who fear thy grey hairs now.

546   ἐγᾦδ᾽, ἀνόσιός εἰμι μητέρα κτανών,
547   ὅσιος δέ γ᾽ ἕτερον ὄνομα, τιμωρῶν πατρί.
551   τί χρῆν με δρᾶσαι; δύο γὰρ ἀντίθες λόγω·
  πατὴρ μὲν ἐφύτευσέν με, σὴ δ᾽ ἔτικτε παῖς,
  τὸ σπέρμ᾽ ἄρουρα παραλαβοῦσ᾽ ἄλλου πάρα·
  ἄνευ δὲ πατρὸς τέκνον οὐκ εἴη ποτ᾽ ἄν.
  ἐλογισάμην οὖν τῷ γένους ἀρχηγέτῃ
  μᾶλλόν μ᾽ ἀμῦναι τῆς ὑποστάσης τροφάς·
  ἡ σὴ δὲ θυγάτηρ, μητέρ᾽ αἰδοῦμαι λέγειν,
  ἰδίοισιν ὑμεναίοισι κοὐχὶ σώφροσιν
  εἰς ἀνδρὸς ᾔει λέκτρ᾽ · ἐμαυτόν, ἢν λέγω
560   κακῶς ἐκείνην, ἐξερῶ· λέξω δ᾽ ὅμως.
  Αἴγισθος ἦν ὁ κρυπτὸς ἐν δόμοις πόσις.
  τοῦτον κατέκτειν᾽, ἐπὶ δ᾽ ἔθυσα μητέρα,
  ἀνόσια μὲν δρῶν, ἀλλὰ τιμωρῶν πατρί.
  ἐφ᾽ οἷς δ᾽ ἀπειλεῖς ὡς πετρωθῆναί με χρή,
  ἄκουσον ὡς ἅπασαν Ἑλλάδ᾽ ὠφελῶ.
  εἰ γὰρ γυναῖκες εἰς τόδ᾽ ἥξουσιν θράσους,
  ἄνδρας φονεύειν, καταφυγὰς ποιούμεναι
  εἰς τέκνα, μαστοῖς τὸν ἔλεον θηρώμεναι,
  παρ᾽ οὐδὲν αὐταῖς ἦν ἂν ὀλλύναι πόσεις
570   ἐπίκλημ᾽ ἐχούσαις ὅ τι τύχοι. δράσας δ᾽ ἐγὼ
  δείν᾽, ὡς σὺ κομπεῖς, τόνδ᾽ ἔπαυσα τὸν νόμον.
  μισῶν δὲ μητέρ᾽ ἐνδίκως ἀπώλεσα,
  ἥτις μεθ᾽ ὅπλων ἄνδρ᾽ ἀπόντ᾽ ἐκ δωμάτων
  πάσης ὑπὲρ γῆς Ἑλλάδος στρατηλάτην
  προύδωκε κοὐκ ἔσωσ᾽ ἀκήρατον λέχος·
  ἐπεὶ δ᾽ ἁμαρτοῦσ᾽ ᾔσθετ᾽, οὐχ αὑτῇ δίκην
  ἐπέθηκεν, ἀλλ᾽ ὡς μὴ δίκην δοίη πόσει,
  ἐζημίωσε πατέρα κἀπέκτειν᾽ ἐμόν.
  πρὸς θεῶν, ἐν οὐ καλῷ μὲν ἐμνήσθην θεῶν,
580   φόνον δικάζων, εἰ δὲ δὴ τὰ μητέρος

I know me guilt-stained with a mother's death,
Yet pure herein, that I avenged my sire.　　　550
What ought I to have done? Let plea face plea:
My sire begat, thy child but gave me birth —
The field that from the sower received the seed;
Without the father, might no offspring be.
I reasoned then—better defend my source
Of life, than her that did but foster me.
Thy daughter—I take shame to call her mother—
In lawless and in wanton dalliance
Sought to a lover;—mine own shame I speak
In telling hers, yet will I utter it:—　　　560
Aegisthus was that secret paramour.
I slew him and my mother on one altar—
Sinning, yet taking vengeance for my sire.

Hear how, in that for which thou threatenest
　　　doom
Of stoning, I to all Greece rendered service:
If wives to this bold recklessness shall come,
To slay their husbands, and find refuge then
With sons, entrapping pity with bared breasts,
Then shall they count it nought to slay their
　　　lords,
On whatso plea may chance. By deeds of horror—　570
As thy large utterance is—I abolished Law:
No, but in lawful hate I slew my mother,
Who, when her lord was warring far from home,
Chief of our armies, for all Hellas' sake,
Betrayed him, kept his couch not undefiled.
When her sin found her out, she punished not
Herself, but, lest her lord should punish her,
Wreaked on my father chastisement, and slew.
By Heaven!—ill time, I grant, to call on Heaven,
Defending murder,—had I justified　　　580

σιγῶν ἐπῄνουν, τί μ' ἂν ἔδρασ' ὁ κατθανών;
οὐκ ἄν με μισῶν ἀνεχόρευ' Ἐρινύσιν;
ἢ μητρὶ μὲν πάρεισι σύμμαχοι θεαί,
τῷ δ' οὐ πάρεισι μᾶλλον ἠδικημένῳ;
σύ τοι φυτεύσας θυγατέρ', ὦ γέρον, κακὴν
ἀπώλεσάς με· διὰ τὸ γὰρ κείνης θράσος
πατρὸς στερηθεὶς ἐγενόμην μητροκτόνος.
ὁρᾷς; Ὀδυσσέως ἄλοχον οὐ κατέκτανε
Τηλέμαχος· οὐ γὰρ ἐπεγάμει πόσει πόσιν,
μένει δ' ἐν οἴκοις ὑγιὲς εὐνατήριον.
ὁρᾷς; Ἀπόλλων ὃς μεσομφάλους ἕδρας
ναίων βροτοῖσι στόμα νέμει σαφέστατον,
ᾧ πειθόμεσθα πάνθ' ὅσ' ἂν κεῖνος λέγῃ,
τούτῳ πιθόμενος τὴν τεκοῦσαν ἔκτανον.
ἐκεῖνον ἡγεῖσθ' ἀνόσιον καὶ κτείνετε·
ἐκεῖνος ἥμαρτ', οὐκ ἐγώ. τί χρῆν με δρᾶν;
ἢ οὐκ ἀξιόχρεως ὁ θεὸς ἀναφέροντί μοι
μίασμα λῦσαι; ποῖ τις οὖν ἔτ' ἂν φύγοι,
εἰ μὴ ὁ κελεύσας ῥύσεταί με μὴ θανεῖν;
ἀλλ' ὡς μὲν οὐκ εὖ μὴ λέγ' εἴργασται τάδε
ἡμῖν δὲ τοῖς δράσασιν οὐκ εὐδαιμόνως.
γάμοι δ' ὅσοις μὲν εὖ καθεστᾶσιν βροτῶν,
μακάριος αἰών· οἷς δὲ μὴ πίπτουσιν εὖ,
τά τ' ἔνδον εἰσὶ τά τε θύραζε δυστυχεῖς.

590

600

ΧΟΡΟΣ

ἀεὶ γυναῖκες ἐμποδὼν ταῖς συμφοραῖς
ἔφυσαν ἀνδρῶν πρὸς τὸ δυστυχέστερον.

ΤΥΝΔΑΡΕΩΣ

ἐπεὶ θρασύνει κοὐχ ὑποστέλλει λόγῳ,
οὕτω δ' ἀμείβει μ' ὥστε μ' ἀλγῆσαι φρένα,
μᾶλλόν μ' ἀνάψεις ἐπὶ σὸν ἐξελθεῖν φόνον·
καλὸν πάρεργον δ' αὐτὸ θήσομαι πόνων

610

174

Her deeds by silence, what had the dead done?
Had not his hate's Erinyes haunted me?
Or on the mother's side fight Goddesses,
And none on his who suffered deeper wrong?
Thou, ancient, in begetting a vile daughter,
Didst ruin me; for, through her recklessness
Unfathered, I became a matricide.
Mark this—Odysseus' wife Telemachus
Slew not; she took no spouse while lived her
    lord,
But pure her couch abideth in her halls.   590
Mark this—Apollo at earth's navel-throne
Gives most true revelation unto men,
Whom we obey in whatsoe'er he saith.
Obeying him, my mother did I slay.
Account ye *him* unholy: yea, slay him!
He sinned, not I. What ought I to have done?
Or hath the God no power to absolve the guilt
I lay on him? Whither should one flee then,
If he which bade me shall not save from death?
Nay, say not thou that this was not well done,   600
Albeit untowardly for me, the doer.
Happy the life of men whose marriages
Are blest; but they for whom they ill betide,
At home, abroad, are they unfortunate.

CHORUS

Women were born to mar the lives of men
Ever, unto their surer overthrow.

TYNDAREUS

Since thou art unabashed, and round of speech,
Making such answer as to vex my soul,
Thou shalt inflame me more to urge thy death—
A fair addition to the purposed work   610

ὧν εἴνεκ' ἦλθον θυγατρὶ κοσμήσων τάφον.
μολὼν γὰρ εἰς ἔκκλητον Ἀργείων ὄχλον
ἑκοῦσαν οὐκ ἄκουσαν ἐπισείσω πόλιν
σοὶ σῇ τ' ἀδελφῇ, λεύσιμον δοῦναι δίκην.
μᾶλλον δ' ἐκείνη σοῦ θανεῖν ἐπαξία,
ἣ τῇ τεκούσῃ σ' ἠγρίωσ', ἐς οὓς ἀεὶ
πέμπουσα μύθους ἐπὶ τὸ δυσμενέστερον,
ὀνείρατ' ἀγγέλλουσα τἀγαμέμνονος,
καὶ τοῦθ' ὃ μισήσειαν Αἰγίσθου λέχος
620 οἱ νέρτεροι θεοί, καὶ γὰρ ἐνθάδ' ἦν πικρόν,
ἕως ὑφῆψε δῶμ' ἀνηφαίστῳ πυρί.
Μενέλαε, σοὶ δὲ τάδε λέγω δράσω τε πρός·
εἰ τοὐμὸν ἔχθος ἐναριθμεῖ κῆδός τ' ἐμόν,
μὴ τῷδ' ἀμύνειν φόνον ἐναντίον θεοῖς·
ἔα δ' ὑπ' ἀστῶν καταφονευθῆναι πέτροις,
ἢ μὴ 'πίβαινε Σπαρτιάτιδος χθονός.
τοσαῦτ' ἀκούσας ἴσθι, μηδὲ δυσσεβεῖς
ἕλῃ παρώσας εὐσεβεστέρους φίλους·
ἡμᾶς δ' ἀπ' οἴκων ἄγετε τῶνδε, πρόσπολοι.

ΟΡΕΣΤΗΣ

630 στεῖχ', ὡς ἀθορύβως οὑπιὼν ἡμῖν λόγος
πρὸς τόνδ' ἵκηται, γῆρας ἀποφυγὼν τὸ σόν.
Μενέλαε, ποῖ σὸν πόδ' ἐπὶ συννοίᾳ κυκλεῖς,
διπλῆς μερίμνης διπτύχους ἰὼν ὁδούς;

ΜΕΝΕΛΑΟΣ

ἔασον· ἐν ἐμαυτῷ τι συννοούμενος,
ὅποι τράπωμαι τῆς τύχης ἀμηχανῶ.

ΟΡΕΣΤΗΣ

μή νυν πέραινε τὴν δόκησιν, ἀλλ' ἐμοὺς
λόγους ἀκούσας πρόσθε, βουλεύου τότε.

For which I came, to deck my daughter's tomb!
To Argos' council-gathering will I go
And thrust the folk on—little thrusting need they!—
That with thy sister thou be stoned to death:—
Yea, worthier of death than thou is she,
Who egged thee on against thy mother, aye
Sending to thine ear venomous messages,
Telling of dreams from Agamemnon sent,
Telling how Gods of the Underworld abhorred
Aegisthus' couch,—hateful enough on earth,—   620
Till the house blazed with fire unnatural.
Menelaus, this I warn thee—yea, will do:
If thou regard mine hate, our tie of kin,
Shield not this man from death in heaven's despite.
Leave him to die by stoning of the folk,
Or never set thou foot in Spartan land!
Thou hast heard—remember! Choose the impious not,
To thrust aside the friends that reverence God.
My servants, lead me from this dwelling hence.

                                                   [*Exit.*

ORESTES

Go, that unharassed what I yet would say   630
May reach his ears, escaped thine hindering age.
Menelaus, why pace to and fro in thought,
Treading the mazes of perplexity?

MENELAUS

Let be: somewhat I muse within myself:
I know not whither in this strait to turn.

ORESTES

End not in haste thy pondering: hearken first
Unto my pleading, and resolve thee then.

177

ΟΡΕΣΤΗΣ

ΜΕΝΕΛΑΟΣ

λέγ'· εὖ γὰρ εἶπας. ἔστι δ' οὗ σιγὴ λόγου
κρείσσων γένοιτ' ἄν, ἔστι δ' οὗ σιγῆς λόγος.

ΟΡΕΣΤΗΣ

640 λέγοιμ' ἂν ἤδη. τὰ μακρὰ τῶν σμικρῶν λόγων
ἐπίπροσθέν ἐστι.καὶ σαφῆ μᾶλλον κλύειν.
ἐμοὶ σὺ τῶν σῶν, Μενέλεως, μηδὲν δίδου,
ἃ δ' ἔλαβες ἀπόδος, πατρὸς ἐμοῦ λαβὼν πάρα.
οὐ χρήματ' εἶπον· χρήματ', ἢν ψυχὴν ἐμὴν
σώσῃς, ἅπερ μοι φίλτατ' ἐστὶ τῶν ἐμῶν.
ἀδικῶ· λαβεῖν χρή μ' ἀντὶ τοῦδε τοῦ κακοῦ
ἄδικόν τι παρὰ σοῦ· καὶ γὰρ Ἀγαμέμνων πατὴρ
ἀδίκως ἀθροίσας Ἑλλάδ' ἦλθ' ὑπ' Ἴλιον,
οὐκ ἐξαμαρτὼν αὐτός, ἀλλ' ἁμαρτίαν
650 τῆς σῆς γυναικὸς ἀδικίαν τ' ἰώμενος.
ἓν μὲν τόδ' ἡμῖν ἀνθ' ἑνὸς δοῦναί σε χρή.
ἀπέδοτο δ', ὡς χρὴ τοῖς φίλοισι τοὺς φίλους,
τὸ σῶμ' ἀληθῶς, σοὶ παρ' ἀσπίδ' ἐκπονῶν,
ὅπως σὺ τὴν σὴν ἀπολάβοις ξυνάορον.
ἀπότισον οὖν μοι ταὐτὸ τοῦτ' ἐκεῖ λαβών,
μίαν πονήσας ἡμέραν ἡμῶν ὕπερ
σωτήριος στάς, μὴ δέκ' ἐκπλήσας ἔτη.
ἃ δ' Αὐλὶς ἔλαβε σφάγι' ἐμῆς ὁμοσπόρου,
ἐῶ σ' ἔχειν ταῦθ'· Ἑρμιόνην μὴ κτεῖνε σύ.
660 δεῖ γάρ σ' ἐμοῦ πράσσοντος ὡς πράσσω τανῦν
πλέον φέρεσθαι, κἀμὲ συγγνώμην ἔχειν.
ψυχὴν δ' ἐμὴν δὸς τῷ ταλαιπώρῳ πατρὶ
κἀμῆς ἀδελφῆς, παρθένον μακρὸν χρόνον·
θανὼν γὰρ οἶκον ὀρφανὸν λείψω πατρός.
ἐρεῖς, ἀδύνατον· αὐτὸ τοῦτο· τοὺς φίλους
ἐν τοῖς κακοῖς χρὴ τοῖς φίλοισιν ὠφελεῖν·
ὅταν δ' ὁ δαίμων εὖ διδῷ, τί δεῖ φίλων;

ORESTES

MENELAUS

Speak; thou hast well said.   Silence is sometimes
Better than speech, and speech sometimes than
    silence.

ORESTES

Now will I speak.   Better are many words   640
Than few, and clearer to be understood.
Menelaus, give me nothing of thine own:
That thou receivedst from my sire repay.
I mean not treasure: if thou save my life,
Treasure, of all I have most dear, is this.
Grant I do wrong: I ought, for a wrong's sake,
To win of thee a wrong; for Agamemnon
Wrongly to Ilium led the hosts of Greece:—
Not that himself had sinned, but sought to heal
The sin and the wrong-doing of thy wife.   650
This boon for boon thou oughtest render me.
He verily sold his life for thee, as friends
Should do for friends, hard-toiling under shield,
That so thou mightest win thy wife again.
This hadst thou there : to me requite the same.
Toil one day's space for my sake : for my life
Stand up.   I ask thee not, wear out ten years.
Aulis received my sister's blood : I spare
Thee this; I bid not slay Hermione.
Thou needs must, when I fare as now I fare,   660
Have vantage, and the debt must I forgive.
But to my hapless father give our lives,
Mine, and my long unwedded sister's life:
For heirless, if I die, I leave his house.
'Tis *hopeless*, wilt thou say ?—thine hour is this.
In desperate need ought friends to help their
    friends.
When Fortune gives her boons, what need of friends.

ἀρκεῖ γὰρ αὐτὸς ὁ θεὸς ὠφελεῖν θέλων.
φιλεῖν δάμαρτα πᾶσιν Ἕλλησιν δοκεῖς·
670 κοὐχ ὑποτρέχων σε τοῦτο θωπείᾳ λέγω·
ταύτης ἱκνοῦμαί σ'—ὦ μέλεος ἐμῶν κακῶν,
εἰς οἷον ἥκω. τί δὲ ταλαιπωρεῖν με δεῖ ;
ὑπὲρ γὰρ οἴκου παντὸς ἱκετεύω τάδε.
ὦ πατρὸς ὅμαιμε θεῖε, τὸν κατὰ χθονὸς
θανόντ' ἀκούειν τάδε δόκει, ποτωμένην
ψυχὴν ὑπὲρ σοῦ, καὶ λέγειν ἁγὼ λέγω.
ταῦτ' εἴς τε δάκρυα καὶ γόους καὶ συμφοράς
εἴρηκα, κἀπῄτηκα τὴν σωτηρίαν,
θηρῶν ὃ πάντες κοὐκ ἐγὼ ζητῶ μόνος.

ΧΟΡΟΣ
680 κἀγώ σ' ἱκνοῦμαι καὶ γυνή περ οὖσ' ὅμως
τοῖς δεομένοισιν ὠφελεῖν· οἷός τε δ' εἶ.

MENEΛΑΟΣ
Ὀρέστ', ἐγώ τοι σὸν καταιδοῦμαι κάρα
καὶ ξυμπονῆσαι σοῖς κακοῖσι βούλομαι·
καὶ χρὴ γὰρ οὕτω τῶν ὁμαιμόνων κακὰ
συνεκκομίζειν, δύναμιν ἣν διδῷ θεός,
θνῄσκοντα καὶ κτείνοντα τοὺς ἐναντίους·
τὸ δ' αὖ δύνασθαι πρὸς θεῶν χρῄζω τυχεῖν.
ἥκω γὰρ ἀνδρῶν συμμάχων κενὸν δόρυ
ἔχων, πόνοισι μυρίοις ἀλώμενος,
690 σμικρᾷ σὺν ἀλκῇ τῶν λελειμμένων φίλων.
μάχῃ μὲν οὖν ἂν οὐχ ὑπερβαλοίμεθα
Πελασγὸν Ἄργος· εἰ δὲ μαλθακοῖς λόγοις
δυναίμεθ', ἐνταῦθ' ἐλπίδος προσήκομεν.
σμικροῖσι γὰρ τὰ μεγάλα πῶς ἕλοι τις ἂν
πόνοισιν ; ἀμαθὲς καὶ τὸ βούλεσθαι τάδε.
ὅταν γὰρ ἡβᾷ δῆμος εἰς ὀργὴν πεσών,
ὅμοιον ὥστε πῦρ κατασβέσαι λάβρον·

Her help sufficeth, when she wills to help.
All Greece believeth that thou lov'st thy wife,—
Not cozening thee with soft words say I this ;— 670
By her I pray thee ! . . . (aside) woe for mine
    affliction !
To what pass am I come ! Why grovel thus ?
Yet,—'tis for our whole house I make appeal ! . . .
O brother of my father, deem that *he*
Hears this, who lies 'neath earth, that over thee
His spirit hovers : what I say he saith.
This, urged with tears, moans, pleas of misery,
Have I said, and have claimed my life of thee,
Seeking what all men seek, not I alone.

CHORUS

I too beseech thee, woman though I am, 680
To succour those in need : thou hast the power.

MENELAUS

Orestes, verily I reverence thee,
And fain would help thee bear thy load of ills.
Yea, duty bids that, where God gives the power,
Kinsmen should one another's burdens bear,
Even unto death, or slaying of their foes :
But the power—would the Gods might give it me !
I come, a single spear, with none ally,
Long wandering with travail manifold,
With feeble help of friends yet left to me. 690
In battle could we never overcome
Pelasgian Argos. If we might prevail
By soft words, this is our hope's utmost bound.
For with faint means how should a man achieve
Great things ? 'Twere witless even to wish for
    this.
For, in the first rush of a people's rage,
'Twere even as one would quench a ravening fire.

εἰ δ' ἡσύχως τις αὐτὸν ἐντείνοντι μὲν
χαλῶν ὑπείκοι καιρὸν εὐλαβούμενος,
700 ἴσως ἂν ἐκπνεύσει· ὅταν δ' ἀνῇ πνοάς,
τύχοις ἂν αὐτοῦ ῥᾳδίως ὅσον θέλεις.
ἔνεστι δ' οἶκτος, ἔνι δὲ καὶ θυμὸς μέγας,
καραδοκοῦντι κτῆμα τιμιώτατον.
ἐλθὼν δὲ Τυνδάρεών τέ σοι πειράσομαι
πόλιν τε πεῖσαι τῷ λίαν χρῆσθαι καλῶς.
καὶ ναῦς γὰρ ἐνταθεῖσα πρὸς βίαν ποδὶ
ἔβαψεν, ἔστη δ' αὖθις, ἢν χαλᾷ πόδα.
μισεῖ γὰρ ὁ θεὸς τὰς ἄγαν προθυμίας,
μισοῦσι δ' ἀστοί· δεῖ δέ μ', οὐκ ἄλλως λέγω,
710 σῴζειν σε σοφίᾳ, μὴ βίᾳ τῶν κρεισσόνων.
ἀλκῇ δέ σ' οὐκ ἄν, ᾗ σὺ δοξάζεις ἴσως,
σώσαιμ' ἄν· οὐ γὰρ ῥᾴδιον λόγχῃ μιᾷ
στῆσαι τροπαῖα τῶν κακῶν ἅ σοι πάρα,
οὐ γάρ ποτ' Ἄργους γαῖαν εἰς τὸ μαλθακὸν
προσηγόμεσθ' ἄν·[1] νῦν δ' ἀναγκαίως ἔχει
δούλοισιν εἶναι τοῖς σοφοῖσι τῆς τύχης.

ὦ πλὴν γυναικὸς εἵνεκα στρατηλατεῖν
τἄλλ' οὐδέν, ὦ κάκιστε τιμωρεῖν φίλοις·
720 φεύγεις ἀποστραφείς με, τὰ δ' Ἀγαμέμνονος
φροῦδ'; ἄφιλος ἦσθ' ἄρ', ὦ πάτερ, πράσσων
κακῶς.
οἴμοι, προδέδομαι, κοὐκέτ' εἰσὶν ἐλπίδες,
ὅποι τραπόμενος θάνατον Ἀργείων φύγω·
οὗτος γὰρ ἦν μοι καταφυγὴ σωτηρίας.
ἀλλ' εἰσορῶ γὰρ τόνδε φίλτατον βροτῶν
Πυλάδην δρόμῳ στείχοντα Φωκέων ἄπο,

---

[1] Schaefer: for προσηγόμεσθα of MSS.

But if one gently yield him to their stress,
Slacken the sheet, and watch the season due,
Their storm might spend its force.   When lulls the
    blast,   700
Lightly thou mightest win thy will of them.
In them is ruth, high spirit is in them—
A precious thing to whoso bides his time.
Now Tyndareus and the city will I seek
To sway to temperance in their stormy mood.
A ship, if one have strained the mainsheet taut,
Dips deep; but rights again, the mainsheet eased.
For Heaven hateth over-vehemence,
And citizens hate.   I ought, I grant, to save thee—
By wisdom, not defiance of the strong.   710
I cannot—as thou haply dream'st—by force
Save thee.   Hard were it with my single spear
To triumph o'er the ills that compass thee;
Else not by suasion would I try to move
Argos to mercy : but of sore need now
Must prudent men be bondmen unto fate.

                                    [*Exit.*

ORESTES

O nothing-worth—save in a woman's cause
To lead a host !—craven in friends' defence !
Turn'st from me ? — fleest ? — are Agamemnon's
    deeds   720
Forgot ?   Ah father, friendless in affliction !
Woe's me, I am betrayed : hope lives no more
Of refuge from the Argives' doom of death !
For my one haven of safety was this man.
But lo, I see my best-beloved of men,
Yon Pylades, from Phocis hastening.

ἡδεῖαν ὄψιν· πιστὸς ἐν κακοῖς ἀνὴρ
κρείσσων γαλήνης ναυτίλοισιν εἰσορᾶν.

ΠΥΛΑΔΗΣ

θᾶσσον ἤ με χρῆν προβαίνων ἱκόμην δι᾽ ἄστεως,
730 σύλλογον πόλεως ἀκούσας, τὸν δ᾽ ἰδὼν αὐτὸς
σαφῶς,
ἐπὶ σὲ σύγγονόν τε τὴν σήν, ὡς κτενοῦντας
αὐτίκα.
τί τάδε; πῶς ἔχεις, τί πράσσεις; φίλταθ᾽ ἡλίκων
ἐμοὶ
καὶ φίλων καὶ συγγενείας· πάντα γὰρ τάδ᾽ εἶ
σύ μοι.

ΟΡΕΣΤΗΣ

οἰχόμεσθ᾽, ὡς ἐν βραχεῖ σοι τἀμὰ δηλώσω κακά.

ΠΥΛΑΔΗΣ

συγκατασκάπτοις ἂν ἡμᾶς· κοινὰ γὰρ τὰ τῶν
φίλων.

ΟΡΕΣΤΗΣ

Μενέλεως κάκιστος εἴς με καὶ κασιγνήτην ἐμήν.

ΠΥΛΑΔΗΣ

εἰκότως, κακῆς γυναικὸς ἄνδρα γίγνεσθαι κακόν.

ΟΡΕΣΤΗΣ

ὥσπερ οὐκ ἐλθὼν ἔμοιγε ταὐτὸν ἀπέδωκεν μολών.

ΠΥΛΑΔΗΣ

ἦ γάρ ἐστιν ὡς ἀληθῶς τήνδ᾽ ἀφιγμένος χθόνα;

ΟΡΕΣΤΗΣ

740 χρόνιος· ἀλλ᾽ ὅμως τάχιστα κακὸς ἐφωράθη
φίλοις.

184

Glad sight! A loyal friend in trouble's hour
Shows welcomer than calm to mariners.
Enter PYLADES.

PYLADES

Down the city's streets with haste unwonted unto thee
   I came ;
For I heard of Argos' council—yea, mine eyes beheld
   the same—   730
For thy doom and for thy sister's, as to slay you even
   now.
What means this ?—how fares thine health, thy state ?
   —of age-mates dearest thou,
Yea, of friends and kinsfolk ; each and all of these thou
   art to me.

ORESTES

Ruined are we !—in a word to tell thee all my misery.

PYLADES

Mine o'erthrowing shall thy fall be : one are friends in
   woe and bliss.

ORESTES

Traitor foul to me and to my sister Menelaus is.

PYLADES

Small the marvel—by the traitor wife the husband
   traitor made !

ORESTES

Even as he had come not, so his debt to me hath he
   repaid.

PYLADES

How then ?—hath he set his foot in very deed this
   land within ?

ORESTES

Late he came ; but early stood convicted traitor to
   his kin.   740

ΠΥΛΑΔΗΣ

καὶ δάμαρτα τὴν κακίστην ναυστολῶν ἐλήλυθεν;

ΟΡΕΣΤΗΣ

οὐκ ἐκεῖνος, ἀλλ' ἐκείνη κεῖνον ἐνθάδ' ἤγαγεν.

ΠΥΛΑΔΗΣ

ποῦ 'στιν ἢ πλείστους 'Αχαιῶν ὤλεσεν γυνὴ μία;

ΟΡΕΣΤΗΣ

ἐν δόμοις ἐμοῖσιν, εἰ δὴ τούσδ' ἐμοὺς καλεῖν
χρεών.

ΠΥΛΑΔΗΣ

σὺ δὲ τίνας λόγους ἔλεξας σοῦ κασιγνήτῳ
πατρός;

ΟΡΕΣΤΗΣ

μή μ' ἰδεῖν θανόνθ' ὑπ' ἀστῶν καὶ κασιγνητην
ἐμήν.

ΠΥΛΑΔΗΣ

πρὸς θεῶν, τί πρὸς τάδ' εἶπε; τόδε γὰρ εἰδέναι
θέλω.

ΟΡΕΣΤΗΣ

ηὐλαβεῖθ', ὃ τοῖς φίλοισι δρῶσιν οἱ κακοὶ φίλοι.

ΠΥΛΑΔΗΣ

σκῆψιν εἰς ποίαν προβαίνων; τοῦτο πάντ' ἔχω
μαθών.

ΟΡΕΣΤΗΣ

750 οὗτος ἦλθ' ὅ τὰς ἀρίστας θυγατέρας σπείρας
πατήρ.

ΠΥΛΑΔΗΣ

Τυνδάρεων λέγεις· ἴσως σοι θυγατέρος θυμού-
μενος.

PYLADES

And his wife, arch-traitress, hath he brought her,
  sailing hitherward?

ORESTES

'Tis not he hath brought her, nay, 'twas she that
  hither brought her lord.

PYLADES

Where is she, who hath slain Achaians more than any
  woman else?

ORESTES

In mine house—if yonder palace mine may now be
  called—she dwells.

PYLADES

Thou, what wouldst thou of thy father's brother by
  thy pleadings gain?

ORESTES

That he would not see me and my sister by the
  people slain.

PYLADES

By the Gods, to this what said he?—fain would I
  know this of thee.

ORESTES

Cautious was he—as the false friend still to friends is
  wont to be.

PYLADES

Fleeing to what plea for refuge?—all I know when
  this I hear.

ORESTES

He had come, the father who begat the daughters
  without peer.   750

PYLADES

Tyndareus thou meanest,—for his daughter haply
  filled with ire,

187

ΟΡΕΣΤΗΣ

αἰσθάνει. τὸ τοῦδε κῆδος μᾶλλον εἵλετ᾽ ἢ πα-
τρός.

ΠΥΛΑΔΗΣ

κοὐκ ἐτόλμησεν πόνων σῶν ἀντιλάζυσθαι παρών;

ΟΡΕΣΤΗΣ

οὐ γὰρ αἰχμητὴς πέφυκεν, ἐν γυναιξὶ δ᾽ ἄλκιμος.

ΠΥΛΑΔΗΣ

ἐν κακοῖς ἄρ᾽ εἶ μεγίστοις, καί σ᾽ ἀναγκαῖον
θανεῖν.

ΟΡΕΣΤΗΣ

ψῆφον ἀμφ᾽ ἡμῶν πολίτας ἐπὶ φόνῳ θέσθαι
χρεών.

ΠΥΛΑΔΗΣ

ἢ κρινεῖ τί χρῆμα; λέξον· διὰ φόβου γὰρ ἔρ-
χομαι.

ΟΡΕΣΤΗΣ

ἢ θανεῖν ἢ ζῆν· ὁ μῦθος οὐ μακρὸς μακρῶν πέρι.

ΠΥΛΑΔΗΣ

φεῦγέ νυν λιπὼν μέλαθρα σὺν κασιγνήτῃ σέθεν.

ΟΡΕΣΤΗΣ

760 οὐχ ὁρᾷς; φυλασσόμεσθα φρουρίοισι πανταχῇ.

ΠΥΛΑΔΗΣ

εἶδον ἄστεως ἀγυιὰς τεύχεσιν πεφραγμένας.

ΟΡΕΣΤΗΣ

ὡσπερεὶ πόλις πρὸς ἐχθρῶν σῶμα πυργηρούμεθα,

ORESTES

Rightly guessed: such kinsman Menelaus chose
　　before my sire.

PYLADES

Dared he not lay hand unto thy burden, not when
　　here he stood?

ORESTES

Hero is there none in him!—mid women valiant he
　　of mood.

PYLADES

Then art thou in depth of evil: death for thee must
　　needs abide.

ORESTES

Touching this our murder must the vote of Argos'
　　folk decide.

PYLADES

What shall this determine?　Tell me, for mine heart
　　is full of dread.

ORESTES

Death or life. The word that names the dateless
　　doom is quickly said.

PYLADES

Flee then: yonder palace-halls forsake thou: with
　　thy sister flee.

ORESTES

Dost thou see not?—warded round on every hand by
　　guards are we.　　　　　　　　760

PYLADES

Lines of spears and shields I marked: the pass of
　　every street they close.

ORESTES

Yea, beleaguered are we. even as a city by her foes.

ΟΡΕΣΤΗΣ

ΠΥΛΑΔΗΣ

κἀμέ νυν ἐροῦ τί πάσχω· καὶ γὰρ αὐτὸς οἴχομαι.

ΟΡΕΣΤΗΣ

πρὸς τίνος ; τοῦτ' ἂν προσείη τοῖς ἐμοῖς κακοῖς
κακόν.

ΠΥΛΑΔΗΣ

Στρόφιος ἤλασέν μ' ἀπ' οἴκων φυγάδα θυμωθεὶς
πατήρ.

ΟΡΕΣΤΗΣ

ἴδιον, ἢ κοινὸν πολίταις ἐπιφέρων ἔγκλημά τι ;

ΠΥΛΑΔΗΣ

ὅτι συνηράμην φόνον σοι μητρός, ἀνόσιον λέγων.

ΟΡΕΣΤΗΣ

ὦ τάλας, ἔοικε καὶ σὲ τἀμὰ λυπήσειν κακά.

ΠΥΛΑΔΗΣ

οὐχὶ Μενέλεω τρόποισι χρώμεθ'· οἰστέον τάδε.

ΟΡΕΣΤΗΣ

770 οὐ φοβεῖ μή σ' Ἄργος ὥσπερ κἄμ' ἀποκτεῖναι
θέλῃ ;

ΠΥΛΑΔΗΣ

οὐ προσήκομεν κολάζειν τοῖσδε, Φωκέων δὲ γῇ.

ΟΡΕΣΤΗΣ

δεινὸν οἱ πολλοί, πανούργους ὅταν ἔχωσι προ-
στάτας.

ΠΥΛΑΔΗΣ

ἀλλ' ὅταν χρηστοὺς λάβωσι, χρηστὰ βουλεύουσ'
ἀεί.

ΟΡΕΣΤΗΣ

εἶεν. εἰς κοινὸν λέγειν χρή.

190

PYLADES

Ask me also of my plight; for, like to thee, undone
am I.

ORESTES

Yea?—of whom? This shall be evil heaped on my
calamity.

PYLADES

Strophius banished me mine home: my father's
wrath hath thrust me thence.

ORESTES

What the charge? 'Twixt thee and him?—or hath
the nation found offence?

PYLADES

That I helped thee slay thy mother, this he names
an impious thing.

ORESTES

Woe is me! the anguish of mine anguish unto thee
must cling!

PYLADES

I am not a Menelaus: these afflictions must I bear.

ORESTES

Fear'st thou not lest Argos doom thee with my deed
my death to share?   770

PYLADES

I belong not unto them to punish, but to Phocis-land.

ORESTES

Fearful is the people's rage, when evil men its course
command.

PYLADES

Nay, but when they take them honest chiefs, they
counsel honest rede.

ORESTES

Come, let thou and I commune—

ΟΡΕΣΤΗΣ

ΠΥΛΑΔΗΣ
τίνος ἀναγκαίου πέρι ;

ΟΡΕΣΤΗΣ
εἰ λέγοιμ' ἀστοῖσιν ἐλθὼν

ΠΥΛΑΔΗΣ
ὡς ἔδρασας ἔνδικα ;

ΟΡΕΣΤΗΣ
πατρὶ τιμωρῶν ἐμαυτοῦ ;

ΠΥΛΑΔΗΣ
μὴ λάβωσί σ' ἄσμενοι.

ΟΡΕΣΤΗΣ
ἀλλ' ὑποπτήξας σιωπῇ κατθάνω ;

ΠΥΛΑΔΗΣ
δειλὸν τόδε.

ΟΡΕΣΤΗΣ
πῶς ἂν οὖν δρῴην ;

ΠΥΛΑΔΗΣ
ἔχεις τιν', ἢν μένῃς, σωτηρίαν ;

ΟΡΕΣΤΗΣ
οὐκ ἔχω.

ΠΥΛΑΔΗΣ
μολόντι δ' ἐλπίς ἐστι σωθῆναι κακῶν ;

ΟΡΕΣΤΗΣ
εἰ τύχοι, γένοιτ' ἄν.

ΠΥΛΑΔΗΣ
780   οὔκουν τοῦτο κρεῖσσον ἢ μένειν ;

ΟΡΕΣΤΗΣ
ἀλλὰ δῆτ' ἔλθω ;

ΠΥΛΑΔΗΣ
θανὼν γοῦν ὧδε κάλλιον θανεῖ.

ΟΡΕΣΤΗΣ
εὖ λέγεις· φεύγω τὸ δειλὸν τῇδε.

PYLADES

As touching what imperious need?

ORESTES

Should I go and tell the people—

PYLADES

That thou wroughtest righteously?

ORESTES

Taking vengeance for my father?

PYLADES

Glad might they lay hold on thee.

ORESTES

How then, cower and die in silence?

PYLADES

This in craven sort were done.

ORESTES

What then do?

PYLADES

Hast any hope of life, if here thou linger on?

ORESTES

None.

PYLADES

But is there hope, in going, of deliverance
from the ill?

ORESTES

Haply might there be.

PYLADES

Were this not better, then, than sitting still?　780

ORESTES

Shall I go then?

PYLADES

Yea; for, dying, hero-like thou shalt have died.

ORESTES

Good: I 'scape the brand of " craven."

ΟΡΕΣΤΗΣ

ΠΥΛΑΔΗΣ

μᾶλλον ἢ μένων.

ΟΡΕΣΤΗΣ
καὶ τὸ πρᾶγμά γ' ἔνδικόν μοι.

ΠΥΛΑΔΗΣ

τῷ δοκεῖν εὔχου μόνον.

ΟΡΕΣΤΗΣ
καί τις ἄν γέ μ' οἰκτίσειε

ΠΥΛΑΔΗΣ

μέγα γὰρ ηὑγένειά σου.

ΟΡΕΣΤΗΣ
θάνατον ἀσχάλλων πατρῷον.

ΠΥΛΑΔΗΣ

πάντα ταῦτ' ἐν ὄμμασιν

ΟΡΕΣΤΗΣ
ἰτέον, ὡς ἄνανδρον ἀκλεῶς κατθανεῖν.

ΠΥΛΑΔΗΣ

αἰνῶ τάδε.

ΟΡΕΣΤΗΣ
ἦ λέγωμεν οὖν ἀδελφῇ ταῦτ' ἐμῇ ;

ΠΥΛΑΔΗΣ

μὴ πρὸς θεῶν.

ΟΡΕΣΤΗΣ
δάκρυα γοῦν γένοιτ' ἄν.

ΠΥΛΑΔΗΣ

οὐκοῦν οὗτος οἰωνὸς μέγας.

ΟΡΕΣΤΗΣ
δηλαδὴ σιγᾶν ἄμεινον.

ΠΥΛΑΔΗΣ

τῷ χρόνῳ δε κερδανεῖς.

ΟΡΕΣΤΗΣ
κεῖνό μοι μονον πρόσαντες,

ORESTES

PYLADES
          More than if thou here abide.

ORESTES
And the right is mine.

PYLADES
          Pray only all men so may view the deed.

ORESTES
Haply some might pity—

PYLADES
          Yea, thy princely birth shall strongly plead.

ORESTES
At my father's death indignant.

PYLADES
          Full in view are all these things.

ORESTES
On! unmanly is inglorious death!

PYLADES
                    Thy saying bravely rings.

ORESTES
Shall we then unto my sister tell our purpose?

PYLADES
                    Nay, by heaven!

ORESTES
Sooth, she might break into weeping.

PYLADES
                    So were evil omen given.

ORESTES
Surely then were silence better.

PYLADES
                    Lesser hindrance shouldst thou find.

ORESTES
Yet, one stumblingblock confronts me—

ΠΥΛΑΔΗΣ

τί τόδε καινὸν αὖ λέγεις;

ΟΡΕΣΤΗΣ

μὴ θεαί μ' οἴστρῳ κατάσχωσ'.

ΠΥΛΑΔΗΣ

ἀλλὰ κηδεύσω σ' ἐγώ.

ΟΡΕΣΤΗΣ

δυσχερὲς ψαύειν νοσοῦντος ἀνδρός.

ΠΥΛΑΔΗΣ

οὐκ ἔμοιγε σοῦ.

ΟΡΕΣΤΗΣ

εὐλαβοῦ λύσσης μετασχεῖν τῆς ἐμῆς.

ΠΥΛΑΔΗΣ

τόδ' οὖν ἴτω.

ΟΡΕΣΤΗΣ

οὐκ ἄρ' ὀκνήσεις;

ΠΥΛΑΔΗΣ

ὄκνος γὰρ τοῖς φίλοις κακὸν μέγα.

ΟΡΕΣΤΗΣ

ἕρπε νυν οἴαξ ποδός μοι.

ΠΥΛΑΔΗΣ

φίλα γ' ἔχων κηδεύματα.

ΟΡΕΣΤΗΣ

καί με πρὸς τύμβον πόρευσον πατρός.

ΠΥΛΑΔΗΣ

ὡς τί δὴ τόδε;

ΟΡΕΣΤΗΣ

ὥς νιν ἱκετεύσω με σῶσαι.

ΠΥΛΑΔΗΣ

τό γε δίκαιον ὧδ' ἔχει.

ΟΡΕΣΤΗΣ

μητέρος δὲ μηδ' ἴδοιμι μνῆμα.

PYLADES

What new thing is in thy mind ? 790

ORESTES

Lest the Fiends by madness stay me.

PYLADES

Nay, thy weakness I will tend.

ORESTES

Loathly task to touch the sick !

PYLADES

Ah, not to me for thee, O friend.

ORESTES

Yet beware the taint of this my madness.

PYLADES

Base misgivings, hence !

ORESTES

Can it be thou wilt not shrink ?

PYLADES

For friends to shrink were foul offence.

ORESTES

On then, pilot of my footsteps.

PYLADES

Sweet is this my loving care.

ORESTES

Even to my father's grave-mound guide me on.

PYLADES

What wouldst thou there ?

ORESTES

I would pray him to deliver.

PYLADES

Yea, 'twere just it should be so.

ORESTES

But my mother's tomb, I would not see it—

ΠΥΛΑΔΗΣ

πολεμία γὰρ ἦν.

ἀλλ' ἔπειγ', ὡς μή σε πρόσθε ψῆφος Ἀργείων
ἔλῃ,
800 περιβαλὼν πλευροῖς ἐμοῖσι πλευρὰ νωχελῆ νόσῳ,
ὡς ἐγὼ δι' ἄστεώς σε σμικρὰ φροντίζων ὄχλου
οὐδὲν αἰσχυνθεὶς ὀχήσω. ποῦ γὰρ ὢν δείξω
    φίλος,
εἴ σε μὴ 'ν δειναῖσιν ὄντα συμφοραῖς ἐπαρκέσω;

ΟΡΕΣΤΗΣ

τοῦτ' ἐκεῖνο, κτᾶσθ' ἑταίρους, μὴ τὸ συγγενὲς
    μόνον·
ὡς ἀνὴρ ὅστις τρόποισι συντακῇ, θυραῖος ὤν,
μυρίων κρείσσων ὁμαίμων ἀνδρὶ κεκτῆσθαι φίλος.

ΧΟΡΟΣ

ὁ μέγας ὄλβος ἅ τ' ἀρετὰ   στρ.
μέγα φρονοῦσ' ἀν' Ἑλλάδα καὶ
παρὰ Σιμουντίοις ὀχετοῖς
810 πάλιν ἀνῆλθ' ἐξ εὐτυχίας Ἀτρείδαις
πάλαι παλαιᾶς ἀπὸ συμφορᾶς δόμων,
ὁπότε χρυσέας ἦλθ' ἔρις ἀρνὸς
ἐπάγουσα Τανταλίδαις [1]
οἰκτρότατα θοινάματα καὶ
σφάγια γενναίων τεκέων·
ὅθεν φόνῳ φόνος ἐξαμεί-
βων δι' αἵματος οὐ προλεί-
πει δισσοῖσιν Ἀτρείδαις.

τὸ καλὸν οὐ καλόν, τοκέων   ἀντ.
820 πυριγενεῖ τεμεῖν παλάμᾳ
χρόα, μελάνδετον δὲ φόνῳ

---

[1] Dindorf's reading, which secures strophic correspondence

For she was a foe.
Haste then, lest the Argive vote have doomed thee
   ere thou reach the place,   [mine embrace.
Yielding up thy frame with sickness wasted unto 800
Through the streets unshamed, and taking of the
   rabble little heed,   [friend indeed,
I will bear thee onward. Wherein shall I show me
If mine helpfulness in terrible affliction be not shown?

ORESTES

Herein true is that old saying—"*Get thee friends, not
   kin alone.*"   [of thy kin,
He whose soul to thy soul cleaveth, though he be not
Better than a thousand kinsfolk this is for thy friend
   to win.   [*Exeunt* ORESTES *and* PYLADES.

CHORUS

The stately fortune, the prowess exceeding,   (*Str.*)
  Whose glorying rang through the land of Greece,
    Yea, rang where Simoïs' waters flow,
    For Atreus' sons was its weal made woe   810
    For the fruit of the curse sown long ago,
When on Tantalus' sons came, misery-breeding,
  The strife for the lamb of the golden fleece,—
    Breeding a banquet, with horrors spread,
    For the which was the blood of a king's babes
      shed,
    Whence murder, tracking the footsteps red
Of murder, haunts with the wound aye bleeding
  The Atreides twain without surcease.

O deed fair-seeming, O deed unholy!—   (*Ant.*)
  With hand steel-armed through the throat to shear 820
    Of a mother, to lift in the Sun-god's sight

ξίφος ἐς αὐγὰς ἀελίοιο δεῖξαι·
τὸ δ' εὖ[1] κακουργεῖν ἀσέβεια ποικίλα
κακοφρόνων τ' ἀνδρῶν παράνοια.
θανάτου γὰρ ἀμφὶ φόβῳ
Τυνδαρὶς ἰάχησε τάλαι-
να· τέκνον, οὐ τολμᾷς ὅσια
κτείνων σὰν ματέρα· μὴ πατρώ-
αν τιμῶν χάριν ἐξανά-
830   ψῃ δύσκλειαν ἐς ἀεί.

τίς νόσος ἢ τίνα δάκρυα καὶ   ἐπῳδ.
τίς ἔλεος μείζων κατὰ γᾶν
ἢ ματροκτόνον αἷμα χειρὶ θέσθαι;
οἷον οἷον ἔργον τελέσας
βεβάκχευται μανίαις,
Εὐμενίσιν θήραμα φόνῳ
δρομάσι δινεύων βλεφάροις
Ἀγαμεμνόνιος παῖς.
ὦ μέλεος, ματρὸς ὅτε
840   χρυσεοπηνήτων φαρέων
μαστὸν ὑπερτέλλοντ' ἐσιδὼν
σφάγιον ἔθετο ματέρα, πατρώ-
ων παθέων ἀμοιβάν.

ΗΛΕΚΤΡΑ
γυναῖκες, ἦ που τῶνδ' ἀφώρμηται δόμων
τλήμων Ὀρέστης θεομανεῖ λύσσῃ δαμείς;

ΧΟΡΟΣ
ἥκιστα· πρὸς δ' Ἀργεῖον οἴχεται λεών,
ψυχῆς ἀγῶνα τὸν προκείμενον πέρι
δώσων, ἐν ᾧ ζῆν ἢ θανεῖν ὑμᾶς χρεών.

---

[1] Bothe: for αὖ of MSS.

Death-crimsoned the dark steel—O, 'tis the
    sleight
Of impious sophistry putteth for right
The wrong, 'tis the sinners' infatuate folly!
  Ah, Tyndareus' daughter, in frenzied fear
    Of death, shrieked, shrieked in her anguish dread,
  "Son, slaying thy mother, the right does thou
    tread
    Under foot! O beware lest thy grace to the dead,
Thy sire, in dishonour enwrap thee wholly,
  As a fire that for ever thy name shall sear!"   830
                         (Epode)

What affliction were greater, what cause of weeping,
  What pitiful sorrow in any land,
Than a son in the blood of a mother steeping
His hand? How in madness's bacchanal leaping
  He is whirled, for the deed that was wrought of
    his hand,   [sweeping,
With the hell-hounds' wings on his track swift-
With eyes wild-rolling in terror unsleeping—
  Agamemnon's scion, a matricide banned!
Ah wretch, that his heart should fail not nor falter,
  When, over her vesture's broideries golden,   840
    The mother's breast of his eyes was beholden!
But he slaughtered her like to a beast at the altar,
  For the wrongs of a father had whetted the brand.
Enter ELECTRA.   ELECTRA

Dames, sure woe-worn Orestes hath not fled
These halls o'erborne by madness heaven-sent?
            CHORUS
Nay, nay, to Argos' people hath he gone
To stand the appointed trial for his life,
Whereon your doom rests, or to live or die.

ΟΡΕΣΤΗΣ

ΗΛΕΚΤΡΑ

οἴμοι· τί χρῆμ' ἔδρασε; τίς δ' ἔπεισέ νιν;

ΧΟΡΟΣ

850
Πυλάδης· ἔοικε δ' οὐ μακρὰν ὅδ' ἄγγελος
λέξειν τὰ κεῖθεν σοῦ κασιγνήτου πέρι.

ΑΓΓΕΛΟΣ

ὦ τλῆμον, ὦ δύστηνε τοῦ στρατηλάτου
Ἀγαμέμνονος παῖ, πότνι' Ἠλέκτρα, λόγους
ἄκουσον οὕς σοι δυστυχεῖς ἥκω φέρων.

ΗΛΕΚΤΡΑ

αἰαῖ, διοιχόμεσθα· δῆλος εἶ λόγῳ.
κακῶν γὰρ ἥκεις, ὡς ἔοικεν, ἄγγελος.

ΑΓΓΕΛΟΣ

ψήφῳ Πελασγῶν σὸν κασίγνητον θανεῖν
καὶ σ', ὦ τάλαιν', ἔδοξε τῇδ' ἐν ἡμέρᾳ.

ΗΛΕΚΤΡΑ

οἴμοι· προσῆλθεν ἐλπίς, ἣν φοβουμένη
860
πάλαι τὸ μέλλον ἐξετηκόμην γόοις.
ἀτὰρ τίς ἀγών, τίνες ἐν Ἀργείοις λόγοι
καθεῖλον ἡμᾶς κἀπεκύρωσαν θανεῖν;
λέγ', ὦ γεραιέ· πότερα λευσίμῳ χερὶ
ἢ διὰ σιδήρου πνεῦμ' ἀπορρῆξαί με δεῖ,
κοινὰς ἀδελφῷ συμφορὰς κεκτημένην;

ΑΓΓΕΛΟΣ

ἐτύγχανον μὲν ἀγρόθεν πυλῶν ἔσω
βαίνων, πυθέσθαι δεόμενος τά τ' ἀμφὶ σοῦ
τά τ' ἀμφ' Ὀρέστου· σῷ γὰρ εὔνοιαν πατρὶ
ἀεί ποτ' εἶχον, καί μ' ἔφερβε σὸς δόμος
870
πένητα μέν, χρῆσθαι δὲ γενναῖον φίλοις.
ὁρῶ δ' ὄχλον στείχοντα καὶ θάσσοντ' ἄκραν,

ELECTRA

Ah me! what hath he done? Who so misled him?

CHORUS

Pylades. Lo, yon messenger full soon   850
Shall tell, meseems, how fared thy brother there.

Enter MESSENGER.

MESSENGER

Child of our war-chief, hapless, woe-worn one,
Agamemnon's daughter, lady Electra, hear
The woeful tale, wherewith I come to thee.

ELECTRA

Alas! we are undone: thy speech is plain.
Thou com'st, meseems, a messenger of ill.

MESSENGER

Pelasgia's vote this day hath doomed that thou,
O hapless, and thy brother, are to die.

ELECTRA

Woe! that I looked for cometh, which long since
I feared, and pined with wailings for our fate!   860
How went the trial? Before Argos' folk
What pleadings ruined us, and doomed to die?
Tell, ancient, must I under stoning hands,
Or by the steel, gasp out my dying breath,
I, who am sharer in my brother's woes?

MESSENGER

It chanced that I was entering the gates
Out of the country, fain to learn thy state,
And of Orestes; for unto thy sire
Aye was I loyal: thine house fostered me,
A poor man, yet true-hearted to his friends.   870
Then throngs I saw to seats on yon height climb

οὗ φασι πρῶτον Δαναὸν Αἰγύπτῳ δίκας
διδόντ' ἀθροῖσαι λαὸν εἰς κοινὰς ἕδρας.
ἀστῶν δὲ δή τιν' ἠρόμην ἄθροισμ' ἰδών·
τί καινὸν Ἄργει; μῶν τι πολεμίων πάρα
ἄγγελμ' ἀνεπτέρωκε Δαναϊδῶν πόλιν;
ὁ δ' εἶπ'· Ὀρέστην κεῖνον οὐχ ὁρᾷς πέλας
στείχοντ', ἀγῶνα θανάσιμον δραμούμενον;
ὁρῶ δ' ἄελπτον φάσμ', ὃ μήποτ' ὤφελον,
880   Πυλάδην τε καὶ σὸν σύγγονον στείχονθ' ὁμοῦ,
τὸν μὲν κατηφῆ καὶ παρειμένον νόσῳ,
τὸν δ' ὥστ' ἀδελφὸν ἴσα φίλῳ λυπούμενον,
νόσημα κηδεύοντα παιδαγωγίᾳ.
ἐπεὶ δὲ πλήρης ἐγένετ' Ἀργείων ὄχλος,
κῆρυξ ἀναστὰς εἶπε· τίς χρῄζει λέγειν,
πότερον Ὀρέστην κατθανεῖν ἢ μὴ χρεὼν
μητροκτονοῦντα; κἀπὶ τῷδ' ἀνίσταται
Ταλθύβιος, ὃς σῷ πατρὶ συνεπόρθει Φρύγας.
ἔλεξε δ' ὑπὸ τοῖς δυναμένοισιν ὢν ἀεὶ
890   διχόμυθα, πατέρα μὲν σὸν ἐκπαγλούμενος,
σὸν δ' οὐκ ἐπαινῶν σύγγονον, καλοῖς κακοὺς
λόγους ἑλίσσων, ὅτι καθισταίη νόμους
εἰς τοὺς τεκόντας οὐ καλούς· τὸ δ' ὄμμ' ἀεὶ
φαιδρωπὸν ἐδίδου τοῖσιν Αἰγίσθου φίλοις.
τὸ γὰρ γένος τοιοῦτον· ἐπὶ τὸν εὐτυχῆ
πηδῶσ' ἀεὶ κήρυκες· ὅδε δ' αὐτοῖς φίλος,
ὃς ἂν δύνηται πόλεος ἔν τ' ἀρχαῖσιν ᾖ.
ἐπὶ τῷδε δ' ἠγόρευε Διομήδης ἄναξ.
οὗτος κτανεῖν μὲν οὔτε σ' οὔτε σύγγονον
900   εἴα, φυγῇ δὲ ζημιοῦντας εὐσεβεῖν.
ἐπερρόθησαν δ' οἱ μὲν ὡς καλῶς λέγοι,
οἱ δ' οὐκ ἐπήνουν. κἀπὶ τῷδ' ἀνίσταται
ἀνήρ τις ἀθυρόγλωσσος, ἰσχύων θράσει,

Where first, as men say, Danaus, by Aegyptus
Impeached, in general session gathered us.
Marking the crowd, I asked a citizen:
" What news in Argos?   Hath a bruit of foes
Startled the city of the Danaïds?"
But he, " Dost thou not mark Orestes there
Draw near to run the race whose goal is death?"
Would I had ne'er seen that unlooked-for sight—
Pylades with thy brother moving on;   880
This, sickness-palsied, with down-drooping head;
That, as a brother, in his friend's affliction
Afflicted, tending like a nurse the sick.

When now the Argive gathering was full,
A herald rose and cried: " Who fain would speak
Whether Orestes ought to live or die
For matricide?"   Talthybius thereupon
Rose, helper of thy sire when Troy was sacked.
He spake—subservient ever to the strong—
Half-heartedly, extolling high thy sire,   890
But praising not thy brother; intertwined
Fair words and foul—that he laid down a law
Right ill for parents: so was glancing still
With flattering eye upon Aegisthus' friends.
Such is the herald tribe: lightly they skip
To fortune's minions' side: their friend is he
Who in a state hath power and beareth rule.

Next after him prince Diomedes spake.
Thee nor thy brother would he have them slay,
But exile you, of reverence to the Gods.   900
Then murmured some that good his counsel was;
Some praised it not.   Thereafter rose up one
Of tongue unbridled, stout in impudence,

Ἀργεῖος οὐκ Ἀργεῖος, ἠναγκασμένος,
θορύβῳ τε πίσυνος κἀμαθεῖ παρρησίᾳ,
πιθανὸς ἔτ᾽ ἀστοὺς περιβαλεῖν κακῷ τινι.
[ὅταν γὰρ ἡδὺς τοῖς λόγοις φρονῶν κακῶς
πείθῃ τὸ πλῆθος, τῇ πόλει κακὸν μέγα·
ὅσοι δὲ σὺν νῷ χρηστὰ βουλεύουσ᾽ ἀεί,
910 κἂν μὴ παραυτίκ᾽, αὖθίς εἰσι χρήσιμοι
πόλει. θεᾶσθαι δ᾽ ὧδε χρὴ τὸν προστάτην
ἰδόνθ᾽· ὅμοιον γὰρ τὸ χρῆμα γίγνεται
τῷ τοὺς λόγους λέγοντι καὶ τιμωμένῳ.]
ὃς εἶπ᾽ Ὀρέστην καὶ σ᾽ ἀποκτεῖναι πέτροις
βάλλοντας· ὑπὸ δ᾽ ἔτεινε Τυνδάρεως λόγους
τῷ σφὼ κατακτείνοντι τοιούτους λέγειν.
ἄλλος δ᾽ ἀναστὰς ἔλεγε τῷδ᾽ ἐναντία,
μορφῇ μὲν οὐκ εὐωπός, ἀνδρεῖος δ᾽ ἀνήρ,
ὀλιγάκις ἄστυ κἀγορᾶς χραίνων κύκλον,
920 αὐτουργός, οἵπερ καὶ μόνοι σῴζουσι γῆν,
ξυνετὸς δὲ χωρεῖν ὁμόσε τοῖς λόγοις θέλων,
ἀκέραιος, ἀνεπίληπτον ἠσκηκὼς βίον·
ὃς εἶπ᾽ Ὀρέστην παῖδα τὸν Ἀγαμέμνονος
στεφανοῦν, ὃς ἠθέλησε τιμωρεῖν πατρί,
κακὴν γυναῖκα κἄθεον κατακτανών,
ἢ κεῖν᾽ ἀφῄρει, μήθ᾽ ὁπλίζεσθαι χέρα
μήτε στρατεύειν ἐκλιπόντα δώματα,
εἰ τἄνδον οἰκουρήμαθ᾽ οἱ λελειμμένοι
φθείρουσιν, ἀνδρῶν εὔνιδας λωβώμενοι.
930 καὶ τοῖς γε χρηστοῖς εὖ λέγειν ἐφαίνετο,
κοὐδεὶς ἔτ᾽ εἶπε. σὸς δ᾽ ἐπῆλθε σύγγονος,
ἔλεξε δ᾽· ὦ γῆν Ἰνάχου κεκτημένοι,
[πάλαι Πελασγοί, Δαναΐδαι δὲ δεύτερον,]

An Argive, yet no Argive, thrust on us,[1]
In bluster and coarse-grained fluency confident,
Still plausible to trap the folk in mischief:
For when an evil heart with winning tongue
Persuades the crowd, ill is it for the state:
Whoso with understanding counsel well
Profit the state—ere long, if not straightway.   910
Thus ought we on each leader of men to look,
And so esteem: for both be in like case,
The orator, and the man in office set.
Thee and Orestes he bade stone to death.
But Tyndareus still prompted him the words
That best told, as he laboured for your doom.
To plead against him then another rose,
No dainty presence, but a manful man,
In town and market-circle seldom found,
A yeoman—such as are the land's one stay,—   920
Yet shrewd in grapple of words, when this he
    would;
A stainless man, who lived a blameless life.
He moved that they should crown Agamemnon's son
Orestes, since he dared avenge his sire,
Slaying the wicked and the godless wife
Who sapped our strength:—none would take shield on
    arm,
Or would forsake his home to march to war,
If men's house-warders be seduced the while
By stayers at home, and couches be defiled.
To honest men he seemed to speak right well;   930
And none spake after. Then thy brother rose,
And said, " Lords of the land of Inachus,—
Of old Pelasgians, later Danaus' sons,—

---

[1] One who had obtained the citizenship by means repugnant to decent citizens.

ὑμῖν ἀμύνων οὐδὲν ἧσσον ἢ πατρὶ
ἔκτεινα μητέρ'· εἰ γὰρ ἀρσένων φόνος
ἔσται γυναιξὶν ὅσιος, οὐ φθάνοιτ' ἔτ' ἂν
θνῄσκοντες, ἢ γυναιξὶ δουλεύειν χρεών·
τοὐναντίον δὲ δράσετ' ἢ δρᾶσαι χρεών.
νῦν μὲν γὰρ ἡ προδοῦσα λέκτρ' ἐμοῦ πατρὸς
940 τέθνηκεν· εἰ δὲ δὴ κατακτενεῖτέ με,
ὁ νόμος ἀνεῖται, κοὐ φθάνοι θνῄσκων τις ἄν,
ὡς τῆς γε τόλμης οὐ σπάνις γενήσεται.
ἀλλ' οὐκ ἔπειθ' ὅμιλον, εὖ δοκῶν λέγειν.
νικᾷ δ' ἐκεῖνος ὁ κακὸς ἐν πλήθει λέγων,
ὃς ἠγόρευε σύγγονον σέ τε κτανεῖν.
μόλις δ' ἔπεισε μὴ πετρούμενος θανεῖν
τλήμων Ὀρέστης· αὐτόχειρι δὲ σφαγῇ
ὑπέσχετ' ἐν τῇδ' ἡμέρᾳ λείψειν βίον
σὺν σοί. πορεύει δ' αὐτὸν ἐκκλήτων ἄπο
950 Πυλάδης δακρύων· σὺν δ' ὁμαρτοῦσιν φίλοι
κλαίοντες, οἰκτείροντες· ἔρχεται δέ σοι
πικρὸν θέαμα καὶ πρόσοψις ἀθλία.
ἀλλ' εὐτρέπιζε φάσγαν' ἢ βρόχον δέρῃ,
ὡς δεῖ λιπεῖν σε φέγγος· ηὐγένεια δὲ
οὐδέν σ' ἐπωφέλησεν, οὐδ' ὁ Πύθιος
τρίποδα καθίζων Φοῖβος, ἀλλ' ἀπώλεσεν.

ΧΟΡΟΣ

ὦ δυστάλαινα παρθέν', ὡς ξυνηρεφὲς
πρόσωπον εἰς γῆν σὸν βαλοῦσ' ἄφθογγος εἶ,
ὡς εἰς στεναγμοὺς καὶ γόους δραμουμένη.

ΗΛΕΚΤΡΑ

960 κατάρχομαι στεναγμόν, ὦ Πελασγία,   στρ.
τιθεῖσα λευκὸν ὄνυχα διὰ παρηίδων,
αἱματηρὸν ἄταν,
κτύπον τε κρατός, ὃν ἔλαχ' ἁ κατὰ χθονὸς

208

'Twas in your cause, no less than in my sire's,
I slew my mother ; for, if their lords' blood
Shall bring no guilt on wives, make haste to die ;
Else must ye live in thraldom to your wives,
And so transgress against all rightfulness.
For now the traitress to my father's couch
Is dead : but if ye shall indeed slay me,   940
Law is annulled : better men died straightway ;
Since for no crime shall wives lack daring now."
They would not hear, though well he spake, me-
    seemed.
That knave prevailed, who to the mob appealed,
Who called on them to slay thy brother and thee.
Hapless Orestes scarce could gain the boon
By stoning not to die. By his own hand
He pledged him to leave life on this same day
With thee.   Now from the gathering Pylades
Bringeth him weeping ; and his friends attend   950
Lamenting with strong crying. So he comes
To thee, sight bitter and woeful to behold.
Prepare the sword, or halter for thy neck ;
For thou must leave the light.   Thy princely birth
Nought hath availed thee, nor the Pythian King
Apollo tripod-throned ; nay, ruined thee.   [*Exit.*

CHORUS

O misery-burdened maiden, how art thou
Speechless, with veiled head bowed unto the earth,
As who shall run her course of moans and wails !

ELECTRA

Land of Pelasgia, I waken the wailing,   (*Str.*) 960
    Scoring red furrows with fingers white
In my cheeks, as with blood-streaks I mar them, and
    hailing   [right,
    On the head of me blows, which she claims as her

νερτέρων καλλίπαις ἄνασσα.
ἰαχείτω δὲ γᾶ Κυκλωπία,
σίδαρον ἐπὶ κάρα τιθεῖσα κούριμον,
πήματ᾽ οἴκων.
ἔλεος ἔλεος ὅδ᾽ ἔρχεται
τῶν θανουμένων ὕπερ,
970   στρατηλατᾶν Ἑλλάδος ποτ᾽ ὄντων.

βέβακε γὰρ βέβακεν, οἴχεται τέκνων   ἀντ.
πρόπασα γέννα Πέλοπος ὅ τ᾽ ἐπὶ μακαρίοις
ζῆλος ὢν ποτ᾽ οἴκοις·
φθόνος νιν εἷλε θεόθεν, ἅ τε δυσμενὴς
φοινία ψῆφος ἐν πολίταις.
ἰὼ ἰώ, πανδάκρυτ᾽ ἐφαμέρων
ἔθνη πολύπονα, λεύσσεθ᾽, ὡς παρ᾽ ἐλπίδας
μοῖρα βαίνει.
ἕτερα δ᾽ ἕτερος ἀμείβεται
980   πήματ᾽ ἐν χρόνῳ μακρῷ·
βροτῶν δ᾽ ὁ πᾶς ἀστάθμητος αἰών.

μόλοιμι τὰν οὐρανοῦ
μέσον χθονός τε τεταμέναν αἰωρήμασι
πέτραν ἁλύσεσι χρυσέαισι φερομέναν
δίναισι βῶλον ἐξ Ὀλύμπου,
ἵν᾽ ἐν θρήνοισιν ἀναβοάσω
γέροντι πατρὶ Ταντάλῳ
ὃς ἔτεκεν ἔτεκε γενέτορας ἐμέθεν δομων,
οἳ κατεῖδον ἄτας,

ORESTES

The fair Queen of the dead 'neath the earth that
    are lying.
On thy locks let the steel of the shearing light,
    Land Cyclopean ; break forth into crying,
    For the woes of the house of thy princes sighing.
Ah pity upwelling, ah tears unavailing
    For those in this hour that go forth to their dying,
    Erst chieftains of Hellas's battle-might.   970

                              (*Ant.*)

Gone—gone ! Lo, the lineage of Pelops hath fleeted
    Into nothingness wholly ; and passed away
Is the pride of a house in bliss high-seated,
    By Heaven's jealousy blasted ; and hungry to slay
    Is the doom that the citizens spake death-dealing.
Ah, travail-worn tribes that endure but a day
    Amid weeping, behold how the morrow, revealing
    The death of your hopes, cometh destiny-sealing ;
And to each man his several sorrows are meted,
    Unto each in his turn, through the years on-
        stealing,   980
Nor ever abide we at one stay.

O might I win to the rock 'twixt heaven [1]
    And earth suspended in circles swinging,
    Upborne by the golden chains scarce-clinging,
        The shard from Olympus riven ;
That to Tantalus, father of ancient time,
        I might shriek with laments wild-ringing :
For of his loins came those sires of our name
Who looked upon that infatuate crime

---

[1] Tantalus lay in Tartarus beneath a rock, which at every
moment seemed about to fall and crush him. Here Euripides
seems to identify this rock with the sun, which Anaxagoras
described as a red-hot mass of stone hung in heaven.

ποτανὸν μὲν δίωγμα πώλων
990　τεθριπποβάμονι στόλῳ Πέλοψ ὅτε
πελάγεσι διεδίφρευσε, Μυρτίλου φόνον
δικὼν ἐς οἶδμα πόντου,
λευκοκύμοσιν
πρὸς Γεραιστίαις
ποντίων σάλων
ᾐόσιν ἁρματεύσας.

ὅθεν δόμοισι τοῖς ἐμοῖς
ἦλθ' ἀρὰ πολύστονος,
λόχευμα ποιμνίοισι Μαιάδος τόκου,
τὸ χρυσόμαλλον ἀρνὸς ὁπότ'
ἐγένετο τέρας ὀλοὸν ὀλοὸν
1000　Ἀτρέος ἱπποβώτα·
ὅθεν Ἔρις τό τε πτερωτὸν
ἁλίου μετέβαλεν ἅρμα,
τὰν πρὸς ἑσπέραν κέλευθον
οὐρανοῦ προσαρμόσασα
μονόπωλον ἐς Ἀῶ,
ἑπταπόρου τε δρόμημα Πελειάδος
εἰς ὁδὸν ἄλλαν Ζεὺς μεταβάλλει,
τῶνδέ τ' ἀμείβει ἀεὶ θανάτους θανά-
των τά τ' ἐπώνυμα δεῖπνα Θυέστου
λέκτρα τε Κρήσσας Ἀερόπας δολί-
1010　ας δολίοισι γάμοις· τὰ πανύστατα δ'
εἰς ἐμὲ καὶ γενέταν ἐμὸν ἤλυθε
δόμων πολυπόνοις ἀνάγκαις.

ΧΟΡΟΣ

καὶ μὴν ὅδε σὸς σύγγονος ἕρπει
ψήφῳ θανάτου κατακυρωθείς,
ὅ τε πιστότατος πάντων Πυλάδης

Wrought when the car-steeds' winged feet chased,
When the four-horsed chariot of Pelops raced   990
By the strand, and his hand dashed Myrtilus
   down
Unto hell, in the swell of the sea to drown,
     When the race was o'er
     Of the wheels that sped
By the white foam-fringe of the surf-lashed shore
     Of Geraestus' head.

For a curse heavy-burdened with mourning
     Fell on mine house for the deed,
     When Maia's son from his fold
     Brought the lamb of the fleece of gold,
     A portent whence ruin was rolled
Upon Atreus, a king's overturning :   1000
     And the sun-car's winged speed
     From the ghastly strife turned back,
     Changing his westering track
Through the heavens unto where, blush-burning,
     Dawn rose with her single steed.
Lo, Zeus to another star-highway bending
     The course of the sailing Pleiads seven !
Lo, death after death in succession unending
     By the banquet, named of Thyestes, given,
     And by Cretan Aerope's couch of shame
     And treason !—the consummation came   1010
Of all, upon me and my father descending
     In our house's affliction foredoomed in heaven.

CHORUS

Lo, where thy brother hitherward comes faring,
     Doomed by the vote of Argos' folk to die ;
       Yea, also Pylades, above all other

ΟΡΕΣΤΗΣ

ἰσάδελφος ἀνήρ,
ἐξιθύνων νοσερὸν κῶλον,
ποδὶ κηδοσύνῳ παράσειρος.

ΗΛΕΚΤΡΑ

οἲ 'γώ· πρὸ τύμβου γάρ σ' ὁρῶσ' ἀναστένω,
ἀδελφέ, καὶ πάροιθε νερτέρων πυρᾶς.
1020 οἲ 'γὼ μάλ' αὖθις· ὥς σ' ἰδοῦσ' ἐν ὄμμασι
πανυστάτην πρόσοψιν ἐξέστην φρενῶν.

ΟΡΕΣΤΗΣ

οὐ σῖγ' ἀφεῖσα τοὺς γυναικείους γόους
στέρξεις τὰ κρανθέντ' ; οἰκτρὰ μὲν τάδ', ἀλλ' ὅμως
[φέρειν ἀνάγκη τὰς παρεστώσας τύχας.]

ΗΛΕΚΤΡΑ

καὶ πῶς σιωπῶ, φέγγος εἰσορᾶν θεοῦ
τόδ' οὐκέθ' ἡμῖν τοῖς ταλαιπώροις μέτα.

ΟΡΕΣΤΗΣ

σὺ μή μ' ἀπόκτειν'· ἅλις ἀπ' Ἀργείας χερὸς
τέθνηχ' ὁ τλήμων· τὰ δὲ παρόντ' ἔα κακά.

ΗΛΕΚΤΡΑ

ὦ μέλεος ἥβης σῆς, Ὀρέστα, καὶ πότμου
1030 θανάτου τ' ἀώρου. ζῆν ἐχρῆν σ', ὅτ' οὐκέτ' εἶ.

ΟΡΕΣΤΗΣ

μὴ πρὸς θεῶν μοι περιβάλῃς ἀνανδρίαν,
εἰς δάκρυα πορθμεύουσ' ὑπομνήσει κακῶν.

ΗΛΕΚΤΡΑ

θανούμεθ'· οὐχ οἷόν τε μὴ στένειν κακά.
πᾶσιν γὰρ οἰκτρὸν ἡ φίλη ψυχὴ βροτοῖς.

ΟΡΕΣΤΗΣ

τόδ' ἦμαρ ἡμῖν κύριον· δεῖ δ' ἢ βρόχους
ἅπτειν κρεμαστοὺς ἢ ξίφος θήγειν χερί.

ORESTES

Truest of friends, close-cleaving as a brother,
Cometh, Orestes' fainting steps upbearing,
  Ever with heedful feet a yokemate nigh.

Enter ORESTES *and* PYLADES.

ELECTRA

Woe's me! I mourn to see thee, brother, stand
Before the tomb, before the pyre of death.
Woe's me again! As gaze mine eyes on thee   1020
With this last look, my spirit faileth me.

ORESTES

Nay, hush; from wailings womanlike forbear.
Bow to thy fate: 'tis piteous; none the less
Needs must we bear the doom that stands hard by.

ELECTRA

Nay, how be hushed? To see yon Sun-god's light
No more is given to us unhappy ones.

ORESTES

Ah, slay me not! Enough that Argive hands
Have slain a wretch: let be the imminent ills.

ELECTRA

Woe for thy youth, for thine untimely death,
Orestes! Life, not death, had been thy due.   1030

ORESTES

Ah, by the Gods, I pray, unman me not,
Nor move to tears by mention of our woes.

ELECTRA

We die! I cannot but bemoan our fate.
All mortals grieve for precious life forgone.

ORESTES

This is our day of doom: the noose must coil
About our necks, or our hands grasp the sword.

ΟΡΕΣΤΗΣ

ΗΛΕΚΤΡΑ

σύ νύν μ', ἀδελφέ, μή τις Ἀργείων κτάνῃ
ὕβρισμα θέμενος τὸν Ἀγαμέμνονος γόνον.

ΟΡΕΣΤΗΣ

ἅλις τὸ μητρὸς αἷμ' ἔχω· σὲ δ' οὐ κτενῶ,
ἀλλ' αὐτόχειρι θνῇσχ' ὅτῳ βούλει τρόπῳ.

ΗΛΕΚΤΡΑ

ἔσται τάδ'· οὐδὲν σοῦ ξίφους λελείψομαι·
ἀλλ' ἀμφιθεῖναι σῇ δέρῃ θέλω χέρας.

ΟΡΕΣΤΗΣ

τέρπου κενὴν ὄνησιν, εἰ τερπνὸν τόδε
θανάτου πέλας βεβῶσι, περιβαλεῖν χέρας.

ΗΛΕΚΤΡΑ

ὦ φίλτατ', ὦ ποθεινὸν ἥδιστόν τ' ἔχων
τῆς σῆς ἀδελφῆς ὄνομα καὶ ψυχὴν μίαν.

ΟΡΕΣΤΗΣ

ἔκ τοί με τήξεις· καί σ' ἀμείψασθαι θέλω
φιλότητι χειρῶν. τί γὰρ ἔτ' αἰδοῦμαι τάλας;
ὦ στέρν' ἀδελφῆς, ὦ φίλον πρόσπτυγμ' ἐμοί,
τάδ' ἀντὶ παίδων καὶ γαμηλίου λέχους
προσφθέγματ' ἀμφὶ τοῖς ταλαιπώροις πάρα.

ΗΛΕΚΤΡΑ

φεῦ·
πῶς ἂν ξίφος νὼ ταὐτόν, εἰ θέμις, κτάνοι
καὶ μνῆμα δέξαιθ' ἕν, κέδρου τεχνάσματα;

ΟΡΕΣΤΗΣ

ἥδιστ' ἂν εἴη ταῦθ'· ὁρᾷς δὲ δὴ φίλων
ὡς ἐσπανίσμεθ', ὥστε κοινωνεῖν τάφου.

ΗΛΕΚΤΡΑ

οὐδ' εἶφ' ὑπὲρ σοῦ, μὴ θάνοις σπουδὴν ἔχων,
Μενέλαος ὁ κακός, ὁ προδότης τοὐμοῦ πατρός;

ELECTRA

Brother, thou slay me, that no Argive slay,
With outrage foul to Agamemnon's child.

ORESTES

Suffice the mother's blood : I will not slay thee.
Die in what wise thou wilt by thine own hand.   1040

ELECTRA

O yea : I will not lag behind thy sword.
But oh to lay mine arms about thy neck !

ORESTES

Enjoy that vain delight, if joy it be
For those that stand at death's door to embrace.

ELECTRA

Dearest, who bear'st a name desirable
And sweet on sister's lips !—one soul with mine !

ORESTES

Ah, thou wilt melt me !   Fain would I reply
With arms of love ! Ah, why still shrink in shame ?
O sister-bosom, dear embrace to me !
In children's stead, instead of wedded arms,   1050
This farewell to the hapless is vouchsafed.

ELECTRA (*sighs*)

Oh might the selfsame sword, if this may be,
Slay us, one coffin cedar-wrought receive !

ORESTES

Most sweet were this : yet, how forlorn of friends
Thou seest are we, who cannot claim one tomb !

ELECTRA

Spake Menelaus not for thee, to plead
Against thy death—base traitor to my sire ?

ΟΡΕΣΤΗΣ

ΟΡΕΣΤΗΣ

οὐδ' ὄμμ' ἔδειξεν, ἀλλ' ἐπὶ σκήπτροις ἔχων
τὴν ἐλπίδ', ηὐλαβεῖτο μὴ σῴζειν φίλους.
1060   ἀλλ' εἶ', ὅπως γενναῖα κἀγαμέμνονος
δράσαντε κατθανούμεθ' ἀξιώτατα.
κἀγὼ μὲν εὐγένειαν ἀποδείξω πόλει,
παίσας πρὸς ἧπαρ φασγάνῳ· σὲ δ' αὖ χρεὼν
ὅμοια πράσσειν τοῖς ἐμοῖς τολμήμασι.
Πυλάδη, σὺ δ' ἡμῖν τοῦ φόνου γενοῦ βραβεύς,
καὶ κατθανόντοιν εὖ περίστειλον δέμας,
θάψον τε κοινῇ πρὸς πατρὸς τύμβον φέρων.
καὶ χαῖρ'· ἐπ' ἔργον δ', ὡς ὁρᾷς, πορεύομαι.

ΠΥΛΑΔΗΣ

ἐπίσχες. ἓν μὲν πρῶτά σοι μομφὴν ἔχω,
1070   εἰ ζῆν με χρῄζειν σοῦ θανόντος ἤλπισας.

ΟΡΕΣΤΗΣ

τί γὰρ προσήκει κατθανεῖν σ' ἐμοῦ μέτα ;

ΠΥΛΑΔΗΣ

ἤρου ; τί δὲ ζῆν σῆς ἑταιρίας ἄτερ ;

ΟΡΕΣΤΗΣ

οὐκ ἔκτανες σὴν μητέρ', ὡς ἐγὼ τάλας.

ΠΥΛΑΔΗΣ

σὺν σοί γε κοινῇ· ταὐτὰ καὶ πάσχειν με δεῖ.

ΟΡΕΣΤΗΣ

ἀπόδος τὸ σῶμα πατρί, μὴ σύνθνησκέ μοι.
σοὶ μὲν γὰρ ἔστι πόλις, ἐμοὶ δ' οὐκ ἔστι δή,
καὶ δῶμα πατρὸς καὶ μέγας πλούτου λιμήν.
γάμων δὲ τῆς μὲν δυσπότμου τῆσδ' ἐσφάλης,
ἥν σοι κατηγγύησ', ἑταιρίαν σέβων·
1080   σὺ δ' ἄλλο λέκτρον παιδοποίησαι λαβών,
κῆδος δὲ τοὐμὸν καὶ σὸν οὐκέτ' ἐστὶ δή,
ἀλλ' ὦ ποθεινὸν ὄνομ' ὁμιλίας ἐμῆς,

218

ORESTES

ORESTES

His face he showed not—fixed upon the throne
His hope, with good heed not to save his friends!
Come, prove we by our deeds our high-born strain,   1060
And worthily of Agamemnon die.
Yea, I will show all men my royal blood,
Plunging the sword into mine heart: but thou
Must match with thine the unflinching deed I do.
Sit thou as umpire, Pylades, to our death.
Meetly lay out the bodies of the dead:
Bear to our sire's grave, and with him entomb.
Farewell: I go, thou seest, to do the deed.   [*Going.*

PYLADES

Tarry:—first, one reproach have I for thee:
Thou didst expect that I would live, thou dead!   1070

ORESTES

How, what hast thou to do to die with me?

PYLADES

Dost ask? Without thy friendship what were life?

ORESTES

Thy mother *thou* slew'st not, as I—woe's me?

PYLADES

I shared thy deed, thy sufferings must I share.

ORESTES

Restore thee to thy sire; die not with me.
Thou hast a city,—none to me is left,—
A father's home, a haven wide of wealth.
Thou canst not wed this maiden evil-starred
Whom I for friendship's sake betrothed to thee.
Yet take thee another bride and rear thee sons: 1080
The looked-for tie 'twixt thee and me is not.
Now, O dear name of my companionship,

χαῖρ'· οὐ γὰρ ἡμῖν ἔστι τοῦτο, σοί γε μήν·
οἱ γὰρ θανόντες χαρμάτων τητώμεθα.

ΠΥΛΑΔΗΣ

ἦ πολὺ λέλειψαι τῶν ἐμῶν βουλευμάτων.
μήθ' αἷμά μου δέξαιτο κάρπιμον πέδον,
μὴ λαμπρὸς αἰθήρ, εἴ σ' ἐγὼ προδούς ποτε
ἐλευθερώσας τοὐμὸν ἀπολίποιμί σε.
καὶ συγκατέκτανον γάρ, οὐκ ἀρνήσομαι,
1090   καὶ πάντ' ἐβούλευσ' ὧν σὺ νῦν τίνεις δίκας·
καὶ ξυνθανεῖν οὖν δεῖ με σοὶ καὶ τῇδ' ὁμοῦ.
ἐμὴν γὰρ αὐτήν, ἧς λέχος κατήνεσας,
κρίνω δάμαρτα· τί γὰρ ἐρῶ καλόν ποτε
γῆν Δελφίδ' ἐλθὼν Φωκέων ἀκρόπτολιν,
ὃς πρὶν μὲν ὑμᾶς δυστυχεῖν φίλος παρῆ,
νῦν δ' οὐκέτ' εἰμὶ δυστυχοῦντί σοι φίλος ;
οὐκ ἔστιν, ἀλλὰ ταῦτα μὲν κἀμοὶ μέλει.
ἐπεὶ δὲ κατθανούμεθ', εἰς κοινοὺς λόγους
ἔλθωμεν, ὡς ἂν Μενέλεως ξυνδυστυχῇ.

ΟΡΕΣΤΗΣ

1100   ὦ φίλτατ', εἰ γὰρ τοῦτο κατθάνοιμ' ἰδών.

ΠΥΛΑΔΗΣ

πιθοῦ νυν, ἀνάμεινον δὲ φασγάνου τομάς.

ΟΡΕΣΤΗΣ

μενῶ, τὸν ἐχθρὸν εἴ τι τιμωρήσομαι.

ΠΥΛΑΔΗΣ

σίγα νυν· ὡς γυναιξὶ πιστεύω βραχύ.

ΟΡΕΣΤΗΣ

μηδὲν τρέσῃς τάσδ'· ὡς πάρεισ' ἡμῖν φίλαι.

ΠΥΛΑΔΗΣ

Ἑλένην κτάνωμεν, Μενέλεῳ λύπην πικράν.

ΟΡΕΣΤΗΣ

πῶς ; τὸ γὰρ ἕτοιμον ἔστιν, εἴ γ' ἔσται καλῶς.

Farewell!—not *this* for us, perchance for thee:
For us, the dead, is no glad *faring-well*!

PYLADES

Far dost thou fail of hitting mine intent.
May neither fruitful earth receive my blood,
Nor sunlit sky, if I forsake thee ever,
Deliver mine own soul, and fall from thee!
I shared the murder, I disown it not;
All did I plan for which thou sufferest now;   1090
Therefore I needs must die with thee, with her.
For I account her pledged of thee to me,
My wife. What tale fair-seeming shall I tell,
Coming to Delphi, to the Phocians' burg,
Who was your close friend ere your fortunes fell,
Now, in calamity, no more thy friend?
Nay, nay, this task is mine no less than thine.
But, since we needs must die, debate we now
How Menelaus too may share our woe.

ORESTES

Dear friend, would I could look on this, and die!   1100

PYLADES

Hearken to me, and that sword-stroke defer.

ORESTES

I wait, if so I avenge me on my foe.

PYLADES (*pointing to Chorus*)

Speak low!—I put in women little trust.

ORESTES

Fear not for these: all here be friends to us.

PYLADES

Slay Helen—Menelaus' bitter grief!

ORESTES

How? Ready am I, if this may well befall.

ΟΡΕΣΤΗΣ

ΠΥΛΑΔΗΣ
σφάξαντες. ἐν δόμοις δὲ κρύπτεται σέθεν.

ΟΡΕΣΤΗΣ
μάλιστα· καὶ δὴ πάντ᾽ ἀποσφραγίζεται.

ΠΥΛΑΔΗΣ
ἀλλ᾽ οὐκέθ᾽, Ἅιδην νυμφίον κεκτημένη.

ΟΡΕΣΤΗΣ
1110   καὶ πῶς ; ἔχει γὰρ βαρβάρους ὀπάονας.

ΠΥΛΑΔΗΣ
τίνας ; Φρυγῶν γὰρ οὐδέν᾽ ἂν τρέσαιμ᾽ ἐγώ.

ΟΡΕΣΤΗΣ
οἵους ἐνόπτρων καὶ μύρων ἐπιστάτας.

ΠΥΛΑΔΗΣ
τρυφὰς γὰρ ἥκει δεῦρ᾽ ἔχουσα Τρωικάς ;

ΟΡΕΣΤΗΣ
ὥσθ᾽ Ἑλλὰς αὐτῇ σμικρὸν οἰκητήριον.

ΠΥΛΑΔΗΣ
οὐδὲν τὸ δοῦλον πρὸς τὸ μὴ δοῦλον γένος.

ΟΡΕΣΤΗΣ
καὶ μὴν τόδ᾽ ἔρξας δὶς θανεῖν οὐχ ἅζομαι.

ΠΥΛΑΔΗΣ
ἀλλ᾽ οὐδ᾽ ἐγὼ μήν, σοί γε τιμωρούμενος.

ΟΡΕΣΤΗΣ
τὸ πρᾶγμα δήλου καὶ πέραιν᾽, ὅπως λέγεις.

ΠΥΛΑΔΗΣ
εἴσιμεν ἐς οἴκους δῆθεν, ὡς θανούμενοι.

ΟΡΕΣΤΗΣ
1120   ἔχω τοσοῦτον, τἀπίλοιπα δ᾽ οὐκ ἔχω.

ΠΥΛΑΔΗΣ
γόους πρὸς αὐτὴν θησόμεσθ᾽ ἃ πάσχομεν.

ΟΡΕΣΤΗΣ
ὥστ᾽ ἐκδακρῦσαί γ᾽ ἔνδοθεν κεχαρμενην.

222

PYLADES

With sword-thrust: in thine halls she hideth now.

ORESTES

Even so – and setteth now her seal on all.

PYLADES

She seals no more, when Hades hails her bride.

ORESTES

Nay, how?   She hath barbarian serving-men.   1110

PYLADES

Whom?   Phrygians!—'tis not I would quail for such.

ORESTES

Ay,—chiefs of mirrors and of odours they.

PYLADES

So?   Hath she come with Trojan luxury hither?

ORESTES

Ay; for her mansion Hellas is too strait.

PYLADES

Naught is the slave against the freeborn man.

ORESTES

This deed but done, I dread not twice to die.

PYLADES

Nay, neither I, so I avenge but thee.

ORESTES

Declare the thing; unfold what thou wouldst say.

PYLADES

We will into the house, as deathward-bound.

ORESTES

Thus much I grasp, but grasp not yet the rest.   1120

PYLADES

We will make moan unto her of our plight.

ORESTES

That she may weep—rejoicing in her heart!

ΟΡΕΣΤΗΣ

ΠΥΛΑΔΗΣ
καὶ νῷν παρέσται ταῦθ᾽ ἅπερ κείνῃ τότε.

ΟΡΕΣΤΗΣ
ἔπειτ᾽ ἀγῶνα πῶς ἀγωνιούμεθα;

ΠΥΛΑΔΗΣ
κρύπτ᾽ ἐν πέπλοισι τοισίδ᾽ ἕξομεν ξίφη.

ΟΡΕΣΤΗΣ
πρόσθεν δ᾽ ὀπαδῶν τίς ὄλεθρος γενήσεται;

ΠΥΛΑΔΗΣ
ἐκκλήσομεν σφᾶς ἄλλον ἄλλοσε στέγης.

ΟΡΕΣΤΗΣ
καὶ τόν γε μὴ σιγῶντ᾽ ἀποκτείνειν χρεών.

ΠΥΛΑΔΗΣ
εἶτ᾽ αὐτὸ δηλοῖ τοὔργον οἷ τείνειν χρεών.

ΟΡΕΣΤΗΣ
1130 Ἑλένην φονεύειν· μανθάνω τὸ σύμβολον.

ΠΥΛΑΔΗΣ
ἔγνως· ἄκουσον δ᾽ ὡς καλῶς βουλεύομαι.
εἰ μὲν γὰρ εἰς γυναῖκα σωφρονεστέραν
ξίφος μεθεῖμεν, δυσκλεὴς ἂν ἦν φόνος·
νῦν δ᾽ ὑπὲρ ἁπάσης Ἑλλάδος δώσει δίκην,
ὧν πατέρας ἔκτειν᾽, ὧν τ᾽ ἀπώλεσεν τέκνα,
νύμφας τ᾽ ἔθηκεν ὀρφανὰς ξυναόρων.
ὀλολυγμὸς ἔσται, πῦρ τ᾽ ἀνάψουσιν θεοῖς,
σοὶ πολλὰ κἀμοὶ κέδν᾽ ἀρώμενοι τυχεῖν,
κακῆς γυναικὸς οὕνεχ᾽ αἷμ᾽ ἐπράξαμεν.
1140 ὁ μητροφόντης δ᾽ οὐ καλεῖ ταύτην κτανών,
ἀλλ᾽ ἀπολιπὼν τοῦτ᾽ ἐπὶ τὸ βέλτιον πεσεῖ,
Ἑλένης λεγόμενος τῆς πολυκτόνου φονεύς.
οὐ δεῖ ποτ᾽ οὐ δεῖ Μενέλεων μὲν εὐτυχεῖν,

PYLADES

Ah ! we shall be in like case then with her ! [1]

ORESTES

Thereafter, how shall we strive out the strife ?

PYLADES

Hidden beneath these cloaks will we have swords.

ORESTES

But in her thralls' sight how shall she be slain ?

PYLADES

In several chambers will we bar them out.

ORESTES

And whoso keeps not silence must we slay.

PYLADES

Thenceforth the deed's self points the path to us,—

ORESTES

To Helen's death : the watchword know I well.   1130

PYLADES

Thou say'st : and honourable my counsel is ;
For, if we loosed the sword against a dame
More virtuous, were that slaying infamous.
But *she* shall for all Hellas' sake be punished,
Whose sires she slew, whose children she destroyed,
Whose brides she widowed of their yokefellows.
There shall be shouting, fires to heaven shall blaze,
With blessings many invoked on thee and me,
For that we shed a wicked woman's blood.
Slay her, thou shalt not *matricide* be called :   1140
This cast aside, thou shalt find fairer lot,
Styled Slayer of Helen, a nation's murderess.
It must not be that Menelaus thrive,

---

[1] *i.e.* Pretending to sorrow, but inwardly exulting, as
having her in our power.

τὸν σὸν δὲ πατέρα καὶ σὲ κἀδελφὴν θανεῖν,
μητέρα τ᾽, ἐῶ τοῦτ᾽, οὐ γὰρ εὐπρεπὲς λέγειν,
δόμους τ᾽ ἔχειν σούς, δι᾽ Ἀγαμέμνονος δόρυ
λαβόντα νύμφην· μὴ γὰρ οὖν ζώην ἔτι,
ἢν μὴ ᾽π᾽ ἐκείνῃ φάσγανον σπασώμεθα.
ἢν δ᾽ οὖν τὸν Ἑλένης μὴ κατάσχωμεν φόνον,
1150   πρήσαντες οἴκους τούσδε κατθανούμεθα.
ἑνὸς γὰρ οὐ σφαλέντες ἕξομεν κλέος,
καλῶς θανόντες ἢ καλῶς σεσωσμένοι.

ΧΟΡΟΣ

πάσαις γυναιξὶν ἀξία στυγεῖν ἔφυ
ἡ Τυνδαρὶς παῖς, ἣ κατῄσχυνεν γένος.

ΟΡΕΣΤΗΣ

φεῦ·
οὐκ ἔστιν οὐδὲν κρεῖσσον ἢ φίλος σαφής,
οὐ πλοῦτος, οὐ τυραννίς· ἀλόγιστον δέ τι
τὸ πλῆθος ἀντάλλαγμα γενναίου φίλου.
σὺ γὰρ τά τ᾽ εἰς Αἴγισθον ἐξηῦρες κακά,
καὶ πλησίον παρῆσθα κινδύνων ἐμοί,
1160   νῦν τ᾽ αὖ δίδως μοι πολεμίων τιμωρίαν
κοὐκ ἐκποδὼν εἶ. παύσομαί σ᾽ αἰνῶν, ἐπεὶ
βάρος τι κἀν τῷδ᾽ ἐστίν, αἰνεῖσθαι λίαν.
ἐγὼ δὲ πάντως ἐκπνέων ψυχὴν ἐμὴν
δράσας τι χρῄζω τοὺς ἐμοὺς ἐχθροὺς θανεῖν,
ἵν᾽ ἀνταναλώσω μὲν οἵ με προὔδοσαν,
στένωσι δ᾽ οἵπερ κἄμ᾽ ἔθηκαν ἄθλιον.
Ἀγαμέμνονός τοι παῖς πέφυχ᾽, ὃς Ἑλλάδος
ἦρξ᾽ ἀξιωθείς, οὐ τύραννος ἀλλ᾽ ὅμως
ῥώμην θεοῦ τιν᾽ ἔσχ᾽· ὃν οὐ καταισχυνῶ
1170   δοῦλον παρασχὼν θάνατον, ἀλλ᾽ ἐλευθέρως
ψυχὴν ἀφήσω, Μενέλεων δὲ τίσομαι.
ἑνὸς γὰρ εἰ λαβοίμεθ᾽, εὐτυχοῖμεν ἄν,

The while thy sire, thou, and thy sister die,
Thy mother—*that* I pass, unmeet to say,—
And that he hold thine halls who won his bride
By Agamemnon's spear!   May I not live
If we shall not against her draw the sword '
If haply we achieve not Helen's death,
Yon palace will we fire, and so will die.   1150
For, of two glories, one we will not miss,
To die with honour, or with honour 'scape.

CHORUS

This child of Tyndareus, who hath brought shame
On womankind, deserves all women's hate.

ORESTES

Ha! nought is better than a loyal friend—
Nor wealth, nor lordship!   Sure, of none account
The crowd is, weighed against one noble friend.
Aegisthus' punishment didst thou devise;
On peril's brink thou stoodest at my side;
And profferest now avenging on my foes,   1160
Nor stand'st aloof;—but I will cease from praise,
For weariness cometh even of overpraise.
I must in any wise give up the ghost,
Yet fain would sting mine enemies ere I die,
That my betrayers I may so requite,
And they which made me miserable may groan.
Agamemnon's son am I, the son of one
Held worthy to rule Greece—no despot, yet
A god's might had he.   Him I will not shame,
Brooking a slave's death; but as a free man   1170
Mid vengeance on Menelaus breathe out life.
Might we gain one thing, fortunate were we

εἴ ποθεν ἄελπτος παραπέσοι σωτηρία
κτανοῦσι μὴ θανοῦσιν· εὔχομαι τάδε.
ὃ βούλομαι γάρ, ἡδὺ καὶ διὰ στόμα,
πτηνοῖσι μύθοις ἀδαπάνως τέρψαι φρένα.

ΗΛΕΚΤΡΑ
ἐγώ, κασίγνητ᾽, αὐτὸ τοῦτ᾽ ἔχειν δοκῶ,
σωτηρίαν σοὶ τῷδέ τ᾽ ἐκ τρίτων τ᾽ ἐμοί.

ΟΡΕΣΤΗΣ
θεοῦ λέγεις πρόνοιαν. ἀλλὰ ποῦ τόδε ;
1180 ἐπεὶ τὸ συνετόν γ᾽ οἶδα σῇ ψυχῇ παρόν.

ΗΛΕΚΤΡΑ
ἄκουε δή νυν· καὶ σὺ δεῦρο νοῦν ἔχε.

ΟΡΕΣΤΗΣ
λέγ᾽· ὡς τὸ μέλλειν ἀγάθ᾽ ἔχει τιν᾽ ἡδονήν.

ΗΛΕΚΤΡΑ
Ἑλένης κάτοισθα θυγατέρ᾽ ; εἰδότ᾽ ἠρόμην.

ΟΡΕΣΤΗΣ
οἶδ᾽, ἣν ἔθρεψεν Ἑρμιόνην μήτηρ ἐμή.

ΗΛΕΚΤΡΑ
αὕτη βέβηκε πρὸς Κλυταιμνήστρας τάφον.

ΟΡΕΣΤΗΣ
τί χρῆμα δράσουσ᾽ ; ὑποτίθης τίν᾽ ἐλπίδα ;

ΗΛΕΚΤΡΑ
χοὰς κατασπείσουσ᾽ ὑπὲρ μητρὸς τάφου.

ΟΡΕΣΤΗΣ
καὶ δὴ τί μοι τοῦτ᾽ εἶπας εἰς σωτηρίαν ;

ΗΛΕΚΤΡΑ
συλλάβεθ᾽ ὅμηρον τήνδ᾽, ὅταν στείχῃ πάλιν.

ΟΡΕΣΤΗΣ
1190 τίνος τόδ᾽ εἶπας φάρμακον τρισσοῖς φίλοις ;

228

If, past hope, unto us deliverance chanced,
To slay and not be slain.   For this I pray :
For sweet the wish is—sweet through sighing lips
To cheer the heart with winged words costing naught.

ELECTRA

I, brother, have this same thing found, meseems,—
Deliverance for thee, for him, for me.

ORESTES

God's foresight claim'st thou !—yet why say I this,
Since I know wisdom dwelleth in thine heart ?   1180

ELECTRA

Hearken then : give thou also (*to* PYL.) heed hereto.

ORESTES

Speak : there is pleasure even in hope of good.

ELECTRA

Thou knowest Helen's daughter ?—wherefore ask ?

ORESTES

I know—my mother nursed Hermione.

ELECTRA

Even she hath gone to Clytemnestra's tomb.

ORESTES

With what intent ?—now what hope whisperest thou ?

ELECTRA

To pour drink-offerings o'er our mother's tomb.

ORESTES

Wherein to safety tendeth this thou nam'st ?

ELECTRA

Seize her, our hostage, when she cometh back.

ORESTES

What peril-salve for us three friends were this ?   1190

ΗΛΕΚΤΡΑ

Ἑλένης θανούσης, ἤν τι Μενέλεως σὲ δρᾷ
ἢ τόνδε κἀμέ, πᾶν γὰρ ἐν φίλον τόδε,
λέγ᾽ ὡς φονεύσεις Ἑρμιόνην· ξίφος δὲ χρὴ
δέρῃ πρὸς αὐτῇ παρθένου σπάσαντ᾽ ἔχειν.
κἂν μέν σε σῴζῃ μὴ θανεῖν χρῄζων κόρην
Μενέλαος, Ἑλένης πτῶμ᾽ ἰδὼν ἐν αἵματι,
μέθες πεπᾶσθαι πατρὶ παρθένου δέμας·
ἢν δ᾽ ὀξυθύμου μὴ κρατῶν φρονήματος
κτείνῃ σε, καὶ σὺ σφάζε παρθένου δέρην.
1200 καί νιν δοκῶ, τὸ πρῶτον ἢν πολὺς παρῇ,
χρόνῳ μαλάξειν σπλάγχνον· οὔτε γὰρ θρασὺς
οὔτ᾽ ἄλκιμος πέφυκε. τήνδ᾽ ἡμῖν ἔχω
σωτηρίας ἔπαλξιν. εἴρηται λόγος.

ΟΡΕΣΤΗΣ

ὦ τὰς φρένας μὲν ἄρσενας κεκτημένη,
τὸ σῶμα δ᾽ ἐν γυναιξὶ θηλείαις πρέπον,
ὡς ἀξία ζῆν μᾶλλον ἢ θανεῖν ἔφυς.
Πυλάδη, τοιαύτης ἆρ᾽ ἁμαρτήσει τάλας
γυναικὸς ἢ ζῶν μακάριον κτήσει λέχος.

ΠΥΛΑΔΗΣ

εἰ γὰρ γένοιτο, Φωκέων δ᾽ ἔλθοι πόλιν
1210 καλοῖσιν ὑμεναίοισιν ἀξιουμένη.

ΟΡΕΣΤΗΣ

ἥξει δ᾽ ἐς οἴκους Ἑρμιόνη τίνος χρόνου;
ὡς τἄλλα γ᾽ εἶπας, εἴπερ εὐτυχήσομεν,
κάλλισθ᾽, ἑλόντες σκύμνον ἀνοσίου πατρός.

ΗΛΕΚΤΡΑ

καὶ δὴ πέλας νιν δωμάτων εἶναι δοκῶ·
τοῦ γὰρ χρόνου τὸ μῆκος αὐτὸ συντρέχει.

If, Helen slain, Menelaus seek to harm
Thee, him, or me,—this bond of friends is one,—
Cry, thou wilt slay Hermione : the sword
Drawn must thou hold hard at the maiden's neck.
Then, if Menelaus, lest his daughter die,
Will save thee, seeing Helen fallen in blood,
Yield to her sire's embrace the maiden's form.
But if, controlling not his furious mood,
He seek to slay thee, pierce the maid's neck through.
I ween, though swelling be his port at first,   1200
His wrath at last shall cool.   Nor brave nor stout
By nature is he.   This I find for us
The bulwark of deliverance.   I have said.

ORESTES

O thou who hast the spirit of a man,
Albeit in body woman manifest,
How worthier far art thou to live than die !
Such woman, Pylades, shalt thou, alas !
Forfeit, or living win in wedlock blest.

PYLADES

God grant it so, that to the Phocians' burg
She come, for honour meet of spousals proud !   1210

ORESTES

But to the house when comes Hermione ?
For all that thou hast said is passing well,
So we may trap this impious father's whelp.

ELECTRA

In sooth, I ween, she is nigh the palace now,
For the time's lapse runs consonant thereto.

ΟΡΕΣΤΗΣ

ΟΡΕΣΤΗΣ
καλῶς· σὺ μὲν νῦν, σύγγον' Ἠλέκτρα, δόμων
πάρος μένουσα παρθένου δέχου πόδα·
φύλασσε δ' ἤν τις, πρὶν τελευτηθῇ φόνος,
ἢ ξύμμαχός τις ἢ κασίγνητος πατρὸς
1220 ἐλθὼν ἐς οἴκους φθῇ, γέγωνέ τ' εἰς δόμους,
ἢ σανίδα παίσασ' ἢ λόγους πέμψασ' ἔσω.
ἡμεῖς δ' ἔσω στείχοντες ἐπὶ τὸν ἔσχατον
ἀγῶν' ὁπλιζώμεσθα φασγάνῳ χέρας,
Πυλάδη· σὺ γὰρ δὴ συμπονεῖς ἐμοὶ πόνους.
ὦ δῶμα ναίων νυκτὸς ὀρφναίας πάτερ,
καλεῖ σ' Ὀρέστης παῖς σὸς ἐπίκουρον μολεῖν
τοῖς δεομένοισι. διὰ σὲ γὰρ πάσχω τάλας
ἀδίκως· προδέδομαι δ' ὑπὸ κασιγνήτου σέθεν,
δίκαια πράξας· οὗ θέλω δάμαρθ' ἑλὼν
1230 κτεῖναι· σὺ δ' ἡμῖν τοῦδε συλλήπτωρ γενοῦ

ΗΛΕΚΤΡΑ
ὦ πάτερ, ἱκοῦ δῆτ', εἰ κλύεις εἴσω χθονὸς
τέκνων καλούντων, οἳ σέθεν θνήσκουσ' ὕπερ.

ΠΥΛΑΔΗΣ
ὦ συγγένεια πατρὸς ἐμοῦ, κἀμὰς λιτάς,
Ἀγάμεμνον, εἰσάκουσον, ἔκσωσον τέκνα.

ΟΡΕΣΤΗΣ
ἔκτεινα μητέρ',

ΠΥΛΑΔΗΣ
ἡψάμην δ' ἐγὼ ξίφους.

ΗΛΕΚΤΡΑ
ἐγὼ δ' ἐπενεκέλευσα κἀπέλυσ' ὄκνου.

ΟΡΕΣΤΗΣ
σοί, πάτερ, ἀρήγων.

ORESTES

ORESTES

'Tis well.   Sister Electra, tarry thou
Before the halls to meet the maiden's steps.
Keep watch lest any,—brother of our sire,
Or ally—ere this deed be wrought, draw near
The house, forestalling us.   Give token thou—   1220
Smite on the door, or send a cry within.
Now pass we in, and for this latest strife
Arm we our hands with falchions, Pylades :
For thou art fellow-toiler in my toil.
Father, who dwellest in dark halls of night,
Thy son Orestes bids thee come to help
Those in sore need.   For thy sake suffer I
Wrongfully—by thy brother am betrayed,
Though I wrought righteousness.   I fain would
    seize
His wife, and slay : be thou our help herein !   1230

ELECTRA

Come, father, come, if thou in earth's embrace
Hearest thy children cry, who die for thee !

PYLADES

My father's kinsman,[1] to my prayers withal,
Agamemnon, hearken ; save thy children thou.

ORESTES

I slew my mother—

PYLADES

I too grasped the sword !

ELECTRA

I cheered thee on, snapped trammels of delay

ORESTES

Sire, for thine help !

---

[1] Pylades' mother was Agamemnon's sister.

233

ΗΛΕΚΤΡΑ
οὐδ᾽ ἐγὼ προὔδωκά σε.

ΠΥΛΑΔΗΣ
οὔκουν ὀνείδη τάδε κλύων ῥύσει τέκνα ;

ΟΡΕΣΤΗΣ
δακρύοις κατασπένδω σ᾽.

ΗΛΕΚΤΡΑ
ἐγὼ δ᾽ οἴκτοισί γε.

ΠΥΛΑΔΗΣ
1240   παύσασθε, καὶ πρὸς ἔργον ἐξορμώμεθα.
εἴπερ γὰρ εἴσω γῆς ἀκοντίζουσ᾽ ἀραί,
κλύει. σὺ δ᾽, ὦ Ζεῦ πρόγονε καὶ Δίκης σέβας,
δότ᾽ εὐτυχῆσαι τῷδ᾽ ἐμοί τε τῇδέ τε·
τρισσοῖς φίλοις γὰρ εἷς ἀγών, δίκη μία,
ἢ ζῆν ἅπασιν ἢ θανεῖν ὀφείλεται.

ΗΛΕΚΤΡΑ
Μυκηνίδες ὦ φίλιαι,   στρ.
τὰ πρῶτα κατὰ Πελασγὸν ἕδος Ἀργείων.

ΧΟΡΟΣ
τίνα θροεῖς αὐδάν, πότνια ; παραμένει
1250   γὰρ ἔτι σοι τόδ᾽ ἐν Δαναϊδῶν πόλει.

ΗΛΕΚΤΡΑ
στῆθ᾽ αἱ μὲν ὑμῶν τόνδ᾽ ἁμαξήρη τρίβον,
αἱ δ᾽ ἐνθάδ᾽ ἄλλον οἶμον εἰς φρουρὰν δόμων.

ΧΟΡΟΣ
τί δέ με τόδε χρέος ἀπύεις,
ἔννεπέ μοι, φίλα.

ΗΛΕΚΤΡΑ
φόβος ἔχει με μή τις ἐπὶ δώμασι
σταθεὶς ἐπὶ φοίνιον αἷμα
πήματα πήμασιν ἐξεύρῃ.

ORESTES

ELECTRA
Nor I abandoned thee!

PYLADES
Wilt thou not hear this challenge—save thine own?

ORESTES
I pour thee tears for offerings!

ELECTRA
Wailings I!

PYLADES
Cease ye, and let us haste unto the deed;   1240
For if prayers, javelin-like, pierce earth, he hears.
Forefather Zeus, and Justice' majesty,
To him, to me, to her, grant happy speed!
Three friends—their venture one, the forfeit one,—
Owe all the selfsame debt, to live or die.

[ORESTES *and* PYLADES *enter the palace.*

ELECTRA
Dames of Mycenae, beloved of me,   (*Str.*)
In the Argives' Pelasgian dwelling the noblest ye —

CHORUS
What wouldst thou say unto us, O Princess?—for thine
This name is yet in the city of Danaus' line.   1250

ELECTRA
Set ye yourselves—along the highway some,
And on yon bypath some—to watch the house.

CHORUS
But tell to me, friend, why wouldst thou win
        This service of me for thy need?

ELECTRA
I fear lest one yon palace within,
Who hath set him to work a bloody deed,
May earn him but murder for murder's meed.

ΟΡΕΣΤΗΣ

ΗΜΙΧΟΡΙΟΝ Α

χωρεῖτ', ἐπειγώμεσθ'· ἐγὼ μὲν οὖν τρίβον
τόνδ' ἐκφυλάξω, τὸν πρὸς ἡλίου βολάς.

ΗΜΙΧΟΡΙΟΝ Β

1260   καὶ μὴν ἐγὼ τόνδ', ὃς πρὸς ἑσπέραν φέρει.

ΗΛΕΚΤΡΑ

δόχμιά νυν κόρας διάφερ' ὀμμάτων
ἐκεῖθεν ἐνθάδ', εἶτα παλινσκοπιάν.

ΗΜΙΧΟΡΙΟΝ Α

ἔχομεν ὡς θροεῖς.

ΗΛΕΚΤΡΑ

ἑλίσσετέ νυν βλέφαρον,   ἀντ.
κόρας διάδοτε διὰ βοστρύχων πάντῃ.

ΗΜΙΧΟΡΙΟΝ Β

ὅδε τίς ἐν τρίβῳ; πρόσεχε, τίς ὅδ' ἄρ' ἀμ-
1270   φὶ μέλαθρον πολεῖ σὸν ἀγρότας ἀνήρ;

ΗΛΕΚΤΡΑ

ἀπωλόμεσθ' ἄρ', ὦ φίλαι· κεκρυμμένους
θῆρας ξιφήρεις αὐτίκ' ἐχθροῖσιν φανεῖ.

ΗΜΙΧΟΡΙΟΝ Β

ἄφοβος ἔχε· κενός, ὦ φίλα,
στίβος ὃν οὐ δοκεῖς.

ΗΛΕΚΤΡΑ

τί δέ; τὸ σὸν βέβαιον ἔτι μοι μένει;
δὸς ἀγγελίαν ἀγαθάν τιν',
εἰ τάδ' ἔρημα τὰ πρόσθ' αὐλᾶς.

ΗΜΙΧΟΡΙΟΝ Α

καλῶς τά γ' ἐνθένδ'· ἀλλὰ τἀπὶ σοῦ σκόπει·
ὡς οὔτις ἡμῖν Δαναϊδῶν πελάζεται.

CHORUS *breaks into two parties.*

SEMICHORUS 1

On, hasten we : for me, upon this path
Will I keep watch that toward the sunrise looks.

SEMICHORUS 2

And I on this, that trendeth to the west.   1260

ELECTRA

Sideward glance ye—O rightward and leftward aye
Turn ye your eyes : then gaze on the rearward way.

SEMICHORUS 1

Even as thou bid'st, we obey.

ELECTRA

Now cast ye around you your eyes: yea, wide   (*Ant.*)
Through the veil of your tresses flash them on every
side.

SEMICHORUS 2

Who is this on the path ?—take heed !—what peasant
is here
That strayeth with haunting feet to thine halls anear ? 1270

ELECTRA

Undone, friends !—to our foes shall he reveal
Straightway the armèd lions lurking there !

SEMICHORUS 2

Nay, untrodden the path is—have no fear,
O friend—for the which was thy doubt.

ELECTRA

And thou—doth thine highway abide yet clear ?
If thou hast good tidings, ah, tell it out
If void be the space yon forecourt about.

SEMICHORUS 1

All here is well.   Look thou unto thy side :
To us draws nigh no man of Danaus' sons.

ΟΡΕΣΤΗΣ

1280   εἰς ταὐτὸν ἥκεις· καὶ γὰρ οὐδὲ τῆδ' ὄχλος.

ΗΛΕΚΤΡΑ

φέρε νυν ἐν πύλαισιν ἀκοὰν βάλω·
τί μέλλεθ' οἱ κατ' οἶκον ἐν ἡσυχίᾳ
σφάγια φοινίσσειν;
οὐκ εἰσακούουσ'· ὦ τάλαιν' ἐγὼ κακῶν.
ἆρ' εἰς τὸ κάλλος ἐκκεκώφηται ξίφη;
τάχα τις Ἀργείων ἔνοπλος ὁρμήσας
1290   ποδὶ βοηδρόμῳ μέλαθρα προσμίξει.
σκέψασθέ νυν ἄμεινον· οὐχ ἕδρας ἀκμή·
ἀλλ' αἱ μὲν ἐνθάδ', αἱ δ' ἐκεῖσ' ἑλίσσετε.

ΧΟΡΟΣ

ἀμείβω κέλευθον σκοποῦσα πάντᾳ.

ΕΛΕΝΗ

ἰὼ Πελασγὸν Ἄργος, ὄλλυμαι κακῶς.

ΗΜΙΧΟΡΙΟΝ Α

ἠκούσαθ'; ἄνδρες χεῖρ' ἔχουσιν ἐν φόνῳ.

ΗΜΙΧΟΡΙΟΝ Β

Ἑλένης τὸ κώκυμ' ἐστίν, ὡς ἀπεικάσαι.

ΗΛΕΚΤΡΑ

ὦ Διός, ὦ Διὸς ἀέναον κράτος,
1300   ἔλθ' ἐπίκουρον ἐμοῖσι φίλοισι πάντως.

ΕΛΕΝΗ

Μενέλαε, θνῄσκω· σὺ δὲ παρών μ' οὐκ ὠφελεῖς.

ΗΛΕΚΤΡΑ

φονεύετε καίνετε ὄλλυτε,
δίπτυχα δίστομα φάσγανα πέμπετε
ἐκ χερὸς ἱέμενοι
τὰν λιποπάτορα λιπόγαμόν θ', ἃ πλείστους
ἔκανεν Ἑλλάνων
δορὶ παρὰ ποταμὸν ὀλομένους, ὅθι

SEMICHORUS 2

Thy tale is one with mine : no stir is here.   1280

ELECTRA

Go to, through the gates as a shaft let me speed my
    cry :—
Within, ho !—why do ye tarry, and no foe nigh,
    Your hands with the slaughter to dye ? . . . . .
They hear me not !—woe for my miseries !
Ha, at her beauty are the swords struck dumb ?
Soon will some Argive mailed, with racing feet
That rush to rescue, burst into the halls !   1290
Watch with more heed,—no time to sit still this !
Bestir ye, hither these, those thitherward.

CHORUS

I scan the diverse ways—on every hand I gaze—

HELEN (*within*)

Pelasgian Argos, ho !—I am foully slain !

SEMICHORUS 1

Heard ye ?—the men imbrue their hands in blood '

SEMICHORUS 2

Helen's the wild shriek is, to guess thereat.

ELECTRA

O power of Zeus, of Zeus—eternal power,
Come, aid my friends in this supremest hour !   1300

HELEN (*within*)

Husband, I die !   So near, yet help'st thou not !

ELECTRA

Stab ye her—slay her—destroy !
Let them leap, the double-edged falchions twain,
    From your grasp with a furious joy
Upon her who left husband and sire, who hath slain
    Beside that river of Troy
Many a Greek by the spear who died,

δάκρυα δάκρυσι συνέπεσε σιδαρεοις
1310   βέλεσιν ἀμφὶ τὰς Σκαμάνδρου δίνας.

ΧΟΡΟΣ

σιγᾶτε σιγᾶτ'· ἠσθόμην κτύπου τινὸς
κέλευθον εἰσπεσόντος ἀμφὶ δώματα.

ΗΛΕΚΤΡΑ

ὦ φίλταται γυναῖκες, εἰς μέσον φόνον
ἥδ' Ἑρμιόνη πάρεστι· παύσωμεν βοήν.
στείχει γὰρ εἰσπεσοῦσα δικτύων βρόχους.
καλὸν τὸ θήραμ', ἢν ἁλῷ, γενήσεται.
πάλιν κατάστηθ' ἡσύχῳ μὲν ὄμματι,
χρόα δ' ἀδήλῳ τῶν δεδραμένων πέρι·
κἀγὼ σκυθρωποὺς ὀμμάτων ἔξω κόρας,
1320   ὡς δῆθεν οὐκ εἰδυῖα τἀξειργασμένα.
ὦ παρθέν', ἥκεις τὸν Κλυταιμνήστρας τάφον
στέψασα καὶ σπείσασα νερτέροις χοάς;

ΕΡΜΙΟΝΗ

ἥκω, λαβοῦσα πρευμένειαν. ἀλλά μοι
φόβος τις εἰσελήλυθ', ἥντιν' ἐν δόμοις
τηλουρὸς οὖσα δωμάτων κλύω βοήν.

ΗΛΕΚΤΡΑ

τί δ'; ἄξι' ἡμῖν τυγχάνει στεναγμάτων.

ΕΡΜΙΟΝΗ

εὔφημος ἴσθι· τί δὲ νεώτερον λέγεις;

ΗΛΕΚΤΡΑ

θανεῖν Ὀρέστην κἄμ' ἔδοξε τῇδε γῇ.

ΕΡΜΙΟΝΗ

μὴ δῆτ', ἐμούς γε συγγενεῖς πεφυκότας.

ΗΛΕΚΤΡΑ

1330   ἄραρ'· ἀνάγκης εἰς ζυγὸν καθέσταμεν.

ΕΡΜΙΟΝΗ

ἦ τοῦδ' ἔκατι καὶ βοὴ κατὰ στέγας;

When the tears fell fast for the iron rain
That flashed Scamander's eddies beside!

CHORUS

Hush ye, O hush: I hear a footfall pass   1310
But now into the path that skirts the house.

ELECTRA

Belovèd dames, into the jaws of death
Hermione cometh!   Let our outcry cease:
For into the net's meshes, lo, she falls.
Fair quarry this shall be, so she be trapped.
Back to your stations step with quiet look,
With hue that gives no token of deeds done:
And I will wear a trouble-clouded eye,
As who of deeds accomplished knoweth nought.   1320
Enter HERMIONE.
Maiden, from wreathing Clytemnestra's grave,
From pouring offerings to the dead, art come?

HERMIONE

I come, her favour won.   But on mine ears
Hath smitten strange dismay touching a cry
Heard from the house when I was yet afar.

ELECTRA

Why not?—to us things worthy groans befall.

HERMIONE

Ah, say not so!   What ill news tellest thou?

ELECTRA

Argos decrees Orestes' death and mine.

HERMIONE

Ah, never !—you who are by blood my kin!

ELECTRA

'Tis fixed: beneath the yoke of doom we stand.   1330

HERMIONE

For this cause was the cry beneath the roof?

241

ΟΡΕΣΤΗΣ

ΗΛΕΚΤΡΑ
ἱκέτης γὰρ Ἑλένης γόνασι προσπεσὼν βοᾷ—

ΕΡΜΙΟΝΗ
τίς; οὐδὲν οἶδα μᾶλλον, ἢν σὺ μὴ λέγῃς.

ΗΛΕΚΤΡΑ
τλήμων Ὀρέστης μὴ θανεῖν, ἐμοῦ θ' ὕπερ.

ΕΡΜΙΟΝΗ
ἐπ' ἀξίοισί τἄρ' ἀνευφημεῖ δόμος.

ΗΛΕΚΤΡΑ
περὶ τοῦ γὰρ ἄλλου μᾶλλον ἂν φθέγξαιτό τις;
ἀλλ' ἐλθὲ καὶ μετάσχες ἱκεσίας φίλοις,
σῇ μητρὶ προσπεσοῦσα τῇ μέγ' ὀλβίᾳ,
Μενέλαον ἡμᾶς μὴ θανόντας εἰσιδεῖν.
1340 ἀλλ' ὦ τραφεῖσα μητρὸς ἐν χεροῖν ἐμῆς,
οἴκτειρον ἡμᾶς κἀπικούφισον κακῶν.
ἴθ' εἰς ἀγῶνα δεῦρ', ἐγὼ δ' ἡγήσομαι·
σωτηρίας γὰρ τέρμ' ἔχεις ἡμῖν μόνη.

ΕΡΜΙΟΝΗ
ἰδού, διώκω τὸν ἐμὸν εἰς δόμους πόδα.
σώθηθ' ὅσον γε τοὐπ' ἔμ'.

ΗΛΕΚΤΡΑ
                    ὦ κατὰ στέγας
φίλοι ξιφήρεις, οὐχὶ συλλήψεσθ' ἄγραν;

ΕΡΜΙΟΝΗ
οἲ 'γώ· τίνας τούσδ' εἰσορῶ;

ΟΡΕΣΤΗΣ
                    σιγᾶν χρεών·
ἡμῖν γὰρ ἥκεις, οὐχὶ σοί, σωτηρία.

ΗΛΕΚΤΡΑ
ἔχεσθ' ἔχεσθε· φάσγανον δὲ πρὸς δέρῃ
1350 βαλόντες ἡσυχάζεθ', ὡς εἰδῇ τόδε
Μενέλαος, οὕνεκ' ἄνδρας, οὐ Φρύγας κακούς,
εὑρὼν ἔπραξεν οἷα χρὴ πράσσειν κακούς.

242

ELECTRA

The suppliant crying fell at Helen's knees,—

HERMIONE

Who?—nought the more I know, except thou tell.

ELECTRA

Orestes, pleading for his life, and mine.

HERMIONE

With reason then the dwelling rings with cries.

ELECTRA

For what cause rather should one lift his voice?
But come thou, and in suppliance join thy friends,
Falling before thy mother, the all-blest,
That Menelaus may not see us die.
O thou that in my mother's arms wast nursed,   1340
Have pity on us, of our woes relieve!
Come hither, meet the peril: I will lead.
With thee alone our safety's issue lies.

HERMIONE

Behold, into the house I speed my feet.
So far as in me lies, ye are saved.   [*Enters the palace.*

ELECTRA

Ho ye,
Armed friends within, will ye not seize the prey?

HERMIONE (*within*)
Alas for me!   Whom see I?

ORESTES (*within*)
Hold thy peace.
Thou com'st for our deliverance, not for thine.

ELECTRA

Hold ye her—hold!   Set to her throat the sword,
And silent wait, till Menelaus learn   1350
That men, not Phrygian cowards, hath he found,
And fares now as 'tis meet that cowards fare.   [*Exit.*

ΟΡΕΣΤΗΣ

ἰὼ ἰὼ φίλαι,   στρ.
κτύπον ἐγείρετε, κτύπον καὶ βοὰν
πρὸ μελάθρων, ὅπως ὁ πραχθεὶς φόνος
μὴ δεινὸν Ἀργείοισιν ἐμβάλῃ φόβον,
βοηδρομῆσαι πρὸς δόμους τυραννικούς,
πρὶν ἐτύμως ἴδω τὸν Ἑλένας φόνον
καθαιμακτὸν ἐν δόμοις κείμενον,
ἢ καὶ λόγον του προσπόλων πυθώμεθα·
1360   τὰς μὲν γὰρ οἶδα συμφοράς, τὰς δ᾽ οὐ σαφῶς.
διὰ δίκας ἔβα θεῶν
νέμεσις ἐς Ἑλέναν.
δακρύοισι γὰρ Ἑλλάδ᾽ ἅπασαν ἔπλησε,
διὰ τὸν ὀλόμενον ὀλόμενον Ἰδαῖον
Πάριν, ὃς ἄγαγ᾽ Ἑλλάδ᾽ εἰς Ἴλιον.
ἀλλὰ κτυπεῖ γὰρ κλῇθρα βασιλικῶν δόμων,
σιγήσατ᾽· ἔξω γάρ τις ἐκβαίνει Φρυγῶν,
οὗ πευσόμεσθα τἀν δόμοις ὅπως ἔχει.

Ἀργεῖον ξίφος ἐκ θανάτου πέφευγα
1370   βαρβάροις εὐμάρισιν,
κεδρωτὰ παστάδων ὑπὲρ τέραμνα
Δωρικάς τε τριγλύφους,
φροῦδα φροῦδα, γᾶ γᾶ,
βαρβάροισι δρασμοῖς.
αἰαῖ· πᾷ φύγω, ξέναι,
πολιὸν αἰθέρ᾽ ἀμ-
πτάμενος ἢ πόντον, Ὠκεανὸς ὃν
ταυρόκρανος ἀγκάλαις ἑλίσ-
σων κυκλοῖ χθόνα;

1380   τί δ᾽ ἔστιν, Ἑλένης πρόσπολ᾽, Ἰδαῖον κάρα;

244

CHORUS

What ho ! friends, ho ! awake   (*Str.*)
A din by the halls ; let your clamour outbreak,
   That the blood that therein hath been shed
Thrill not the souls of the people of Argos with dread,
And unto the mansion of kings to the rescue they haste,
Ere I look on the carcase of Helen beyond doubt cast
     Blood-besprent mid the palace-hall,
    Or hear the tale by the mouth of a thrall ;
For I know of the havoc in part, but I know not all. 1360
     By the hand of Justice the vengeance-doom
     Of the Gods upon Helen's head hath come ;
     For she filled with tears all Hellas-land
    For the sake of Paris, the traitor banned,
Who drew the array of Hellas away unto Ilium's strand.
   But lo, the bars clash of the royal halls !
   Hush ye ;—there comes forth of her Phrygians one
   Of whom we shall learn what befell within.

Enter PHRYGIAN.

PHRYGIAN

From the death by the Argive swords have I fled !
    In my shoon barbaric I sped ;   1370
O'er the colonnade's rafters of cedar I clomb ;
'Twixt the Dorian triglyphs I slid ; and I come,
Fleeing like panic-struck Asian array—
     O earth, O earth !—away and away.
Ah, me, strange dames, whitherward can I flee,
Through the cloud-dappled welkin my flight up-
    winging,
     Or over the sea
Which the hornèd Ocean with arms enringing
Coileth around earth endlessly ?

CHORUS

What is it, Helen's servant, Ida's son ?   1380

ΦΡΥΞ

Ἴλιον Ἴλιον, ὤμοι μοι, Φρύγιον
ἄστυ καὶ καλλίβωλον Ἴ-
δας ὄρος ἱερόν, ὥς σ᾽ ὀλόμενον στένω,
ἁρμάτειον ἁρμάτειον
μέλος βαρβάρῳ βοᾷ, διὰ τὸ τᾶς
ὀρνιθόγονον ὄμμα κυκνόπτερον
καλλοσύνας, Λήδας σκύμνου, δυσελένας,
ξεστῶν περγάμων Ἀπολλωνίων
ἐρινύν· ὀτοτοῖ·
1390   ἰαλέμων ἰαλέμων
Δαρδανία τλάμων Γανυμήδεος
ἱπποσύνα, Διὸς εὐνέτα.

ΧΟΡΟΣ

σαφῶς λέγ᾽ ἡμῖν αὖθ᾽ ἕκαστα τὰν δόμοις.
τὰ γὰρ πρὶν οὐκ εὔγνωστα συμβαλοῦσ᾽ ἔχω.

ΦΡΥΞ

αἴλινον αἴλινον ἀρχὰν θανάτου
βάρβαροι λέγουσιν, αἰαῖ,
Ἀσιάδι φωνᾷ,
βασιλέων ὅταν αἷμα χυθῇ κατὰ γᾶν ξίφεσιν
σιδαρέοισιν Ἅιδα.
1400   ἦλθον δόμους, ἵν᾽ αὖθ᾽ ἕκαστά σοι λέγω,
λέοντες Ἕλλανες δύο διδύμω·
τῷ μὲν ὁ στρατηλάτας πατὴρ ἐκλῄζετο,
ὁ δὲ παῖς Στροφίου, κακόμητις ἀνήρ,
οἷος Ὀδυσσεύς, σιγᾷ δόλιος,
πιστὸς δὲ φίλοις, θρασὺς εἰς ἀλκάν,
ξυνετὸς πολέμου, φόνιός τε δράκων.
ἔρροι τᾶς ἡσύχου προνοί-
ας κακοῦργος ὤν.
οἱ δὲ πρὸς θρόνους ἔσω

Ilion, Ilion, woe is me !
Phrygian city, and mount Idæan
Holy and fertile, I wail for thee
In the chariot-pæan, the chariot-pæan,
With cry barbaric !—thy ruin came
Of the bird-born beauty, the swan-plumed dame,
Curst Helen the lovely, Leda's child,
A vengeance-fiend to the towers uppiled
      By Apollo of carven stone.
      Alas for thy moan, thy moan,   1390
Dardania !—the steeds that Zeus gave erst
For his minion Ganymede, made thee accurst !

CHORUS

Tell clearly all that in the house befell :
For thy first words be vague : I can but guess.

PHRYGIAN

      The Linus-lay—O the Linus-lay !—
      Death's prelude chanted, well-a-day,
      Of barbarian folk in their Asian tongue
When the blood of their kings is poured on the earth,
    when the iron sword
        Clangs Hades' song !
    There came—that I tell thee the whole tale
      through—   1400
Into the halls Greek lions two :
This was the son of the chieftain of Hellas' might ;
That, Strophius' scion, an evil-devising wight,
    An Odysseus, silent and subtle of mood,
    Staunch to his friends, and valiant in fight,
    Cunning in war, a dragon of blood.
Ruin seize him, the felon knave,
For his crafty plotting still as the grave !
So came they in, and beside the throne

μολόντες ἃς ἔγημ' ὁ τοξότας Πάρις
1410 γυναικός, ὄμμα δακρύοις
πεφυρμένοι, ταπεινοὶ
ἔζονθ', ὁ μὲν τὸ κεῖθεν, ὁ δὲ
τὸ κεῖθεν, ἄλλος ἄλλοθεν πεφραγμένοι.
περὶ δὲ γόνυ χέρας ἱκεσίους
ἔβαλον ἔβαλον Ἑλένας ἄμφω.
ἀνὰ δὲ δρομάδες ἔθορον ἔθορον
ἀμφίπολοι Φρύγες·
προσεῖπε δ' ἄλλος ἄλλον πεσὼν ἐν φόβῳ,
μή τις εἴη δόλος.
1420 κἀδόκει τοῖς μὲν οὔ,
τοῖς δ' ἐς ἀρκυστάταν
μηχανὰν ἐμπλέκειν
παῖδα τὰν Τυνδαρίδ' ὁ
μητροφόντας δράκων.

ΧΟΡΟΣ
σὺ δ' ἦσθα ποῦ τότ'; ἢ πάλαι φεύγεις φόβῳ;

ΦΡΥΞ
Φρυγίοις ἔτυχον Φρυγίοισι νόμοις
παρὰ βόστρυχον αὔραν αὔραν
Ἑλένας Ἑλένας εὐπάγι κύκλῳ
πτερίνῳ πρὸ παρηίδος ἄσσων
1430 βαρβάροις νόμοισιν.
ἃ δὲ λίνον ἠλακάτᾳ
δακτύλοις ἕλισσε,
νῆμά θ' ἵετο πέδῳ,
σκύλων Φρυγίων ἐπὶ τύμβον ἀγάλματα
συστολίσαι χρῄζουσα λίνῳ,
φάρεα πορφύρεα, δῶρα Κλυταιμνήστρᾳ.
προσεῖπεν δ' Ὀρέστας
Λάκαιναν κόραν· ὦ

248

Of the lady whom Archer Paris won,
With eyes tear-streaming all humbly sat,   1410
On this side one, and the one on that,
Yet beset by her servants to left and to right.
Then, bending low to Helen, these
Cast suppliant hands about her knees.
But her Phrygian bondmen in panic affright
      Upstarted, upstarted;
And this unto that cried fearful-hearted,
  " Ha, treachery—beware!"
    Yet no peril did some trace there: 1420
    But to some did it seem that a snare
Of guile was coiled round Tyndareus' child
By the serpent with blood of a mother defiled.

CHORUS

Where then wast thou?—long since in terror fled?

PHRYGIAN

In the Phrygian fashion, it chanced, was I swaying
  Beside Queen Helen the rounded fan:
On the cheeks of Helen its plumes were playing,
Through the tresses of Helen the breeze was straying,
  As I chanted a strain barbarian.   1430
  And the flax from her distaff twining
    Her fingers wrought evermore,
And ever her threads trailed down to the floor:
For her mind was to broider the purple-shining
Vesture of Phrygian spoils with her thread,
For a gift unto Clytemnestra the dead.
    Then Orestes unto the daughter
    Of Sparta spake, and besought her:

249

Διὸς παῖ, θὲς ἴχνος
1440 πέδῳ δεῦρ' ἀποστᾶσα κλισμοῦ,
Πέλοπος ἐπὶ προπάτορος
ἕδραν παλαιᾶς ἑστίας,
ἵν' εἰδῆς λόγους ἐμούς.
ἄγει δ' ἄγει νιν· ἁ δ' ἐφείπετ',
οὐ πρόμαντις ὢν ἔμελλεν·
ὁ δὲ συνεργὸς ἄλλ' ἔπρασσ'
ἰὼν κακὸς Φωκεύς·
οὐκ ἐκποδὼν ἴτ', ἀλλ' ἀεὶ κακοὶ Φρύγες;
ἔκλῃσε δ' ἄλλον ἄλλοσ' ἐν στέγαις·
τοὺς μὲν ἐν σταθμοῖσιν ἱππικοῖσι,
1450 τοὺς δ' ἐν ἐξέδραισι, τοὺς δ' ἐκεῖσ' ἐκεῖθεν
ἄλλον ἄλλοσε διαρμόσας ἀποπρὸ δεσποίνας.
ΧΟΡΟΣ
τί τοὐπὶ τῷδε συμφορᾶς ἐγίγνετο;
ΦΡΥΞ
'Ιδαία μᾶτερ μᾶτερ
ὀβρίμα ὀβρίμα, αἰαῖ,
φονίων παθέων ἀνόμων τε κακῶν
ἅπερ ἔδρακον ἔδρακον ἐν δόμοις τυράννων.
ἀμφὶ πορφυρέων πέπλων ὑπὸ σκότου
ξίφη σπάσαντες ἐν χεροῖν,
ἄλλος ἄλλοσε
δίνασεν ὄμμα, μή τις παρὼν τύχοι.
1460 ὡς κάπροι δ' ὀρέστεροι γυναικὸς ἀντίοι στα-
θέντες
ἐννέπουσι· κατθανεῖ
κατθανεῖ, κακός σ' ἀποκτείνει πόσις,
κασιγνήτου προδοὺς
ἐν Ἄργει θανεῖν γόνον.
ἁ δ' ἀνίαχεν ἴαχεν, ὤμοι μοι·

" O child of Zeus, arise from thy seat,
And hitherward set on the floor thy feet,   1440
To the ancient hearthstone-altar pace
Of Pelops, our father of olden days,
To hearken my words in the holy place."
On, on he led her, and followed she
With no foreboding of things to be.
But his brother-plotter betook him the while
Unto other deeds, that Phocian vile,—
" Hence !—dastards ever the Phrygians were."
Here, there, he bolted them, penned in the halls :
Some prisoned he in the chariot-stalls,
In the closets some, some here, some there,   1450
Sundered and severed afar from the queen in the
    snare.

CHORUS

Now what disaster after this befell ?

PHRYGIAN

O Mother Idæan, Mother sublime !
What desperate, desperate deeds, alas,
Of murderous outrage, of lawless crime,
Were they which I saw in the king's halls brought to
    pass !
From under the gloom of their mantles of purple they
    drew   [threw
Swords in their hands, and to this side and that side
    A swift glance, heeding that none stood nigh :
Then as boars of the mountains before my lady up-
    towering high,   1460
    They shout, " Thou shalt die, thou shalt die !
    Thee doth thy craven husband slay,
    The traitor that would unto death betray
    In Argos his brother's son this day ! "
Then wild she shrieked, she shrieked, ah me !

251

λευκὸν δ' ἐμβαλοῦσα πῆχυν στέρνοις,
κτύπησε κρᾶτα μέλεον πλαγᾷ·
φυγᾷ δὲ ποδὶ τὸ χρυσεοσάνδαλον
ἴχνος ἔφερεν ἔφερεν·
ἐς κόμας δὲ δακτύλους δικὼν Ὀρέστας,
1470   Μυκηνίδ' ἀρβύλαν προβάς,
ὤμοις ἀριστεροῖσιν ἀνακλάσας δέρην,
παίειν λαιμῶν ἔμελλεν
ἔσω μέλαν ξίφος.

ΧΟΡΟΣ

ποῦ δῆτ' ἀμύνειν οἱ κατὰ στέγας Φρύγες;

ΦΡΥΞ

ἰαχᾷ δόμων θύρετρα καὶ σταθμοὺς
μοχλοῖσιν ἐκβαλόντες, ἔνθ' ἐμίμνομεν,
βοηδρομοῦμεν ἄλλος ἄλλοθεν στέγης,
ὁ μὲν πέτρους, ὁ δ' ἀγκύλας,
ὁ δὲ ξίφος πρόκωπον ἐν χεροῖν ἔχων.
ἔναντα δ' ἦλθεν
Πυλάδης ἀλίαστος, οἷος οἷος
1480   Ἕκτωρ ὁ Φρύγιος ἢ τρικόρυθος Αἴας,
ὃν εἶδον εἶδον ἐν πύλαισι Πριαμίσιν·
φασγάνων δ' ἀκμὰς συνήψαμεν.
τότε δὴ τότε διαπρεπεῖς ἐγένοντο Φρύγες,
ὅσον Ἄρεος ἀλκὰν ἥσσονες Ἑλλάδος
ἐγενόμεσθ' αἰχμᾶς.
ὁ μὲν οἰχόμενος φυγάς, ὁ δὲ νέκυς ὤν,
ὁ δὲ τραῦμα φέρων, ὁ δὲ λισσόμενος,
θανάτου προβολάν·
ὑπὸ σκότον δ' ἐφεύγομεν·
νεκροὶ δ' ἔπιπτον, οἱ δ' ἔμελλον, οἱ δ' ἔκειντ'.
1490   ἔμολε δ' ἁ τάλαιν' Ἑρμιόνα δόμους

Her white arm on her bosom beat,
Her head she smote in misery.
With golden-sandalled hurrying feet
    She turned to flee, to flee !
But his clutch on her tresses Orestes laid,
For her shoon Mycenean his stride outwent ;   1470
    On her leftward shoulder he bent
    Backward her neck, with intent
To plunge in her throat the sword's dark blade.

CHORUS

What did those Phrygians in the house to help ?

PHRYGIAN

Shouting, with battering bars asunder we rent
Doorpost and door of the chambers wherein we were
    pent ;   [we run,
And from this side and that of the halls to the rescue
    One bearing stones, and a javelin one ;
    In the hand of another a drawn sword shone :—
        But onward to meet us pressed
        Pylades' dauntless breast,
Like Hector the Phrygian, or Aias of triple crest,   1480
Whom I saw, I saw, when through portals of Priam he
    flashed ;
    And point to point in the grapple we clashed.
    Then was it plain to discern how far
    Worser than Hellenes in prowess of war
        We Phrygians are.
    In flight one vanished, and dead one lay,
    This reeled sore wounded, that fell to pray
        For life—his one shield prayer !
    We fled, we fled through the darkness away,
While some were falling, and staggering some, some
    lay still there.   1490
Then hapless Hermione came to the halls, to the earth

ἐπὶ φόνῳ χαμαιπετεῖ ματρός, ἅ νιν ἔτεκεν
   τλάμων.
ἄθυρσοι δ' οἷά νιν δραμόντε Βάκχαι
σκύμνον ἐν χεροῖν ὀρείαν
ξυνήρπασαν· πάλιν δὲ τὰν Διὸς κόραν
ἐπὶ σφαγὰν ἔτεινον· ἁ δ' ἐκ θαλάμων
ἐγένετο διαπρὸ δωμάτων ἄφαντος,
ὦ Ζεῦ καὶ γᾶ καὶ φῶς καὶ νύξ,
ἤτοι φαρμάκοισιν ἢ μάγων
τέχναισιν ἢ θεῶν κλοπαῖς.
τὰ δ' ὕστερ' οὐκέτ' οἶδα· δρα-
πέτην γὰρ ἐξέκλεπτον ἐκ δόμων πόδα.
1500 πολύπονα δὲ πολύπονα πάθεα
Μενέλαος ἀνασχόμενος ἀνόνητον ἀπὸ
Τροίας ἔλαβε τὸν Ἑλένας γάμον.

ΧΟΡΟΣ

καὶ μὴν ἀμείβει καινὸν ἐκ καινῶν τόδε·
ξιφηφόρον γὰρ εἰσορῶ πρὸ δωμάτων
βαίνοντ' Ὀρέστην ἐπτοημένῳ ποδί.

ΟΡΕΣΤΗΣ

ποῦ 'στιν οὗτος ὃς πέφευγεν ἐκ δόμων τοὐμὸν
   ξίφος;

ΦΡΥΞ

προσκυνῶ σ', ἄναξ, νόμοισι βαρβάροισι προσ-
   πίτνων.

ΟΡΕΣΤΗΣ

οὐκ ἐν Ἰλίῳ τάδ' ἐστίν, ἀλλ' ἐν Ἀργείᾳ χθονί.

ΦΡΥΞ

πανταχοῦ ζῆν ἡδὺ μᾶλλον ἢ θανεῖν τοῖς σώ-
   φροσιν.

As fell for her death the wretched mother who gave
    her birth.
        But as Bacchanals dropping the thyrsus to seize
        A wolf's whelp over the hills that flees,
        They rushed on her—grasped—turned back to
            the slaughter
        Of Helen—but vanished was Zeus's daughter !
        From the bowers, through the house, gone
            wholly from sight !
        O Zeus, O Earth, O Sun, O Night !
        Whether by charms or by wizardry,
        Or stolen by Gods—not there was she !
        What chanced thereafter I know not, I ;
        For with stealthy feet from the halls did I fly.
        Ah, with manifold travail and weary pain   1500
        Menelaus hath won from Troy again
            Helen his bride—in vain '

CHORUS

But unto strange things, lo, strange things succeed ;
For sword in hand before the halls I see
Orestes come with passion-fevered feet.

Enter ORESTES.

ORESTES

Where is he that fleeing from the palace hath escaped
    my sword ?

PHRYGIAN

Crouching to thee in barbaric wise I grovel, O my lord !

ORESTES

Out !   No Ilium this is, but the land of Argos spreads
    hereby.

PHRYGIAN

Everywhere shall wise men better love to cling to life
    than die.

ΟΡΕΣΤΗΣ

1510 οὔτι που κραυγὴν ἔθηκας Μενέλεῳ βοηδρομεῖν;

ΦΡΥΞ

σοὶ μὲν οὖν ἔγωγ᾽ ἀμύνειν· ἀξιώτερος γὰρ εἶ.

ΟΡΕΣΤΗΣ

ἐνδίκως ἡ Τυνδάρειος ἆρα παῖς διώλετο;

ΦΡΥΞ

ἐνδικώτατ᾽, εἴ γε λαιμοὺς εἶχε τριπτύχους θανεῖν.

ΟΡΕΣΤΗΣ

δειλίᾳ γλώσσῃ χαρίζει, τἄνδον οὐχ οὕτω φρονῶν.

ΦΡΥΞ

οὐ γάρ, ἥτις Ἑλλάδ᾽ αὐτοῖς Φρυξὶ διελυμήνατο;

ΟΡΕΣΤΗΣ

ὄμοσον, εἰ δὲ μή, κτενῶ σε, μὴ λέγειν ἐμὴν χάριν.

ΦΡΥΞ

τὴν ἐμὴν ψυχὴν κατώμοσ᾽, ἣν ἂν εὐορκοῖμ᾽ ἐγώ.

ΟΡΕΣΤΗΣ

ὧδε κἀν Τροίᾳ σίδηρος πᾶσι Φρυξὶν ἦν φόβος;

ΦΡΥΞ

ἄπεχε φάσγανον· πέλας γὰρ δεινὸν ἀνταυγεῖ
φόνον.

ΟΡΕΣΤΗΣ

1520 μὴ πέτρος γένῃ δέδοικας, ὥστε Γοργόν᾽ εἰσιδών;

ORESTES

Didst thou not to Menelaus shout the rescue-cry but
    now?   1510

PHRYGIAN

Nay, O nay !—but for thine helping cried I :—worthier
    art thou.

ORESTES

Answer—did the child of Tyndareus by righteous sen-
    tence fall ?

PHRYGIAN

Righteous—wholly righteous—though she had three
    throats to die withal.

ORESTES

Dastard, 'tis thy tongue but truckles : in thine heart
    thou think'st not so.

PHRYGIAN

Should she not, who Hellas laid, and Phrygia's folk,
    in ruin low ?

ORESTES

Swear—or I will slay thee,—that thou speakest not to
    pleasure me.

PHRYGIAN

By my life I swear—an oath I sure should honour
    sacredly.

ORESTES

Like to thee at Troy did steel fill all the Trojan folk
    with fear ?

PHRYGIAN

Take, take hence thy sword ! It glareth ghastly mur-
    der, held so near !

ORESTES

Fear'st thou lest thou turn to stone, as who hath
    seen the Gorgon nigh?   1520

ΟΡΕΣΤΗΣ

ΦΡΥΞ

μὴ μὲν οὖν νεκρός· τὸ Γοργοῦς δ' οὐ κάτοιδ' ἐγὼ
    κάρα.

ΟΡΕΣΤΗΣ

δοῦλος ὢν φοβεῖ τὸν Ἅιδην, ὅς σ' ἀπαλλάξει
    κακῶν;

ΦΡΥΞ

πᾶς ἀνήρ, κἂν δοῦλος ᾖ τις, ἥδεται τὸ φῶς ὁρῶν.

ΟΡΕΣΤΗΣ

εὖ λέγεις, σῴζει σε σύνεσις· ἀλλὰ βαῖν' εἴσω
    δόμων.

ΦΡΥΞ

οὐκ ἄρα κτενεῖς μ';

ΟΡΕΣΤΗΣ
        ἀφεῖσαι.

ΦΡΥΞ

            καλὸν ἔπος λέγεις τόδε.

ΟΡΕΣΤΗΣ

ἀλλὰ μεταβουλευσόμεσθα.

ΦΡΥΞ

           τοῦτο δ' οὐ καλῶς λέγεις.

ΟΡΕΣΤΗΣ

μῶρος, εἰ δοκεῖς με τλῆναι σὴν καθαιμάξαι δέρην·
οὔτε γὰρ γυνὴ πέφυκας οὔτ' ἐν ἀνδράσιν σύ γ' εἶ.
τοῦ δὲ μὴ στῆσαί σε κραυγὴν εἵνεκ' ἐξῆλθον
    δόμων·
1530 ὀξὺ γὰρ βοῆς ἀκούσαν Ἄργος ἐξεγείρεται.
Μενέλεων δ' οὐ τάρβος ἡμῖν ἀναλαβεῖν εἴσω
    ξίφους·
ἀλλ' ἴτω ξανθοῖς ἐπ' ὤμων βοστρύχοις γαυ-
    ρούμενος·

PHRYGIAN

Nay, but rather to a corpse; of head of Gorgon
nought know I.

ORESTES

Thou a slave, and fearest Death, who shall from
misery set thee free!

PHRYGIAN

Every man, though ne'er so much a thrall, yet joys
the light to see.

ORESTES

Well thou say'st: thy wit hath saved thee. Hence
within the house—away!

PHRYGIAN

Then thou wilt not slay me?

ORESTES

Pardoned art thou.

PHRYGIAN

Kindly dost thou say.

ORESTES

Varlet, mine intent may change!—

PHRYGIAN

Thou utterest now an evil note!
[*Exit.*

ORESTES

Fool! to think that I would brook with blood to
stain me from thy throat,   [men among!
Who art neither woman, neither found the ranks of
Forth the palace I but came to curb the clamour of
thy tongue,   [hear.
For that swiftly roused is Argos if the rescue-cry she 1530
Menelaus—set him once at sword-length—nothing
do I fear.   [his shoulders falls!
Let him come, with golden locks whose pride about

259

εἰ γὰρ ᾿Αργείους ἐπάξει τοῖσδε δώμασιν λαβών,
τὸν ῾Ελένης φόνον διώκων, κἀμὲ μὴ σῴζειν θέλῃ
σύγγονόν τ' ἐμὴν Πυλάδην τε τὸν τάδε ξυν-
    δρῶντά μοι,
παρθένον τε καὶ δάμαρτα δύο νεκρὼ κατόψεται.

ἰὼ ἰὼ τύχα,   ἀντ.
ἕτερον εἰς ἀγῶν', ἕτερον αὖ δόμος
φοβερὸν ἀμφὶ τοὺς ᾿Ατρείδας πίτνει.
τί δρῶμεν; ἀγγέλλωμεν εἰς πόλιν τάδε;
1540 ἢ σῖγ' ἔχωμεν; ἀσφαλέστερον, φίλαι.
ἴδε πρὸ δωμάτων ἴδε προκηρύσσει
θοάζων ὅδ' αἰθέρος ἄνω καπνός.
ἅπτουσι πεύκας ὡς πυρώσοντες δόμους
τοὺς Τανταλείους, οὐδ' ἀφίστανται φόνου.
τέλος ἔχει δαίμων βροτοῖς,
τέλος ὅπα θέλει.
μεγάλα δέ τις ἁ δύναμις· δι' ἀλάστορ'
ἔπεσ' ἔπεσε μέλαθρα τάδε δι' αἱμάτων
διὰ τὸ Μυρτίλου πέσημ' ἐκ δίφρου.

ἀλλὰ μὴν καὶ τόνδε λεύσσω Μενέλεων δόμων
    πέλας
1550 ὀξύπουν, ἠσθημένον που τὴν τύχην ἢ νῦν πάρα.
οὐκέτ' ἂν φθάνοιτε κλῇθρα συμπεραίνοντες
    μοχλοῖς,
ὦ κατὰ στέγας ᾿Ατρεῖδαι. δεινὸν εὐτυχῶν ἀνὴρ
πρὸς κακῶς πράσσοντας, ὡς σὺ νῦν, ᾿Ορέστα,
    δυστυχεῖς.

For, if he shall gather Argives, lead them on against
    these halls,   [will set me free—
Claiming blood-revenge for Helen, nor from death
Me, my sister too, and Pylades who wrought herein
    with me,—
Corpses twain, his maiden daughter and his wife, his
    eyes shall see.   [*Exit.*

CHORUS

(*Ant. to* 1353–1365)

    Ho, fortune, ho!—again, again,
    The house into terrible conflict-strain
      Breaks forth for the Atreïds' sake!
What shall we do?—to the city the tidings take?
Or keep we silence? Safer were this, O friends.   1540
Lo there, lo there, where the smoke upleaping sends
      Its token afront of the halls through air!
      They will fire the palace of Tantalus!—glare
Already the brands, nor the deeds of murder they
    spare.
    Yet God overruleth the issue still,
    To mete unto men what issue he will:
    Great is his power! By a curse-fiend led
    This house on a track of blood hath been sped
Since Myrtilus, dashed from the chariot, plashed in
    the sea-surge, dead.

Ha, I see unto the palace Menelaus draweth near
Hasty-footed, having heard the deeds but now
    accomplished here.   1550
Ye within the mansion—Atreus' children!—bar the
        bolted gate!   [fortunate
Haste! oh haste! A formidable foeman is the
Unto such as be, Orestes, even as thou, in evil
    strait.

ΟΡΕΣΤΗΣ

ΜΕΝΕΛΑΟΣ
ἥκω κλύων τὰ δεινὰ καὶ δραστήρια
δισσοῖν λεόντοιν· οὐ γὰρ ἄνδρ' αὐτὼ καλῶ.
ἤκουσα γὰρ δὴ τὴν ἐμὴν ξυνάορον
ὡς οὐ τέθνηκεν, ἀλλ' ἄφαντος οἴχεται,
κενὴν ἀκούσας βάξιν, ἣν φόβῳ σφαλεὶς
ἤγγειλέ μοί τις. ἀλλὰ τοῦ μητροκτόνου
1560   τεχνάσματ' ἐστὶ ταῦτα καὶ πολὺς γέλως.
ἀνοιγέτω τις δῶμα· προσπόλοις λέγω
ὠθεῖν πύλας τάσδ', ὡς ἂν ἀλλὰ παῖδ' ἐμὴν
ῥυσώμεθ' ἀνδρῶν ἐκ χερῶν μιαιφόνων,
καὶ τὴν τάλαιναν ἀθλίαν δάμαρτ' ἐμὴν
λάβωμεν, ᾗ δεῖ ξυνθανεῖν ἐμῇ χερὶ
τοὺς διολέσαντας τὴν ἐμὴν ξυνάορον.

ΟΡΕΣΤΗΣ
οὗτος σύ, κλῄθρων τῶνδε μὴ ψαύσῃς χερί,
Μενέλαον εἶπον, ὃς πεπύργωσαι θράσει·
ἢ τῷδε θριγκῷ κρᾶτα συνθραύσω σέθεν,
1570   ῥήξας παλαιὰ γεῖσα, τεκτόνων πόνον.
μοχλοῖς δ' ἄραρε κλῇθρα, σῆς βοηδρόμου
σπουδῆς ἅ σ' εἴρξει, μὴ δόμων εἴσω περᾶν.

ΜΕΝΕΛΑΟΣ
ἔα, τί χρῆμα; λαμπάδων ὁρῶ σέλας,
δόμων δ' ἐπ' ἄκρων τούσδε πυργηρουμένους,
ξίφος δ' ἐμῆς θυγατρὸς ἐπίφρουρον δέρῃ.

ΟΡΕΣΤΗΣ
πότερον ἐρωτᾶν ἢ κλύειν ἐμοῦ θέλεις;

ΜΕΝΕΛΑΟΣ
οὐδέτερ'· ἀνάγκη δ', ὡς ἔοικε, σοῦ κλύειν.

ΟΡΕΣΤΗΣ
μέλλω κτανεῖν σου θυγατέρ', εἰ βούλει μαθεῖν.

ORESTES

Enter MENELAUS, *below* ; ORESTES *and* PYLADES *above,*
with HERMIONE.

MENELAUS

I come at news of strange and violent deeds
Wrought by two tigers ; men I call them not.
In sooth I heard a rumour that my wife
Is slain not, but hath vanished from the earth :
An idle tale I count it, brought by one
Distraught with fear.   Nay, some device is this
Of yonder matricide—a thing to mock !   1560
Open the door !—within there !—serving-men !
Thrust wide the gates, that I may save at least
My child from hands of blood-stained murderers,
And take mine hapless miserable wife,
Even mine helpmeet, whose destroyers now
Shall surely perish with her by mine hand.

ORESTES (*above*)

Ho there !—lay not thine hand unto these bolts,
Thou Menelaus, tower of impudence ;
Else with this coping will I crush thine head,
Rending the ancient parapet's masonry.   1570
Fast be the doors with bars, to shut out thence
Thy rescuing haste, that thou force not the house.

MENELAUS

Ha, what is this ?—torches agleam I see,
And on the house-roof yonder men at bay—
My daughter guarded—at her throat a sword !

ORESTES

Wouldest thou question, or give ear to me ?

MENELAUS

Neither : yet needs must I, meseems, hear thee.

ORESTES

I am bent to slay thy child—if thou wouldst know.

ΟΡΕΣΤΗΣ

ΜΕΝΕΛΑΟΣ
Ἑλένην φονεύσας ἐπὶ φόνῳ πράσσεις φόνον;

ΟΡΕΣΤΗΣ
1580   εἰ γὰρ κατέσχον μὴ θεῶν κλεφθεὶς ὕπο.

ΜΕΝΕΛΑΟΣ
ἀρνεῖ κατακτὰς κἀφ᾽ ὕβρει λέγεις τάδε;

ΟΡΕΣΤΗΣ
λυπράν γε τὴν ἄρνησιν· εἰ γὰρ ὤφελον—

ΜΕΝΕΛΑΟΣ
τί χρῆμα δρᾶσαι; παρακαλεῖς γὰρ εἰς φόβον.

ΟΡΕΣΤΗΣ
τὴν Ἑλλάδος μιάστορ᾽ εἰς Ἅιδου βαλεῖν.

ΜΕΝΕΛΑΟΣ
ἀπόδος δάμαρτος νέκυν, ὅπως χώσω τάφῳ.

ΟΡΕΣΤΗΣ
θεοὺς ἀπαίτει· παῖδα δὲ κτενῶ σέθεν.

ΜΕΝΕΛΑΟΣ
ὁ μητροφόντης ἐπὶ φόνῳ πράσσει φόνον.

ΟΡΕΣΤΗΣ
ὁ πατρὸς ἀμύντωρ, ὃν σὺ προὔδωκας θανεῖν.

ΜΕΝΕΛΑΟΣ
οὐκ ἤρκεσέν σοι τὸ παρὸν αἷμα μητέρος;

ΟΡΕΣΤΗΣ
1590   οὐκ ἂν κάμοιμι τὰς κακὰς κτείνων ἀεί.

ΜΕΝΕΛΑΟΣ
ἦ καὶ σύ, Πυλάδη, τοῦδε κοινωνεῖς φόνου;

ΟΡΕΣΤΗΣ
φησὶν σιωπῶν· ἀρκέσω δ᾽ ἐγὼ λέγων.

ΜΕΝΕΛΑΟΣ
ἀλλ᾽ οὔτι χαίρων, ἤν γε μὴ φύγῃς πτεροῖς.

ΟΡΕΣΤΗΣ
οὐ φευξόμεσθα· πυρὶ δ᾽ ἀνάψομεν δόμους.

MENELAUS

How? Helen slain, wouldst thou add blood to blood?

ORESTES

Would I had done that, ere Gods baffled me!　　　1580

MENELAUS

Thou slew'st her!—and for insult dost deny!

ORESTES

Bitter denial 'tis to me: would God—

MENELAUS

Thou hadst done—what? Thou thrillest me with fear!

ORESTES

I had hurled the curse of Hellas down to hell!

MENELAUS

Yield up my wife's corpse: let me bury her!

ORESTES

Ask of the Gods. But I will slay thy child.

MENELAUS

He would add blood to blood—this matricide!

ORESTES

His father's champion, death-betrayed by thee!

MENELAUS

Sufficed thee not thy stain of mother's blood?

ORESTES

Ne'er should I weary of slaying wicked wives!　　　1590

MENELAUS

Shar'st thou too in this murder, Pylades?

ORESTES

His silence saith it: let my word suffice.

MENELAUS

Nay, thou shalt rue, except thou flee on wings.

ORESTES

Flee will we not, but we will fire the halls.

ΟΡΕΣΤΗΣ

ΜΕΝΕΛΑΟΣ
ἦ γὰρ πατρῷον δῶμα πορθήσεις τόδε ;

ΟΡΕΣΤΗΣ
ὡς μή γ᾽ ἔχῃς σύ, τήνδ᾽ ἐπισφάξας πυρί.

ΜΕΝΕΛΑΟΣ
κτεῖν᾽· ὡς κτανών γε τῶνδέ μοι δώσεις δικην.

ΟΡΕΣΤΗΣ
ἔσται τάδ᾽.

ΜΕΝΕΛΑΟΣ
ἆ ἆ, μηδαμῶς δράσῃς τάδε.

ΟΡΕΣΤΗΣ
σιγα νύν, ἀνέχου δ᾽ ἐνδίκως πράσσων κακῶς.

ΜΕΝΕΛΑΟΣ
ἦ γὰρ δίκαιον ζῆν σε ;

ΟΡΕΣΤΗΣ
καὶ κρατεῖν γε γῆς.

1600

ΜΕΝΕΛΑΟΣ
ποίας;

ΟΡΕΣΤΗΣ
ἐν Ἄργει τῷδε τῷ Πελασγικῷ.

ΜΕΝΕΛΑΟΣ
εὖ γοῦν θίγοις ἂν χερνίβων—

ΟΡΕΣΤΗΣ
τί δὴ γὰρ οὔ ;

ΜΕΝΕΛΑΟΣ
καὶ σφάγια πρὸ δορὸς καταβάλοις.

ΟΡΕΣΤΗΣ
σὺ δ᾽ ἂν καλῶς ;

ΜΕΝΕΛΑΟΣ
ἁγνὸς γάρ εἰμι χεῖρας.

MENELAUS

How ? this thy fathers' home wilt thou destroy ?

ORESTES

Lest thou possess it—and slay her o'er its flames.

MENELAUS

Slay on,—and taste my vengeance for her death !

ORESTES

So be it (*raises sword*).

MENELAUS

Ah ! in no wise do the deed !

ORESTES

Peace !—and endure ill-fortune, thy just due

MENELAUS

How ?—just that thou shouldst live ?   1600

ORESTES

Yea—rule withal.

MENELAUS

What land ?

ORESTES

Pelasgian Argos, even this

MENELAUS

Thou touch the sacred lavers !—[1]

ORESTES

Wherefore not ?

MENELAUS

And slay ere battle victims !—

ORESTES

Well mayst *thou !*

MENELAUS

Yea, for mine hands are clean.

---

[1] The king, as commander-in-chief, sacrificed for the army before battle.

ΟΡΕΣΤΗΣ

ΟΡΕΣΤΗΣ
ἀλλ᾽ οὐ τὰς φρένας.

ΜΕΝΕΛΑΟΣ
τίς δ᾽ ἂν προσείποι σ᾽;

ΟΡΕΣΤΗΣ
ὅστις ἐστὶ φιλοπάτωρ.

ΜΕΝΕΛΑΟΣ
ὅστις δὲ τιμᾷ μητέρ᾽;

ΟΡΕΣΤΗΣ
εὐδαίμων ἔφυ.

ΜΕΝΕΛΑΟΣ
οὔκουν σύ γ᾽.

ΟΡΕΣΤΗΣ
οὐ γὰρ ἀνδάνουσιν αἱ κακαί.

ΜΕΝΕΛΑΟΣ
ἄπαιρε θυγατρὸς φάσγανον.

ΟΡΕΣΤΗΣ
ψευδὴς ἔφυς.

ΜΕΝΕΛΑΟΣ
ἀλλὰ κτενεῖς μου θυγατέρ᾽;

ΟΡΕΣΤΗΣ
οὐ ψευδὴς ἔτ᾽ εἶ.

ΜΕΝΕΛΑΟΣ
οἴμοι, τί δράσω;

ΟΡΕΣΤΗΣ
1610   πεῖθ᾽ ἐς Ἀργείους μολὼν—

ΜΕΝΕΛΑΟΣ
πειθὼ τίν᾽;

ΟΡΕΣΤΗΣ
ἡμᾶς μὴ θανεῖν αἰτοῦ πόλιν.

ΜΕΝΕΛΑΟΣ
ἢ παῖδά μου φονεύσεθ᾽;

ORESTES

But not thine heart !

MENELAUS

Who would speak to thee ?

ORESTES

Whoso loveth father.

MENELAUS

And honoureth mother ?

ORESTES

Happy he who may !

MENELAUS

Not such art thou !

ORESTES

Vile women please me not.

MENELAUS

Take from my child thy sword !

ORESTES

Born liar—no !

MENELAUS

Wilt slay my child ?

ORESTES

Ay—now thou liest not.

MENELAUS

What shall I do ?

ORESTES

To the Argives go ; persuade—   1610

MENELAUS

What suasion ?

ORESTES

Of the city beg our lives.

MENELAUS

Else will ye slay my daughter ?

ΟΡΕΣΤΗΣ

ΟΡΕΣΤΗΣ

ὧδ' ἔχει τάδε.

ΜΕΝΕΛΑΟΣ

ὦ τλῆμον Ἑλένη,

ΟΡΕΣΤΗΣ

τἀμὰ δ' οὐχὶ τλήμονα;

ΜΕΝΕΛΑΟΣ

σὲ σφάγιον ἐκόμισ' ἐκ Φρυγῶν,

ΟΡΕΣΤΗΣ

εἰ γὰρ τόδ' ἦν.

ΜΕΝΕΛΑΟΣ

πόνους πονήσας μυρίους.

ΟΡΕΣΤΗΣ

πλήν γ' εἰς ἐμέ.

ΜΕΝΕΛΑΟΣ

πέπονθα δεινά.

ΟΡΕΣΤΗΣ

τότε γὰρ ἦσθ' ἀνωφελής.

ΜΕΝΕΛΑΟΣ

ἔχεις με.

ΟΡΕΣΤΗΣ

σαυτὸν σύ γ' ἔλαβες κακὸς γεγώς.
ἀλλ' εἶ', ὕφαπτε δώματ', Ἠλέκτρα, τάδε.
σύ τ', ὦ φίλων μοι τῶν ἐμῶν σαφέστατε,
1620 Πυλάδη, κάταιθε γεῖσα τειχέων τάδε.

ΜΕΝΕΛΑΟΣ

ὦ γαῖα Δαναῶν ἱππίου τ' Ἄργους κτίται,
οὐκ εἶ' ἐνόπλῳ ποδὶ βοηδρομήσετε;
πᾶσαν γὰρ ὑμῶν ὅδε βιάζεται πόλιν·
ζῇ δ',[1] αἷμα μητρὸς μυσαρὸν ἐξειργασμένος.

---

[1] Nauck: for ζῆν of MSS., "defieth your state so as to live."

ORESTES

Even so.

MENELAUS

O hapless Helen!—

ORESTES

And not hapless I ?

MENELAUS

From Troy to death I brought thee—

ORESTES

Would 'twere so !

MENELAUS

From toils untold endured!

ORESTES

Yet none for me.

MENELAUS

I am foully wronged !

ORESTES

No help hadst thou for me.

MENELAUS

Thou hast trapped me !

ORESTES

Villain, thou hast trapped thyself!
What ho!   Electra, fire the halls below !
And thou, O truest of my friends to me,
Pylades, kindle yonder parapets.   1620

MENELAUS

O land of Danaans, folk of knightly Argos,
Up, gird on harness !—unto rescue run !
For lo, this man defieth all your state,
Yet lives, polluted with a mother's blood.

Μενέλαε, παῦσαι λῆμ' ἔχων τεθηγμένον,
Φοῖβός σ' ὁ Λητοῦς παῖς ὅδ' ἐγγὺς ὢν καλῶ,
σύ θ' ὃς ξιφήρης τῇδ' ἐφεδρεύεις κόρῃ,
Ὀρέσθ', ἵν' εἰδῇς οὓς φέρων ἥκω λόγους.
Ἑλένην μὲν ἣν σὺ διολέσαι πρόθυμος ὢν
1630   ἥμαρτες, ὀργὴν Μενέλεῳ ποιούμενος,
ἥδ' ἐστίν, ἣν ὁρᾶτ' ἐν αἰθέρος πτυχαῖς,
σεσωσμένη τε κοὐ θανοῦσα πρὸς σέθεν.
ἐγώ νιν ἐξέσωσα κἀπὸ φασγάνου
τοῦ σοῦ κελευσθεὶς ἥρπασ' ἐκ Διὸς πατρός.
Ζηνὸς γὰρ οὖσαν ζῆν νιν ἄφθιτον χρεών,
Κάστορί τε Πολυδεύκει τ' ἐν αἰθέρος πτυχαῖς
σύνθακος ἔσται, ναυτίλοις σωτήριος.
ἄλλην δὲ νύμφην εἰς δόμους κτῆσαι λαβών,
ἐπεὶ θεοὶ τῷ τῆσδε καλλιστεύματι
1640   Ἕλληνας εἰς ἓν καὶ Φρύγας ξυνήγαγον,
θανάτους τ' ἔθηκαν, ὡς ἀπαντλοῖεν χθονὸς
ὕβρισμα θνητῶν ἀφθόνου πληρώματος.
τὰ μὲν καθ' Ἑλένην ὧδ' ἔχει· σὲ δ' αὖ χρεών,
Ὀρέστα, γαίας τῆσδ' ὑπερβαλόνθ' ὅρους
Παρράσιον οἰκεῖν δάπεδον ἐνιαυτοῦ κύκλον.
κεκλήσεται δὲ σῆς φυγῆς ἐπώνυμον
Ἀζᾶσιν Ἀρκάσιν τ' Ὀρέστειον [καλεῖν].
ἐνθένδε δ' ἐλθὼν τὴν Ἀθηναίων πόλιν
δίκην ὑπόσχες αἵματος μητροκτόνου
1650   Εὐμενίσι τρισσαῖς· θεοὶ δέ σοι δίκης βραβῆς
πάγοισιν ἐν Ἀρείοισιν εὐσεβεστάτην
ψῆφον διοίσουσ', ἔνθα νικῆσαί σε χρή.
ἐφ' ἧς δ' ἔχεις, Ὀρέστα, φάσγανον δέρῃ,
γῆμαι πέπρωταί σ' Ἑρμιόνην· ὃς δ' οἴεται
Νεοπτόλεμος γαμεῖν νιν, οὐ γαμεῖ ποτε.

ORESTES

APOLLO *appears above in the clouds with* HELEN.

APOLLO

Menelaus, peace to thine infuriate mood:
I Phoebus, Leto's son, here call on thee.
Peace thou, Orestes, too, whose sword doth guard
Yon maid, that thou mayst hear the words I bear.
Helen, whose death thou hast essayed, to sting
The heart of Menelaus, yet hast missed,   1630
Is here,—whom wrapped in folds of air ye see,—
From death delivered, and not slain of thee.
'Twas I that rescued her, and from thy sword
Snatched her away by Father Zeus' behest;
For, as Zeus' daughter, deathless must she live,
And shall by Castor and Polydeuces sit
In folds of air, the mariners' saviour she.
Take thee a new bride to thine halls, and wed;
Seeing the high Gods by her beauty's lure
Hellenes and Phrygians into conflict drew,   1640
And brought to pass deaths, so to lighten earth
Oppressed with over-increase of her sons.
Thus far for Helen: 'tis thy doom to pass,
Orestes, o'er the borders of this land,
And dwell a year's round on Parrhasian soil,
Which lips Azanian and Arcadian
Shall from thine exile call " Orestes' Land."
Thence shalt thou fare to the Athenians' burg,
And stand thy trial for thy mother's blood
Against the Avengers Three. The Gods shall   1650
    there
Sit judges, and on Ares' Holy Hill
Pass righteous sentence: thou shalt win thy cause.
Hermione, at whose throat is thy sword,
Orestes, is thy destined bride: who thinks
To wed her, shall not—Neoptolemus;

ΟΡΕΣΤΗΣ

θανεῖν γὰρ αὐτῷ μοῖρα Δελφικῷ ξίφει,
δίκας Ἀχιλλέως πατρὸς ἐξαιτοῦντά με.
Πυλάδῃ δ᾽ ἀδελφῆς λέκτρον, ὡς κατήνεσας,
δός· ὁ δ᾽ ἐπιών νιν βίοτος εὐδαίμων μένει.

1660 Ἄργους δ᾽ Ὀρέστην, Μενέλεως, ἔα κρατεῖν,
ἐλθὼν δ᾽ ἄνασσε Σπαρτιάτιδος χθονός,
φερνὰς ἔχων δάμαρτος, ἥ σε μυρίοις
πόνοις διδοῦσα δεῦρ᾽ ἀεὶ διήνυσε.
τὰ πρὸς πόλιν δὲ τῷδ᾽ ἐγὼ θήσω καλῶς,
ὅς νιν φονεῦσαι μητέρ᾽ ἐξηνάγκασα.

ΟΡΕΣΤΗΣ

ὦ Λοξία μαντεῖε σῶν θεσπισμάτων·
οὐ ψευδόμαντις ἦσθ᾽ ἄρ᾽, ἀλλ᾽ ἐτήτυμος.
καίτοι μ᾽ ἐσῄει δεῖμα μή τινος κλύων
ἀλαστόρων δόξαιμι σὴν κλύειν ὄπα.

1670 ἀλλ᾽ εὖ τελεῖται, πείσομαι δὲ σοῖς λόγοις.
ἰδοὺ μεθίημ᾽ Ἑρμιόνην ἀπο σφαγῆς,
καὶ λέκτρ᾽ ἐπήνεσ᾽ ἡνίκ᾽ ἂν διδῷ πατήρ.

ΜΕΝΕΛΑΟΣ

ὦ Ζηνὸς Ἑλένη χαῖρε παῖ· ζηλῶ δέ σε
θεῶν κατοικήσασαν ὄλβιον δόμον.
Ὀρέστα, σοὶ δὲ παῖδ᾽ ἐγὼ κατεγγυῶ,
Φοίβου λέγοντος· εὐγενὴς δ᾽ ἀπ᾽ εὐγενοῦς
γήμας ὄναιο καὶ σὺ χὼ διδοὺς ἐγώ.

ΑΠΟΛΛΩΝ

χωρεῖτέ νυν ἕκαστος οἷ προστάσσομεν,
νείκας τε διαλύεσθε.

ΜΕΝΕΛΑΟΣ

πείθεσθαι χρεών.

ΟΡΕΣΤΗΣ

1680 κἀγὼ τοιοῦτος· σπένδομαι δὲ συμφοραῖς,
Μενέλαε, καὶ σοῖς, Λοξία, θεσπίσμασιν.

ORESTES

For doomed is he to die by Delphian swords,
When for his sire he claims redress of me.
On Pylades thy sister's plighted hand
Bestow : a life of bliss awaiteth him.
Menelaus, leave Orestes Argos' throne.　　　　1660
Go, hold the sceptre of the Spartan land,
As thy wife's dower, since she laid on thee
Travail untold to this day evermore.
I will to Argos reconcile this man
Whom I constrained to shed his mother's blood.

ORESTES

Hail, Prophet Loxias, to thine oracles !
No lying prophet wert thou then, but true.
And yet a fear crept o'er me, lest I heard,
Seeming to hear thy voice, a Fury-fiend.
Yet well ends all : thy words will I obey.　　　　1670
Lo, from the sword Hermione I release,
And pledge me, when her sire bestows, to wed.

MENELAUS

Hail, Helen, Child of Zeus ! I count thee blest,
Thou dweller in the happy home of Gods.
Orestes, I betroth to thee my child
At Phoebus' hest. Fair fall thy bridal, prince
To princess wed : well may it fall for me !

APOLLO

Depart now, each as I appoint to you,
And your feuds reconcile.

MENELAUS

　　　　　　　　Obey we must.

ORESTES

I am as he, to my fate reconciled,　　　　1680
To Menelaus, and thine oracles.

ΟΡΕΣΤΗΣ

ΑΠΟΛΛΩΝ

ἴτε νυν καθ' ὁδόν, τὴν καλλίστην
θεῶν Εἰρήνην τιμῶντες· ἐγὼ δ'
Ἑλένην Διὸς μελάθροις πελάσω,
λαμπρῶν ἄστρων πόλον ἐξανύσας,
ἔνθα παρ' Ἥρᾳ τῇ θ' Ἡρακλέους
Ἥβῃ πάρεδρος θεὸς ἀνθρώποις
ἔσται σπονδαῖς ἔντιμος ἀεί,
σὺν Τυνδαρίδαις τοῖς Διὸς υἱοῖς,
ναύταις μεδέουσα θαλάσσης.

1690

ΧΟΡΟΣ

ὦ μέγα σεμνὴ Νίκη, τὸν ἐμὸν
βίοτον κατέχοις
καὶ μὴ λήγοις στεφανοῦσα.

ORESTES

APOLLO

Pass on your way: and to Peace, of the Gods most fair,
   Render ye praise.
Helen will I unto Zeus's mansion bear,
Soon as I win to the height of the firmament, where
   Flash the star-rays.
Throned beside Hera, and Hebe, and Hercules, there
   Aye shall she be   [darid pair,
With drink-offerings honoured by men, with the Tyn-
Scions of Zeus, by mariners worshipped with prayer,
   Queen of the Sea.   1690

CHORUS

 Hail, reverèd Victory:
 Rest upon my life, and me
 Crown, and crown eternally!

     [Exeunt OMNES.

IPHIGENEIA IN TAURICA

ARGUMENT

WHEN *Iphigeneia, daughter of Agamemnon, lay on the altar of sacrifice at Aulis, Artemis snatched her away, and bare her to the Tauric land, which lieth in Thrace to north of the Black Sea. Here she was made priestess of the Goddess's temple, and in this office was constrained to consecrate men for death upon the altar ; for what Greeks soever came to that coast were seized and sacrificed to Artemis.*

And herein is told how her own brother Orestes came thither, and by what means they were made known to each other, and of the plot that they framed for their escape.

ΤΑ ΤΟΥ ΔΡΑΜΑΤΟΣ ΠΡΟΣΩΠΑ.

ΙΦΙΓΕΝΕΙΑ
ΟΡΕΣΤΗΣ
ΠΥΛΑΔΗΣ
ΧΟΡΟΣ
ΒΟΥΚΟΛΟΣ
ΘΟΑΣ
ΑΓΓΕΛΟΣ
ΑΘΗΝΑ

DRAMATIS PERSONAE

IPHIGENEIA, *daughter of Agamemnon, and Priestess of Artemis.*

ORESTES, *brother of Iphigeneia.*

PYLADES, *friend of Orestes.*

HERDMAN, *a Thracian.*

THOAS, *king of Thrace.*

MESSENGER, *servant of Thoas.*

ATHENA, *a Goddess.*

CHORUS, *consisting of captive Greek maidens, attendants of Iphigeneia.*

SCENE : In front of the temple of Artemis in Taurica.*

* The modern Crimea.

ΙΦΙΓΕΝΕΙΑ Η ΕΝ ΤΑΥΡΟΙΣ

ΙΦΙΓΕΝΕΙΑ

Πέλοψ ὁ Ταντάλειος εἰς Πῖσαν μολὼν
θοαῖσιν ἵπποις Οἰνομάου γαμεῖ κόρην,
ἐξ ἧς Ἀτρεὺς ἔβλαστεν· Ἀτρέως δ' ἄπο
Μενέλαος Ἀγαμέμνων τε· τοῦ δ' ἔφυν ἐγώ,
τῆς Τυνδαρείας θυγατρὸς Ἰφιγένεια παῖς,
ἣν ἀμφὶ δίναις ἃς θάμ' Εὔριπος πυκναῖς
αὔραις ἑλίσσων κυανέαν ἅλα στρέφει,
ἔσφαξεν Ἑλένης εἵνεχ', ὡς δοκεῖ, πατὴρ
Ἀρτέμιδι κλειναῖς ἐν πτυχαῖσιν Αὐλίδος.
10 ἐνταῦθα γὰρ δὴ χιλίων ναῶν στόλον
Ἑλληνικὸν συνήγαγ' Ἀγαμέμνων ἄναξ,
τὸν καλλίνικον στέφανον Ἰλίου θέλων
λαβεῖν Ἀχαιούς, τούς θ' ὑβρισθέντας γάμους
Ἑλένης μετελθεῖν, Μενέλεῳ χάριν φέρων.
δεινῆς δ' ἀπλοίας πνευμάτων τε τυγχάνων,[1]
εἰς ἔμπυρ' ἦλθε, καὶ λέγει Κάλχας τάδε·
ὦ τῆσδ' ἀνάσσων Ἑλλάδος στρατηγίας,
Ἀγάμεμνον, οὐ μὴ ναῦς ἀφορμίσῃ χθονός,
πρὶν ἂν κόρην σὴν Ἰφιγένειαν Ἄρτεμις
20 λάβῃ σφαγεῖσαν· ὅ τι γὰρ ἐνιαυτὸς τέκοι
κάλλιστον, ηὔξω φωσφόρῳ θύσειν θεᾷ.

---

[1] Barnes and Witzschel : for τ'ἀπλοίας and τ'οὐ of MSS.

IPHIGENEIA IN TAURICA

Enter from temple IPHIGENEIA.

IPHIGENEIA

PELOPS, the son of Tantalus, with fleet steeds
To Pisa came, and won Oenomaus' child :
Atreus she bare ; of him Menelaus sprang
And Agamemnon, born of whom was I,
Iphigeneia, Tyndareus' daughter's babe.
Me, by the eddies that with ceaseless gusts
Euripus shifteth, rolling his dark surge,
My sire slew—as he thinks—for Helen's sake
To Artemis, in Aulis' clefts renowned.
For king Agamemnon drew together there   10
The Hellenic armament, a thousand ships,
Fain that Achaea should from Ilium win
Fair victory's crown, and Helen's outraged bed
Avenge—all this for Menelaus' sake.
But, faced with winds that grimly barred the
    seas,
To divination he sought, and Calchas spake :
" Thou captain of this battle-host of Greece,
Agamemnon, thou shalt sail not from the land
Ere Artemis receive thy daughter slain,
Iphigeneia : for, of one year's fruit,   20
Thou vowedst the fairest to the Queen of Light.

παῖδ᾽ οὖν ἐν οἴκοις σὴ Κλυταιμνήστρα δάμαρ
τίκτει, τὸ καλλιστεῖον εἰς ἔμ᾽ ἀναφέρων,
ἣν χρή σε θῦσαι. καί μ᾽ Ὀδυσσέως τέχναις
μητρὸς παρείλοντ᾽ ἐπὶ γάμοις Ἀχιλλέως.
ἐλθοῦσα δ᾽ Αὐλίδ᾽ ἡ τάλαιν᾽ ὑπὲρ πυρᾶς
μετάρσια ληφθεῖσ᾽ ἐκαινόμην ξίφει·
ἀλλ᾽ ἐξέκλεψεν ἔλαφον ἀντιδοῦσά μου
Ἄρτεμις Ἀχαιοῖς, διὰ δὲ λαμπρὸν αἰθέρα
30 πέμψασά μ᾽ εἰς τήνδ᾽ ᾤκισεν Ταύρων χθόνα,
οὗ γῆς ἀνάσσει βαρβάροισι βάρβαρος
Θόας, ὃς ὠκὺν πόδα τιθεὶς ἴσον πτεροῖς
εἰς τοὔνομ᾽ ἦλθε τόδε ποδωκείας χάριν.
ναοῖσι δ᾽ ἐν τοῖσδ᾽ ἱερίαν τίθησί με·
ὅθεν νόμοισι τοῖσιν ἥδεται θεὰ
Ἄρτεμις ἑορτῆς — τοὔνομ᾽ ἧς καλὸν μόνον,
τὰ δ᾽ ἄλλα σιγῶ, τὴν θεὸν φοβουμένη —
θύω γάρ, ὄντος τοῦ νόμου καὶ πρὶν πόλει,
ὃς ἂν κατέλθῃ τήνδε γῆν Ἕλλην ἀνήρ.
40 κατάρχομαι μέν, σφάγια δ᾽ ἄλλοισιν μέλει
ἄρρητ᾽ ἔσωθεν τῶνδ᾽ ἀνακτόρων θεᾶς.
ἃ καινὰ δ᾽ ἥκει νὺξ φέρουσα φάσματα,
λέξω πρὸς αἰθέρ᾽, εἴ τι δὴ τόδ᾽ ἔστ᾽ ἄκος.
ἔδοξ᾽ ἐν ὕπνῳ τῆσδ᾽ ἀπαλλαχθεῖσα γῆς
οἰκεῖν ἐν Ἄργει, παρθενῶσι δ᾽ ἐν μέσοις
εὕδειν, χθονὸς δὲ νῶτα σεισθῆναι σάλῳ,
φεύγειν δὲ κἄξω στᾶσα θριγκὸν εἰσιδεῖν
δόμων πίτνοντα, πᾶν δ᾽ ἐρείψιμον στέγος
βεβλημένον πρὸς οὖδας ἐξ ἄκρων σταθμῶν.
50 μόνος δ᾽ ἐλείφθη στῦλος, ὡς ἔδοξέ μοι,
δόμων πατρῴων, ἐκ δ᾽ ἐπικράνων κόμας
ξανθὰς καθεῖναι, φθέγμα δ᾽ ἀνθρώπου λαβεῖν,
κἀγὼ τέχνην τήνδ᾽ ἣν ἔχω ξενοκτόνον

Lo, thy wife Clytemnestra in thine halls
Bare thee a child "—so naming me most fair,—
" Whom thou must offer." By Odysseus' wiles
From her they drew me, as to wed Achilles.
I came to Aulis : o'er the pyre,—ah me !—
High raised was I, the sword in act to slay,—
When Artemis stole me, for the Achaeans set
There in my place a hind, and through clear air
Wafted me, in this Taurian land to dwell,   30
Where a barbarian rules barbarians,
Thoas, who, since his feet be swift as wings
Of birds, hath of his fleetness won his name.
And in this fane her priestess made she me :
Therefore in rites of that dark cult wherein
Artemis joys,—fair is its name alone ;
But, for its deeds, her fear strikes dumb my lips,—
I sacrifice—'twas this land's ancient wont—
What Greek soever cometh to this shore.
I consecrate the victim ; in the shrine   40
The unspeakable slaughter is for others' hands.

Now the strange visions that the night hath
        brought
To heaven I tell—if aught of help be there.
In sleep methought I had escaped this land,
And dwelt in Argos. In my maiden-bower
I slept : then with an earthquake shook the ground.
I fled, I stood without, the cornice saw
Of the roof falling,—then, all crashing down,
Turret and basement, hurled was the house to
        earth.
The central pillar alone, meseemed, was left   50
Of my sires' halls ; this from its capital
Streamed golden hair, and spake with human voice.
Then I, my wonted stranger-slaughtering rite

τιμῶσ᾽ ὑδραίνειν αὐτὸν ὡς θανούμενον,
κλαίουσα. τοὔναρ δ᾽ ὧδε συμβάλλω τόδε·
τέθνηκ᾽ Ὀρέστης, οὗ κατηρξάμην ἐγώ.
στῦλοι γὰρ οἴκων εἰσὶ παῖδες ἄρσενες·
θνῄσκουσι δ᾽ οὓς ἂν χέρνιβες βάλωσ᾽ ἐμαί.
οὐδ᾽ αὖ συνάψαι τοὔναρ εἰς φίλους ἔχω·
60   Στροφίῳ γὰρ οὐκ ἦν παῖς, ὅτ᾽ ὠλλύμην ἐγώ.
νῦν οὖν ἀδελφῷ βούλομαι δοῦναι χοὰς
ἀποῦσ᾽ ἀπόντι, ταῦτα γὰρ δυναίμεθ᾽ ἄν,
σὺν προσπόλοισιν, ἃς ἔδωχ᾽ ἡμῖν ἄναξ
Ἑλληνίδας γυναῖκας. ἀλλ᾽ ἐξ αἰτίας
οὔπω τινὸς πάρεισιν· εἶμ᾽ εἴσω δόμων
ἐν οἷσι ναίω τῶνδ᾽ ἀνακτόρων θεᾶς.

ΟΡΕΣΤΗΣ
ὅρα, φυλάσσου μή τις ἐν στίβῳ βροτῶν.

ΠΥΛΑΔΗΣ
ὁρῶ, σκοποῦμαι δ᾽ ὄμμα πανταχοῦ στρέφων.

ΟΡΕΣΤΗΣ
Πυλάδη, δοκεῖ σοι μέλαθρα ταῦτ᾽ εἶναι θεᾶς;
70   ἔνθ᾽ Ἀργόθεν ναῦν ποντίαν ἐστείλαμεν;

ΠΥΛΑΔΗΣ
ἔμοιγ᾽, Ὀρέστα· σοὶ δὲ συνδοκεῖν χρεών.

ΟΡΕΣΤΗΣ
καὶ βωμός, Ἕλλην οὗ καταστάζει φόνος;

ΠΥΛΑΔΗΣ
ἐξ αἱμάτων γοῦν ξάνθ᾽ ἔχει θριγκώματα.

ΟΡΕΣΤΗΣ
θριγκοῖς δ᾽ ὑπ᾽ αὐτοῖς σκῦλ᾽ ὁρᾷς ἠρτημένα;

ΠΥΛΑΔΗΣ
τῶν κατθανόντων γ᾽ ἀκροθίνια ξένων.
ἀλλ᾽ ἐγκυκλοῦντ᾽ ὀφθαλμὸν εὖ σκοπεῖν χρεών.

Observing, sprinkled it, as doomed to death,
Weeping.   Now thus I read this dream of mine:
Dead is Orestes—him I sacrificed;—
Seeing the pillars of a house be sons,
And they die upon whom my sprinklings fall.
None other friend can I match with my dream;
For on my death-day Strophius had no son.   60
Now will I pour drink-offerings, far from him,
To a brother far from me,—'tis all I can,—
I with mine handmaids, given me of the king,
Greek damsels.   But for some cause are they here
Not yet: within the portals will I pass
Of this, the Goddess' shrine, wherein I dwell.
                                    [*Re-enters temple.*

Enter ORESTES *and* PYLADES.

ORESTES

Look thou—take heed that none be in the path.

PYLADES

I look, I watch, all ways I turn mine eyes.

ORESTES

Pylades, deem'st thou this the Goddess' fane
Whither from Argos we steered oversea?   70

PYLADES

I deem it is, Orestes, as must thou.

ORESTES

And the altar, overdripped with Hellene blood?

PYLADES

Blood-russet are its rims in any wise.

ORESTES

And 'neath them seest thou hung the spoils arow?

PYLADES

Yea, trophies of the strangers who have died.
But needs must we glance round with heedful eyes.

ΟΡΕΣΤΗΣ

ὦ Φοῖβε, ποῖ μ' αὖ τήνδ' ἐς ἄρκυν ἤγαγες
χρήσας, ἐπειδὴ πατρὸς αἷμ' ἐτισάμην,
μητέρα κατακτάς; διαδοχαῖς δ' Ἐρινύων
80 ἠλαυνόμεσθα φυγάδες, ἔξεδροι χθονός,
δρόμους τε πολλοὺς ἐξέπλησα καμπίμους.
ἐλθὼν δὲ σ' ἠρώτησα πῶς τροχηλάτου
μανίας ἂν ἔλθοιμ' εἰς τέλος πόνων τ' ἐμῶν,
οὓς ἐξεμόχθουν περιπολῶν καθ' Ἑλλάδα.
σὺ δ' εἶπας ἐλθεῖν Ταυρικῆς μ' ὅρους χθονός,
ἔνθ' Ἄρτεμίς σοι σύγγονος βωμοὺς ἔχοι,
λαβεῖν τ' ἄγαλμα θεᾶς, ὅ φασιν ἐνθάδε
εἰς τούσδε ναοὺς οὐρανοῦ πεσεῖν ἄπο·
λαβόντα δ' ἢ τέχναισιν ἢ τύχῃ τινί,
90 κίνδυνον ἐκπλήσαντ', Ἀθηναίων χθονὶ
δοῦναι· τὸ δ' ἐνθένδ' οὐδὲν ἐρρήθη πέρα·
καὶ ταῦτα δράσαντ' ἀμπνοὰς ἕξειν πόνων.
ἥκω δὲ πεισθεὶς σοῖς λόγοισιν ἐνθάδε
ἄγνωστον εἰς γῆν, ἄξενον. σὲ δ' ἱστορῶ,
Πυλάδη, σὺ γάρ μοι τοῦδε συλλήπτωρ πόνου,
τί δρῶμεν; ἀμφίβληστρα γὰρ τοίχων ὁρᾷς
ὑψηλά· πότερα δωμάτων προσαμβάσεις
ἐκβησόμεσθα; πῶς ἂν οὖν μάθοιμεν[1] ἄν,
μὴ χαλκότευκτα κλῇθρα λύσαντες μοχλοῖς,
100 ὧν οὐδὲν ἴσμεν; ἢν δ' ἀνοίγοντες πύλας
ληφθῶμεν εἰσβάσεις τε μηχανώμενοι,
θανούμεθ'. ἀλλὰ πρὶν θανεῖν, νεὼς ἔπι
φεύγωμεν, ᾗπερ δεῦρ' ἐναυστολήσαμεν.

ΠΥΛΑΔΗΣ

φεύγειν μὲν οὐκ ἀνεκτὸν οὐδ' εἰώθαμεν·
τὸν τοῦ θεοῦ δὲ χρησμὸν οὐ κακιστέον.

---

[1] μάθοιμεν MSS. ; λάθοιμεν, Sallier and many others.

IPHIGENEIA IN TAURICA

ORESTES

Phoebus, why is thy word again my snare,
When I have slain my mother, and avenged
My sire? From tired Fiends Fiends take up the
 chase,
And exiled drive me, outcast from my land,   80
In many a wild race doubling to and fro.
To thee I came and asked how might I win
My whirling madness' goal, my troubles' end,
Wherein I travailed, roving Hellas through.
Thou bad'st me go unto the Taurian coasts
Where Artemis thy sister hath her altars,
And take the Goddess' image, which, men say,
Here fell into this temple out of heaven,
And, winning it by craft or happy chance,
All danger braved, to the Athenians' land   90
To give it—nought beyond was bidden me;—
This done, should I have respite from my toils
Hither I come, obedient to thy words,
To a strange land and cheerless. Thee I ask,
Pylades, thee mine helper in this toil,—
What shall we do? Thou seest the engirdling walls,
How high they be. Up yonder temple-steps
Shall we ascend? How then could we learn more,
Except our levers force the brazen bolts
Whereof we know nought? If we be surprised   100
Opening gates, and plotting entrance here,
Die shall we. Nay, ere dying, let us flee
Back to the ship wherein we hither sailed.

PYLADES

Flee?—'twere intolerable!—'twas ne'er our wont:
Nor craven may we be to the oracle.

ναοῦ δ᾽ ἀπαλλαχθέντε κρύψωμεν δέμας
κατ᾽ ἄντρ᾽ ἃ πόντος νοτίδι διακλύζει μέλας,
νεὼς ἄπωθεν, μή τις εἰσιδὼν σκάφος
βασιλεῦσιν εἴπῃ, κᾆτα ληφθῶμεν βίᾳ.
110 ὅταν δὲ νυκτὸς ὄμμα λυγαίας μόλῃ,
τολμητέον τοι ξεστὸν ἐκ ναοῦ λαβεῖν
ἄγαλμα πάσας προσφέροντε μηχανάς.
ὅρα δέ γ᾽ εἴσω τριγλύφων ὅποι κενὸν
δέμας καθεῖναι· τοὺς πόνους γὰρ ἀγαθοὶ
τολμῶσι, δειλοὶ δ᾽ εἰσὶν οὐδὲν οὐδαμοῦ.
οὔτοι μακρὸν μὲν ἤλθομεν κώπῃ πόρον,
ἐκ τερμάτων δὲ νόστον ἀροῦμεν πάλιν;

ΟΡΕΣΤΗΣ

ἀλλ᾽ εὖ γὰρ εἶπας, πειστέον· χωρεῖν χρεὼν
ὅποι χθονὸς κρύψαντε λήσομεν δέμας.
120 οὐ γὰρ τὸ τοῦ θεοῦ γ᾽ αἴτιον γενήσεται
πεσεῖν ἄκραντον θέσφατον· τολμητέον·
μόχθος γὰρ οὐδεὶς τοῖς νέοις σκῆψιν φερει.

ΧΟΡΟΣ

εὐφαμεῖτ᾽, ὦ
πόντου δισσὰς συγχωρούσας
πέτρας Εὐξείνου ναίοντες.
ὦ παῖ τᾶς Λατοῦς,
Δίκτυνν᾽ οὐρεία,
πρὸς σὰν αὐλάν, εὐστύλων
ναῶν χρυσήρεις θριγκούς,
130 πόδα παρθένιον ὅσιον ὁσίας
κληδούχου δούλα πέμπω,
Ἑλλάδος εὐίππου πύργους
καὶ τείχη χόρτων τ᾽ εὐδένδρων
ἐξαλλάξασ᾽ Εὐρώταν,
πατρῴων οἴκων ἕδρας.

Withdraw we from the temple ; let us hide
In caves by the dark sea-wash oversprayed,
Far from our ship, lest some one spy her hull,
And tell the chiefs, and we be seized by force.
But when the eye of murky night is come,   **110**
That carven image must we dare to take
Out of the shrine with all the craft we may.
Mark thou betwixt yon triglyphs a void space
Whereby to climb down.   Brave men on all toils
Adventure ; nought are cowards anywhere.
Have we come with the oar a weary way,
And from the goal shall we turn back again ?

ORESTES

Good : I must heed thee.   Best withdraw ourselves
Unto a place where we shall lurk unseen.
For, if his oracle fall unto the ground,   **120**
The God's fault shall it not be.   We must dare,
Since for young men toil knoweth no excuse.
[Exeunt.

Enter CHORUS and IPHIGENEIA.

CHORUS

Keep reverent silence, ye
Beside the Euxine Sea
Who dwell, anigh the clashing rock-towers twain.
Maid of the mountain-wild,
Dictynna, Leto's child,
Unto thy court, thy lovely-pillared fane,
Whose roofs with red gold burn,
Pure maiden feet I turn,   **130**
Who serve the hallowed Bearer of the Key,
Banished from Hellas' towers,
Trees, gardens, meadow-flowers
That fringe Eurotas by mine home o'ersea.

ἔμολον· τί νέον ; τινα φροντίδ᾿ ἔχεις ;
τί με πρὸς ναοὺς ἄγαγες ἄγαγες,
ὦ παῖ τοῦ τᾶς Τροίας πύργους
140   ἐλθόντος κλεινᾷ σὺν κώπᾳ
χιλιοναύτᾳ μυριοτευχεῖ
τῶν ᾿Ατρειδᾶν τῶν κλεινῶν ;

ΙΦΙΓΕΝΕΙΑ

ἰὼ δμωαί,
δυσθρηνήτοις ὡς θρήνοις
ἔγκειμαι, τᾶς οὐκ εὐμούσου
μολπαῖσι βοᾶς ἀλύροις ἐλέγοις,
αἰαῖ, κηδείοις οἴκτοις,
αἵ μοι συμβαίνουσ᾿ ἆται,
σύγγονον ἀμὸν κατακλαιομένᾳ
150   ζωᾶς, οἵαν ἰδόμαν ὄψιν ὀνείρων
νυκτός, τᾶς ἐξῆλθ᾿ ὄρφνα.
ὀλόμαν ὀλόμαν·
οὐκ εἴσ᾿ οἶκοι πατρῷοι·
οἴμοι φροῦδος γέννα.
φεῦ φεῦ τῶν ῎Αργει μόχθων.
ἰὼ ἰὼ δαίμων, ὃς τὸν
μοῦνόν με κασίγνητον συλᾷς
῎Αιδᾳ πέμψας, ᾧ τάσδε χοὰς
160   μέλλω κρατῆρά τε τὸν φθιμένων
ὑδραίνειν γαίας ἐν νώτοις,
πηγάς τ᾿ οὐρείων ἐκ μόσχων
Βάκχου τ᾿ οἰνηρὰς λοιβὰς
ξουθᾶν τε πόνημα μελισσᾶν,
ἃ νεκροῖς θελκτήρια κεῖται.

ἀλλ᾿ ἔνδος μοι πάγχρυσον
τεῦχος καὶ λοιβὰν ῎Αιδα.

I come. Thy tidings?—what
    Thy care? Why hast thou brought
Me to the shrines, O child of him who led
    That fleet, the thousand-keeled,
    That host of myriad shield   140
That Troyward with the glorious Atreïds sped?

IPHIGENEIA

Ah maidens, sunken deep
In mourning's dole I weep:
My wails no measure keep
    With aught glad-ringing
From harps: no Song-queen's strain
Breathes o'er the sad refrain
Of my bereavement's pain,
    Nepenthe-bringing.
The curse upon mine head
Is come—a brother dead!   150
Ah vision-dream that fled
    To Night's hand clinging!
Undone am I—undone!
My race—its course is run:
My sire's house—there is none:
    Woe, Argos' nation!
Ah, cruel Fate, that tore
From me my love, and bore
To Hades! Dear, I pour
    Thy death-libation—   160
Fountains of mountain-kine,
The brown bees' toil, the wine,
Shed on earth's breast, are thine,
    Thy peace-oblation!
Give me the urn, whose gold
The Death-god's draught shall hold:—

170 ὦ κατὰ γαίας Ἀγαμεμνόνιον
θάλος, ὡς φθιμένῳ τάδε σοι πέμπω·
δέξαι δ'· οὐ γὰρ πρὸς τύμβον σοι
ξανθὰν χαίταν, οὐ δάκρυ' οἴσω.
τηλόσε γὰρ δὴ σᾶς ἀπενάσθην
πατρίδος καὶ ἐμᾶς, ἔνθα δοκήμασι
κεῖμαι σφαχθεῖσ' ἁ τλάμων.

ΧΟΡΟΣ

ἀντιψάλμους ᾠδὰς ὕμνον τ'
180 Ἀσιήταν σοι βάρβαρον ἀχὰν
δεσποίνᾳ γ' ἐξαυδάσω,
τὰν ἐν θρήνοισιν μοῦσαν,
νέκυσι μελομέναν τὰν ἐν μολπαῖς
Ἅιδας ὑμνεῖ δίχα παιάνων.

ΙΦΙΓΕΝΕΙΑ

οἴμοι, τῶν Ἀτρειδᾶν οἴκων
ἔρρει φῶς σκήπτρων, ἔρρει· [1]
οἴμοι πατρῴων οἴκων.
τίνος ἐκ τῶν εὐόλβων Ἄργει
190 βασιλέων ἀρχά;
μόχθος δ' ἐκ μόχθων ᾄσσει.

ΧΟΡΟΣ

δινευούσαις ἵπποις πταναῖς [2]
ἀλλάξας ἐξ ἕδρας
ἱερὸν μετέβασ' ὄμμ' αὐγᾶς

---

[1] Text of 187–190 much disputed.
[2] Text of 192–197 quite uncertain. England's readings adopted, except ἄλλαις for ἄλλοις.

Thee, whom earth's arms enfold,
    Atreides' scion,   170
These things I give thee now ;
Dear dead, accept them thou,
Bright tresses from my brow
    Shall never lie on
Thy grave, nor tears.   Our land —
Thine—mine—to me is banned.
Far off the altars stand
    Men saw me die on.

CHORUS

Lo, I will peal on high   180
    To echo thine, O queen,
My dirge, the Asian hymn, and that weird cry,
    The wild barbaric keen,
    The litany of death,
    Song-tribute that we bring
To perished ones, where moaneth Hades' breath,
    Where no glad pæans ring.

IPHIGENEIA

Woe for the kingly sway
    From Atreus' house that falls !
Passed is their sceptre's glory, passed away—
    Woe for my fathers' halls !   190
    Where are the heaven-blest kings
    Throned erstwhile in their might
O'er Argos ?   Trouble out of trouble springs
    In ceaseless arrowy flight.

CHORUS

O day when from his place
    The Sun his winged steeds wheeled,
Turning the splendour of his holy face

297

ἅλιος. ἄλλαις δ' ἄλλα προσέβα
χρυσέας ἀρνὸς μελάθροις ὀδύνα,
φόνος ἐπὶ φόνῳ, ἄχεά τ' ἄχεσιν·
ἔνθεν τῶν πρόσθεν δμαθέντων
200   Τανταλιδᾶν ἐκβαίνει ποινά γ'
εἰς οἴκους· σπεύδει δ' ἀσπούδαστ'
ἐπὶ σοὶ δαίμων.

ΙΦΙΓΕΝΕΙΑ

ἐξ ἀρχᾶς μοι δυσδαίμων
δαίμων τᾶς ματρὸς ζωνας
καὶ νυκτὸς κείνας· ἐξ ἀρχᾶς
λόχιαι στερρὰν παιδείαν
Μοῖραι συντείνουσιν θεαί,
209   ἂν πρωτόγονον θάλος ἐν θαλάμοις
208   ἁ μναστευθεῖσ' ἐξ Ἑλλάνων,
210   Λήδας ἁ τλάμων κούρα,
σφάγιον πατρῴα λώβᾳ
καὶ θῦμ' οὐκ εὐγάθητον
ἔτεκεν, ἔτρεφεν, εὐκταίαν
ἱππείοις ἐν δίφροισιν
ψαμάθων Αὐλίδος ἐπιβᾶσαν
νύμφαν, οἴμοι, δύσνυμφον
τῷ τᾶς Νηρέως κούρας, αἰαῖ.

νῦν δ' ἀξείνου πόντου ξείνα
δυσχόρτους οἴκους ναίω
220   ἄγαμος, ἄτεκνος, ἄπολις, ἄφιλος,
οὐ τὰν Ἄργει μέλπουσ' Ἥραν
οὐδ' ἱστοῖς ἐν καλλιφθόγγοις
κερκίδι Παλλάδος Ἀτθίδος εἰκὼ
καὶ Τιτάνων ποικίλλουσ', ἀλλ'

From horrors there revealed!
That golden lamb [1] hath brought
Woe added unto woe,
Pang upon pang, murder on murder wrought:
All these thy line must know.
Vengeance thine house must feel
For sons thereof long dead :   200
Their sins Fate, zealous with an evil zeal,
Visiteth on thine head.

IPHIGENEIA

From the beginning was to me accurst
My mother's spousal-fate :
The Queens of Birth with hardship from the first
Crushed down my childhood-state.
I, the first blossom of the bridal-bower
Of Leda's hapless daughter   210
By princes wooed, was nursed for that dark hour
Of sacrificial slaughter,
For vows that stained with sin my father's hands
When I was chariot-borne
Unto the Nereid's son on Aulis' sands—
Ah me, a bride forlorn !

Lone by a stern sea's desert shores I live
Loveless, no children clinging
To me ; the homeless, friendless, cannot give   220
To Hera praise of singing
In Argos ; nor to music of my loom
Shall Pallas' image grow
Splendid in strife Titanic :—in my doom

---

[1] See note to *Electra*, l. 699.

αἱμόρραντον δυσφόρμιγγα
ξείνων αἱμάσσουσ᾿ ἄταν βωμούς,
οἰκτράν τ᾿ αἰαζόντων αὐδάν,
οἰκτρόν τ᾿ ἐκβαλλόντων δάκρυον.

καὶ νῦν κείνων μέν μοι λάθα,
230   τὸν δ᾿ Ἄργει δμαθέντα κλαίω
σύγγονον, ὃν ἔλιπον ἐπιμαστίδιον
ἔτι βρέφος, ἔτι νέον, ἔτι θάλος
ἐν χερσὶν ματρὸς πρὸς στέρνοις τ᾿
Ἄργει σκηπτοῦχον Ὀρέσταν.

ΧΟΡΟΣ
καὶ μὴν ὅδ᾿ ἀκτὰς ἐκλιπὼν θαλασσίους
βουφορβὸς ἥκει, σημανῶν τί σοι νέον.

ΒΟΥΚΟΛΟΣ
Ἀγαμέμνονός τε καὶ Κλυταιμνήστρας τέκνον,
ἄκουε καινῶν ἐξ ἐμοῦ κηρυγμάτων.

ΙΦΙΓΕΝΕΙΑ
240   τί δ᾿ ἔστι τοῦ παρόντος ἐκπλῆσσον λόγου;

ΒΟΥΚΟΛΟΣ
ἥκουσιν εἰς γῆν, κυανέαν Συμπληγάδα
πλάτῃ φυγόντες, δίπτυχοι νεανίαι,
θεᾷ φίλον πρόσφαγμα καὶ θυτήριον
Ἀρτέμιδι. χέρνιβας δὲ καὶ κατάργματα
οὐκ ἂν φθάνοις ἂν εὐτρεπῆ ποιουμένη.

ΙΦΙΓΕΝΕΙΑ
ποδαποί; τίνος γῆς ὄνομ᾿ [1] ἔχουσιν οἱ ξένοι;

ΒΟΥΚΟΛΟΣ
Ἕλληνες· ἓν τοῦτ᾿ οἶδα κοὐ περαιτέρω.

---

[1] So the MSS. Monk reads σχῆμ᾿, "what land's garb do the strangers wear?"

Blood-streams mid groanings flow,
The ghastly music made of strangers laid
    On altars, piteous-weeping ! . . . . .

Yet from these horrors now my thoughts have strayed,
    Afar to Argos leaping   230
To wail Orestes dead—a kingdom's heir !
    Ah, hands of my lost mother
Clasped thee ; her breast, at my departing, bare
    Thy babe-face, O my brother !

CHORUS

Lo, yonder from the sea-shore one hath come,
A herdman bearing tidings unto thee.

Enter HERDMAN.

HERDMAN

Agamemnon's daughter, Clytemnestra's child,
Hear the strange story that I bring to thee !

IPHIGENEIA

What cause is in thy tale for this amaze ?   240

HERDMAN

Unto the land, through those blue Clashing Rocks
Sped by the oar-blades, two young men be come,
A welcome offering and sacrifice
To Artemis.   Prepare thee with all speed
The lustral streams, the consecrating rites.

IPHIGENEIA

Whence come ?—what land's name do the strangers
    bear ?

HERDMAN

Hellenes : this one thing know I ; nought beside.

ΙΦΙΓΕΝΕΙΑ

οὐδ' ὄνομ' ἀκούσας οἶσθα τῶν ξένων φράσαι ;

ΒΟΥΚΟΛΟΣ

Πυλάδης ἐκλήζεθ' ἅτερος πρὸς θατέρου.

ΙΦΙΓΕΝΕΙΑ

250   τοῦ ξυζύγου δὲ τοῦ ξένου τί τοὔνομ' ἦν ;

ΒΟΥΚΟΛΟΣ

οὐδεὶς τόδ' οἶδεν · οὐ γὰρ εἰσηκούσαμεν.

ΙΦΙΓΕΝΕΙΑ

ποῦ δ' εἴδετ' αὐτοὺς κἀντυχόντες εἵλετε;

ΒΟΥΚΟΛΟΣ

ἄκραις ἐπὶ ῥηγμῖσιν ἀξένου πόρου.

ΙΦΙΓΕΝΕΙΑ

καὶ τίς θαλάσσης βουκόλοις κοινωνία;

ΒΟΥΚΟΛΟΣ

βοῦς ἤλθομεν νίψοντες ἐναλίᾳ δρόσῳ.

ΙΦΙΓΕΝΕΙΑ

ἐκεῖσε δὴ 'πάνελθε, ποῦ νιν εἵλετε
τρόπῳ θ' ὁποίῳ· τοῦτο γὰρ μαθεῖν θέλω.
χρόνιοι γὰρ ἥκουσ', ἐξ ὅτου βωμὸς θεᾶς
Ἑλληνικαῖσιν ἐξεφοινίχθη ῥοαῖς.

ΒΟΥΚΟΛΟΣ

260   ἐπεὶ τὸν εἰσρέοντα διὰ Συμπληγάδων
βοῦς ὑλοφορβοὺς πόντον εἰσεβάλλομεν,
ἦν τις διαρρὼξ κυμάτων πολλῷ σάλῳ
κοιλωπὸς ἀγμός, πορφυρευτικαὶ στέγαι.
ἐνταῦθα δισσοὺς εἶδέ τις νεανίας
βουφορβὸς ἡμῶν, κἀνεχώρησεν πάλιν
ἄκροισι δακτύλοισι πορθμεύων ἴχνος.
ἔλεξε δ'· οὐχ ὁρᾶτε; δαίμονές τινες
θάσσουσιν οἴδε. θεοσεβὴς δ' ἡμῶν τις ὢν
ἀνέσχε χεῖρε καὶ προσηύξατ' εἰσιδών·

IPHIGENEIA

Nor heardest thou their name, to tell it me?

HERDMAN

Pylades one was of his fellow named.

IPHIGENEIA

And of the stranger's comrade what the name?　　　250

HERDMAN

This no man knoweth, for we heard it not

IPHIGENEIA

Where saw ye—came upon them—captured them?

HERDMAN

Upon the breakers' verge of yon drear sea.

IPHIGENEIA

Now what have herdmen with the sea to do?

HERDMAN

We went to wash our cattle in sea-brine.

IPHIGENEIA

To this return—where laid ye hold on them,
And in what manner? This I fain would learn.
For late they come : the Goddess' altar long
Hath been with streams of Hellene blood undyed.

HERDMAN

Even as we drave our woodland-pasturing kine　　　260
Down to the sea that parts the Clashing Rocks,—
There was a cliff-chine, by the ceaseless dash
Of waves grooved out, a purple-fishers' haunt ;—
Even there a herdman of our company
Beheld two youths, and backward turned again,
With tiptoe stealth his footsteps piloting,
And spake, " Do ye not see them?—yonder sit
Gods!" One of us, a god-revering man,
Lifted his hands, and looked on them, and prayed :

270
ὦ ποντίας παῖ Λευκοθέας, νεῶν φύλαξ,
δέσποτα Παλαῖμον, ἵλεως ἡμῖν γενοῦ,
εἴτ᾽ οὖν ἐπ᾽ ἀκταῖς θάσσετον Διοσκόρω,
ἢ Νηρέως ἀγάλμαθ᾽, ὃς τὸν εὐγενῆ
ἔτικτε πεντήκοντα Νηρήδων χορόν.
ἄλλος δέ τις μάταιος, ἀνομία θρασύς,
ἐγέλασεν εὐχαῖς, ναυτίλους δ᾽ ἐφθαρμένους
θάσσειν φάραγγ᾽ ἔφασκε τοῦ νόμου φόβῳ,
κλύοντας ὡς θύοιμεν ἐνθάδε ξένους.
ἔδοξε δ᾽ ἡμῶν εὖ λέγειν τοῖς πλείοσι,
280
θηρᾶν τε τῇ θεῷ σφάγια τἀπιχώρια.
κἂν τῷδε πέτραν ἅτερος λιπὼν ξένοιν
ἔστη κάρα τε διετίναξ᾽ ἄνω κάτω
κἀπεστέναξεν ὠλένας τρέμων ἄκρας,
μανίαις ἀλαίνων, καὶ βοᾷ κυναγὸς ὥς·
Πυλάδη, δέδορκας τήνδε; τήνδε δ᾽ οὐχ ὁρᾷς
Ἅιδου δράκαιναν, ὥς με βούλεται κτανεῖν
δειναῖς ἐχίδναις εἰς ἔμ᾽ ἐστομωμένη;
ἡ δ᾽ ἐκ χιτώνων πῦρ πνέουσα καὶ φόνον
πτεροῖς ἐρέσσει, μητέρ᾽ ἀγκάλαις ἐμὴν
290
ἔχουσα, πέτρινον ὄχθον, ὡς ἐπεμβάλῃ.
οἴμοι κτενεῖ με· ποῖ φύγω; παρῆν δ᾽ ὁρᾶν
οὐ ταῦτα μορφῆς σχήματ᾽, ἀλλ᾽ ἠλλάσσετο
φθογγάς τε μόσχων καὶ κυνῶν ὑλάγματα,
ἃ ᾽φασκ᾽[1] Ἐρινῦς ἱέναι μυκήματα.[2]
ἡμεῖς δὲ συσταλέντες, ὡς θανούμενοι,
σιγῇ καθήμεθ᾽· ὁ δὲ χερὶ σπάσας ξίφος,
μόσχους ὀρούσας εἰς μέσας λέων ὅπως,
παίει σιδήρῳ λαγόνας εἰς πλευρὰς ἱείς,
δοκῶν Ἐρινῦς θεὰς ἀμύνεσθαι τάδε,
300
ὡς αἱματηρὸν πέλαγος ἐξανθεῖν ἁλός.

---

[1] Badham : for MSS. ἃς φᾶσ᾽.   [2] Nauck : for MSS. μιμήματα.

" Guardian of ships, Sea-queen Leucothea's son   270
O Lord Palaemon, gracious be to us ;
Or ye, Twin Brethren, if ye yonder sit ;
Or Nereus' darlings, born to him of whom
That company of fifty Nereids sprang."
But one, a scorner, bold in lawlessness,
Mocked at his prayers : for shipwrecked mariners
Dreading our law, said he, sat in the cleft,
Who had heard how strangers here be sacrificed.
And now the more part said, " He speaketh well :
Let us then hunt the Goddess' victims due."   280
One of the strangers left meantime the cave,
Stood forth, and up and down he swayed his head,
And groaned and groaned again with quivering
    hands,
Frenzy-distraught, and shouted hunter-like :
" Pylades, seest thou her ?—dost mark not her,
Yon Hades-dragon, lusting for my death,
Her hideous vipers gaping upon me ?
And this, whose robes waft fire and slaughter forth,
Flaps wings—my mother in her arms she holds—
Ha, now to a rock-mass changed !—to hurl on me !   290
Ah ! she will slay me ! Whither can I fly ?"
We could not see these shapes : his fancy changed
Lowing of kine and barking of the dogs
To howlings which the Fiends sent forth, he said.
We cowering low, as men that looked to die,
Sat hushed. With sudden hand he drew his sword,
And like a lion rushed amidst the kine,
Smote with the steel their flanks, pierced through
    their ribs,—
Deeming that thus he beat the Erinyes back,—
So that the sea-brine blossomed with blood-foam.   300

κἂν τῷδε πᾶς τις, ὡς ὁρᾷ βουφόρβια
πίπτοντα καὶ πορθοῦμεν', ἐξωπλίζετο,
κόχλους τε φυσῶν συλλέγων τ' ἐγχωρίους·
πρὸς εὐτραφεῖς γὰρ καὶ νεανίας ξένους
φαύλους μάχεσθαι βουκόλους ἡγούμεθα.
πολλοὶ δ' ἐπληρώθημεν οὐ μακρῷ χρόνῳ.
πίπτει δὲ μανίας πίτυλον ὁ ξένος μεθείς,
στάζων ἀφρῷ γένειον· ὡς δ' ἐσείδομεν
προὔργου πεσόντα, πᾶς ἀνὴρ ἔσχεν πόνον

310 βάλλων ἀράσσων· ἅτερος δὲ τοῖν ξένοιν
ἀφρόν τ' ἀπέψη σώματός τ' ἐτημέλει
πέπλων τε προυκάλυπτεν εὐπήνους ὑφάς,
καραδοκῶν μὲν τἀπιόντα τραύματα,
φίλον δὲ θεραπείαισιν ἄνδρ' εὐεργετῶν.
ἔμφρων δ' ἀνάξας ὁ ξένος πεσήματος
ἔγνω κλύδωνα πολεμίων προσκείμενον
καὶ τὴν παροῦσαν συμφορὰν αὐτοῖν πέλας,
ᾤμωξέ θ'· ἡμεῖς δ' οὐκ ἀνίεμεν πέτρους
βάλλοντες, ἄλλος ἄλλοθεν προσκείμενοι.

320 οὗ δὴ τὸ δεινὸν παρακέλευσμ' ἠκούσαμεν·
Πυλάδη, θανούμεθ', ἀλλ' ὅπως θανούμεθα
κάλλισθ'· ἕπου μοι, φάσγανον σπάσας χερί.
ὡς δ' εἴδομεν δίπαλτα πολεμίων ξίφη,
φυγῇ λεπαίας ἐξεπίμπλαμεν νάπας.
ἀλλ', εἰ φύγοι τις, ἅτεροι προσκείμενοι
ἔβαλλον αὐτούς· εἰ δὲ τούσδ' ὠσαίατο,
αὖθις τὸ νῦν ὑπεῖκον ἤρασσον πέτροις.
ἀλλ' ἦν ἄπιστον· μυρίων γὰρ ἐκ χερῶν
οὐδεὶς τὰ τῆς θεοῦ θύματ' ηὐτύχει βαλών.

330 μόλις δέ νιν τόλμῃ μὲν οὐ χειρούμεθα,
κύκλῳ δὲ περιβαλόντες ἐξεκλέψαμεν
πέτροισι χειρῶν φάσγαν', εἰς δὲ γῆν γόνυ

Thereat each man, soon as he marked the herds
Harried and falling slain, 'gan arm himself,
Blowing on conchs and gathering dwellers-round ;
For we accounted herdmen all too weak
To fight with strangers young and lusty-grown.
So in short time were many mustered there.
Now ceased the stranger's madness-fit : he falls,
Foam spraying o'er his beard. We, marking him
So timely fallen, wrought each man his part,
Hurling with battering stones.   His fellow still   310
Wiped off the foam, and tended still his frame,
And screened it with his cloak's fair-woven folds,
Watching against the ever-hailing blows,
With loving service ministering to his friend.

He came to himself—he leapt from where he lay—
He marked the surge of foes that rolled on him,
He marked the deadly mischief imminent,
And groaned : but we ceased not from hurling
        stones,
Hard pressing them from this side and from that.
Thereat we heard this terrible onset-shout :   320
" Pylades, we shall die : see to it we die
With honour !   Draw thy sword, and follow me."
But when we saw our two foes' brandished blades,
In flight we filled the copses of the cliffs.
Yet, if these fled, would those press on again,
And cast at them ; and if they drave those back,
They that first yielded hurled again the stones.
Yet past belief it was—of all those hands,
To smite the Goddess' victims none prevailed.
At last we overbore them,—not by courage,   330
But, compassing them, smote the swords unwares
Out of their hands with stones.   To earth they
        bowed

καμάτῳ καθεῖσαν. πρὸς δ' ἄνακτα τῆσδε γῆς
κομίζομέν νιν. ὁ δ' ἐσιδὼν ὅσον τάχος
εἰς χέρνιβάς τε καὶ σφαγεῖ' ἔπεμπέ σοι.
εὔχου δὲ τοιάδ', ὦ νεᾶνι, σοι ξένων
σφάγια παρεῖναι· κἂν ἀναλίσκῃς ξένους
τοιούσδε, τὸν σὸν Ἑλλὰς ἀποτίσει φόνον
δίκας τίνουσα τῆς ἐν Αὐλίδι σφαγῆς.

ΧΟΡΟΣ

340 θαυμάστ' ἔλεξας τὸν φανένθ', ὅστις ποτὲ
Ἕλληνος ἐκ γῆς πόντον ἦλθεν ἄξενον.

ΙΦΙΓΕΝΕΙΑ

εἶεν. σὺ μὲν κόμιζε τοὺς ξένους μολών·
τὰ δ' ἐνθάδ' ἡμεῖς φροντιοῦμεν οἷα χρή.[1]

ὦ καρδία τάλαινα, πρὶν μὲν εἰς ξένους
γαληνὸς ἦσθα καὶ φιλοικτίρμων ἀεί,
εἰς θοὐμόφυλον ἀναμετρουμένη δάκρυ,
Ἕλληνας ἄνδρας ἡνίκ' εἰς χέρας λάβοις.
νῦν δ' ἐξ ὀνείρων οἷσιν ἠγριώμεθα,
δοκοῦσ' Ὀρέστην μηκέθ' ἥλιον βλέπειν,
350 δύσνουν με λήψεσθ', οἵτινές ποθ' ἥκετε.
καὶ τοῦτ' ἄρ' ἦν ἀληθές, ᾐσθόμην, φίλαι·
οἱ δυστυχεῖς γὰρ τοῖσιν εὐτυχεστέροις
αὐτοὶ καλῶς πράξαντες οὐ φρονοῦσιν εὖ.
ἀλλ' οὔτε πνεῦμα Διόθεν ἦλθε πώποτε,
οὐ πορθμίς, ἥτις διὰ πέτρας Συμπληγάδας
Ἑλένην ἀπήγαγ' ἐνθάδ', ἥ μ' ἀπώλεσε,
Μενέλεών θ', ἵν' αὐτοὺς ἀντετιμωρησάμην,
τὴν ἐνθάδ' Αὖλιν ἀντιθεῖσα τῆς ἐκεῖ,
οὗ μ' ὥστε μόσχον Δαναΐδαι χειρούμενοι

---

[1] Badham for οἷα φροντιούμεθα of MSS.

Their toil-spent knees.   We brought them to the king.
He looked on them, and sent them with all speed
To thee, for sprinkling waters and blood-bowls.
Pray, maiden, that such strangers aye be given
For victims.   If thou still destroy such men,
Hellas shall make atonement for thy death,
Yea, shall requite thy blood in Aulis spilt.

CHORUS

Strange tale thou tellest of one newly come,   340
Whoe'er from Hellas yon drear sea hath reached.

IPHIGENEIA

Enough : go thou, the strangers hither bring :
I will take thought for all that needeth here.

[*Exit* HERDMAN.

O stricken heart, to strangers in time past
Gentle wast thou and ever pitiful,
To kinship meting out its due of tears,
When Greeks soever fell into thine hands.
But now, from dreams whereby mine heart is
          steeled,—
Who deem Orestes seëth light no more,—
Stern shall ye find me, who ye be soe'er.   350
Ah, friends, true saw was this, I prove it now :—
The hapless, which have known fair fortune once,
Are bitter-thoughted unto happier folk.
Ah, never yet a breeze from Zeus hath come,
Nor ship, that through the Clashing Rocks hath
          brought
Hitherward Helen, her which ruined me,
And Menelaus, that I might requite
An Aulis here on them for that afar,
Where, like a calf, the sons of Danaus seized

360 ἔσφαζον, ἱερεὺς δ᾽ ἦν ὁ γεννήσας πατήρ.
οἴμοι· κακῶν γὰρ τῶν τότ᾽ οὐκ ἀμνημονῶ,
ὅσας γενείου χεῖρας ἐξηκόντισα
γονάτων τε τοῦ τεκόντος ἐξαρτωμένη,
λέγουσα τοιάδ᾽· ὦ πάτερ, νυμφεύομαι
νυμφεύματ᾽ αἰσχρὰ πρὸς σέθεν· μήτηρ δ᾽ ἐμὲ
σέθεν κατακτείνοντος Ἀργεῖαί τε νῦν
ὑμνοῦσιν ὑμεναίοισιν, αὐλεῖται δὲ πᾶν
μέλαθρον· ἡμεῖς δ᾽ ὀλλύμεσθα πρὸς σέθεν.
Ἅιδης Ἀχιλλεὺς ἦν ἄρ᾽, οὐχ ὁ Πηλέως,
370 ὅν μοι προτείνας[1] πόσιν, ἐν ἁρμάτων μ᾽ ὄχοις
εἰς αἱματηρὸν γάμον ἐπόρθμευσας δόλῳ.
ἐγὼ δὲ λεπτῶν ὄμμα διὰ καλυμμάτων
ἔχουσ᾽, ἀδελφόν τ᾽ οὐκ ἀνειλόμην χεροῖν,
ὃς νῦν ὄλωλεν, οὐ κασιγνήτῃ στόμα
συνῆψ᾽ ὑπ᾽ αἰδοῦς, ὡς ἰοῦσ᾽ εἰς Πηλέως
μέλαθρα· πολλὰ δ᾽ ἀπεθέμην ἀσπάσματα
εἰσαῦθις, ὡς ἥξουσ᾽ ἐς Ἄργος αὖ πάλιν.

ὦ τλῆμον, εἰ τέθνηκας, ἐξ οἵων καλῶν
ἔρρεις, Ὀρέστα, καὶ πατρὸς ζηλωμάτων.
380 τὰ τῆς θεοῦ δὲ μέμφομαι σοφίσματα,
ἥτις βροτῶν μὲν ἤν τις ἅψηται φόνου,
ἢ καὶ λοχείας ἢ νεκροῦ θίγῃ χεροῖν,
βωμῶν ἀπείργει, μυσαρὸν ὡς ἡγουμένη,
αὐτὴ δὲ θυσίαις ἥδεται βροτοκτόνοις.
οὐκ ἔσθ᾽ ὅπως ἔτικτεν ἡ Διὸς δάμαρ
Λητὼ τοσαύτην ἀμαθίαν. ἐγὼ μὲν οὖν
τὰ Ταντάλου θεοῖσιν ἐστιάματα
ἄπιστα κρίνω, παιδὸς ἡσθῆναι βορᾷ,
τοὺς δ᾽ ἐνθάδ᾽, αὐτοὺς ὄντας ἀνθρωποκτόνους,

---

[1] Badham : for MSS. προσείπας.

And would have slain me—mine own sire the
    priest! 360
Ah me! that hour's woe cannot I forget—
How oft unto my father's beard I strained
Mine hands, and clung unto my father's knees,
Crying, " O father, in a shameful bridal
I am joined of thee! My mother, in this hour
When thou art slaying me, with Argive dames
Chanteth my marriage-hymn: through all the
    house
Flutes ring!—and I am dying by thine hand!
Hades the Achilles was, no Peleus' son,
Thou profferedst me for spouse; thou broughtest me 370
By guile with chariot-pomp to bloody spousals."
But I—the fine-spun veil fell o'er mine eyes,
That I took not my brother in mine arms,
Who now is dead, nor kissed my sister's lips
For shame, as unto halls of Peleus bound.
Yea, many a loving greeting I deferred,
As who should come to Argos yet again.

Hapless Orestes!—from what goodly lot
By death thou art banished, what high heritage!
Out on this Goddess's false subtleties, 380
Who, if one stain his hands with blood of men,
Or touch a wife new-travailed, or a corpse,
Bars him her altars, holding him defiled,
Yet joys herself in human sacrifice!
It cannot be that Zeus' bride Leto bare
Such folly. Nay, I hold unworthy credence
The banquet given of Tantalus to the Gods,—
As though the Gods could savour a child's flesh!
Even so, this folk, themselves man-murderers,

390   εἰς τὴν θεὸν τὸ φαῦλον ἀναφέρειν δοκῶ·
   οὐδένα γὰρ οἶμαι δαιμόνων εἶναι κακόν.

ΧΟΡΟΣ

  κυάνεαι κυάνεαι σύνοδοι θαλάσσας,   στρ. αʹ
  ἵν' οἴστρος ὁ ποτώμενος Ἀργόθεν
  ἄξενον ἐπ' οἶδμα διεπέρασεν Ἰοῦς
  Ἀσιήτιδα γαῖαν
  Εὐρώπας διαμείψας,
  τίνες ποτ' ἄρα τὸν εὔυδρον δονακόχλοον
400   λιπόντες Εὐρώταν
  ἢ ῥεύματα σεμνὰ Δίρκας
  ἔβασαν ἔβασαν ἄμικτον αἶαν, ἔνθα κούρᾳ
  δίᾳ τέγγει
  βωμοὺς καὶ περικίονας
  ναοὺς αἷμα βρότειον;

  ἢ ῥοθίοις εἰλατίναις δικρότοισι κώπαις   ἀντ. αʹ
  ἔπεμψαν[1] ἐπὶ πόντια κύματα
410   νάιον ὄχημα λινοπόροισί τ' αὔραις,
  φιλόπλουτον ἄμιλλαν
  αὔξοντες μελάθροισιν;
  φίλα γὰρ ἐλπὶς ἐγένετ' ἐπὶ πήμασι βροτῶν
  ἄπληστος ἀνθρώποις,
  ὄλβου βάρος οἳ φέρονται
πλάνητες ἐπ' οἶδμα πόλεις τε βαρβάρους περῶντες
  κοινᾷ δόξα.
  γνώμα δ' οἷς μὲν ἄκαιρος ὄλ-
420   βου, τοῖς δ' εἰς μέσον ἥκει.

  πῶς πέτρας τὰς συνδρομάδας,   στρ. βʹ
  πῶς Φινεΐδας ἀΰπνους

---

[1] Köchly : for ἔπλευσαν

312

Charge on their Goddess their own sin, I ween;   390
For I believe that none of Gods is vile.

[Exit.

CHORUS

(*Str.* 1)

Dark cliffs, dark cliffs of the Twin Seas' meeting,
Where the gadfly of Io, from Argos fleeting,
    Passed o'er the heave of the havenless surge
    From the Asian land unto Europe's verge,
Who are these, that from waters lovely-gleaming
By Eurotas' reeds, or from fountains streaming   400
    Of Dirce the hallowed have come, have come,
    To the shore where the stranger may find no
        home,
Where crimson from human veins that raineth
The altars of Zeus's Daughter staineth,
        And her pillared dome?

(*Ant.* 1)

With pine-oars rightward and leftward flinging
The surf, and the breeze in the tackle singing,
    That sea-wain over the surge did they sweep,   410
    Sore-coveted wealth in their halls to heap?—
For winsome is hope unto men's undoing,
And unsatisfied ever they be with pursuing
    The treasure up-piled for the which they roam
    Unto alien cities o'er ridges of foam,
By the same hope lured:—but one ne'er taketh
Fortune at flood, while her full tide breaketh
        Unsought over some.   420

    How twixt the Death-crags' swing,   (*Str.* 2)
    And by Phineus' beaches that ring

ἀκτὰς ἐπέρασαν
παρ᾽ ἄλιον αἰγιαλὸν ἐπ᾽ Ἀμφιτρίτας
ῥοθίῳ δραμόντες,
ὅπου πεντήκοντα κορᾶν
Νηρηΐδων χοροὶ
430 μέλπουσιν ἐγκύκλιοι,
πλησιστίοισι πνοαῖς,
συριζόντων κατὰ πρύμναν
εὐναίων πηδαλίων
αὔραισιν νοτίαις
ἢ πνεύμασι Ζεφύρου,
τὰν πολυόρνιθον ἐπ᾽ αἶαν,
λευκὰν ἀκτάν, Ἀχιλῆος
δρόμους καλλισταδίους,
ἄξεινον κατὰ πόντον ;

εἴθ᾽ εὐχαῖσιν δεσποσύνοις   ἀντ. β´
440 Λήδας Ἑλένα φίλα παῖς
ἐλθοῦσα τύχοι τὰν
Τρῳάδα λιποῦσα πόλιν, ἵν᾽ ἀμφὶ χαίτᾳ
δρόσον αἱματηρὰν
εἱλιχθεῖσα λαιμοτόμῳ
δεσποίνας χερὶ θάνῃ
ποινὰς δοῦσ᾽ ἀντιπάλους.
ἅδιστ᾽ ἂν τήνδ᾽ ἀγγελίαν
δεξαίμεσθ᾽, Ἑλλάδος ἐκ γᾶς
πλωτήρων εἴ τις ἔβα,
450 δουλείας ἐμέθεν
δειλαίας παυσίπονος·
κἂν γὰρ ὀνείρασι συνείην
δόμοις πόλει τε πατρῴᾳ,
τερπνῶν ὕμνων ἀπόλαυ-
σιν, κοινὰν χάριν ὄλβῳ.

With voices of seas unsleeping,
    Won they, by breakers leaping
O'er the Sea-queen's strand, as they passed
Through the crash of the surge flying fast,
    And saw where in dance-rings sweeping
The fifty Nereids sing,—
When strained in the breeze the sail,   430
    When hissed, as the keel ran free,
The rudder astern, and before the gale
    Of the south did the good ship flee,
Or by breath of the west was fanned
Past that bird-haunted strand,
The long white reach of Achilles' Beach,
    Where his ghost-feet skim the sand
            By the cheerless sea?

But O had Helen but strayed   *(Ant. 2)*
Hither from Troy, as prayed   440
    My lady,—that Leda's daughter,
    Her darling, with spray of the water
Of death on her head as a wreath,
    Were but laid with her throat beneath
    The hand of my mistress for slaughter!
Fit penalty so should be paid.
How gladly the word would I hail,
    If there came from the Hellene shore,
One hitherward wafted by wing of the sail,
    Who should bid that my bondage be o'er,   450
My bondage of travail and pain!
O but in dreams yet again
Mid the homes to stand of my fatherland,
    In the bliss of a rapturous strain
            My soul to outpour!

ἀλλ' οἴδε χέρας δεσμοῖς δίδυμοι
συνερεισθέντες χωροῦσι, νέον
πρόσφαγμα θεᾶς· σιγᾶτε, φίλαι.
τὰ γὰρ Ἑλλήνων ἀκροθίνια δὴ
460 ναοῖσι πέλας τάδε βαίνει·
οὐδ' ἀγγελίας ψευδεῖς ἔλακεν
βουφορβὸς ἀνήρ.
ὦ πότνι', εἴ σοι τάδ' ἀρεσκόντως
πόλις ἥδε τελεῖ, δέξαι θυσίας,
ἃς ὁ παρ' ἡμῖν νόμος οὐχ ὁσίας
Ἕλλησι διδοὺς ἀναφαίνει.

ΙΦΙΓΕΝΕΙΑ

εἶεν·
τὰ τῆς θεοῦ μὲν πρῶτον ὡς καλῶς ἔχῃ
φροντιστέον μοι. μέθετε τῶν ξένων χέρας,
ὡς ὄντες ἱεροὶ μηκέτ' ὦσι δέσμιοι.
470 ναοῦ δ' ἔσω στείχοντες εὐτρεπίζετε
ἃ χρὴ 'πὶ τοῖς παροῦσι καὶ νομίζεται.
φεῦ·
τίς ἆρα μήτηρ ἡ τεκοῦσ' ὑμᾶς ποτε
πατήρ τ'; ἀδελφή τ', εἰ γεγῶσα τυγχάνει,
οἵων στερεῖσα διπτύχων νεανιῶν
ἀνάδελφος ἔσται. τὰς τύχας τίς οἶδ' ὅτῳ
τοιαίδ' ἔσονται; πάντα γὰρ τὰ τῶν θεῶν
εἰς ἀφανὲς ἔρπει, κοὐδὲν οἶδ' οὐδεὶς κακόν.
ἡ γὰρ τύχη παρήγαγ' εἰς τὸ δυσμαθές.
πόθεν ποθ' ἥκετ', ὦ ταλαίπωροι ξένοι;
480 ὡς διὰ μακροῦ μὲν τήνδ' ἐπλεύσατε χθόνα,
μακρὰν δ' ἀπ' οἴκων χθονὸς ἔσεσθ' ἀεὶ κάτω.

ΟΡΕΣΤΗΣ

τί ταῦτ' ὀδύρει, κἀπὶ τοῖς μέλλουσι νὼ
κακοῖσι λυπεῖς, ἥτις εἶ ποτ', ὦ γύναι;

IPHIGENEIA IN TAURICA

Enter attendants with ORESTES *and* PYLADES.

Lo, hither with pinioned arms come twain,
Victims fresh for the Goddess's fane :—
    Friends, hold ye your peace.
No lying message the herdman spoke :   460
To the temple be coming the pride of the folk
    Of the land of Greece !

Dread Goddess, if well-pleasing unto thee
Are this land's deeds, accept the sacrifice
Her laws give openly, although it be
        Accurst in Hellene eyes.

Enter IPHIGENEIA.

IPHIGENEIA

First, that the Goddess' rites be duly done
Must I take heed.   Unbind the strangers' hands,
That, being hallowed, they be chained no more ;
Then, pass within the temple, and prepare   470
What needs for present use, what custom bids.
Sighs.   *[Exeunt attendants.*
Who was your mother, she which gave you birth ?—
Your sire ?—your sister who ?—if such there be,
Of what fair brethren shall she be bereaved,
Brotherless now ! . . . . Who knoweth upon whom
Such fates shall fall ? Heaven's dealings follow
    ways
Past finding out, and none foreseeth ill.
Fate draws us ever on to the unknown ! . . . .
Whence, O whence come ye, strangers evil-starred ?
Far have ye sailed—only to reach this land,   480
To lie in Hades far from home for aye !

ORESTES

Why make this moan, and with the ills to come
Afflict us, woman, whosoe'er thou art ?

οὔτοι νομίζω σοφόν, ὃς ἂν μέλλων θανεῖν
οἴκτῳ τὸ δεῖμα τοὐλέθρου νικᾶν θέλῃ,
οὐδ᾽ ὅστις Ἅιδην ἐγγὺς ὄντ᾽ οἰκτίζεται,
σωτηρίας ἄνελπις· ὡς δύ᾽ ἐξ ἑνὸς
κακὼ συνάπτει, μωρίαν τ᾽ ὀφλισκάνει
θνήσκει θ᾽ ὁμοίως· τὴν τύχην δ᾽ ἐᾶν χρεών.
490   ἡμᾶς δὲ μὴ θρήνει σύ· τὰς γὰρ ἐνθάδε
θυσίας ἐπιστάμεσθα καὶ γιγνώσκομεν.

ΙΦΙΓΕΝΕΙΑ
πότερος ἄρ᾽ ὑμῶν ἐνθάδ᾽ ὠνομασμένος
Πυλάδης κέκληται; τόδε μαθεῖν πρῶτον θέλω.

ΟΡΕΣΤΗΣ
ὅδ᾽, εἴ τι δή σοι τοῦτ᾽ ἐν ἡδονῇ μαθεῖν.

ΙΦΙΓΕΝΕΙΑ
ποίας πολίτης πατρίδος Ἕλληνος γεγώς;

ΟΡΕΣΤΗΣ
τί δ᾽ ἂν μαθοῦσα τόδε πλέον λάβοις, γύναι;

ΙΦΙΓΕΝΕΙΑ
πότερον ἀδελφὼ μητρός ἐστον ἐκ μιᾶς;

ΟΡΕΣΤΗΣ
φιλότητί γ᾽· ἐσμὲν δ᾽ οὐ κασιγνήτω γένει.

ΙΦΙΓΕΝΕΙΑ
σοὶ δ᾽ ὄνομα ποῖον ἔθεθ᾽ ὁ γεννήσας πατήρ;

ΟΡΕΣΤΗΣ
500   τὸ μὲν δίκαιον δυστυχεῖς καλοίμεθ᾽ ἄν.

ΙΦΙΓΕΝΕΙΑ
οὐ τοῦτ᾽ ἐρωτῶ· τοῦτο μὲν δὸς τῇ τύχῃ.

ΟΡΕΣΤΗΣ
ἀνώνυμοι θανόντες οὐ γελῴμεθ᾽ ἄν.

ΙΦΙΓΕΝΕΙΑ
τί δὲ φθονεῖς τοῦτ᾽; ἦ φρονεῖς οὕτω μέγα;

Not wise I count him, who, when doomed to
    death,
By lamentation would its terrors quell,
Nor him who wails for Hades looming nigh,
Hopeless of help.   He maketh evils twain
Of one : he stands of foolishness convict,
And dies no less.   E'en let fate take her course.
For us make thou no moan : the altar-rites   490
Which this land useth have we learnt, and know.

IPHIGENEIA

Whether of you twain here was called by name
Pylades ?—this thing first I fain would learn.

ORESTES

He—if to learn this pleasure thee at all.

IPHIGENEIA

And of what Hellene state born citizen ?

ORESTES

How should the knowledge, lady, advantage thee ?

IPHIGENEIA

Say, of one mother be ye brethren twain ?

ORESTES

In love we are brethren, lady, not in birth.

IPHIGENEIA

And what name gave thy father unto thee ?

ORESTES

Rightly might I be called " Unfortunate."   500

IPHIGENEIA

Not this I ask : lay this to fortune's door.

ORESTES

If I die nameless, I shall not be mocked.

IPHIGENEIA

Now wherefore grudge me this ? So proud art thou ?

319

ΙΦΙΓΕΝΕΙΑ Η ΕΝ ΤΑΥΡΟΙΣ

ΟΡΕΣΤΗΣ
τὸ σῶμα θύσεις τοὐμόν, οὐχὶ τοὔνομα.

ΙΦΙΓΕΝΕΙΑ
οὐδ' ἂν πόλιν φράσειας ἥτις ἐστί σοι;

ΟΡΕΣΤΗΣ
ζητεῖς γὰρ οὐδὲν κέρδος, ὡς θανουμένῳ.

ΙΦΙΓΕΝΕΙΑ
χάριν δὲ δοῦναι τήνδε κωλύει τι σε;

ΟΡΕΣΤΗΣ
τὸ κλεινὸν Ἄργος πατρίδ' ἐμὴν ἐπεύχομαι.

ΙΦΙΓΕΝΕΙΑ
πρὸς θεῶν ἀληθῶς, ὦ ξέν', εἰ κεῖθεν γεγώς;

ΟΡΕΣΤΗΣ
510   ἐκ τῶν Μυκηνῶν γ', αἵ ποτ' ἦσαν ὄλβιαι.

ΙΦΙΓΕΝΕΙΑ
φυγὰς δ' ἀπῆρας πατρίδος, ἢ ποίᾳ τύχῃ;

ΟΡΕΣΤΗΣ
φεύγω τρόπον γε δή τιν' οὐχ ἑκὼν ἑκών.

ΙΦΙΓΕΝΕΙΑ
καὶ μὴν ποθεινός γ' ἦλθες ἐξ Ἄργους μολών.

ΟΡΕΣΤΗΣ
οὔκουν ἐμαυτῷ γ'· εἰ δὲ σοί, σὺ τοῦθ' ὅρα.

ΙΦΙΓΕΝΕΙΑ
ἆρ' ἄν τί μοι φράσειας ὧν ἐγὼ θέλω;

ΟΡΕΣΤΗΣ
ὥς γ' ἐν παρέργῳ τῆς ἐμῆς δυσπραξίας.

ΙΦΙΓΕΝΕΙΑ
Τροίαν ἴσως οἶσθ', ἧς ἁπανταχοῦ λόγος.

ΟΡΕΣΤΗΣ
ὡς μήποτ' ὤφελόν γε μηδ' ἰδὼν ὄναρ.

ORESTES

My body shalt thou slaughter, not my name.

IPHIGENEIA

Not even thy city wilt thou name to me?

ORESTES

Thou seekest to no profit: I must die.

IPHIGENEIA

Yet, as a grace to me, why grant not this?

ORESTES

Argos the glorious boast I for my land.

IPHIGENEIA

'Fore Heaven, stranger, art indeed her son?

ORESTES

Yea—of Mycenae, prosperous in time past.   510

IPHIGENEIA

Exiled didst quit thy land, or by what hap?

ORESTES

In a sort exiled—willing, and yet loth.

IPHIGENEIA

Yet long-desired from Argos hast thou come.

ORESTES

Of me, not: if of thee, see thou to that.

IPHIGENEIA

Now wouldst thou tell a thing I fain would know?

ORESTES

Ay—a straw added to my trouble's weight.

IPHIGENEIA

Troy haply know'st thou, famed the wide world through?

ORESTES

Would I did not,—not even seen in dreams!

ΙΦΙΓΕΝΕΙΑ Η ΕΝ ΤΑΥΡΟΙΣ

ΙΦΙΓΕΝΕΙΑ

φασίν νιν οὐκέτ᾽ οὖσαν οἴχεσθαι δορί.

ΟΡΕΣΤΗΣ

520 ἔστιν γὰρ οὕτως οὐδ᾽ ἄκραντ᾽ ἠκούσατε.

ΙΦΙΓΕΝΕΙΑ

Ἑλένη δ᾽ ἀφῖκται δῶμα Μενέλεω πάλιν;

ΟΡΕΣΤΗΣ

ἥκει, κακῶς γ᾽ ἐλθοῦσα τῶν ἐμῶν τινι.

ΙΦΙΓΕΝΕΙΑ

καὶ ποῦ ᾽στι; κἀμοὶ γάρ τι προὐφείλει κακόν.

ΟΡΕΣΤΗΣ

Σπάρτῃ ξυνοικεῖ τῷ πάρος ξυνευνέτῃ.

ΙΦΙΓΕΝΕΙΑ

ὦ μῖσος εἰς Ἕλληνας, οὐκ ἐμοὶ μόνῃ.

ΟΡΕΣΤΗΣ

ἀπέλαυσα κἀγὼ δή τι τῶν κείνης γάμων.

ΙΦΙΓΕΝΕΙΑ

νόστος δ᾽ Ἀχαιῶν ἐγένεθ᾽, ὡς κηρύσσεται;

ΟΡΕΣΤΗΣ

ὡς πάνθ᾽ ἅπαξ με συλλαβοῦσ᾽ ἀνιστορεῖς.

ΙΦΙΓΕΝΕΙΑ

πρὶν γὰρ θανεῖν σε, τοῦδ᾽ ἐπαυρέσθαι θέλω.

ΟΡΕΣΤΗΣ

530 ἔλεγχ᾽, ἐπειδὴ τοῦδ᾽ ἐρᾷς· λέξω δ᾽ ἐγώ.

ΙΦΙΓΕΝΕΙΑ

Κάλχας τις ἦλθε μάντις ἐκ Τροίας πάλιν;

ΟΡΕΣΤΗΣ

ὄλωλεν, ὡς ἦν ἐν Μυκηναίοις λόγος.

ΙΦΙΓΕΝΕΙΑ

ὦ πότνι᾽, ὡς εὖ. τί γὰρ ὁ Λαέρτου γόνος;

ΟΡΕΣΤΗΣ

οὔπω νενόστηκ᾽ οἶκον, ἔστι δ᾽, ὡς λογος.

IPHIGENEIA

They say she is no more, by spears o'erthrown.

ORESTES

So is it: things not unfulfilled ye heard. 520

IPHIGENEIA

Came Helen back to Menelaus' home?

ORESTES

She came—for evil unto kin of mine.

IPHIGENEIA

Where is she? Evil debt she oweth me.

ORESTES

In Sparta dwelling with her sometime lord.

IPHIGENEIA

Thing loathed of Hellenes, not of me alone!

ORESTES

I too have tasted of her bridal's fruit.

IPHIGENEIA

And came the Achaeans home, as rumour saith?

ORESTES

Thou in one question comprehendest all.

IPHIGENEIA

Ah, ere thou die, this boon I fain would win.

ORESTES

Ask on, since this thou cravest. I will speak. 530

IPHIGENEIA

Calchas, a prophet—came he back from Troy?

ORESTES

Dead—as the rumour in Mycenae ran.

IPHIGENEIA (*turning to Artemis' temple*)

O Queen, how justly! And Laertes' son?

ORESTES

He hath won not home, but liveth, rumour tells.

ΙΦΙΓΕΝΕΙΑ

ὄλοιτο, νόστου μήποτ' εἰς πάτραν τυχών.

ΟΡΕΣΤΗΣ

μηδὲν κατεύχου· πάντα τἀκείνου νοσεῖ.

ΙΦΙΓΕΝΕΙΑ

Θέτιδος δὲ τῆς Νηρῇδος ἔστι παῖς ἔτι;

ΟΡΕΣΤΗΣ

οὐκ ἔστιν· ἄλλως λέκτρ' ἔγημ' ἐν Αὐλίδι.

ΙΦΙΓΕΝΕΙΑ

δόλια γάρ, ὡς ἴσασιν οἱ πεπονθότες.

ΟΡΕΣΤΗΣ

540   τίς εἶ ποθ'; ὡς εὖ πυνθάνει τἀφ' Ἑλλάδος.

ΙΦΙΓΕΝΕΙΑ

ἐκεῖθέν εἰμι· παῖς ἔτ' οὖσ' ἀπωλόμην.

ΟΡΕΣΤΗΣ

ὀρθῶς ποθεῖς ἄρ' εἰδέναι τἀκεῖ, γύναι.

ΙΦΙΓΕΝΕΙΑ

τί δ' ὁ στρατηγός, ὃν λέγουσ' εὐδαιμονεῖν;

ΟΡΕΣΤΗΣ

τίς; οὐ γὰρ ὅν γ' ἐγᾦδα τῶν εὐδαιμόνων.

ΙΦΙΓΕΝΕΙΑ

Ἀτρέως ἐλέγετο δή τις Ἀγαμέμνων ἄναξ.

ΟΡΕΣΤΗΣ

οὐκ οἶδ'· ἄπελθε τοῦ λόγου τούτου, γύναι.

ΙΦΙΓΕΝΕΙΑ

μὴ πρὸς θεῶν, ἀλλ' εἴφ', ἵν' εὐφρανθῶ, ξένε.

ΟΡΕΣΤΗΣ

τέθνηχ' ὁ τλήμων, πρὸς δ' ἀπώλεσέν τινα.

ΙΦΙΓΕΝΕΙΑ

τέθνηκε; ποίᾳ συμφορᾷ; τάλαιν' ἐγώ.

ΟΡΕΣΤΗΣ

550   τί δ' ἐστέναξας τοῦτο; μῶν προσῆκέ σοι;

IPHIGENEIA

Now ruin seize him! Never win he home!

ORESTES

No need to curse. His lot is misery all.

IPHIGENEIA

Liveth the son of Nereid Thetis yet?

ORESTES

Lives not. In Aulis vain his bridal was.

IPHIGENEIA

A treacherous bridal!—they which suffered know.

ORESTES

Who art thou—thou apt questioner touching Greece?　540

IPHIGENEIA

Thence am I, in my childhood lost to her.

ORESTES

Well mayst thou, lady, long for word of her.

IPHIGENEIA

What of her war-chief, named the prosperous?

ORESTES

Who? Of the prosperous is not he I know.

IPHIGENEIA

One King Agamemnon, Atreus' scion named.

ORESTES

I know not. Lady, let his story be.

IPHIGENEIA

Nay, tell, by Heaven, that I be gladdened, friend.

ORESTES

Dead, hapless king!—and perished not alone.

IPHIGENEIA

Dead is he? By what fate?—ah, woe is me!

ORESTES

Why dost thou sigh thus? Is he kin to thee?　550

ΙΦΙΓΕΝΕΙΑ Η ΕΝ ΤΑΥΡΟΙΣ

ΙΦΙΓΕΝΕΙΑ
τὸν ὄλβον αὐτοῦ τὸν πάροιθ' ἀναστένω.

ΟΡΕΣΤΗΣ
δεινῶς γὰρ ἐκ γυναικὸς οἴχεται σφαγείς.

ΙΦΙΓΕΝΕΙΑ
ὦ πανδάκρυτος ἡ κτανοῦσα χὠ θανών.

ΟΡΕΣΤΗΣ
παῦσαί νυν ἤδη μηδ' ἐρωτήσῃς πέρα.

ΙΦΙΓΕΝΕΙΑ
τοσόνδε γ', εἰ ζῇ τοῦ ταλαιπώρου δάμαρ.

ΟΡΕΣΤΗΣ
οὐκ ἔστι· παῖς νιν ὃν ἔτεχ', οὗτος ὤλεσεν.

ΙΦΙΓΕΝΕΙΑ
ὦ συνταραχθεὶς οἶκος. ὡς τί δὴ θέλων;

ΟΡΕΣΤΗΣ
πατρὸς θανόντος αἷμα τιμωρούμενος.

ΙΦΙΓΕΝΕΙΑ
φεῦ·
ὡς εὖ κακὸν δίκαιον εἰσεπράξατο.

ΟΡΕΣΤΗΣ
560   ἀλλ' οὐ τὰ πρὸς θεῶν εὐτυχεῖ δίκαιος ὤν.

ΙΦΙΓΕΝΕΙΑ
λείπει δ' ἐν οἴκοις ἄλλον Ἀγαμέμνων γόνον;

ΟΡΕΣΤΗΣ
λέλοιπεν Ἠλέκτραν γε παρθένον μίαν.

ΙΦΙΓΕΝΕΙΑ
τί δέ; σφαγείσης θυγατρὸς ἔστι τις λόγος;

ΟΡΕΣΤΗΣ
οὐδείς γε, πλὴν θανοῦσαν οὐχ ὁρᾶν φάος.

ΙΦΙΓΕΝΕΙΑ
τάλαιν' ἐκείνη χὠ κτανὼν αὐτὴν πατήρ.

IPHIGENEIA

His happiness of old days I bemoan.

ORESTES

Yea, and his awful death—slain by his wife!

IPHIGENEIA

O all-bewailed, the murderess and the dead!

ORESTES

Refrain thee even now, and ask no more.

IPHIGENEIA

This only—lives the hapless hero's wife?

ORESTES

Lives not. Her son—ay, whom herself bare—slew her.

IPHIGENEIA

O house distraught! Slew her!—with what intent?

ORESTES

To avenge on her his murdered father's blood.

IPHIGENEIA

Alas!—ill justice, wrought how righteously!

ORESTES

Not blest of heaven is he, how just soe'er.   560

IPHIGENEIA

Left the king other issue in his halls?

ORESTES

One maiden child, Electra, hath he left.

IPHIGENEIA

How, is nought said of her they sacrificed?

ORESTES

Nought—save, being dead, she seeth not the light.

IPHIGENEIA

Ah, hapless she, and hapless sire that slew '

ΙΦΙΓΕΝΕΙΑ Η ΕΝ ΤΑΥΡΟΙΣ

ΟΡΕΣΤΗΣ
κακῆς γυναικὸς χάριν ἄχαριν ἀπώλετο.

ΙΦΙΓΕΝΕΙΑ
ὁ τοῦ θανόντος δ᾽ ἔστι παῖς Ἄργει πατρός;

ΟΡΕΣΤΗΣ
ἔστ᾽, ἄθλιός γε, κοὐδαμοῦ καὶ πανταχοῦ.

ΙΦΙΓΕΝΕΙΑ
ψευδεῖς ὄνειροι, χαίρετ᾽· οὐδὲν ἦτ᾽ ἄρα.

ΟΡΕΣΤΗΣ
570   οὐδ᾽ οἱ σοφοί γε δαίμονες κεκλημένοι
πτηνῶν ὀνείρων εἰσὶν ἀψευδέστεροι.
πολὺς ταραγμὸς ἔν τε τοῖς θείοις ἔνι
κἀν τοῖς βροτείοις· ἐν δὲ λυπεῖται μόνον,
ὅτ᾽ οὐκ ἄφρων ὢν μάντεων πεισθεὶς λόγοις
ὄλωλεν ὡς ὄλωλε τοῖσιν εἰδόσιν.

ΧΟΡΟΣ
φεῦ φεῦ· τί δ᾽ ἡμεῖς οἵ τ᾽ ἐμοὶ γεννήτορες;
ἆρ᾽ εἰσίν; ἆρ᾽ οὐκ εἰσί; τίς φράσειεν ἄν;

ΙΦΙΓΕΝΕΙΑ
ἀκούσατ᾽· εἰς γὰρ δή τιν᾽ ἥκομεν λογον,
ὑμῖν τ᾽ ὄνησιν, ὦ ξένοι, σπεύδουσ᾽ ἅμα
580   κἀμοί. τὸ δ᾽ εὖ μάλιστα τῇδε γίγνεται,
εἰ πᾶσι ταὐτὸν πρᾶγμ᾽ ἀρεσκόντως ἔχει.
θέλοις ἄν, εἰ σώσαιμί σ᾽, ἀγγείλαί τί μοι
πρὸς Ἄργος ἐλθὼν τοῖς ἐμοῖς ἐκεῖ φίλοις,
δέλτον τ᾽ ἐνεγκεῖν, ἥν τις οἰκτείρας ἐμὲ
ἔγραψεν αἰχμάλωτος, οὐχὶ τὴν ἐμὴν
φονέα νομίζων χεῖρα, τοῦ νόμου δ᾽ ὕπο
θνήσκειν σφε, τῆς θεοῦ τάδε δίκαι᾽ ἡγουμένης;
οὐδένα γὰρ εἶχον ὅστις ἀγγείλαι μολὼν
εἰς Ἄργος αὖθις, τάς τ᾽ ἐμὰς ἐπιστολὰς
590   πέμψειε σωθεὶς τῶν ἐμῶν φίλων τινί.

ORESTES

Slain for an evil woman—graceless grace!

IPHIGENEIA

And lives the dead king's son in Argos yet?

ORESTES

He lives, unhappy, nowhere, everywhere.

IPHIGENEIA

False dreams, avaunt! So then ye were but nought.

ORESTES

Ay, and not even Gods, whom men call wise,   570
Are less deceitful than be fleeting dreams.
Utter confusion is in things divine
And human. Wise men grieve at this alone
When—rashness?—no, but faith in oracles
Brings ruin—how deep, they that prove it know.

CHORUS

Alas, alas! Of me—*my* parents—what?
Live they, or live they not? Ah, who can tell?

IPHIGENEIA

Hearken, for I have found us a device,
Strangers, shall do you service, and withal
To me ; and thus is fair speed best attained,   580
If the same end be pleasing unto all.
Wouldst thou, if I would save thee, take for me
To Argos tidings to my kindred there,
And bear a letter, which a captive wrote
Of pity for me, counting not mine hand
His murderer, but that he died by law
Of this land, since the Goddess holds it just?
For I had none to be my messenger
Hence, saved alive, to Argos, and to bear
My letter to a certain friend of mine.   590

σὺ δ', εἰ γάρ, ὡς ἔοικας, οὔτε δυσγενὴς
καὶ τὰς Μυκήνας οἶσθα χοὺς κἀγὼ θέλω,
σώθητι, καὶ σὺ μισθὸν οὐκ αἰσχρὸν λαβὼν
κούφων ἔκατι γραμμάτων σωτηρίαν.
οὗτος δ', ἐπείπερ πόλις ἀναγκάζει τάδε,
θεᾷ γενέσθω θῦμα χωρισθεὶς σέθεν.

ΟΡΕΣΤΗΣ

καλῶς ἔλεξας τἄλλα πλὴν ἕν, ὦ ξένη·
τὸ γὰρ σφαγῆναι τόνδ' ἐμοὶ βάρος μέγα.
ὁ ναυστολῶν γάρ εἰμ' ἐγὼ τὰς ξυμφοράς·
600   οὗτος δὲ συμπλεῖ τῶν ἐμῶν μόχθων χάριν.
οὔκουν δίκαιον ἐπ' ὀλέθρῳ τῷ τοῦδ' ἐμὲ
χάριν τίθεσθαι καὐτὸν ἐκδῦναι κακῶν.
ἀλλ' ὡς γενέσθω· τῇδε μὲν δέλτον δίδου,
πέμψει γὰρ Ἄργος, ὥστε σοι καλῶς ἔχειν·
ἡμᾶς δ' ὁ χρῄζων κτεινέτω.   τὰ τῶν φίλων
αἴσχιστον ὅστις καταβαλὼν εἰς ξυμφορὰς
αὑτὸς σέσωσται. τυγχάνει δ' ὅδ' ὢν φίλος,
ὃν οὐδὲν ἧσσον ἢ 'μὲ φῶς ὁρᾶν θέλω.

ΙΦΙΓΕΝΕΙΑ

ὦ λῆμ' ἄριστον, ὡς ἀπ' εὐγενοῦς τινος
610   ῥίζης πέφυκας τοῖς φίλοις τ' ὀρθῶς φίλος.
τοιοῦτος εἴη τῶν ἐμῶν ὁμοσπόρων
ὅσπερ λέλειπται. καὶ γὰρ οὐδ' ἐγώ, ξένοι,
ἀνάδελφός εἰμι, πλὴν ὅσ' οὐχ ὁρῶσά νιν.
ἐπεὶ δὲ βούλει ταῦτα, τόνδε πέμψομεν
δέλτον φέροντα, σὺ δὲ θανεῖ· πολλὴ δέ τις
προθυμία σε τοῦδ' ἔχουσα τυγχάνει.

ΟΡΕΣΤΗΣ

θύσει δὲ τίς με καὶ τὰ δεινὰ τλήσεται;

ΙΦΙΓΕΝΕΙΑ

ἐγώ· θεᾶς γὰρ τήνδε προστροπὴν ἔχω.

But thou, if thou art nobly-born, as seems,
And know'st Mycenae, and the folk I mean,
Receive thy life : accept no base reward,
Deliverance, for a little letter's sake.
But this man, since the state constraineth so,
Torn from thee, be the Goddess' sacrifice.

ORESTES

Well say'st thou, save for one thing, stranger
    maid :—
That he be slain were heavy on my soul.
I was his pilot to calamity,
He sails with me for mine affliction's sake.   600
Unjust it were that I, in pleasuring thee,
Should seal his doom, and 'scape myself from ills.
Nay, be it thus,—the letter give to him
To bear to Argos ; so art thou content :
But me let who will slay.   Most base it is
That one should in misfortune whelm his friends,
Himself escaping.   This man is my friend,
Whose life I tender even as my own.

IPHIGENEIA

O noble spirit ! from what princely stock
Hast thou sprung, thou so loyal to thy friends !   610
Even such be he that of my father's house
Is left alive ! For, stranger, brotherless
I too am not, save that I see him not.
Since thou wilt have it so, him will I send
Bearing the letter : thou wilt die.   Ah, deep
This thy strange yearning unto death must be !

ORESTES

Whose shall be that dread deed, my sacrifice ?

IPHIGENEIA

Mine ; for this office hold I of the Goddess.

331

ΟΡΕΣΤΗΣ
ἄζηλά γ᾽, ὦ νεᾶνι, κοὐκ εὐδαίμονα.

ΙΦΙΓΕΝΕΙΑ
620 ἀλλ᾽ εἰς ἀνάγκην κείμεθ᾽, ἣν φυλακτέον.

ΟΡΕΣΤΗΣ
αὐτὴ ξίφει θύουσα θῆλυς ἄρσενας ;

ΙΦΙΓΕΝΕΙΑ
οὔκ· ἀλλὰ χαίτην ἀμφὶ σὴν χερνίψομαι.

ΟΡΕΣΤΗΣ
ὁ δὲ σφαγεὺς τίς; εἰ τάδ᾽ ἱστορεῖν με χρή.

ΙΦΙΓΕΝΕΙΑ
εἴσω δόμων τῶνδ᾽ εἰσὶν οἷς μέλει τάδε.

ΟΡΕΣΤΗΣ
τάφος δὲ ποῖος δέξεταί μ᾽, ὅταν θάνω;

ΙΦΙΓΕΝΕΙΑ
πῦρ ἱερὸν ἔνδον χάσμα τ᾽ εὐρωπὸν πέτρας.

ΟΡΕΣΤΗΣ
φεῦ·
πῶς ἄν μ᾽ ἀδελφῆς χεὶρ περιστείλειεν ἄν;

ΙΦΙΓΕΝΕΙΑ
μάταιον εὐχήν, ὦ τάλας, ὅστις ποτ᾽ εἶ,
ηὔξω· μακρὰν γὰρ βαρβάρου ναίει χθονός.
630 οὐ μήν, ἐπειδὴ τυγχάνεις Ἀργεῖος ὤν,
ἀλλ᾽ ὧν γε δυνατὸν οὐδ᾽ ἐγὼ ᾽λλείψω χάριν.
πολύν τε γάρ σοι κόσμον ἐνθήσω τάφῳ,
ξανθῷ τ᾽ ἐλαίῳ σῶμα σὸν κατασβέσω,
καὶ τῆς ὀρείας ἀνθεμόρρυτον γάνος
ξουθῆς μελίσσης εἰς πυρὰν βαλῶ σέθεν.
ἀλλ᾽ εἶμι, δέλτον τ᾽ ἐκ θεᾶς ἀνακτόρων
οἴσω· τὸ μέντοι δυσμενὲς μὴ ᾽μοὶ λάβῃς.
φυλάσσετ᾽ αὐτούς, πρόσπολοι, δεσμῶν ἄτερ.
ἴσως ἄελπτα τῶν ἐμῶν φίλων τινὶ

ORESTES

A task, O maid, of horror, all unblest!

IPHIGENEIA

Bowed 'neath necessity, I must submit.　　620

ORESTES

A woman, with the priest's knife slay'st thou men?

IPHIGENEIA

Nay, on thine hair I shed but lustral spray.

ORESTES

The slayer, who?—if I may ask thee this.

IPHIGENEIA

Within the fane be men whose part is this.

ORESTES

And what tomb shall receive me, being dead?

IPHIGENEIA

A wide rock-rift within, and holy fire.

ORESTES

Would that a sister's hand might lay me out!

IPHIGENEIA

Vain prayer, unhappy, whosoe'er thou be,
Thou prayest.　Far she dwells from this wild
　　land.
Yet, forasmuch as thou an Argive art,　　630
Of all I can, no service will I spare.
Much ornament will I lay on thy grave:
With golden oil thine ashes will I quench;
The tawny hill-bee's amber-lucent dews,
That well from flowers, I'll shed upon thy pyre.
I go, the letter from the Goddess' shrine
To bring.　Ah, think not bitterly of me!
Ward them, ye guards, but with no manacles.
Perchance to a friend in Argos shall I send

333

640 πέμψω πρὸς Ἄργος, ὃν μάλιστ' ἐγὼ φιλῶ,
καὶ δέλτος αὐτῷ ζῶντας οὓς δοκεῖ θανεῖν
λέγουσα πιστὰς ἡδονὰς ἀπαγγελεῖ.

ΧΟΡΟΣ

κατολοφυρόμεθα σὲ τὸν χερνίβων   στρ.
ῥανίσι βαρβάρων[1]
μελόμενον αἱμακταῖς.

ΟΡΕΣΤΗΣ

οἶκτος γὰρ οὐ ταῦτ', ἀλλὰ χαίρετ', ὦ ξέναι.

ΧΟΡΟΣ

σὲ δὲ τύχας μάκαρος, ἰὼ νεανία,   ἀντ.
σεβόμεθ', εἰς πάτραν
ὅτι πόδ' ἐπεμβάσει.

ΠΥΛΑΔΗΣ

650 ἄζηλά τοι φίλοισι, θνῃσκόντων φίλων.

ΧΟΡΟΣ

ὦ σχέτλιοι πομπαί.
φεῦ φεῦ, διόλλυσαι.
αἰαῖ αἰαῖ.
πότερος ὁ μέλεος μᾶλλον ὤν; [2]
ἔτι γὰρ ἀμφίλογα δίδυμα μέμονε φρήν,
σὲ πάρος ἢ σ' ἀναστενάξω γόοις.

ΟΡΕΣΤΗΣ

Πυλάδη, πέπονθας ταὐτὰ πρὸς θεῶν ἐμοί;

ΠΥΛΑΔΗΣ

οὐκ οἶδ'· ἐρωτᾷς οὐ λέγειν ἔχοντά με.

ΟΡΕΣΤΗΣ

660 τίς ἐστὶν ἡ νεᾶνις; ὡς Ἑλληνικῶς
ἀνήρεθ' ἡμᾶς τούς τ' ἐν Ἰλίῳ πόνους

---

[1] Elmsley's conjecture, to complete strophic correspondence.
[2] Wecklein : for ὁ μέλλων of MSS.

Tidings unhoped—the friend whom most I love :— 640
The letter, telling that she lives whom dead
He deems, shall seal the happy tidings' faith. [*Exit.*

CHORUS

To ORESTES.   (*Str.*)
  I wail for thee, for whom there wait
   The drops barbaric, on thy brow
    To fall, to doom thee to be slain.

ORESTES

This asks not pity. Stranger maids, farewell.

CHORUS

To PYLADES.   (*Ant.*)
  Thee count I blessèd for thy fate,
   Thine happy fate, fair youth, that thou
    Shalt tread thy native shore again.

PYLADES

Small cause to envy friends, when die their friends. 650

CHORUS

  Ah, cruel journeying for thee !
  Woe! thou art ruined utterly !
   Alas ! woe worth the day !
Whether of you is deeper whelmed in woe?
For yet my soul in doubt sways to and fro—
Thee shall I chiefly wail, or thee? How shall I say ?

ORESTES

'Fore Heaven, Pylades, is thy thought mine ?—

PYLADES

I know not : this thy question baffles me.

ORESTES

Who is the maiden? With how Greek a heart 660
She asked us of the toils in Ilium,

335

νόστον τ' Ἀχαιῶν τόν τ' ἐν οἰωνοῖς σοφὸν
Κάλχαντ' Ἀχιλλέως τ' ὄνομα, καὶ τὸν ἄθλιον
Ἀγαμέμνον' ὡς ᾤκτειρ' ἀνηρώτα τέ με
γυναῖκα παῖδάς τ'. ἔστιν ἡ ξένη γένος
ἐκεῖθεν Ἀργεία τις· οὐ γὰρ ἄν ποτε
δέλτον τ' ἔπεμπε καὶ τάδ' ἐξεμάνθανεν,
ὡς κοινὰ πράσσουσ', Ἄργος εἰ πράσσοι καλῶς.

ΠΥΛΑΔΗΣ
ἔφθης με μικρόν· ταὐτὰ δὲ φθάσας λέγεις,
670   πλὴν ἕν· τὰ γάρ τοι βασιλέων παθήματα
ἴσασι πάντες, ὧν ἐπιστροφή τις ἦν.
ἀτὰρ διῆλθον χἄτερον λόγον τινά.

ΟΡΕΣΤΗΣ
τίν' ; εἰς τὸ κοινὸν δοὺς ἄμεινον ἂν μάθοις.

ΠΥΛΑΔΗΣ
αἰσχρὸν θανόντος σοῦ βλέπειν ἡμᾶς φάος,
κοινῇ τ' ἔπλευσα, δεῖ με καὶ κοινῇ θανεῖν.
καὶ δειλίαν γὰρ καὶ κάκην κεκτήσομαι
Ἄργει τε Φωκέων τ' ἐν πολυπτύχῳ χθονί,
δόξω δὲ τοῖς πολλοῖσι, πολλοὶ γὰρ κακοί,
προδούς σε, σωθεὶς δ' αὐτὸς εἰς οἴκους μόνος,
680   ἢ καὶ φονεύσας ἐπὶ νοσοῦσι δώμασι,
ῥάψαι μόρον σοι σῆς τυραννίδος χάριν,
ἔγκληρον ὡς δὴ σὴν κασιγνήτην γαμῶν.
ταῦτ' οὖν φοβοῦμαι καὶ δι' αἰσχύνης ἔχω,
κοὐκ ἔσθ' ὅπως οὐ χρὴ συνεκπνεῦσαί μέ σοι
καὶ συσφαγῆναι καὶ πυρωθῆναι δέμας,
φίλον γεγῶτα καὶ φοβούμενον ψόγον.

ΟΡΕΣΤΗΣ
εὔφημα φώνει· τἀμὰ δεῖ φέρειν ἐμέ· [1]
ἁπλᾶς δὲ λύπας ἐξόν, οὐκ οἴσω διπλᾶς.

[1] Porson, Nauck, and Wecklein : for MSS. κακά.

The host's home-coming, Calchas the wise seer
Of birds, Achilles' name! How pitied she
Agamemnon's wretched fate, and questioned me
Touching his wife, his childen! Sure her birth
Is thence, of Argos; else she ne'er would send
A letter thither, nor would question thus,
As one whose welfare hung on Argos' weal.

PYLADES

Mine own thought but a little thou forestallest,
Save this—that the calamities of kings   670
All know, who have had converse with the world.
But my mind runneth on another theme.

ORESTES

What? Share it, and thou better shalt conclude.

PYLADES

'Twere base that I live on, when thou art dead:
With thee I voyaged, and with thee should die.
A coward's and a knave's name shall I earn
In Argos and in Phocis' thousand glens.
Most men will think—seeing most men be knaves—
That I forsook thee, escaping home alone,—
Yea, slew thee, mid the afflictions of thine house   680
Devising, for thy throne's sake, doom for thee,
As being to thine heiress sister wed.
For these things, then I take both shame and
    fear:
It cannot be but I must die with thee,
With thee be slaughtered and with thee be burned,
Seeing I am thy friend, and dread reproach.

ORESTES

Ah, speak not so! My burden must I bear;
Nor, when but one grief needs, will I bear twain.

ὃ γὰρ σὺ λυπρὸν κἀπονείδιστον λέγεις,
690   ταῦτ' ἔστιν ἡμῖν, εἴ σε συμμοχθοῦντ' ἐμοὶ
κτενῶ· τὸ μὲν γὰρ εἰς ἔμ' οὐ κακῶς ἔχει,
πράσσονθ' ἃ πράσσω πρὸς θεῶν, λιπεῖν βίον.
σὺ δ' ὄλβιός τ' εἶ, καθαρά τ' οὐ νοσοῦντ' ἔχεις
μέλαθρ', ἐγὼ δὲ δυσσεβῆ καὶ δυστυχῆ.
σωθεὶς δὲ παῖδας ἐξ ἐμῆς ὁμοσπόρου
κτησάμενος, ἣν ἔδωκά σοι δάμαρτ' ἔχειν,
ὄνομά τ' ἐμοῦ γένοιτ' ἄν, οὐδ' ἄπαις δόμος
πατρῷος οὑμὸς ἐξαλειφθείη ποτ' ἄν.
ἀλλ' ἕρπε καὶ ζῆ καὶ δόμους οἴκει πατρός.
700   ὅταν δ' ἐς Ἑλλάδ' ἵππιόν τ' Ἄργος μόλῃς,
πρὸς δεξιᾶς σε τῆσδ' ἐπισκήπτω τάδε·
τύμβον τε χῶσον κἀπίθες μνημεῖά μοι,
καὶ δάκρυ' ἀδελφὴ καὶ κόμας δότω τάφῳ.
ἄγγελλε δ' ὡς ὄλωλ' ὑπ' Ἀργείας τινὸς
γυναικός, ἀμφὶ βωμὸν ἁγνισθεὶς φόνῳ.
καὶ μὴ προδῷς μου τὴν κασιγνήτην ποτέ,
ἔρημα κήδη καὶ δόμους ὁρῶν πατρός.
καὶ χαῖρ'· ἐμῶν γὰρ φίλτατόν σ' ηὗρον φίλων,
ὦ συγκυναγὲ καὶ συνεκτραφεὶς ἐμοί,
710   ὦ πόλλ' ἐνεγκὼν τῶν ἐμῶν ἄχθη κακῶν.
ἡμᾶς δ' ὁ Φοῖβος μάντις ὢν ἐψεύσατο·
τέχνην δὲ θέμενος ὡς προσώταθ' Ἑλλάδος
ἀπήλασ' αἰδοῖ τῶν πάρος μαντευμάτων,
ᾧ πάντ' ἐγὼ δοὺς τἀμὰ καὶ πεισθεὶς λόγοις,
μητέρα κατακτὰς αὐτὸς ἀνταπόλλυμαι.

ΠΥΛΑΔΗΣ

ἔσται τάφος σοι, καὶ κασιγνήτης λέχος
οὐκ ἂν προδοίην, ὦ τάλας, ἐπεί σ' ἐγὼ
θανόντα μᾶλλον ἢ βλέπονθ' ἕξω φίλον.
ἀτὰρ τὸ τοῦ θεοῦ σ' οὐ διέφθορέν γέ πω

For that reproach and grief which thou dost name
Is mine, if thee, the sharer of my toil, 690
I slay. For my lot is not evil all,—
Being thus tormented by the Gods,—to die.
But thou are prosperous : taintless are thine
    halls,
Unstricken ; mine accurst and fortune-crost.
If thou be saved, and get thee sons of her,
My sister, whom I gave thee to thy wife,
Then should my name live, nor my father's house
Ever, for lack of heirs, be blotted out.
Pass hence, and live : dwell in my father's halls.
And when to Greece and Argos' war-steed land 700
Thou com'st,—by this right hand do I charge
    thee—
Heap me a tomb : memorials lay of me
There ; tears and shorn hair let my sister give.
And tell how by an Argive woman's hand
Hallowed for death by altar-dews, I died.
Never forsake my sister, though thou see
Thy marriage-kin, my sire's house, desolate.
Farewell. Of friends I have found thee kindliest,
O fellow-hunter, foster-brother mine,
Bearer of many a burden of mine ills ! 710
Me Phoebus, prophet though he be, deceived,
And by a cunning shift from Argos drave
Afar, for shame of those his prophecies.
I gave up all to him, obeyed his words,
My mother slew—and perish now myself !

PYLADES

Thine shall a tomb be : ne'er will I betray
Thy sister's bed, O hapless : I shall still
Hold thee a dearer friend in death than life.
Yet thee hath the God's oracle not yet

720

μάντευμα, καίτοι γ᾽ ἐγγὺς ἔστηκας φόνου.
ἀλλ᾽ ἔστιν ἔστιν ἡ λίαν δυσπραξία
λίαν διδοῦσα μεταβολάς, ὅταν τύχῃ.

ΟΡΕΣΤΗΣ

σίγα· τὰ Φοίβου δ᾽ οὐδὲν ὠφελεῖ μ᾽ ἔπη·
γυνὴ γὰρ ἥδε δωμάτων ἔξω περᾷ.

ΙΦΙΓΕΝΕΙΑ

ἀπέλθεθ᾽ ὑμεῖς καὶ παρευτρεπίζετε
τἄνδον μολόντες τοῖς ἐφεστῶσι σφαγῇ.
δέλτου μὲν αἵδε πολύθυροι διαπτυχαί,
ξένοι, πάρεισιν· ἃ δ᾽ ἐπὶ τοῖσδε βούλομαι,
ἀκούσατ᾽· οὐδεὶς αὐτὸς ἐν πόνοις τ᾽ ἀνὴρ

730

ὅταν τε πρὸς τὸ θάρσος ἐκ φόβου πέσῃ.
ἐγὼ δὲ ταρβῶ μὴ ἀπονοστήσας χθονὸς
θῆται παρ᾽ οὐδὲν τὰς ἐμὰς ἐπιστολὰς
ὁ τήνδε μέλλων δέλτον εἰς Ἄργος φέρειν.

ΟΡΕΣΤΗΣ

τί δῆτα βούλει; τίνος ἀμηχανεῖς πέρι;

ΙΦΙΓΕΝΕΙΑ

ὅρκον δότω μοι τάσδε πορθμεύσειν γραφὰς
πρὸς Ἄργος, οἷσι βούλομαι πέμψαι φίλων.

ΟΡΕΣΤΗΣ

ἦ κἀντιδώσεις τῷδε τοὺς αὐτοὺς λόγους;

ΙΦΙΓΕΝΕΙΑ

τί χρῆμα δράσειν ἢ τί μὴ δράσειν; λέγε.

ΟΡΕΣΤΗΣ

ἐκ γῆς ἀφήσειν μὴ θανόντα βαρβάρου.

ΙΦΙΓΕΝΕΙΑ

740

δίκαιον εἶπας· πῶς γὰρ ἀγγείλειεν ἄν;

ΟΡΕΣΤΗΣ

ἦ καὶ τύραννος ταῦτα συγχωρήσεται;

Destroyed, albeit thou standest hard by death.　　720
Nay, misery's blackest night may chance, may chance,
By fortune's turn, to unfold a sudden dawn.

ORESTES

Peace ! Phoebus' words avail me nothing now ;
For yonder forth the temple comes the maid.

Enter IPHIGENEIA.

IPHIGENEIA (*to guards*)
Depart ye, and within make ready all
For them whose office is the sacrifice. [*Exeunt* GUARDS.
Strangers, my letter's many-leavèd folds
Are here : but that which therebeside I wish
Hear :—in affliction is no man the same
As when he hath passed from fear to confidence.　　730
I dread lest, having gotten from this land,
He who to Argos should my tablet bear
Shall set my letter utterly at nought.

ORESTES

What wouldst thou then ? Why thus disquieted ?

IPHIGENEIA

Let him make oath to bear to Argos this
To friends to whom I fain would send the same.

ORESTES

Wilt thou in turn give him the selfsame pledge ?

IPHIGENEIA

To do what thing, or leave undone ? Say on.

ORESTES

To send him forth this barbarous land unslain ?

IPHIGENEIA

A fair claim thine ! How should he bear it else ?　　740

ORESTES

But will the king withal consent hereto ?

ΙΦΙΓΕΝΕΙΑ Η ΕΝ ΤΑΥΡΟΙΣ

ΙΦΙΓΕΝΕΙΑ
πείσω σφε, καὐτὴ ναὸς εἰσβήσω σκάφος.

ΟΡΕΣΤΗΣ
ὄμνυ· σὺ δ' ἔξαρχ' ὅρκον ὅστις εὐσεβής.

ΙΦΙΓΕΝΕΙΑ
δώσεις, λέγειν χρή, τήνδε τοῖς ἐμοῖς φίλοις.

ΠΥΛΑΔΗΣ
τοῖς σοῖς φίλοισι γράμματ' ἀποδώσω τάδε.

ΙΦΙΓΕΝΕΙΑ
κἀγὼ σὲ σώσω κυανέας ἔξω πέτρας.

ΠΥΛΑΔΗΣ
τίν' οὖν ἐπόμνυς τοισίδ' ὅρκιον θεῶν;

ΙΦΙΓΕΝΕΙΑ
Ἄρτεμιν, ἐν ἧσπερ δώμασιν τιμὰς ἔχω.

ΠΥΛΑΔΗΣ
ἐγὼ δ' ἄνακτά γ' οὐρανοῦ, σεμνὸν Δία.

ΙΦΙΓΕΝΕΙΑ
750   εἰ δ' ἐκλιπὼν τὸν ὅρκον ἀδικοίης ἐμέ;

ΠΥΛΑΔΗΣ
ἄνοστος εἴην· τί δὲ σύ, μὴ σώσασά με;

ΙΦΙΓΕΝΕΙΑ
μήποτε κατ' Ἄργος ζῶσ' ἴχνος θείην ποδός.

ΠΥΛΑΔΗΣ
ἄκουε δή νυν ὃν παρήλθομεν λόγον.

ΙΦΙΓΕΝΕΙΑ
ἀλλ' οὔτις ἔστ' ἄκαιρος, ἢν καλῶς ἔχῃ.

ΠΥΛΑΔΗΣ
ἐξαίρετόν μοι δὸς τόδ', ἤν τι ναῦς πάθῃ,
χἠ δέλτος ἐν κλύδωνι χρημάτων μέτα
ἀφανὴς γένηται, σῶμα δ' ἐκσώσω μόνον,
τὸν ὅρκον εἶναι τόνδε μηκέτ' ἔμπεδον.

IPHIGENEIA

I will persuade him, yea, embark thy friend.

ORESTES (*to* PYLADES)

Swear thou :—and thou a sacred oath dictate.

IPHIGENEIA

Say thou wilt give this tablet to my friends.

PYLADES

I to thy friends will render up this script.

IPHIGENEIA

And through the Dark Rocks will I send thee safe.

PYLADES

What God dost take to witness this thine oath ?

IPHIGENEIA

Artemis, in whose fane I hold mine office.

PYLADES

And I by Heaven's King, reverèd Zeus.

IPHIGENEIA

What if thou fail thine oath, and do me wrong ?   750

PYLADES

May I return not.   If *thou* save me not ?—

IPHIGENEIA

Alive in Argos may I ne'er set foot.

PYLADES

Hear now a matter overlooked of us.

IPHIGENEIA

Not yet is this too late, so it be fair.

PYLADES

This clearance grant me—if the ship be wrecked,
And in the sea-surge with the lading sink
The letter, and my life alone I save,
That then of this mine oath shall I be clear.

ΙΦΙΓΕΝΕΙΑ Η ΕΝ ΤΑΥΡΟΙΣ

ΙΦΙΓΕΝΕΙΑ

ἀλλ' οἶσθ' ὃ δράσω ; πολλὰ γὰρ πολλῶν κυρεῖ·
760 τἀνόντα κἀγγεγραμμέν' ἐν δέλτου πτυχαῖς
λόγῳ φράσω σοι πάντ' ἀναγγεῖλαι φίλοις.
ἐν ἀσφαλεῖ γάρ· ἢν μὲν ἐκσώσῃς γραφήν,
αὐτὴ φράσει σιγῶσα τἀγγεγραμμένα·
ἢν δ' ἐν θαλάσσῃ γράμματ' ἀφανισθῇ τάδε,
τὸ σῶμα σώσας τοὺς λόγους σώσεις ἐμοί.

ΠΥΛΑΔΗΣ

καλῶς ἔλεξας τῶν τε σῶν ἐμοῦ θ' ὕπερ.
σήμαινε δ' ᾧ χρὴ τάσδ' ἐπιστολὰς φέρειν
πρὸς Ἄργος, ὅ τι τε χρὴ κλύοντά σου λέγειν.

ΙΦΙΓΕΝΕΙΑ

ἄγγελλ' Ὀρέστῃ, παιδὶ τἀγαμέμνονος·
770 ἡ 'ν Αὐλίδι σφαγεῖσ' ἐπιστέλλει τάδε
ζῶσ' Ἰφιγένεια, τοῖς ἐκεῖ δ' οὐ ζῶσ' ἔτι.

ΟΡΕΣΤΗΣ

ποῦ δ' ἔστ' ἐκείνη ; κατθανοῦσ' ἥκει πάλιν ;

ΙΦΙΓΕΝΕΙΑ

ἥδ' ἣν ὁρᾷς σύ· μὴ λόγοις ἔκπλησσέ με.
κόμισαί μ' ἐς Ἄργος, ὦ σύναιμε, πρὶν θανεῖν.
ἐκ βαρβάρου γῆς καὶ μετάστησον θεᾶς
σφαγίων, ἐφ' οἷσι ξενοφόνους τιμὰς ἔχω.

ΟΡΕΣΤΗΣ

Πυλάδη, τί λέξω ; ποῦ ποτ' ὄνθ' ηὑρήμεθα ;

ΙΦΙΓΕΝΕΙΑ

ἢ σοῖς ἀραία δώμασιν γενήσομαι,
Ὀρέσθ', ἵν' αὖθις ὄνομα δὶς κλύων μάθῃς.

ΟΡΕΣΤΗΣ

ὦ θεοί.

ΙΦΙΓΕΝΕΙΑ

780   τί τοὺς θεοὺς ἀνακαλεῖς ἐν τοῖς ἐμοῖς ;

344

IPHIGENEIA

" For every chance have some device "—hear mine :—
All that is written in the letter's folds   760
My tongue shall say, that thou mayst tell my friends.
So is all safe : if thou lose not the script,
Itself shall voiceless tell its written tale :
But if this writing in the sea be lost,
Then thy life saved shall save my words for me.

PYLADES

Well hast thou said, both for thy need, and me.
Now say to whom this letter I must bear
To Argos, and from thee what message speak.

IPHIGENEIA

Say to Orestes, Agamemnon's son—
" *This Iphigeneia, slain in Aulis, sends,*   770
Who liveth, yet for those at home lives not—"

ORESTES

Where is she ?   Hath she risen from the dead ?

IPHIGENEIA

She whom thou seest—confuse me not with speech :—
" *Bear me to Argos, brother, ere I die :*
From this wild land, these sacrifices, save,
Wherein mine office is to slay the stranger ; "—

ORESTES

What shall I say ?—Now dream we, Pylades ?

IPHIGENEIA

" *Else to thine house will I become a curse,*
Orestes "—so, twice heard, hold fast the name.

ORESTES

Gods !

IPHIGENEIA

              Why in *mine* affairs invoke the Gods ?   780

ΟΡΕΣΤΗΣ

οὐδέν· πέραινε δ'· ἐξέβην γὰρ ἄλλοσε.
τάχ' οὖν ἐρωτῶν σ' εἰς ἄπιστ' ἀφίξομαι.

ΙΦΙΓΕΝΕΙΑ

λέγ' οὕνεκ' ἔλαφον ἀντιδοῦσά μου θεὰ
Ἄρτεμις ἔσωσέ μ', ἣν ἔθυσ' ἐμὸς πατήρ·
δοκῶν ἐς ἡμᾶς ὀξὺ φάσγανον βαλεῖν,
εἰς τήνδε δ' ᾤκισ' αἶαν. αἵδ' ἐπιστολαι,
τάδ' ἐστὶ τὰν δέλτοισιν ἐγγεγραμμένα.

ΠΥΛΑΔΗΣ

ὦ ῥᾳδίοις ὅρκοισι περιβαλοῦσά με,
κάλλιστα δ' ὀμόσασ', οὐ πολὺν σχήσω χρόνον,
790   τὸν δ' ὅρκον ὃν κατώμοσ' ἐμπεδώσομεν.
ἰδού, φέρω σοι δέλτον ἀποδίδωμί τε,
Ὀρέστα, τῆσδε σῆς κασιγνήτης πάρα.

ΟΡΕΣΤΗΣ

δέχομαι· παρεὶς δὲ γραμμάτων διαπτυχάς,
τὴν ἡδονὴν πρῶτ' οὐ λόγοις αἱρήσομαι.
ὦ φιλτάτη μοι σύγγον', ἐκπεπληγμένος
ὅμως σ' ἀπίστῳ περιβαλὼν βραχίονι
εἰς τέρψιν εἶμι, πυθόμενος θαυμάστ' ἐμοί.

ΧΟΡΟΣ

ξεῖν', οὐ δικαίως τῆς θεοῦ τὴν πρόσπολον
χραίνεις ἀθίκτοις περιβαλὼν πέπλοις χέρα.

ΟΡΕΣΤΗΣ

800   ὦ συγκασιγνήτη τε κἀκ ταὐτοῦ πατρὸς
Ἀγαμέμνονος γεγῶσα, μή μ' ἀποστρέφου,
ἔχουσ' ἀδελφόν, οὐ δοκοῦσ' ἕξειν ποτέ.

ΙΦΙΓΕΝΕΙΑ

ἐγώ σ' ἀδελφὸν τὸν ἐμόν; οὐ παύσει λέγων;
τὸ δ' Ἄργος αὐτοῦ μεστὸν ἥ τε Ναυπλία.

ORESTES

'Tis nought: say on: my thoughts had wandered far.
(*Aside*) One question may resolve this miracle.

IPHIGENEIA

Say—" *Artemis in my place laid a hind,*
And saved me,—this my father sacrificed,
Deeming he plunged the keen blade into me,—
And made me dwell here."   This the letter is,
And in the tablets this is what is writ.

PYLADES

O thou who hast bound me by an easy oath—
Hast fairly sworn!—I will not tarry long
To ratify the oath that I have sworn.   790
This tablet, lo, to thee I bear, and give,
Orestes, from thy sister, yonder maid.

ORESTES

This I receive :—I let its folds abide—
First will I seize a rapture not in words:—
Dear sister mine, albeit wonder-struck,
With scarce-believing arm I fold thee round,
And taste delight, who hear things marvellous!

[*Embraces* IPHIGENEIA.

CHORUS

Stranger, thou sinn'st, polluting Artemis' priestess,
Casting about her sacred robes thine arm!

ORESTES

O sister mine, of Agamemnon sprung,   800
One sire with me, turn not away from me,
Who hast thy brother, past expectancy!

IPHIGENEIA

I ?—thee ?—my brother ?—wilt not hold thy peace ?
In Argos and in Nauplia great is he.

ΙΦΙΓΕΝΕΙΑ Η ΕΝ ΤΑΥΡΟΙΣ

ΟΡΕΣΤΗΣ
οὐκ ἔστ᾽ ἐκεῖ σός, ὦ τάλαινα, σύγγονος.

ΙΦΙΓΕΝΕΙΑ
ἀλλ᾽ ἡ Λάκαινα Τυνδαρίς σ᾽ ἐγείνατο;

ΟΡΕΣΤΗΣ
Πέλοπός γε παιδὶ παιδός, οὗ ᾽κπέφυκ᾽ ἐγώ.

ΙΦΙΓΕΝΕΙΑ
τί φής; ἔχεις τι τῶνδέ μοι τεκμήριον;

ΟΡΕΣΤΗΣ
ἔχω· πατρῴων ἐκ δόμων τι πυνθάνου.

ΙΦΙΓΕΝΕΙΑ
810 οὐκοῦν λέγειν μὲν χρὴ σέ, μανθάνειν δ᾽ ἐμέ.

ΟΡΕΣΤΗΣ
λέγοιμ᾽ ἂν ἀκοῇ πρῶτον Ἠλέκτρας τάδε.
Ἀτρέως Θυέστου τ᾽ οἶσθα γενομένην ἔριν;

ΙΦΙΓΕΝΕΙΑ
ἤκουσα, χρυσῆς ἀρνὸς οὕνεκ᾽ ἦν πέρι.

ΟΡΕΣΤΗΣ
ταῦτ᾽ οὖν ὑφῆνασ᾽ οἶσθ᾽ ἐν εὐπήνοις ὑφαῖς;

ΙΦΙΓΕΝΕΙΑ
ὦ φίλτατ᾽, ἐγγὺς τῶν ἐμῶν κάμπτεις φρενῶν.

ΟΡΕΣΤΗΣ
εἰκώ τ᾽ ἐν ἱστοῖς ἡλίου μετάστασιν;

ΙΦΙΓΕΝΕΙΑ
ὕφηνα καὶ τόδ᾽ εἶδος εὐμίτοις πλοκαῖς.

ΟΡΕΣΤΗΣ
καὶ λούτρ᾽ ἐς Αὖλιν μητρὸς ἀνεδέξω πάρα;

ΙΦΙΓΕΝΕΙΑ
οἶδ᾽· οὐ γὰρ ὁ γάμος ἐσθλὸς ὢν μ᾽ ἀφείλετο.

ORESTES

Not there, unhappy one, thy brother is.

IPHIGENEIA

Did Tyndareus' Spartan daughter bear thee then?

ORESTES

To Pelops' son's son, of whose loins I sprang.

IPHIGENEIA

What say'st thou?—hast thou proof hereof for me?

ORESTES

I have.　Ask somewhat of our father's home.

IPHIGENEIA

Now nay; 'tis thou must speak, 'tis I must learn.　　810

ORESTES

First will I name this—from Electra heard:—
Know'st thou of Atreus' and Thyestes' feud?

IPHIGENEIA

I heard, how of a golden lamb it came.

ORESTES

This broidered in thy web rememberest thou?

IPHIGENEIA

Dearest, thy chariot-wheels roll nigh my heart!

ORESTES

And pictured in thy loom, the sun turned back?

IPHIGENEIA

This too I wrought with fine-spun broidery-threads.

ORESTES

Bath-water at Aulis hadst thou from thy mother?[1]—

IPHIGENEIA

I know—that bridal's bliss stole not remembrance.

---

[1] Ritual required the bride to bathe on her wedding morning in water from the sacred spring of her native town.

ΟΡΕΣΤΗΣ

820 τί γάρ; κόμας σὰς μητρὶ δοῦσα σῇ φέρειν;

ΙΦΙΓΕΝΕΙΑ

μνημεῖά γ' ἀντὶ σώματος τοὐμοῦ τάφῳ.

ΟΡΕΣΤΗΣ

ἃ δ' εἶδον αὐτός, τάδε φράσω τεκμήρια·
Πέλοπος παλαιὰν ἐν δόμοις λόγχην πατρός,
ἣν χερσὶ πάλλων παρθένον Πισάτιδα
ἐκτήσαθ' Ἱπποδάμειαν, Οἰνόμαον κτανών,
ἐν παρθενῶσι τοῖσι σοῖς κεκρυμμένην.

ΙΦΙΓΕΝΕΙΑ

ὦ φίλτατ', οὐδὲν ἄλλο, φίλτατος γὰρ εἶ,
ἔχω σ', Ὀρέστα, τηλύγετον
χθονὸς ἀπὸ πατρίδος
830 Ἀργόθεν, ὦ φίλος.

ΟΡΕΣΤΗΣ

κἀγώ σε τὴν θανοῦσαν, ὡς δοξάζεται.
κατὰ δὲ δάκρυ' ἀδάκρυα, κατὰ δὲ γόος ἅμα χαρᾷ
τὸ σὸν νοτίζει βλέφαρον, ὡσαύτως δ' ἐμόν.

ΙΦΙΓΕΝΕΙΑ

τότ' ἔτι βρέφος ἔλιπον ἔλιπον ἀγκάλαις
σὲ νεαρὸν τροφοῦ νεαρὸν ἐν δόμοις.
ὦ κρεῖσσον ἢ λόγοισιν εὐτυχοῦσά μου.
840 ψυχά· τί φῶ; θαυμάτων πέρα καὶ λόγου
πρόσω τάδ' ἐπέβα.

ΟΡΕΣΤΗΣ

τὸ λοιπὸν εὐτυχοῖμεν ἀλλήλων μέτα.

ΙΦΙΓΕΝΕΙΑ

ἄτοπον ἡδονὰν ἔλαβον, ὦ φίλαι·
δέδοικα δ' ἐκ χερῶν με μὴ πρὸς αἰθέρα
ἀμπτάμενος φύγῃ·

ORESTES

Again—thine hair unto thy mother sent?   820

IPHIGENEIA

Yea, a grave-token in my body's stead.

ORESTES

What myself saw, these will I name for proofs:
In our sire's halls was Pelops' ancient spear,
Swayed in his hands when Pisa's maid he won,
Hippodameia, and slew Oenomaus:
Hidden it was within thy maiden bower.

IPHIGENEIA

Dearest!—nought else, for thou art passing dear!—
    Orestes, best-beloved, I clasp thee now,
Far from thy fatherland, from Argos, here,
            O love, art thou!   830

ORESTES

And thee I clasp—the dead, as all men thought!
Tears—that are no tears,—ecstasy blent with moan,
Make happy mist in thine eyes as in mine.

IPHIGENEIA

That day in the arms of thy nurse did I leave thee a
        babe, did I leave thee,   [wast thou
A little one—ah, such a little one then in our palace
O, a fortune too blissful for words doth receive thee,
        my soul, doth receive thee!
What can I say?—for, transcending all marvels, of
        speech they bereave me,   840
            The things that have come on us now!

ORESTES

Hereafter side by side may we be blest!

IPHIGENEIA

O friends, I am thrilled with a strange delight:
Yet I fear lest out of mine arms to the height
    Of the heaven he may wing his flight.

ὦ Κυκλωπίδες ἑστίαι, ὦ πατρίς,
Μυκήνα φίλα,
χάριν ἔχω ζόας, χάριν ἔχω τροφᾶς,
ὅτι μοι συννομαίμονα
τόνδε δόμοισιν ἐξεθρέψω φάος.

ΟΡΕΣΤΗΣ

850   γένει μὲν εὐτυχοῦμεν, εἰς δὲ συμφοράς,
ὦ σύγγον', ἡμῶν δυστυχὴς ἔφυ βίος.

ΙΦΙΓΕΝΕΙΑ

ἐγὼ μέλεος οἶδ', ὅτε φάσγανον
δέρᾳ θῆκέ μοι μελεόφρων πατήρ,

ΟΡΕΣΤΗΣ

οἴμοι. δοκῶ γὰρ οὐ παρών σ' ὁρᾶν ἐκεῖ.

ΙΦΙΓΕΝΕΙΑ

ἀνυμέναιος, ὦ σύγγον', Ἀχιλλέως
εἰς κλισίαν λέκτρων
δόλι' ὅτ' ἀγόμαν·
860   παρὰ δὲ βωμὸν ἦν δάκρυα καὶ γόοι.
φεῦ φεῦ χερνίβων τῶν ἐκεῖ.

ΟΡΕΣΤΗΣ

ᾤμωξα κἀγὼ τόλμαν ἣν ἔτλη πατήρ.

ΙΦΙΓΕΝΕΙΑ

ἀπάτορ' ἀπάτορα πότμον ἔλαχον.
ἄλλα δ' ἐξ ἄλλων κυρεῖ
867   δαίμονος τύχᾳ τινός.[1]

ΟΡΕΣΤΗΣ

866   εἰ σόν γ' ἀδελφόν, ὦ τάλαιν', ἀπώλεσας.

---

[1] Monk's arrangement adopted.

IPHIGENEIA IN TAURICA

O hearths Cyclopean, O fatherland
        Mycenae the dear,
For the gift of his life thanks, thanks for thy fostering
    hand,
        For that erst thou didst rear
My brother, a light of defence in our halls to stand.

ORESTES

Touching our birth blest are we, but our life,   850
My sister, in its fortunes was unblest.

IPHIGENEIA

I know it, alas ! who remember the blade
To my throat by my wretched father laid—

ORESTES

Woe's me ! though far, I seem to see thee there !

IPHIGENEIA

  When by guile I was thitherward drawn, the bride,
As they feigned, whom Hero Achilles should wed !
  But the marriage-chant rang not the altar beside,
  But tears streamed, voices of wailing cried ;   860
Woe, woe for the lustral-drops there shed !

ORESTES

I wail, I too, the deed my father dared.

IPHIGENEIA

An unfatherly father by doom was allotted to me ;
  And ills out of ills rise ceaselessly
    By a God's decree !

ORESTES

Ah, hadst thou slain thy brother, hapless one !

ὦ μελέα δεινᾶς τόλμας. δείν' ἔτλαν

870 δείν' ἔτλαν, ὤμοι σύγγονε. παρὰ δ' ὀλίγον
ἀπέφυγες ὄλεθρον ἀνόσιον ἐξ ἐμᾶν
δαϊχθεὶς χερῶν.
ἂ δ' ἐπ' αὐτοῖς τίς τελευτά;
τίς τύχα μοι συγκυρήσει;
τίνα σοι πόρον εὑρομένα
πάλιν ἀπὸ πόλεως, ἀπὸ φόνου πέμψω
πατρίδ' ἐς 'Αργείαν,

880 πρὶν ἐπὶ ξίφος αἵματι σῷ
πελάσαι; τόδε σόν, ὦ μελέα ψυχά,
χρέος ἀνευρίσκειν.
πότερον κατὰ χέρσον, οὐχὶ ναΐ,
ἀλλὰ ποδῶν ῥιπᾷ
θανάτῳ πελάσεις ἀνὰ βάρβαρα φῦλα
καὶ δι' ὁδοὺς ἀνόδους στείχων; διὰ κυανέας μὴν

890 στενοπόρου πέτρας μακρὰ κέλευθα να-
ΐοισιν δρασμοῖς.
τάλαινα, τάλαινα.
τίς ἄρ' οὖν, τάλαν, ἢ θεὸς ἢ βροτὸς ἢ
τί τῶν ἀδοκήτων
πόρον εὔπορον [1] ἐξανύσει,
δυοῖν τοῖν μόνοιν 'Ατρείδαιν
κακῶν ἔκλυσιν;

900 ἐν τοῖσι θαυμαστοῖσι καὶ μύθων πέρα
τάδ' εἶδον αὐτὴ κοὐ κλύουσ' ἀπ' ἀγγέλων.[2]

---

[1] Hermann: for MSS. ἄπορον.   [2] Hermann: for MSS. ἀπαγγελῶ.

IPHIGENEIA

Woe for my crime !   I took in hand a deed
  Of horror, brother !   Scant escape was thine   870
From god-accursed destruction, even to bleed
      By mine hand, mine !

Yea, now what end to all this doth remain ?
  What shrouded fate shall yet encounter me ?
By what device from this land home again
      Shall I speed thee

From slaughter, and to Argos bid depart,
  Or ever with thy blood incarnadined   880
The sword be ?   'Tis thy task, O wretched heart,
      The means to find.

What, without ship, far over land wouldst fly
  With feet swift-winged with terror and despair,
Through wild tribes, pathless ways, aye drawing nigh
      Death ambushed there ?

Yet, through the Dark-blue Rocks, the strait sea-
    portal,
  A long course must the bark that bears thee run.   890
O hapless, hapless I !   What God or mortal,
      O hapless one,

Or what strange help transcending expectation
  Shall to us twain, of Atreus' seed the last,
Bring fair deliverance, bring from ills salvation,—
      From ills o'erpast !

CHORUS

Marvel of marvels, passing fabled lore,   900
Myself have seen, none telleth me the tale.

ΠΥΛΑΔΗΣ

τὸ μὲν φίλους ἐλθόντας εἰς ὄψιν φιλων,
'Ορέστα, χειρῶν περιβολὰς εἰκὸς λαβεῖν·
λήξαντα δ' οἴκτων κἀπ' ἐκεῖν' ἐλθεῖν χρεών,
ὅπως τὸ κλεινὸν ὄνομα τῆς σωτηρίας
λαβόντες ἐκ γῆς βησόμεσθα βαρβάρου.
σοφῶν γὰρ ἀνδρῶν ταῦτα, μὴ 'κβάντας τύχης,
καιρὸν λαβόντας, ἡδονὰς ἄλλας λαβεῖν.

ΟΡΕΣΤΗΣ

καλῶς ἔλεξας· τῇ τύχῃ δ' οἶμαι μέλειν
τοῦδε ξὺν ἡμῖν· ἢν δέ τις πρόθυμος ᾖ,
σθένειν τὸ θεῖον μᾶλλον εἰκότως ἔχει.

ΙΦΙΓΕΝΕΙΑ

οὐ μή μ' ἐπίσχῃς [1] οὐδ' ἀποστήσεις λόγου
πρῶτον πυθέσθαι τίνα ποτ' Ἠλέκτρα πότμον
εἴληχε βιότου· φίλα γάρ ἐστι [2] πάντ' ἐμοί.

ΟΡΕΣΤΗΣ

τῷδε ξυνοικεῖ βίον ἔχουσ' εὐδαίμονα.

ΙΦΙΓΕΝΕΙΑ

οὗτος δὲ ποδαπὸς καὶ τίνος πέφυκε παῖς;

ΟΡΕΣΤΗΣ

Στρόφιος ὁ Φωκεὺς τοῦδε κλῄζεται πατήρ.

ΙΦΙΓΕΝΕΙΑ

ὅδ' ἐστί γ' 'Ατρέως θυγατρός, ὁμογενὴς ἐμός ;

ΟΡΕΣΤΗΣ

ἀνεψιός γε, μόνος ἐμοὶ σαφὴς φίλος.

ΙΦΙΓΕΝΕΙΑ

οὐκ ἦν τόθ' οὗτος ὅτε πατὴρ ἔκτεινέ με.

ΟΡΕΣΤΗΣ

οὐκ ἦν· χρόνον γὰρ Στρόφιος ἦν ἄπαις τινά.

905

910

920

---

[1] Monk : for οὐδέν μ' ἐπίσχει γ' οὐδ' ἀποστήσει of MSS.
[2] Seidler : for ἔσται of MSS.

IPHIGENEIA IN TAURICA

PYLADES

Orestes, well may friends which meet the gaze
Of friends, enfold them in the clasp of love.
Yet must we cease from moan, and look to this,
In what wise winning glorious safety's name
Forth from the land barbaric we may fare.
For wise men take occasion by the hand,
And let not fortune slip for pleasure's lure.

ORESTES

Well say'st thou : yet will fortune work, I trow,
Herein with us.   But toil of strenuous hands   910
Still doubles the God's power to render aid.

IPHIGENEIA

Thou shalt not stay me, neither turn aside
From asking of Electra first—her lot
In life : all touching her is dear to me.

ORESTES

Wedded to this man (*pointing to* PYLADES) happy life
    she hath.

IPHIGENEIA

And he—what land is his?—his father, who?

ORESTES

Strophius the Phocian is his father's name.

IPHIGENEIA

Ha!   Atreus' daughter's son, of kin to me?

ORESTES

Thy cousin is he, and my one true friend.

IPHIGENEIA

He was unborn when my sire sought my death.   920

ORESTES

Unborn ; for long time childless Strophius was.

ΙΦΙΓΕΝΕΙΑ Η ΕΝ ΤΑΥΡΟΙΣ

ΙΦΙΓΕΝΕΙΑ
χαῖρ' ὦ πόσις μοι τῆς ἐμῆς ὁμοσπόρου.

ΟΡΕΣΤΗΣ
κἀμός γε σωτήρ, οὐχὶ συγγενὴς μόνον.

ΙΦΙΓΕΝΕΙΑ
τὰ δεινὰ δ' ἔργα πῶς ἔτλης μητρὸς πέρι ;

ΟΡΕΣΤΗΣ
σιγῶμεν αὐτά· πατρὶ τιμωρῶν ἐμῷ.

ΙΦΙΓΕΝΕΙΑ
ἡ δ' αἰτία τίς ἀνθ' ὅτου κτείνει πόσιν ;

ΟΡΕΣΤΗΣ
ἔα τὰ μητρός· οὐδὲ σοὶ κλύειν καλόν.

ΙΦΙΓΕΝΕΙΑ
σιγῶ· τὸ δ' Ἄργος πρὸς σὲ νῦν ἀποβλέπει ;

ΟΡΕΣΤΗΣ
Μενέλαος ἄρχει· φυγάδες ἐσμὲν ἐκ πάτρας.

ΙΦΙΓΕΝΕΙΑ
930 οὔ που νοσοῦντας θεῖος ὕβρισεν δόμους ;

ΟΡΕΣΤΗΣ
οὔκ, ἀλλ' Ἐρινύων δεῖμά μ' ἐκβάλλει χθονός.

ΙΦΙΓΕΝΕΙΑ
ταῦτ' ἄρ' ἐπ' ἀκταῖς κἀνθάδ' ἠγγέλθης μανείς ;

ΟΡΕΣΤΗΣ
ὤφθημεν οὐ νῦν πρῶτον ὄντες ἄθλιοι.

ΙΦΙΓΕΝΕΙΑ
ἔγνωκα, μητρός σ' εἵνεκ' ἠλάστρουν θεαί.

ΟΡΕΣΤΗΣ
ὥσθ' αἱματηρὰ στόμι' ἐπεμβαλεῖν ἐμοί.

ΙΦΙΓΕΝΕΙΑ
τί γάρ ποτ' εἰς γῆν τήνδ' ἐπόρθμευσας πόδα ;

ΟΡΕΣΤΗΣ
Φοίβου κελευσθεὶς θεσφάτοις ἀφικόμην.

IPHIGENEIA

O husband of my sister, hail to thee!

ORESTES

Yea, and my saviour, not my kin alone.

IPHIGENEIA

How could'st thou dare that dread deed on our mother?

ORESTES

Speak we not of it!—to avenge my sire.

IPHIGENEIA

And what the cause for which she slew her lord?

ORESTES

Let be my mother : 'twould pollute thine ears.

IPHIGENEIA

I am silent.   Looketh Argos now to thee?

ORESTES

Menelaus rules : I am exiled from the land.

IPHIGENEIA

Our uncle—*he* insult our stricken house!   930

ORESTES

Nay, but the Erinyes' terror drives me forth.

IPHIGENEIA

Thence told they of thy frenzy on yon shore.

ORESTES

Not now first was my misery made a show.

IPHIGENEIA

Yea, for my mother's sake fiends haunted thee—

ORESTES

To thrust a bloody bridle in my mouth.

IPHIGENEIA

Wherefore to this land didst thou steer thy foot?

ORESTES

Bidden of Phoebus' oracle I came.

ΙΦΙΓΕΝΕΙΑ

τί χρῆμα δράσων; ῥητὸν ἢ σιγώμενον;

ΟΡΕΣΤΗΣ

λέγοιμ' ἄν· ἀρχαὶ δ' αἵδε μοι πολλῶν πόνων.
940 ἐπεὶ τὰ μητρὸς ταῦθ' ἃ σιγῶμεν κακὰ
εἰς χεῖρας ἦλθε, μεταδρομαῖς Ἐρινύων
ἠλαυνόμεσθα φυγάδες, ἔστ' ἐμὸν πόδα
εἰς τὰς Ἀθήνας δῆτ' ἔπεμψε Λοξίας,
δίκην παρασχεῖν ταῖς ἀνωνύμοις θεαῖς.
ἔστιν γὰρ ὁσία ψῆφος, ἣν Ἄρει ποτὲ
Ζεὺς εἷσατ' ἔκ του δὴ χερῶν μιάσματος.
ἐλθὼν δ' ἐκεῖσε, πρῶτα μέν μ' οὐδεὶς ξένων
ἑκὼν ἐδέξαθ', ὡς θεοῖς στυγούμενον·
οἱ δ' ἔσχον αἰδῶ, ξένια μονοτράπεζά μοι
950 παρέσχον, οἴκων ὄντες ἐν ταὐτῷ στέγει,
σιγῇ δ' ἐτεκτήναντ' ἀπόφθεγκτόν μ', ὅπως
δαιτὸς γενοίμην πώματός τ' αὐτῶν δίχα,
εἰς δ' ἄγγος ἴδιον ἴσον ἅπασι βακχίου
μέτρημα πληρώσαντες εἶχον ἡδονήν.
κἀγὼ 'ξελέγξαι μὲν ξένους οὐκ ἠξίουν,
ἤλγουν δὲ σιγῇ κἀδόκουν οὐκ εἰδέναι,
μέγα στενάζων, οὕνεκ' ἦ μητρὸς φονεύς.
κλύω δ' Ἀθηναίοισι τἀμὰ δυστυχῆ
τελετὴν γενέσθαι, κἄτι τὸν νόμον μένειν,
960 χοῆρες ἄγγος Παλλάδος τιμᾶν λεών.
ὡς δ' εἰς Ἄρειον ὄχθον ἧκον, ἐς δίκην
ἔστην, ἐγὼ μὲν θάτερον λαβὼν βάθρον,
τὸ δ' ἄλλο πρέσβειρ' ἥπερ ἦν Ἐρινύων·
εἰπὼν δ' ἀκούσας θ' αἵματος μητρὸς πέρι,
Φοῖβός μ' ἔσωσε μαρτυρῶν· ἴσας δέ μοι
ψήφους διερρύθμιζε Παλλὰς ὠλένῃ·
νικῶν δ' ἀπῆρα φόνια πειρατήρια.

IPHIGENEIA

With what intent? May this be told or no?

ORESTES

Nay, I will tell all. Thus began my woes :
Soon as my mother's sin, that nameless sin,   940
Had been by mine hands punished, chasing fiends
Drave me to exile, until Loxias
Guided my feet to Athens at the last,
To make atonement to the Nameless Ones ;
For there is a tribunal, erst ordained
Of Zeus, to cleanse the War-god's blood-stained
    hands.
Thither I came ; but no bond-friend at first
Would welcome me, as one abhorred of heaven.
Some pitied ; yet my guest-fare set they out
On a several table, 'neath the selfsame roof ;   950
Yet from all converse by their silence banned me,
So from their meat and drink to hold me apart ;
And, filling for each man his private cup,
All equal, had their pleasure of the wine.
I took not on me to arraign mine hosts ;
But, as who marked it not, in silence grieved ;
With bitter sighs the mother-slayer grieved.
Now are my woes to Athens made, I hear,
A festival, and yet the custom lives
That Pallas' people keep the Feast of Cups.   960

And when to Ares' mount I came to face
My trial, I upon this platform stood,
And the Erinyes' eldest upon that.
Then, of my mother's blood arraigned, I spake ;
And Phoebus' witness saved me. Pallas told
The votes : her arm swept half apart for me.
So was I victor in the murder-trial.

ὅσαι μὲν οὖν ἔζοντο πεισθεῖσαι δίκῃ,
ψῆφον παρ' αὐτὴν ἱερὸν ὡρίσαντ' ἔχειν·
970   ὅσαι δ' Ἐρινύων οὐκ ἐπείσθησαν νόμῳ,
δρόμοις ἀνιδρύτοισιν ἠλάστρουν μ' ἀεί,
ἕως ἐς ἁγνὸν ἦλθον αὖ Φοίβου πέδον,
καὶ πρόσθεν ἀδύτων ἐκταθείς, νῆστις βορᾶς,
ἐπώμοσ' αὐτοῦ βίον ἀπορρήξειν θανών,
εἰ μή με σώσει Φοῖβος, ὅς μ' ἀπώλεσεν.
ἐντεῦθεν αὐδὴν τρίποδος ἐκ χρυσοῦ λακὼν
Φοῖβός μ' ἔπεμψε δεῦρο, διοπετὲς λαβεῖν
ἄγαλμ' Ἀθηνῶν τ' ἐγκαθιδρῦσαι χθονί.
ἀλλ' ἥπερ ἡμῖν ὥρισεν σωτηρίαν,
980   σύμπραξον· ἢν γὰρ θεᾶς κατάσχωμεν βρέτας,
μανιῶν τε λήξω καὶ σὲ πολυκώπῳ σκάφει
στείλας Μυκήναις ἐγκαταστήσω πάλιν.
ἀλλ', ὦ φιληθεῖσ', ὦ κασίγνητον κάρα,
σῶσον πατρῷον οἶκον, ἔκσωσον δ' ἐμέ·
ὡς τἄμ' ὄλωλε πάντα καὶ τὰ Πελοπιδῶν,
οὐράνιον εἰ μὴ ληψόμεσθα θεᾶς βρέτας.

ΧΟΡΟΣ
δεινή τις ὀργὴ δαιμόνων ἐπέζεσε
τὸ Ταντάλειον σπέρμα διὰ πόνων τ' ἄγει.

ΙΦΙΓΕΝΕΙΑ
τὸ μὲν πρόθυμον, πρίν σε δεῦρ' ἐλθεῖν, ἔχω
990   Ἄργει γενέσθαι καὶ σέ, σύγγον', εἰσιδεῖν.
θέλω δ' ἅπερ σύ, σέ τε μεταστῆσαι πόνων
νοσοῦντά τ' οἶκον, οὐχὶ τῷ κτανόντι με
θυμουμένη, πατρῷον ὀρθῶσαι πάλιν.
σφαγῆς τε γὰρ σῆς χεῖρ' ἀπαλλάξαιμεν ἂν,
σώσαιμί τ' οἴκους· τὴν θεὸν δὲ πῶς λάθω;
δέδοικα καὶ τύραννον, ἡνίκ' ἂν κενὰς
κρηπῖδας εὕρῃ λαΐνας ἀγάλματος.

362

They which consented to the judgment, chose
Nigh the tribunal for themselves a shrine :
But of the Erinyes some consented not,   970
And hounded me with homeless chasings aye,
Until, to Phoebus' hallowed soil returned,
Fasting before his shrine I cast me down,
And swore to snap my life-thread, dying there,
Except Apollo saved me, who destroyed.
Then from the golden tripod Phoebus' voice
Pealed, hither sending me to take the image
Heaven-fall'n, and set it up in Attica.
Now to this safety thus ordained of him
Help thou : for, so the image be but won,   980
My madness shall have end : thee will I speed
Back to Mycenae in a swift-oared ship.
O well belovèd one, O sister mine,
Save thou our father's house, deliver me.
For Pelops' line and I are all undone
Except I win that image fall'n from heaven.

CHORUS

Dread wrath of Gods hath burst upon the seed
Of Tantalus, and on through travail drives.

IPHIGENEIA

Earnest my longing, ere thou camest, was
To stand in Argos, brother, and see thee.   990
Thy will is mine, to set thee free from woes,
And to restore my father's stricken house,
Nursing no wrath against my murderer.
So of thy slaughter shall mine hands be clean,
And I shall save our house.   Yet how elude
The Goddess ?   And I fear the king, when he
Void of its statue finds that pedestal.

πῶς οὐ θανοῦμαι; τίς δ᾽ ἔνεστί μοι λόγος;
ἀλλ᾽ εἰ μὲν ἕν τι τοῦθ᾽ ὁμοῦ γενήσεται,
ἄγαλμά τ᾽ οἴσεις κἄμ᾽ ἐπ᾽ εὐπρύμνου νεὼς
ἄξεις, τὸ κινδύνευμα γίγνεται καλόν·
τούτου δὲ χωρισθεῖσ᾽ ἐγὼ μὲν ὄλλυμαι,
σὺ δ᾽ ἂν τὸ σαυτοῦ θέμενος εὖ νόστου τύχοις.
οὐ μήν τι φεύγω γ᾽, οὐδέ μ᾽ εἰ θανεῖν χρεών,
σώσασά σ᾽· οὐ γὰρ ἀλλ᾽ ἀνὴρ μὲν ἐκ δόμων
θανὼν ποθεινός, τὰ δὲ γυναικὸς ἀσθενῆ.

ΟΡΕΣΤΗΣ
οὐκ ἂν γενοίμην σοῦ τε καὶ μητρὸς φονεύς·
ἅλις τὸ κείνης αἷμα· κοινόφρων δὲ σοὶ
καὶ ζῆν θέλοιμ᾽ ἂν καὶ θανὼν λαχεῖν ἴσον.
ἄξω δέ σ᾽, ἤνπερ καὐτὸς ἐνταυθοῖ περῶ,[1]
πρὸς οἶκον, ἢ σοῦ κατθανὼν μενῶ μέτα.
γνώμης δ᾽ ἄκουσον· εἰ πρόσαντες ἦν τόδε
Ἀρτέμιδι, πῶς ἂν Λοξίας ἐθέσπισε
κομίσαι μ᾽ ἄγαλμα θεᾶς πόλισμα Παλλάδος
καὶ σὸν πρόσωπον εἰσιδεῖν; ἅπαντα γὰρ
συνθεὶς τάδ᾽ εἰς ἓν νόστον ἐλπίζω λαβεῖν.

ΙΦΙΓΕΝΕΙΑ
πῶς οὖν γένοιτ᾽ ἂν ὥστε μήθ᾽ ἡμᾶς θανεῖν
λαβεῖν θ᾽ ἃ βουλόμεσθα; τῇδε γὰρ νοσεῖ
νόστος πρὸς οἴκους· ἥδε βούλευσις[2] πάρα.

ΟΡΕΣΤΗΣ
ἆρ᾽ ἂν τύραννον διολέσαι δυναίμεθ᾽ ἄν;

ΙΦΙΓΕΝΕΙΑ
δεινὸν τόδ᾽ εἶπας, ξενοφονεῖν ἐπήλυδας.

ΟΡΕΣΤΗΣ
ἀλλ᾽ εἰ σὲ σώσει κἀμέ, κινδυνευτέον.

1000

1010

1020

---

[1] Hermann : for MSS. πέσω.
[2] Markland : for MSS. ἡ δὲ βούλησις.

How shall I not die? What should be my plea?
But if both ends in one may be achieved—
If, with the statue, on thy fair-prowed ship   1000
Thou bear me hence, the peril well is braved.
If I attain not liberty, I die;
Yet still mayst thou speed well, and win safe
    home.
O then I flinch not, though my doom be death,
So I save thee! A man that from a house
Dies, leaves a void: a woman matters not.

ORESTES

My mother's slayer and thine I will not be!
Suffice her blood. With heart at one with thine
Fain would I live, and dying share thy death.
Thee will I lead, if thither I may win,   1010
Homeward, or dying here abide with thee.
Hear mine opinion—if this thing displease
Artemis, how had Loxias bidden me
To bear her statue unto Pallas' burg—
Yea, see thy face? So, setting side by side
All these, I hope to win safe home-return.

IPHIGENEIA

How may we both escape death, and withal
Bear off that prize? Imperilled most herein
Our home-return is:—this must we debate.

ORESTES

Haply might we prevail to slay the king?   1020

IPHIGENEIA

Foul deed were this, that strangers slay their host.

ORESTES

Yet must we venture—for thy life and mine.

365

ΙΦΙΓΕΝΕΙΑ
οὐκ ἂν δυναίμην, τὸ δὲ πρόθυμον ᾔνεσα.

ΟΡΕΣΤΗΣ
τί δ᾽, εἴ με ναῷ τῷδε κρύψειας λάθρᾳ ;

ΙΦΙΓΕΝΕΙΑ
ὡς δὴ σκότον λαβόντες ἐκσωθεῖμεν ἄν ;

ΟΡΕΣΤΗΣ
κλεπτῶν γὰρ ἡ νύξ, τῆς δ᾽ ἀληθείας τὸ φῶς.

ΙΦΙΓΕΝΕΙΑ
εἴσ᾽ ἔνδον ἱεροῦ φύλακες, οὓς οὐ λήσομεν.

ΟΡΕΣΤΗΣ
οἴμοι, διεφθάρμεσθα· πῶς σωθεῖμεν ἄν ;

ΙΦΙΓΕΝΕΙΑ
ἔχειν δοκῶ μοι καινὸν ἐξεύρημά τι.

ΟΡΕΣΤΗΣ
1030   ποῖόν τι ; δόξης μετάδος, ὡς κἀγὼ μάθω.

ΙΦΙΓΕΝΕΙΑ
ταῖς σαῖς ἀνίαις χρήσομαι σοφίσμασιν.

ΟΡΕΣΤΗΣ
δειναὶ γὰρ αἱ γυναῖκες εὑρίσκειν τεχνας.

ΙΦΙΓΕΝΕΙΑ
φονέα σε φήσω μητρὸς ἐξ Ἄργους μολεῖν.

ΟΡΕΣΤΗΣ
χρῆσαι κακοῖσι τοῖς ἐμοῖς, εἰ κερδανεῖς.

ΙΦΙΓΕΝΕΙΑ
ὡς οὐ θέμις σε λέξομεν θύειν θεᾷ,

ΟΡΕΣΤΗΣ
τίν᾽ αἰτίαν ἔχουσ᾽ ; ὑποπτεύω τι γάρ·

ΙΦΙΓΕΝΕΙΑ
οὐ καθαρὸν ὄντα, τὸ δ᾽ ὅσιον δώσω φόνῳ.

ΟΡΕΣΤΗΣ
τί δῆτα μᾶλλον θεᾶς ἄγαλμ᾽ ἁλίσκεται ;

366

IPHIGENEIA

I could not.   Yet thine eager heart I praise.

ORESTES

How if thou privily hide me in yon fane?

IPHIGENEIA

By favour of the darkness to escape?

ORESTES

Yea, night is leagued with theft: the light for truth.

IPHIGENEIA

Within the fane be guards: no baffling them.

ORESTES

Alas! we are undone.   How can we 'scape?

IPHIGENEIA

Methinks I have a yet untried device.

ORESTES

Ha, what?   Impart thy thought, that I may know.   1030

IPHIGENEIA

Thy misery will I turn to cunning use.

ORESTES

Women be shrewd to seek inventions out!

IPHIGENEIA

A matricide from Argos will I name thee,—

ORESTES

Use my misfortunes, if it serve thine end.

IPHIGENEIA

Unmeet for sacrifice to Artemis,—

ORESTES

Pleading what cause?—for somewhat I surmise.

IPHIGENEIA

As one unclean.   The pure alone I slay.

ORESTES

Yet how the more hereby is the image won?

ΙΦΙΓΕΝΕΙΑ Η ΕΝ ΤΑΥΡΟΙΣ

ΙΦΙΓΕΝΕΙΑ
πόντου σε πηγαῖς ἁγνίσαι βουλήσομαι,

ΟΡΕΣΤΗΣ
1040 ἔτ᾽ ἐν δόμοισι βρέτας, ἐφ᾽ ᾧ πεπλεύκαμεν.

ΙΦΙΓΕΝΕΙΑ
κἀκεῖνο νίψαι, σοῦ θιγόντος ὥς, ἐρῶ.

ΟΡΕΣΤΗΣ
ποῖ δῆτα ; πόντου νοτερὸν εἶπας ἔκβολον ;

ΙΦΙΓΕΝΕΙΑ
οὗ ναῦς χαλινοῖς λινοδέτοις ὁρμεῖ σέθεν.

ΟΡΕΣΤΗΣ
σὺ δ᾽ ἢ τις ἄλλος ἐν χεροῖν οἴσει βρέτας ;

ΙΦΙΓΕΝΕΙΑ
ἐγώ· θιγεῖν γὰρ ὅσιόν ἐστ᾽ ἐμοὶ μόνῃ.

ΟΡΕΣΤΗΣ
Πυλάδης δ᾽ ὅδ᾽ ἡμῖν ποῦ τετάξεται φόνου ;

ΙΦΙΓΕΝΕΙΑ
ταὐτὸν χεροῖν σοὶ λέξεται μίασμ᾽ ἔχων.

ΟΡΕΣΤΗΣ
λάθρᾳ δ᾽ ἄνακτος ἢ εἰδότος δράσεις τάδε ;

ΙΦΙΓΕΝΕΙΑ
πείσασα μύθοις· οὐ γὰρ ἂν λάθοιμί γε.

ΟΡΕΣΤΗΣ
1050 καὶ μὴν νεώς γε πίτυλος εὐήρης πάρα.

ΙΦΙΓΕΝΕΙΑ
σοὶ δὴ μέλειν χρὴ τἄλλ᾽ ὅπως ἕξει καλῶς.

ΟΡΕΣΤΗΣ
ἑνὸς μόνου δεῖ, τάσδε συγκρύψαι τάδε.
ἀλλ᾽ ἀντίαζε καὶ λόγους πειστηρίους
εὕρισκ᾽· ἔχει τοι δύναμιν εἰς οἶκτον γυνή.
τὰ δ᾽ ἄλλ᾽ ἴσως ἂν πάντα συμβαίη καλῶς.

IPHIGENEIA

I'll say that I would cleanse thee in sea-springs ;—

ORESTES

Still bides the statue there, for which we sailed.　　1040

IPHIGENEIA

That this too must I wash, as touched of thee.

ORESTES

Where ?—in yon creek where rains the blown sea-
　　spray ?

IPHIGENEIA

Nay, where thy ship rides moored with hempen curb.

ORESTES

Will thine hands, or another's, bear the image ?

IPHIGENEIA

Mine.　Sinlessly none toucheth it save me.

ORESTES

And in this blood-guilt what is Pylades' part ?

IPHIGENEIA

Stained even as thine his hands are, will I say.

ORESTES

Hid from the king shall be thy deed, or known ?

IPHIGENEIA

I must persuade whom I could not elude.

ORESTES

Ready in any wise the oared ship is.　　1050

IPHIGENEIA

'Tis thine to see that all beside go well.

ORESTES

One thing we lack, that yon maids hide all this.
Beseech them thou, and find persuasive words ;
A woman's tongue hath pity-stirring might :—
Then may all else perchance have happy end.

ΙΦΙΓΕΝΕΙΑ Η ΕΝ ΤΑΥΡΟΙΣ

ΙΦΙΓΕΝΕΙΑ

ὦ φίλταται γυναῖκες, εἰς ὑμᾶς βλέπω,
καὶ τἄμ' ἐν ὑμῖν ἐστιν ἢ καλῶς ἔχειν
ἢ μηδὲν εἶναι καὶ στερηθῆναι πάτρας
φίλου τ' ἀδελφοῦ φιλτάτης τε συγγόνου.

1060
καὶ πρῶτα μέν μοι τοῦ λόγου τάδ' ἀρχέτω·
γυναῖκές ἐσμεν, φιλόφρον ἀλλήλαις γένος,
σῴζειν τε κοινὰ πράγματ' ἀσφαλέσταται.
σιγήσαθ' ἡμῖν καὶ συνεκπονήσατε
φυγάς. καλόν τοι γλῶσσ' ὅτῳ πιστὴ παρῇ.
ὁρᾶτε δ' ὡς τρεῖς μία τύχη τοὺς φιλτάτους
ἢ γῆς πατρῴας νόστος ἢ θανεῖν ἔχει.
σωθεῖσα δ', ὡς ἂν καὶ σὺ κοινωνῇς τύχης,
σώσω σ' ἐς Ἑλλάδ'. ἀλλὰ πρός σε δεξιᾶς,
σὲ καὶ σ' ἱκνοῦμαι, σὲ δὲ φίλης παρῃίδος

1070
γονάτων τε καὶ τῶν ἐν δόμοισι φιλτάτων.[1]
τί φατέ ; τίς ὑμῶν φησιν, ἢ τίς οὐ θέλει,
φθέγξασθε, ταῦτα; μὴ γὰρ αἰνουσῶν λόγους
ὄλωλα κἀγὼ καὶ κασίγνητος τάλας.

ΧΟΡΟΣ

θάρσει, φίλη δέσποινα, καὶ σῴζου μόνον·
ὡς ἔκ γ' ἐμοῦ σοι πάντα σιγηθήσεται,
ἴστω μέγας Ζεύς, ὧν ἐπισκήπτεις πέρι.

ΙΦΙΓΕΝΕΙΑ

ὄναισθε μύθων καὶ γένοισθ' εὐδαίμονες.
σὸν ἔργον ἤδη καὶ σὸν εἰσβαίνειν δόμους·

1080
ὡς αὐτίχ' ἥξει τῆσδε κοίρανος χθονός,
θυσίαν ἐλέγξων, εἰ κατείργασται, ξένων.
ὦ πότνι', ἥπερ μ' Αὐλίδος κατὰ πτυχὰς
δεινῆς ἔσωσας ἐκ πατροκτόνου χερός,

---

[1] 1071, μητρὸς πατρός τε καὶ τέκνων ὅτῳ κυρεῖ, is rejected by
Dindorf and others, as inconsistent with l. 130.

370

IPHIGENEIA IN TAURICA

IPHIGENEIA

Damsels beloved, I raise mine eyes to you.
Mine all is in your hands—for happiness,
Or ruin, and for loss of fatherland,
Of a dear brother, and a sister loved.
Of mine appeal be this the starting-point—   1060
Women are we, each other's staunchest friends,
In keeping common counsel wholly loyal.
Keep silence; help us to achieve our flight.
A loyal tongue is its possessor's crown.
Ye see three friends upon one hazard cast,
Or to win back to fatherland or die.
If I escape,—that thou mayst share my fortune,—
Thee will I bring home.   Oh, by thy right hand
Thee I implore—and thee!—by thy sweet face
Thee,—by thy knees—by all thou lov'st at home!   1070
What say ye?   Who consents?   Who sayeth nay—
Oh speak!—to this? for if ye hearken not,
I and mine hapless brother are undone.

CHORUS

Fear not, dear lady: do but save thyself.
I will keep silence touching all the things
Whereof thou chargest me: great Zeus be witness.

IPHIGENEIA

Heaven bless you for the word!   Happy be ye!
(*To* OR. *and* PYL.) 'Tis thy part now, and thine, to pass
          within;
For this land's king shall in short space be here   1080
To ask if yet this sacrifice be done.
O Goddess-queen, who erst by Aulis' clefts
Didst save me from my sire's dread murderous hand,

σῶσόν με καὶ νῦν τούσδε τ'· ἢ τὸ Λοξίου
οὐκέτι βροτοῖσι διὰ σ' ἐτήτυμον στόμα.
ἀλλ' εὐμενὴς ἔκβηθι βαρβάρου χθονὸς
εἰς τὰς Ἀθήνας· καὶ γὰρ ἐνθάδ' οὐ πρέπει
ναίειν, παρόν σοι πόλιν ἔχειν εὐδαίμονα.

ΧΟΡΟΣ

στρ. α΄

ὄρνις, ἃ παρὰ πετρίνας
1090 πόντου δειράδας, ἀλκυών,
ἔλεγον οἰκτρὸν ἀείδεις,
εὐξύνετον ξυνετοῖσι βοάν,
ὅτι πόσιν κελαδεῖς ἀεὶ μολπαῖς,
ἐγώ σοι παραβάλλομαι
θρήνους, ἄπτερος ὄρνις,
ποθοῦσ' Ἑλλάνων ἀγόρους,
ποθοῦσ' Ἄρτεμιν ὀλβίαν,[1]
ἃ παρὰ Κύνθιον ὄχθον οἰκεῖ
φοινικά θ' ἁβροκόμαν
1100 δάφναν τ' εὐερνέα καὶ
γλαυκᾶς θαλλὸν ἱρὸν ἐλαίας,
Λατοῦς ὠδῖνι φίλας,[2]
λίμναν θ' εἱλίσσουσαν ὕδωρ
κύκλιον, ἔνθα κύκνος μελῳ-
δὸς Μούσας θεραπεύει.

ἀντ. α΄

ὦ πολλαὶ δακρύων λιβάδες,
αἳ παρηίδας εἰς ἐμὰς
ἔπεσον, ἁνίκα πύργων
ὀλλυμένων ἐπὶ ναυσὶν ἔβαν
1110 πολεμίων ἐρετμοῖσι καὶ λόγχαις.

---

[1] Nauck : for λοχείαν of MSS. "Travail-queen Artemis."
[2] Portus and Markland : for ὠδῖνα φίλαν of MSS.

Save me now too with these ; else Loxias' words
Through thee shall be no more believed of men.
But graciously come forth this barbarous land
To Athens.   It beseems thee not to dwell
Here, when so blest a city may be thine.

[IPHIGENEIA, ORESTES, *and* PYLADES *enter the temple.*

CHORUS

(*Str.* 1)

Thou bird, who by scaurs o'er the sea-breakers leaning
      Ever chantest thy song,   1090
O Halcyon, thy burden of sorrow, whose meaning
      To the wise doth belong,
Who discern that for aye on thy mate thou art crying,
I lift up a dirge to thy dirges replying—
Ah, thy pinions I have not !—for Hellas sighing,
      For the blithe city-throng ;
For that happier Artemis sighing, who dwelleth
      By the Cynthian Hill,
By the feathery palm, by the shoot that swelleth
      When the bay-buds fill,   1100
By the pale-green sacred olive that aided
Leto, whose travail the dear boughs shaded,
By the lake with the circling ripples braided,
Where from throats of the swans to the Muses
    upwelleth
      Song-service still.

(*Ant.* 1)

O tears on my cheeks that as fountains plashing
      Were rained that day,   [crashing,
When I sailed, from our towers that in ruin were
      In the galleys, the prey   [me,
Of the oars of the foe, of the spears that had caught 1110

373

ζαχρύσου δὲ δι᾽ ἐμπολᾶς
νόστον βάρβαρον ἦλθον,
ἔνθα τᾶς ἐλαφοκτόνου
θεᾶς ἀμφίπολον κόραν
παῖδ᾽ Ἀγαμεμνονίαν λατρεύω
βωμούς θ᾽ Ἑλληνοθύτους,[1]
ζηλοῦσ᾽ ἄταν διὰ παν-
τὸς δυσδαίμον᾽· ἐν γὰρ ἀνάγκαις
οὐ κάμνει σύντροφος ὤν·
1120   μεταβάλλει δυσδαιμονία·
τὸ δὲ μετ᾽ εὐτυχίας κακοῦ-
σθαι θνατοῖς βαρὺς αἰών.

καὶ σὲ μέν, πότνι᾽, Ἀργεία   στρ. β
πεντηκόντορος οἶκον ἄξει·
συρίζων δ᾽ ὁ κηροδέτας
κάλαμος οὐρείου Πανὸς
κώπαις ἐπιθωΰξει,
ὁ Φοῖβός θ᾽ ὁ μάντις ἔχων
κέλαδον ἑπτατόνου λύρας
1130   ἀείδων ἄξει λιπαρὰν
εὖ σ᾽ Ἀθηναίων ἐπὶ γᾶν.
ἐμὲ δ᾽ αὐτοῦ προλιποῦ-
σα βήσει ῥοθίοις πλάταις·
ἀέρι δ᾽ ἱστί᾽ ἐπὶ προτόνοις κατὰ
πρῷραν ὑπὲρ στόλον ἐκπετάσουσι πόδες
ναὸς ὠκυπόμπου.

---

[1] Enger, Köchly, and Wecklein : for τοὺς μηλοθύτους of MSS.

And for gold in the balances weighed men bought me,
And unto a barbarous home they brought me,
    To the handmaid-array
Of Atreides' daughter, who sacrificeth
    To the Huntress-queen
On the altars whence reek of the slain Greeks riseth !
    Ah, the man that hath seen
Bliss never, full gladly his lot would I borrow !
For he faints not 'neath ills, who was cradled in sorrow ;
On his night of affliction may dawn bright morrow :   1120
But whom ruin, in happiness ambushed, surpriseth,
    Ah, their stroke smiteth keen !

                    (*Str.* 2)

And the fifty oars shall dip of the Argive gallant ship
    That shall waft thee to the homeland shore ;
And the waxèd pipe shall ring of the mountain
    Shepherd-king
    To enkindle them that tug the strenuous oar ;
And the Seer shall wing their fleetness, even Phoebus,
    by the sweetness
    Of the seven-stringed lyre in his hand ;
And his chanting voice shall lead you as in triumph-
    march, and speed you   1130
    Unto Athens, to the sunny-gleaming land.
        And I shall be left here lone, but thou
          Shalt be racing with plash of the pine,
          While the broad sail swells o'er the plunging
            prow
            Outcurving the forestay-line,
          While the halliards shiver, the mainsheets
            quiver,
            As the cutwater leaps thro' the brine.

λαμπρὸν ἱππόδρομον βαίην,   ἀντ. β΄
ἔνθ' εὐάλιον ἔρχεται πῦρ·
1140 οἰκείων δ' ὑπὲρ θαλάμων
πτέρυγας ἐν νώτοις ἀμοῖς
λήξαιμι θοάζουσα·
χοροῖς δὲ σταίην, ὅθι καὶ
πάρεδρος [1] εὐδοκίμων γάμων,
παρὰ πόδ' εἱλίσσουσα φίλας
πρὸς ἡλίκων θιάσους,
ἐς ἁμίλλας χαρίτων,
χλιδᾶς ἁβροπλούτοιο
εἰς ἔριν ὀρνυμένα, πολυποίκιλα
1150 φάρεα καὶ πλοκάμους περιβαλλομένα γέ-
νυν συνεσκίαζον.

ΘΟΑΣ

ποῦ 'σθ' ἡ πυλωρὸς τῶνδε δωμάτων γυνὴ
Ἑλληνίς; ἤδη τῶν ξένων κατήρξατο,
ἀδύτοις τ' ἐν ἁγνοῖς σῶμα δάπτονται πυρί;

ΧΟΡΟΣ

ἥδ' ἐστίν, ἥ σοι πάντ', ἄναξ, ἐρεῖ σαφῶς.

ΘΟΑΣ

ἔα·
τί τόδε μεταίρεις ἐξ ἀκινήτων βάθρων,
'Αγαμέμνονος παῖ, θεᾶς ἄγαλμ' ἐν ὠλέναις;

---

[1] Badham : for παρθένος of MSS.

(*Ant.* 2)

And it's O that I could soar up the splendour-litten
    floor
  Where the sun drives the chariot-steeds of light,
And it's O that I were come o'er the chambers of
    my home,   1140
  And were folding the swift pinions of my flight;
And that, where at royal wedding the bridemaidens'
    feet are treading
  Through the measure, I were gliding in the dance,
Through its maze of circles sweeping with mine
    olden playmates, keeping
  Truest time with waving arms and feet that glance!
      And it's O for the loving rivalry,
        For the sweet forms costly-arrayed,
      For the raiment of cunningest broidery,
        For the challenge of maid to maid,
      For the veil light-tossing, the loose curl
        crossing   1150
      My cheek with its flicker of shade!

Enter THOAS *with attendants.*

THOAS

Where is this temple's warder, Hellas' daughter?
Hath she begun yon strangers' sacrifice?
Are they ablaze with fire in the holy shrine?

CHORUS

Here is she, king, to tell thee clearly all.

Enter IPHIGENEIA *bearing the image of Artemis in her
    arms.*

THOAS

Why bear'st thou in thine arms, Agamemnon's child,
From its inviolate base the Goddess' statue?

377

ΙΦΙΓΕΝΕΙΑ

ἄναξ, ἔχ᾽ αὐτοῦ πόδα σὸν ἐν παραστάσιν.

ΘΟΑΣ

1160   τί δ᾽ ἔστιν, Ἰφιγένεια, καινὸν ἐν δόμοις ;

ΙΦΙΓΕΝΕΙΑ

ἀπέπτυσ᾽· Ὁσίᾳ γὰρ δίδωμ᾽ ἔπος τόδε.

ΘΟΑΣ

τί φροιμιάζει νεοχμόν; ἐξαύδα σαφῶς.

ΙΦΙΓΕΝΕΙΑ

οὐ καθαρά μοι τὰ θύματ᾽ ἠγρεύσασθ᾽, ἄναξ.

ΘΟΑΣ

τί τοὐκδιδάξαν τοῦτό σ᾽; ἢ δόξαν λέγεις;

ΙΦΙΓΕΝΕΙΑ

βρέτας τὸ τῆς θεοῦ πάλιν ἕδρας ἀπεστράφη.

ΘΟΑΣ

αὐτόματον, ἤ νιν σεισμὸς ἔστρεψε χθονός;

ΙΦΙΓΕΝΕΙΑ

αὐτόματον· ὄψιν δ᾽ ὀμμάτων ξυνήρμοσεν.

ΘΟΑΣ

ἡ δ᾽ αἰτία τίς; ἢ τὸ τῶν ξένων μύσος;

ΙΦΙΓΕΝΕΙΑ

ἥδ᾽, οὐδὲν ἄλλο· δεινὰ γὰρ δεδράκατον.

ΘΟΑΣ

1170   ἀλλ᾽ ἦ τιν᾽ ἔκανον βαρβάρων ἀκτῆς ἔπι;

ΙΦΙΓΕΝΕΙΑ

οἰκεῖον ἦλθον τὸν φόνον κεκτημένοι.

ΘΟΑΣ

τίν᾽; εἰς ἔρον γὰρ τοῦ μαθεῖν πεπτώκαμεν.

ΙΦΙΓΕΝΕΙΑ

μητέρα κατειργάσαντο κοινωνῷ ξίφει.

378

IPHIGENEIA

King, stay thy foot there in the portico!

THOAS

What profanation in the fane hath chanced?   1160

IPHIGENEIA

Avaunt that evil word, in Sanctity's name!

THOAS

What strange tale dost thou preface?   Plainly tell.

IPHIGENEIA

Unclean I found thy captured victims, king.

THOAS

What proof hast thou?—or speak'st thou but thy
    thought?

IPHIGENEIA

Back from its place the Goddess' statue turned.

THOAS

Self-moved?—or did an earthquake wrench it round?

IPHIGENEIA

Self-moved.   Yea, also did it close its eyes.

THOAS

The cause?—pollution by the strangers brought?

IPHIGENEIA

This, and nought else; for foul deeds have they done.

THOAS

Ha! slaughter of my people on the shore?   1170

IPHIGENEIA

Nay, stained with guilt of murdered kin they came.

THOAS

What kin?   I am filled with longing this to learn.

IPHIGENEIA

Their mother with confederate swords they slew.

379

ΘΟΑΣ
Ἄπολλον, οὐδ᾽ ἐν βαρβάροις ἔτλη τις ἄν.

ΙΦΙΓΕΝΕΙΑ
πάσης διωγμοῖς ἠλάθησαν Ἑλλάδος.

ΘΟΑΣ
ἢ τῶνδ᾽ ἕκατι δῆτ᾽ ἄγαλμ᾽ ἔξω φέρεις;

ΙΦΙΓΕΝΕΙΑ
σεμνόν γ᾽ ὑπ᾽ αἰθέρ᾽, ὡς μεταστήσω φόνου.

ΘΟΑΣ
μίασμα δ᾽ ἔγνως τοῖν ξένοιν ποίῳ τρόπῳ;

ΙΦΙΓΕΝΕΙΑ
ἤλεγχον, ὡς θεᾶς βρέτας ἀπεστράφη πάλιν.

1180   ΘΟΑΣ
σοφήν σ᾽ ἔθρεψεν Ἑλλάς, ὡς ᾔσθου καλῶς.

ΙΦΙΓΕΝΕΙΑ
καὶ νῦν καθεῖσαν δέλεαρ ἡδύ μοι φρενῶν.

ΘΟΑΣ
τῶν Ἀργόθεν τι φίλτρον ἀγγέλλοντέ σοι;

ΙΦΙΓΕΝΕΙΑ
τὸν μόνον Ὀρέστην ἐμὸν ἀδελφὸν εὐτυχεῖν.

ΘΟΑΣ
ὡς δή σφε σώσαις ἡδοναῖς ἀγγελμάτων.

ΙΦΙΓΕΝΕΙΑ
καὶ πατέρα γε ζῆν καὶ καλῶς πράσσειν ἐμόν.

ΘΟΑΣ
σὺ δ᾽ εἰς τὸ τῆς θεοῦ γ᾽ ἐξένευσας εἰκότως.

ΙΦΙΓΕΝΕΙΑ
πᾶσάν γε μισοῦσ᾽ Ἑλλάδ᾽, ἥ μ᾽ ἀπώλεσεν.

ΘΟΑΣ
τί δῆτα δρῶμεν, φράζε, τοῖν ξένοιν πέρι;

ΙΦΙΓΕΝΕΙΑ
τὸν νόμον ἀνάγκη τὸν προκείμενον σέβειν.

THOAS

Apollo! Of barbarians none had dared it!

IPHIGENEIA

Out of all Hellas hunted were they driven.

THOAS

And for their cause bear'st thou the image forth?

IPHIGENEIA

'Neath holy sky, to banish that blood-taint.

THOAS

The strangers' guilt—how knewest thou thereof?

IPHIGENEIA

I questioned them, when back the Goddess turned.

THOAS

Wise child of Hellas, well didst thou discern.   1180

IPHIGENEIA

Even now they cast a bait to entice mine heart.

THOAS

Tidings from Argos—made they this their lure?

IPHIGENEIA

Yea, of mine only brother Orestes' weal.

THOAS

That thou might'st spare them for their welcome news?

IPHIGENEIA

My father liveth and is well, say they.

THOAS

Thou to the Goddess' part in thee didst cleave?

IPHIGENEIA

Yea, for I hate all Greece, which gave me death.

THOAS

What shall we do then with the strangers, say?

IPHIGENEIA

We must needs reverence the ordinance.

ΘΟΑΣ

1190   οὔκουν ἐν ἔργῳ χέρνιβες ξίφος τε σόν;

ΙΦΙΓΕΝΕΙΑ

ἁγνοῖς καθαρμοῖς πρῶτά νιν νίψαι θέλω.

ΘΟΑΣ

πηγαῖσιν ὑδάτων ἢ θαλασσίᾳ δρόσῳ;

ΙΦΙΓΕΝΕΙΑ

θάλασσα κλύζει πάντα τἀνθρώπων κακά.

ΘΟΑΣ

ὁσιώτερον γοῦν τῇ θεῷ πέσοιεν ἄν.

ΙΦΙΓΕΝΕΙΑ

καὶ τἀμά γ᾽ οὕτω μᾶλλον ἂν καλῶς ἔχοι.

ΘΟΑΣ

οὔκουν πρὸς αὐτὸν ναὸν ἐκπίπτει κλύδων ;

ΙΦΙΓΕΝΕΙΑ

ἐρημίας δεῖ· καὶ γὰρ ἄλλα δράσομεν.

ΘΟΑΣ

ἄγ᾽ ἔνθα χρῄζεις· οὐ φιλῶ τἄρρηθ᾽ ὁρᾶν.

ΙΦΙΓΕΝΕΙΑ

ἁγνιστέον μοι καὶ τὸ τῆς θεοῦ βρέτας.

ΘΟΑΣ

1200   εἴπερ γε κηλὶς ἔβαλέ νιν μητροκτόνος.

ΙΦΙΓΕΝΕΙΑ

οὐ γάρ ποτ᾽ ἄν νιν ἡράμην βάθρων ἄπο.

ΘΟΑΣ

δίκαιος ηὐσέβεια καὶ προμηθία.

ΙΦΙΓΕΝΕΙΑ

οἶσθά νυν ἅ μοι γενέσθω ;

ΘΟΑΣ

σὸν τὸ σημαίνειν τόδε.

ΙΦΙΓΕΝΕΙΑ

δεσμὰ τοῖς ξένοισι πρόσθες.

THOAS

Why do not lustral drops and knife their part? 1190

IPHIGENEIA

With holy cleansings would I wash them first.

THOAS

In fountain-waters, or in sea-spray showers?

IPHIGENEIA

The sea doth wash away all ills of men.

THOAS

Thus holier should the Goddess' victims be.

IPHIGENEIA

And better so should all my purpose speed.

THOAS

Full on the fane doth not the sea-surge break?

IPHIGENEIA

There needeth solitude: more is to do.

THOAS

Where thou wilt.   Into mystic rites I pry not.

IPHIGENEIA

The image must I purify withal.

THOAS

Yea, if the matricides have tainted it. 1200

IPHIGENEIA

Else from its pedestal had I moved it not.

THOAS

Righteous thy piety and forethought are.

IPHIGENEIA

Know'st thou now what still I lack?

THOAS

'Tis thine to tell what yet must be.

IPHIGENEIA

Bind with chains the strangers.

ΙΦΙΓΕΝΕΙΑ Η ΕΝ ΤΑΥΡΟΙΣ

ΘΟΑΣ
                  ποῖ δέ σ' ἐκφύγοιεν ἄν ;
ΙΦΙΓΕΝΕΙΑ
πιστὸν Ἑλλὰς οἶδεν οὐδέν.
ΘΟΑΣ
                  ἴτ' ἐπὶ δεσμά, πρόσπολοι.
ΙΦΙΓΕΝΕΙΑ
κἀκκομιζόντων δὲ δεῦρο τοὺς ξένους,
ΘΟΑΣ
                            ἔσται τάδε.
ΙΦΙΓΕΝΕΙΑ
κρᾶτα κρύψαντες πέπλοισιν.
ΘΟΑΣ
                       ἡλίου πρόσθεν φλογός.
ΙΦΙΓΕΝΕΙΑ
σῶν τέ μοι σύμπεμπ' ὀπαδῶν.
ΘΟΑΣ
                       οἵδ' ὁμαρτήσουσί σοι.
ΙΦΙΓΕΝΕΙΑ
καὶ πόλει πέμψον τιν' ὅστις σημανεῖ
ΘΟΑΣ
                          ποίας τύχας ;
ΙΦΙΓΕΝΕΙΑ
1210   ἐν δόμοις μίμνειν ἅπαντας.
ΘΟΑΣ
                   μὴ συναντῶσιν φόνῳ ;
ΙΦΙΓΕΝΕΙΑ
μυσαρὰ γὰρ τὰ τοιάδ' ἐστί.
ΘΟΑΣ
                     στεῖχε καὶ σήμαινε σύ.
ΙΦΙΓΕΝΕΙΑ
καὶ φίλων γε δεῖ μάλιστα.

THOAS
Whither from thy warding could they flee?

IPHIGENEIA
Faithless utterly is Hellas.

THOAS
Henchmen mine, to bind them go.

IPHIGENEIA
Let them now bring forth the strangers hitherward,—

THOAS
It shall be so.

IPHIGENEIA
Veiling first their heads with mantles.

THOAS
Lest the sun pollution see.

IPHIGENEIA
Send thou also of thy servants with me.

THOAS
These shall go with thee.

IPHIGENEIA
And throughout the city send thou one to warn—

THOAS
'Gainst what mischance?

IPHIGENEIA
That within all folk abide;—   1210

THOAS
Lest any eye meet murder's glance.

IPHIGENEIA
For the look shall bring pollution.

THOAS (to attendant)
Go thou, warn the folk of this.

IPHIGENEIA
Yea, and chiefly of my friends—

ΘΟΑΣ

      τοῦτ᾿ ἔλεξας εἰς ἐμέ.

ΙΦΙΓΕΝΕΙΑ

μηδέν᾿ εἰς ὄψιν πελάζειν.

ΘΟΑΣ

      εὖ γε κηδεύεις πόλιν.

ΙΦΙΓΕΝΕΙΑ

εἰκότως.

ΘΟΑΣ

   ὡς εἰκότως σε πᾶσα θαυμάζει πόλις.

ΙΦΙΓΕΝΕΙΑ

σὺ δὲ μένων αὐτοῦ πρὸ ναῶν τῇ θεῷ

ΘΟΑΣ

      τί χρῆμα δρῶ ;

ΙΦΙΓΕΝΕΙΑ

ἅγνισον πυρσῷ μέλαθρον.

ΘΟΑΣ

     καθαρὸν ὡς μόλῃς πάλιν.

ΙΦΙΓΕΝΕΙΑ

ἡνίκ᾿ ἂν δ᾿ ἔξω περῶσιν οἱ ξένοι,

ΘΟΑΣ

     τί χρή με δρᾶν ;

ΙΦΙΓΕΝΕΙΑ

πέπλον ὀμμάτων προθέσθαι.

ΘΟΑΣ

    μὴ παλαμναῖον λάβω ;

ΙΦΙΓΕΝΕΙΑ

ἢν δ᾿ ἄγαν δοκῶ χρονίζειν,

ΘΟΑΣ

     τοῦδ᾿ ὅρος τίς ἐστί μοι ;

ΙΦΙΓΕΝΕΙΑ

1220   θαυμάσῃς μηδέν.

THOAS

Hereby thou meanest me, I wis.

IPHIGENEIA

None must to the sight draw near.

THOAS

Our city hath thine heedful care.

IPHIGENEIA

Rightly.

THOAS

Rightly through the city art thou reverenced
everywhere.

IPHIGENEIA

Thou abide before Her shrine:

THOAS

What service shall I do her there?

IPHIGENEIA

Cleanse her house with flame.

THOAS

That it be pure for thy return thereto.

IPHIGENEIA

And when forth the temple come the strangers—

THOAS

What behoves to do?

IPHIGENEIA

Draw thy mantle o'er thine eyes.

THOAS

Lest I be tainted of their sin?

IPHIGENEIA

If o'erlong I seem to tarry,--

THOAS

What the limit set herein?

IPHIGENEIA

Marvel not.   1220

ΘΟΑΣ

τὰ τῆς θεοῦ πρᾶσσ' ἐπὶ σχολῆς καλῶς.

ΙΦΙΓΕΝΕΙΑ

εἰ γὰρ ὡς θέλω καθαρμὸς ὅδε πέσοι.

ΘΟΑΣ

συνεύχομαι.

ΙΦΙΓΕΝΕΙΑ

τούσδ' ἄρ' ἐκβαίνοντας ἤδη δωμάτων ὁρῶ ξένους
καὶ θεᾶς κόσμον νεογνούς τ' ἄρνας, ὡς φόνῳ
φόνον
μυσαρὸν ἐκνίψω, σέλας τε λαμπάδων τά τ' ἄλλ'
ὅσα
προὐθέμην ἐγὼ ξένοισι καὶ θεᾷ καθάρσια.
ἐκποδὼν δ' αὐδῶ πολίταις τοῦδ' ἔχειν μιάσματος,
εἴ τις ἢ ναῶν πυλωρὸς χεῖρας ἁγνεύει θεοῖς,
ἢ γάμον στείχει συνάψων ἢ τόκοις βαρύνεται,
φεύγετ', ἐξίστασθε, μή τῳ προσπέσῃ μύσος
τόδε.
1230 ὦ Διὸς Λητοῦς τ' ἄνασσα παρθέν', ἢν νίψω
φόνον
τῶνδε καὶ θύσωμεν οὗ χρή, καθαρὸν οἰκήσεις
δόμον,
εὐτυχεῖς δ' ἡμεῖς ἐσόμεθα. τἄλλα δ' οὐ λέγουσ',
ὅμως
τοῖς τὰ πλείον' εἰδόσιν θεοῖς σοί τε σημαίνω, θεά.

ΧΟΡΟΣ

εὔπαις ὦ Λατοῦς γόνος,   στρ.
ὅν ποτε Δηλιάσιν

IPHIGENEIA IN TAURICA

THOAS

In thine own season render thou the dues divine.

IPHIGENEIA

Fair befall this purifying as I would !

THOAS

Thy prayer is mine.

IPHIGENEIA

Lo, and even now I see the strangers pacing forth
the fane   [—that by blood-stain
With the adorning of the Goddess, with the lambs,
Blood-stain I may cleanse,—with flash of torches, and
with what beside,   [purified.
As I bade, the strangers and the Goddess shall be
Now I warn the city-folk to shrink from this pollution
far :—   [warders are,
Ye that, with pure hands for heaven's service, temple-
Whoso purposeth espousals, whoso laboureth with
child,   [be defiled.
Flee ye ; hence away, that none with this pollution
Queen, O child of Zeus and Leto, so the guilt from   1230
these I lave,   [thou have ;
So I sacrifice where meet is, stainless temple shalt
Blest withal shall we be—more I say not, yet to
Gods who know   [plainly show.
All, and, Goddess, unto thee, mine heart's desire I

[THOAS *enters temple.*   *Exeunt* IPHIGENEIA,
ORESTES, PYLADES, *and attendants.*

CHORUS [1]

A glorious babe in the days of old   (*Str.*)
Leto in Delos bare,

---

[1] Apollo's oracle was now proved right, and Iphigeneia's
dream wrong ; so this ode celebrates the institution of that
oracle, and the abolition of the ancient dream-oracles.

ΙΦΙΓΕΝΕΙΑ Η ΕΝ ΤΑΥΡΟΙΣ

καρποφόροις γυάλοις
[ἔτικτε] χρυσοκόμαν
ἐν κιθάρᾳ σοφόν, ἅ¹ τ' ἐπὶ τόξων
εὐστοχίᾳ γάνυται, φέρε δ' ἶνιν
1240
ἀπὸ δειράδος εἰναλίας,
λοχεῖα κλεινὰ λιποῦσ'
ἀστάκτων ματέρ' εἰς ὑδάτων,
τὰν βακχεύουσαν Διονύσῳ
Παρνάσιον κορυφάν,
ὅθι ποικιλόνωτος οἰνωπὸς δράκων
σκιερᾷ κατάχαλκος εὐφύλλῳ δάφνᾳ,
γᾶς πελώριον τέρας, ἄμφεπε
μαντεῖον χθόνιον.

ἔτι μιν ἔτι βρέφος, ἔτι φίλας
1250
ἐπὶ ματέρος ἀγκάλαισι θρῴσκων,
ἔκανες, ὦ Φοῖβε, μαν-
τείων δ' ἐπέβας ζαθέων,
τρίποδί τ' ἐν χρυσέῳ
θάσσεις, ἐν ἀψευδεῖ θρόνῳ
μαντείας βροτοῖς
θεσφάτων νέμων
ἀδύτων ὕπο, Κασταλίας ῥεέθρων
γείτων, μέσον γᾶς ἔχων μέλαθρον.

Θέμιν δ' ἐπεὶ γᾶς ἰὼν   ἀντ.
1260
παῖδ' ἀπενάσσατο Λα-
τῷος ἀπὸ ζαθέων
χρηστηρίων, νύχια

---

¹ Weil: for MSS. ἅ, a passing and irrelevant mention of Artemis.

Mid its valleys of fruitage manifold,
    The babe of the golden hair,—
Lord of the harp sweet-ringing, king of the bow
    sure-winging   [rock by the swell
The shaft that he loveth well,—and she fled from the
        Of the sea encompassed, bringing   1240
        From the place where her travail befell
Her babe to the height whence rolled the gushing
    rills untold,
    Where the Wine-god's revels stormy-souled
        O'er the crests of Parnassus fare;
Where, gleaming with coils iridescent, half-hiding
The glint of his mail 'neath the dense-shadowed bay,
Was the earth-spawned monster, the dragon, gliding
    Round the chasm wherein earth's oracle lay.
But thou, who wast yet but a babe, yet leaping
    Babe-like in thy mother's loving embrace,   1250
    Thou, Phoebus, didst slay him, didst take for thine
    The oracle's lordship, the right divine,
And still on the tripod of gold art keeping
    Thy session, dispensing to us, to the race
Of men, revelation of heaven's design,
From thy throne of truth, from the secret shrine,
By the streams through Castaly's cleft up-sweeping,
    Where the Heart of the World is thy dwelling-
        place.

But the Child of Earth did his coming make *(Ant.)*
    Of her birthright dispossessed,   1260
For the oracle-sceptre of Themis he brake:
    Wherefore the Earth from her breast,

Χθὼν ἐτεκνώσατο φάσματ' ὀνείρων,
οἳ πολέσιν μερόπων τά τε πρῶτα
τά τ' ἔπειθ' ὅσ' ἔμελλε τυχεῖν
ὕπνου κατὰ δνοφερὰς
εὐνὰς ἔφραζον· Γαῖα δὲ τὰν
μαντείων ἀφείλετο τιμὰν
Φοῖβον φθόνῳ θυγατρός·

1270   ταχύπους δ' ἐς Ὄλυμπον ὁρμαθεὶς ἄναξ
χέρα παιδνὸν ἕλιξεν ἐκ Ζηνὸς θρόνων
Πυθίων δόμων χθονίαν ἀφε-
λεῖν θεᾶς μῆνιν νυχίους τ' ὀνείρους.
γέλασε δ', ὅτι τέκος ἄφαρ ἔβα
πολύχρυσα θέλων λατρεύματα σχεῖν·
ἐπὶ δ' ἔσεισεν κόμαν,
παῦσεν νυχίους ἐνοπάς,
ἀπὸ δ' ἀλαθοσύναν
νυκτωπὸν ἐξεῖλεν βροτῶν,

1280   καὶ τιμὰς πάλιν
θῆκε Λοξίᾳ,
πολυάνορι δ' ἐν ξενόεντι θρόνῳ
θάρση βροτοῖς θεσφάτων ἀοιδαῖς.

ΑΓΓΕΛΟΣ

ὦ ναοφύλακες βώμιοί τ' ἐπιστάται,
Θόας ἄναξ γῆς τῆσδε ποῦ κυρεῖ βεβώς;
καλεῖτ' ἀναπτύξαντες εὐγόμφους πύλας
ἔξω μελάθρων τῶνδε κοίρανον χθονός.

ΧΟΡΟΣ

τί δ' ἔστιν, εἰ χρὴ μὴ κελευσθεῖσαν λέγειν;

To make of his pride a derision, sent forth dream-
    vision on vision,
Whereby to the sons of men the things that had been
    ere then,
      And the things for the Gods' decision
      Yet waiting beyond our ken,
Through the darkness of slumber she spake, and from
      Phoebus—in fierce heart-ache
    Of jealous wrath for her daughter's sake—
      His honour so did she wrest.
Swift hasted our King to Olympus' palace,   1270
    And with child-arms clinging to Zeus' throne prayed
That the night-visions born of the Earth-mother's
    malice
    Might be banished the fane in the Pythian glade.
    Smiled Zeus, that his son, for the costly oblations
    Of his worshippers jealous, so swiftly had come:
And he shook his locks for the great oath-plight,
And he made an end of the voices of night;
For he took from mortals the dream-visitations,
    Truth's shadows upfloating from Earth's dark
      womb;
    And he sealed by an everlasting right   1280
    Loxias' honours, that all men might
    Trust wholly his word, when the thronging nations
    Bowed at the throne where he sang fate's doom.
Enter MESSENGER.

MESSENGER
O temple-warders, altar-ministers,
Whither hath Thoas gone, this country's king?
Fling wide the closely-bolted doors, and call
Forth of these halls the ruler of the land.

CHORUS
What is it?—if unbidden I may speak.

393

ΙΦΙΓΕΝΕΙΑ Η ΕΝ ΤΑΥΡΟΙΣ

ΑΓΓΕΛΟΣ

βεβᾶσι φροῦδοι δίπτυχοι νεανίαι
1290 Ἀγαμεμνονείας παιδὸς ἐκ βουλευμάτων
φεύγοντες ἐκ γῆς τῆσδε καὶ σεμνὸν βρέτας
λαβόντες ἐν κόλποισιν Ἑλλάδος νεώς.

ΧΟΡΟΣ

ἄπιστον εἶπας μῦθον· ὃν δ᾽ ἰδεῖν θέλεις
ἄνακτα χώρας, φροῦδος ἐκ ναοῦ συθείς.

ΑΓΓΕΛΟΣ

ποῖ; δεῖ γὰρ αὐτὸν εἰδέναι τὰ δρώμενα.

ΧΟΡΟΣ

οὐκ ἴσμεν· ἀλλὰ στεῖχε καὶ δίωκέ νιν
ὅπου κυρήσας τούσδ᾽ ἀπαγγελεῖς λόγους.

ΑΓΓΕΛΟΣ

ὁρᾶτ᾽, ἄπιστον ὡς γυναικεῖον γένος·
μέτεστι χὐμῖν τῶν πεπραγμένων μέρος.

ΧΟΡΟΣ

1300 μαίνει; τί δ᾽ ἡμῖν τῶν ξένων δρασμοῦ μέτα;
οὐκ εἶ κρατούντων πρὸς πύλας ὅσον τάχος;

ΑΓΓΕΛΟΣ

οὔ, πρίν γ᾽ ἂν εἴπῃ τοὖπος ἑρμηνεὺς τόδε,
εἴτ᾽ ἔνδον εἴτ᾽ οὐκ ἔνδον ἀρχηγὸς χθονός.
ὠή, χαλᾶτε κλῇθρα, τοῖς ἔνδον λέγω,
καὶ δεσπότῃ σημήναθ᾽ οὕνεκ᾽ ἐν πύλαις
πάρειμι, καινῶν φόρτον ἀγγέλλων κακῶν.

ΘΟΑΣ

τίς ἀμφὶ δῶμα θεᾶς τόδ᾽ ἵστησιν βοήν,
πύλας ἀράξας καὶ ψόφον πέμψας ἔσω;

ΑΓΓΕΛΟΣ

ψευδῶς λέγουσαί μ᾽ αἵδ᾽ [1] ἀπήλαυνον δόμων,
1310 ὡς ἐκτὸς εἴης· σὺ δὲ κατ᾽ οἶκον ἦσθ᾽ ἄρα.

[1] Pierson: for MSS. ψευδῶς ἔλεγον αἵδε, καὶ μ᾽.

394

MESSENGER

Gone are the two youths, vanished clean from sight,
Gone, by the plots of Agamemnon's child 1290
Fleeing from this land, taking with them hence
The holy statue in a Greek ship's hold.

CHORUS

Thy tale is past belief!—but the land's king,
Whom thou wouldst see, hath hurried forth the fane.

MESSENGER

Whither?—for what is done he needs must know.

CHORUS

We know not: go thou, hasten after him,
And, where thou findest him, make thy report.

MESSENGER

Lo now, how treacherous is womankind!
Ye also are partakers in this deed.

CHORUS

Art mad? What is to us the strangers' flight? 1300
Away with all speed to thy master's gates.

MESSENGER

Nay, not till I be certified of this,
Whether the land's lord be within or no.
What ho!—within there!—shoot the door-bolts back,
And to your master tell that at the gates
Am I, who bear a burden of ill-news.

Enter THOAS *from the temple.*

THOAS

Who makes this outcry at the Goddess' fane,
Smiting the doors, and hurling noise within?

MESSENGER

Falsely these said—would so have driven me hence—
That thou wast forth, while yet wast thou within. 1310

ΙΦΙΓΕΝΕΙΑ Η ΕΝ ΤΑΥΡΟΙΣ

ΘΟΑΣ

τί προσδοκῶσαι κέρδος ἢ θηρώμεναι;

ΑΓΓΕΛΟΣ

αὖθις τὰ τῶνδε σημανῶ· τὰ δ' ἐν ποσὶ
παρόντ' ἄκουσον. ἡ νεᾶνις, ἢ 'νθάδε
βωμοῖς παρίστατ', Ἰφιγένει', ἔξω χθονὸς
σὺν τοῖς ξένοισιν οἴχεται, σεμνὸν θεᾶς
ἄγαλμ' ἔχουσα· δόλια δ' ἦν καθάρματα.

ΘΟΑΣ

πῶς φής; τί πνεῦμα συμφορᾶς κεκτημένη;

ΑΓΓΕΛΟΣ

σᾴζουσ' Ὀρέστην· τοῦτο γὰρ σὺ θαυμάσει.

ΘΟΑΣ

τὸν ποῖον; ἆρ' ὃν Τυνδαρὶς τίκτει κόρη;

ΑΓΓΕΛΟΣ

1320   ὃν τοῖσδε βωμοῖς θεὰ καθωσιώσατο.

ΘΟΑΣ

ὦ θαῦμα, πῶς σε μεῖζον ὀνομάσας τύχω;

ΑΓΓΕΛΟΣ

μὴ 'νταῦθα τρέψῃς σὴν φρέν', ἀλλ' ἄκουέ μου·
σαφῶς δ' ἀθρήσας καὶ κλύων ἐκφρόντισον
διωγμὸν ὅστις τοὺς ξένους θηράσεται.

ΘΟΑΣ

λέγ'· εὖ γὰρ εἶπας· οὐ γὰρ ἀγχίπλουν πόρον
φεύγουσιν, ὥστε διαφυγεῖν τοὐμὸν δόρυ.

ΑΓΓΕΛΟΣ

ἐπεὶ πρὸς ἀκτὰς ἤλθομεν θαλασσίας,
οὗ ναῦς Ὀρέστου κρύφιος ἦν ὡρμισμένη,
ἡμᾶς μέν, οὓς σὺ δεσμὰ συμπέμπεις ξένων
1330   ἔχοντας, ἐξένευσ' ἀποστῆναι πρόσω
Ἀγαμέμνονος παῖς, ὡς ἀπόρρητον φλόγα

THOAS

What profit sought they?—hunted for what gain?

MESSENGER

Their deeds hereafter will I tell.   Hear thou
The trouble at the doors.   The maid that here
Served at the altars, Iphigeneia, is fled
With yonder strangers, and the holy image
Hath taken.   Nought but guile that cleansing was.

THOAS

How say'st?   What wind of fortune hath she found?

MESSENGER

To save Orestes.   Marvel thou at this!

THOAS

Orestes?—him whom Tyndarus' daughter bare?

MESSENGER

Him whom the Goddess hallowed for her altars.   1320

THOAS

O marvel!   What name stronger fitteth thee?

MESSENGER

Take thou not thought for that, but list to me:
Mark clearly all, and as thou hear'st devise
By what pursuit to hunt the strangers down.

THOAS

Say on: thou speakest well.   By no near course
They needs must flee, that they should 'scape my spear

MESSENGER

Soon as unto the sea-beach we had come,
Where hidden was Orestes' galley moored,
Us, whom with those bound strangers thou didst send,
Agamemnon's child waved back, to stand aloof,   1330
As one at point to light the inviolate fire,

θύουσα καὶ καθαρμὸν ὃν μετώχετο.
αὐτὴ δ' ὄπισθε δέσμ' ἔχουσα τοῖν ξένοιν
ἔστειχε χερσί. καὶ τάδ' ἦν ὕποπτα μέν,
ἤρεσκε μέντοι σοῖσι προσπόλοις, ἄναξ.
χρόνῳ δ', ἵν' ἡμῖν δρᾶν τι δὴ δοκοῖ πλέον,
ἀνωλόλυξε καὶ κατῇδε βάρβαρα
μέλη μαγεύουσ', ὡς φόνον νίζουσα δή.
ἐπεὶ δὲ δαρὸν ἦμεν ἥμενοι χρόνον,
1340   ἐσῆλθεν ἡμᾶς μὴ λυθέντες οἱ ξένοι
κτάνοιεν αὐτὴν δραπέται τ' οἰχοίατο.
φόβῳ δ' ἃ μὴ χρῆν εἰσορᾶν καθήμεθα
σιγῇ· τέλος δὲ πᾶσιν ἦν αὑτὸς λόγος,
στείχειν ἵν' ἦσαν, καίπερ οὐκ ἐωμένοις.
κἀνταῦθ' ὁρῶμεν Ἑλλάδος νεὼς σκάφος
ταρσῷ κατῆρες, πίτυλον ἐπτερωμένον,
ναύτας τε πεντήκοντ' ἐπὶ σκαλμῶν πλάτας
ἔχοντας, ἐκ δεσμῶν δὲ τοὺς νεανίας
ἐλευθέρους πρύμνηθεν ἑστῶτας νεώς.
1350   κοντοῖς δὲ πρῷραν εἶχον, οἱ δ' ἐπωτίδων
ἄγκυραν ἐξανῆπτον, οἱ δέ, κλίμακας
σπεύδοντες, ἦγον διὰ χερῶν πρυμνήσια,
πόντῳ δὲ δόντες τοῖν ξένοιν καθίεσαν.
ἡμεῖς δ' ἀφειδήσαντες, ὡς ἐσείδομεν
δόλια τεχνήματ', εἰχόμεσθα τῆς ξένης
πρυμνησίων τε, καὶ δι' εὐθυντηρίας
οἴακας ἐξῃροῦμεν εὐπρύμνου νεώς·
λόγοι δ' ἐχώρουν· τίνι νόμῳ πορθμεύετε
κλέπτοντες ἐκ γῆς ξόανα καὶ θυηπόλους ;
1360   τίνος τίς ὢν σὺ τήνδ' ἀπεμπολᾷς χθονός ;
ὁ δ' εἶπ'· Ὀρέστης τῆσδ' ὅμαιμος, ὡς μάθῃς,
Ἀγαμέμνονος παῖς, τήνδ' ἐμὴν κομίζομαι
λαβὼν ἀδελφήν, ἣν ἀπώλεσ' ἐκ δόμων.

And do the cleansing for the which she came.
Herself took in her hands the strangers' bonds,
And paced behind.   Somewhat mine heart misgave,
Yet were thy servants satisfied, O King.
Time passed: she chanted loud some alien hymn
Of wizardry,—with semblance of weird rites
To cozen us,—as one that cleansed blood-guilt.

But when we had been long time sitting thus,
It came into our minds that, breaking loose,   1340
The strangers might have slain her, and have fled.
Yet, dreading to behold forfended things,
Silent we sat, till all agreed at last
To go to where they were, albeit forbid.
And there we see a Hellene galley's hull
With ranks of oar-blades fringed, sea-plashing wings,
And fifty seamen at the tholes thereof
Grasping their oars; and, from their bonds set free,
Beside the galley's stern the young men stood.
The prow with poles some steadied, some hung up   1350
The anchor at the catheads, some in haste
Ran through their hands the hawsers, and there-
    with
Dropped ladders for the strangers to the sea.

But we spared not, as soon as we beheld
Their cunning wiles: we grasped the stranger-maid,
The hawser-bands, and strove to wrench the helms
Out through the stern-ports of the stately ship;
And rang our shouts:—"By what right do ye steal
Images from our land and priestesses?
Who and whose son art thou, to kidnap her?"   1360
But he, "Orestes I, her brother, son
Of Agamemnon, know thou.   She I bear
Hence is my sister whom I lost from home."

ἀλλ' οὐδὲν ἧσσον εἰχόμεσθα τῆς ξένης
καὶ πρὸς σ' ἕπεσθαι διεβιαζόμεσθά νιν,
ὅθεν τὰ δεινὰ πλήγματ' ἦν γενειάδων.
κεῖνοί τε γὰρ σίδηρον οὐκ εἶχον χεροῖν
ἡμεῖς τε· πυγμαὶ δ' ἦσαν ἐγκροτούμεναι,
καὶ κῶλ' ἀπ' ἀμφοῖν τοῖν νεανίαιν ἅμα
1370 εἰς πλευρὰ καὶ πρὸς ἧπαρ ἠκοντίζετο,
ὡς τῷ ξυνάπτειν καὶ συναποκαμεῖν μέλη.
δεινοῖς δὲ σημάντροισιν ἐσφραγισμένοι
ἐφεύγομεν πρὸς κρημνόν, οἱ μὲν ἐν κάρᾳ
κάθαιμ' ἔχοντες τραύμαθ', οἱ δ' ἐν ὄμμασιν·
ὄχθοις δ' ἐπισταθέντες εὐλαβεστέρως
ἐμαρνάμεσθα καὶ πέτρους ἐβάλλομεν.
ἀλλ' εἶργον ἡμᾶς τοξόται πρύμνης ἔπι
σταθέντες ἰοῖς, ὥστ' ἀναστεῖλαι πρόσω.
κἀν τῷδε, δεινὸς γὰρ κλύδων ὤκειλε ναῦν
1380 πρὸς γῆν, φόβος δ' ἦν παρθένῳ τέγξαι πόδα,
λαβὼν Ὀρέστης ὦμον εἰς ἀριστερόν,
βὰς εἰς θάλασσαν κἀπὶ κλίμακος θορών,
ἔθηκ' ἀδελφὴν ἐντὸς εὐσέλμου νεώς,
τό τ' οὐρανοῦ πέσημα, τῆς Διὸς κόρης
ἄγαλμα. ναὸς δ' ἐκ μέσης ἐφθέγξατο
βοή τις· ὦ γῆς Ἑλλάδος ναῦται νεώς,
λάβεσθε κώπης ῥόθιά τ' ἐκλευκαίνετε·
ἔχομεν γὰρ ὧνπερ εἵνεκ' ἄξενον πόρον
Συμπληγάδων ἔσωθεν εἰσεπλεύσαμεν.
1390 οἱ δὲ στεναγμὸν ἡδὺν ἐκβρυχώμενοι
ἔπαισαν ἅλμην. ναῦς δ', ἕως μὲν ἐντὸς ἦν
λιμένος, ἐχώρει· στόμια διαπερῶσα δὲ
λάβρῳ κλύδωνι συμπεσοῦσ' ἠπείγετο·
δεινὸς γὰρ ἐλθὼν ἄνεμος ἐξαίφνης σκάφος,[1]

---

[1] Wecklein : for MSS. νεώς.

Yet no less clung we to the stranger-maid,
And would have forced to follow us to thee,
Whence came these fearful buffets on my cheeks.
For in their hands steel weapons had they none,
Nor we ; but there were clenched fists hailing blows,
And those young champions twain dashed spurning
    feet,
As javelins swift, on waist and rib of us,   1370
That scarce we grappled, ere our limbs waxed faint ;
And marked with ghastly scars of strife we fled
Unto the cliffs, some bearing gory weals
Upon their heads, and others on their eyes.
Yet, rallying on the heights, more warily
We fought, and fell to hurling stones on them.
But archers, planted on her stern, with shafts
Back beat us, that we needs must draw aloof.

Meanwhile a great surge shoreward swung the ship ;
And, for the maiden feared to wade the surf,   1380
On his left shoulder Orestes lifted her,
Strode through the sea, upon the ladder leapt,
And in the good ship set his sister down,
With that heaven-fallen image of Zeus' child.
Then from the galley's midst rang loud and clear
A shout—" Ye seamen of this Hellene ship,
Grip oars, and churn the swirling breakers white ;
For we have won the prize for which we sailed
The cheerless sea within the Clashing Rocks."
Then, with glad gasp loud-bursting from each breast, 1390
Smote they the brine. The ship made way, while yet
Within the bay ; but, as she cleared its mouth,
By fierce surge met, she laboured heavily ;
For suddenly swooped a wild gust on the ship,

ὤθει παλιμπρυμνηδόν·[1] οἱ δ' ἐκαρτέρουν
πρὸς κῦμα λακτίζοντες· εἰς δὲ γῆν πάλιν
κλύδων παλίρρους ἦγε ναῦν. σταθεῖσα δὲ
'Αγαμέμνονος παῖς ηὔξατ'· ὦ Λητοῦς κόρη,
σῶσόν με τὴν σὴν ἱερίαν πρὸς Ἑλλάδα
1400   ἐκ βαρβάρου γῆς καὶ κλοπαῖς σύγγνωθ' ἐμαῖς.
φιλεῖς δὲ καὶ σὺ σὸν κασίγνητον, θεά·
φιλεῖν δὲ κἀμὲ τοὺς ὁμαίμονας δόκει.
ναῦται δ' ἐπηυφήμησαν εὐχαῖσιν κόρης
παιᾶνα, γυμνὰς εὐχερῶς ἐπωμίδας
κώπῃ προσαρμόσαντες ἐκ κελεύσματος.
μᾶλλον δὲ μᾶλλον πρὸς πέτρας ᾔει σκάφος·
χὠ μέν τις εἰς θάλασσαν ὡρμήθη ποσίν,
ἄλλος δὲ πλεκτὰς ἐξανῆπτεν ἀγκύλας.
κἀγὼ μὲν εὐθὺς πρὸς σὲ δεῦρ' ἀπεστάλην,
1410   σοὶ τὰς ἐκεῖθεν σημανῶν, ἄναξ, τύχας.
ἀλλ' ἕρπε, δεσμὰ καὶ βρόχους λαβὼν χεροῖν·
εἰ μὴ γὰρ οἶδμα νήνεμον γενήσεται,
οὐκ ἔστιν ἐλπὶς τοῖς ξένοις σωτηρίας.
πόντου δ' ἀνάκτωρ Ἴλιόν τ' ἐπισκοπεῖ,
σεμνὸς Ποσειδῶν, Πελοπίδαις δ' ἐναντίος.
καὶ νῦν παρέξει τὸν 'Αγαμέμνονος γόνον
σοὶ καὶ πολίταις, ὡς ἔοικεν, ἐν χεροῖν
λαβεῖν, ἀδελφήν θ', ἣ φόνον τὸν Αὐλίδι
ἀμνημόνευτον θεᾷ προδοῦσ' ἁλίσκεται.

ΧΟΡΟΣ
1420   ὦ τλῆμον 'Ιφιγένεια, συγγόνου μέτα
θανεῖ πάλιν μολοῦσα δεσποτῶν χέρας.

ΘΟΑΣ
ὦ πάντες ἀστοὶ τῆσδε βαρβάρου χθονός,
οὐκ εἶα πώλοις ἐμβαλόντες ἡνίας

---

[1] Hermann : for MSS. πάλιν πρυμνῆσι'.

Stern-foremost thrusting her.   With might and main
Fought they the waves, but towards the land again
The back-sweep drave the ship: then stood and prayed
Agamemnon's daughter, "Leto's Child, O Maid,
Save me, thy priestess ! Bring me unto Greece
From alien land ; forgive my theft of thee !   1400
Thy brother, Goddess, dost thou also love :
O then believe that I too love my kin !"
The mariners' pæan to the maiden's prayer
Answered, the while with shoulders bare they
          strained
The oar-blade deftly to the timing-cry.
Nearer the rocks—yet nearer—came the bark.
Then of us some rushed wading through the sea,
And some held nooses ready for the cast.
And straightway hitherward I sped to thee,
To tell to thee, O King, what there befell.   1410
On then ! Take with thee chain and cord in hand.
For, if the sea-swell sink not into calm,
Hope of deliverance have the strangers none.
The sea's Lord, dread Poseidon, graciously
Looketh on Ilium, wroth with Pelops' line,
And now shall give up Agamemnon's son
To thine hands and thy people's, as is meet,
With her who, traitress to the Goddess proved,
That sacrifice in Aulis hath forgot.

CHORUS

Woe is thee, Iphigeneia ! With thy brother   1420
Caught in the tyrant's grasp shalt thou be slain !

THOAS

What ho ! ye citizens of this my land,
Up, bridle ye your steeds !—along the shore

403

παράκτιοι δραμεῖσθε, κἀκβολὰς νεὼς
Ἑλληνίδος δέξεσθε, σὺν δὲ τῇ θεῷ
σπεύδοντες ἄνδρας δυσσεβεῖς θηράσετε·
οἱ δ᾽ ὠκυπόμπους ἕλξετ᾽ εἰς πόντον πλάτας,
ὡς ἐκ θαλάσσης ἔκ τε γῆς ἱππεύμασι
λαβόντες αὐτοὺς ἢ κατὰ στύφλου πέτρας
1430   ῥίψωμεν, ἢ σκόλοψι πήξωμεν δέμας.
ὑμᾶς δὲ τὰς τῶνδ᾽ ἵστορας βουλευμάτων
γυναῖκας αὖθις, ἡνίκ᾽ ἂν σχολὴν λάβω,
ποινασόμεσθα· νῦν δὲ τὴν προκειμένην
σπουδὴν ἔχοντες οὐ μενοῦμεν ἥσυχοι.

ΑΘΗΝΑ

ποῖ ποῖ διωγμὸν τόνδε πορθμεύεις, ἄναξ
Θόας; ἄκουσον τῆσδ᾽ Ἀθηναίας λόγους.
παῦσαι διώκων ῥεῦμά τ᾽ ἐξορμῶν στρατοῦ·
πεπρωμένος γὰρ θεσφάτοισι Λοξίου
δεῦρ᾽ ἦλθ᾽ Ὀρέστης, τόν τ᾽ Ἐρινύων χόλον
1440   φεύγων ἀδελφῆς τ᾽ Ἄργος εἰσπέμψων δέμας
ἄγαλμά θ᾽ ἱερὸν εἰς ἐμὴν ἄξων χθόνα,
τῶν νῦν παρόντων πημάτων ἀναψυχάς.
πρὸς μὲν σ᾽ ὅδ᾽ ἡμῖν μῦθος· ὃν δ᾽ ἀποκτενεῖν
δοκεῖς Ὀρέστην ποντίῳ λαβὼν σάλῳ,
ἤδη Ποσειδῶν χάριν ἐμὴν ἀκύμονα
πόντου τίθησι νῶτα πορθμεύων πλάτῃ.
μαθὼν δ᾽, Ὀρέστα, τὰς ἐμὰς ἐπιστολάς,
κλύεις γὰρ αὐδὴν καίπερ οὐ παρὼν θεᾶς,
χώρει λαβὼν ἄγαλμα σύγγονόν τε σήν.
ὅταν δ᾽ Ἀθήνας τὰς θεοδμήτους μόλῃς,
1450   χῶρός τις ἔστιν Ἀτθίδος πρὸς ἐσχάτοις
ὅροισι, γείτων δειράδος Καρυστίας,
ἱερός, Ἁλάς νιν οὑμὸς ὀνομάζει λεώς·
ἐνταῦθα τεύξας ναὸν ἵδρυσαι βρέτας,

Gallop !   The stranding of the Hellene ship
Await ye there, and, with the Goddess' help,
Make speed to hunt yon impious caitiffs down.
And ye, go hale my swift keels to the wave,
That, both by sea and coursing steeds on land,
These we may take, and down the rugged crag
May hurl them, or on stakes impale alive.   1430
You women, who were privy to this plot,
Hereafter, when my leisure serveth me,
Will I yet punish.   Having now in hand
The instant need, I will not idly wait.

ATHENA *appears in mid-air above the stage.*

ATHENA

Whither, now whither, speedest thou this chase,
King Thoas ?   Hear my words—Athena's words.
Cease from   pursuit,   from   pouring   forth   thine
        host ;
For, foreordained by Loxias' oracles,
Orestes came, to escape the Erinyes' wrath,
And lead his sister unto Argos home,   1440
And bear the sacred image to my land,
So to win respite from his present woes.
This is my word to thee : Orestes, whom
Thou think'st to take in mid-sea surge, and slay—
Even now for my sake doth Poseidon lull
To calm the breakers, speeding on his bark.
And thou, Orestes, to mine hests give heed—
For, though afar, thou hear'st the voice divine :—
Taking the image and thy sister, go ;
And when thou com'st to Athens' god-built towers,
A place there is upon the utmost bounds   1450
Of Attica, hard by Karystus' ridge,
A holy place, named Halae of my folk.
Build there a shrine, and set that image up,

405

ἐπώνυμον γῆς Ταυρικῆς πόνων τε σῶν,
οὓς ἐξεμόχθεις περιπολῶν καθ᾽ Ἑλλάδα
οἴστροις Ἐρινύων. Ἄρτεμιν δέ νιν βροτοὶ
τὸ λοιπὸν ὑμνήσουσι Ταυροπόλον θεάν.
νόμον τε θὲς τόνδ᾽· ὅταν ἑορτάζῃ λεώς,
τῆς σῆς σφαγῆς ἄποιν᾽ ἐπισχέτω ξίφος
1460 δέρῃ πρὸς ἀνδρὸς αἷμα τ᾽ ἐξανιέτω,
ὁσίας ἕκατι, θεά θ᾽ ὅπως τιμὰς ἔχῃ.
σὲ δ᾽ ἀμφὶ σεμνάς, Ἰφιγένεια, κλίμακας
Βραυρωνίας δεῖ τῇδε κλῃδουχεῖν θεᾷ·
οὗ καὶ τεθάψει κατθανοῦσα, καὶ πέπλων
ἄγαλμά σοι θήσουσιν εὐπήνους ὑφάς,
ἃς ἂν γυναῖκες ἐν τόκοις ψυχορραγεῖς
λείπωσ᾽ ἐν οἴκοις. τάσδε δ᾽ ἐκπέμπειν χθονὸς
Ἑλληνίδας γυναῖκας ἐξεφίεμαι
γνώμης δικαίας εἵνεκ᾽. ἐξέσωσα δὲ
1470 καὶ πρίν σ᾽ Ἀρείοις ἐν πάγοις ψήφους ἴσας
κρίνασ᾽, Ὀρέστα· καὶ νόμισμ᾽ ἔσται τόδε,
νικᾶν ἰσήρεις ὅστις ἂν ψήφους λάβῃ.
ἀλλ᾽ ἐκκομίζου σὴν κασιγνήτην χθονός,
Ἀγαμέμνονος παῖ· καὶ σὺ μὴ θυμοῦ, Θόας.

ΘΟΑΣ

ἄνασσ᾽ Ἀθάνα, τοῖσι τῶν θεῶν λόγοις
ὅστις κλύων ἄπιστος, οὐκ ὀρθῶς φρονεῖ.
ἐγὼ δ᾽ Ὀρέστῃ τ᾽, εἰ φέρων βρέτας θεᾶς
βέβηκ᾽, ἀδελφῇ τ᾽ οὐχὶ θυμοῦμαι· τί γὰρ
πρὸς τοὺς σθένοντας θεοὺς ἀμιλλᾶσθαι καλόν;
1480 ἴτωσαν εἰς σὴν σὺν θεᾶς ἀγάλματι
γαῖαν, καθιδρύσαιντό τ᾽ εὐτυχῶς βρέτας.
πέμψω δὲ καὶ τάσδ᾽ Ἑλλάδ᾽ εἰς εὐδαίμονα
γυναῖκας, ὥσπερ σὸν κέλευσμ᾽ ἐφίεται.
παύσω δὲ λόγχην ἣν ἐπαίρομαι ξένοις
νεῶν τ᾽ ἐρετμά, σοὶ τάδ᾽ ὡς δοκεῖ, θεά.

Named from the Taurian land and from thy toils,
The travail of thy wandering through Greece
Erinyes-goaded.   Men through days to come
Shall chant her—Artemis the Taurian Queen.
This law ordain: when folk keep festival,
In quittance for thy slaughter one must hold
To a man's throat the sword, and spill the blood   1460
For hallowing and the Goddess' honour's sake.

Thou, Iphigeneia, by the holy stairs
Of Brauron must this Goddess' warden be.
There shalt thou die, and be entombed, and webs,
Of all fair vesture shall they offer thee
Which wives who perish in their travail-tide
Leave in their homes.
                    I charge thee, King, to send
Homeward these maids of Hellas from thy land
For their true hearts' sake.   I delivered thee
Erstwhile, Orestes, balancing the votes   1470
On Ares' mount; and this shall be a law—
The equal tale of votes acquits the accused.
Now from this land thy sister bear o'ersea,
Agamemnon's son: Thoas, be wroth no more.

THOAS

Athena, Queen, who hears the words of Gods,
And disobeyeth them, is sense-bereft.
Lo, I against Orestes and his sister
Chafe not, that he hath borne the image hence.
What boots it to defy the mighty Gods?
Let them with Artemis' statue to thy land   1480
Depart, and with fair fortune set it up.
I unto happy Greece will send withal
These maids, according as thine hest enjoins;
Will stay the spear against the strangers raised,
And the ships, Goddess, since it is thy will.

ΙΦΙΓΕΝΕΙΑ Η ΕΝ ΤΑΥΡΟΙΣ

ΑΘΗΝΑ

αἰνῶ· τὸ γὰρ χρεὼν σοῦ τε καὶ θεῶν κρατεῖ.
ἴτ᾽, ὦ πνοαί, ναυσθλοῦσθε τὸν Ἀγαμέμνονος
παῖδ᾽ εἰς Ἀθήνας· συμπορεύσομαι δ᾽ ἐγώ,
σῴζουσ᾽ ἀδελφῆς τῆς ἐμῆς σεμνὸν βρέτας.

ΧΟΡΟΣ

1490 ἴτ᾽ ἐπ᾽ εὐτυχίᾳ τῆς σῳζομένης
μοίρας εὐδαίμονες ὄντες.
ἀλλ᾽, ὦ σεμνὴ παρά τ᾽ ἀθανάτοις
καὶ παρὰ θνητοῖς, Παλλὰς Ἀθάνα,
δράσομεν οὕτως ὡς σὺ κελεύεις.
μάλα γὰρ τερπνὴν κἀνέλπιστον
φήμην ἀκοαῖσι δέδεγμαι.

ὦ μέγα σεμνὴ Νίκη, τὸν ἐμὸν
βίοτον κατέχοις
καὶ μὴ λήγοις στεφανοῦσα.

ATHENA

'Tis well : for thee, for Gods, is Fate too strong
Forth, breezes !   Waft ye Agamemnon's son
To Athens : even I will voyage with him,
Keeping my sister's holy image safe.

CHORUS

Speed with fair fortune, in bliss speed on   1490
For the doom reversed, for the life re-won.
Pallas Athena, Queen adored
Of mortals on earth, of Immortals in heaven,
We will do according to this thy word :
For above all height to which hope hath soared
Is the glad, glad sound to our ears that is given.

Hail, reverèd Victory :
Rest upon my life ; and me
Crown, and crown eternally.

[*Exeunt* OMNES.

ANDROMACHE

ARGUMENT

WHEN *Troy was taken by the Greeks, Andromache, wife of that Hector whom Achilles slew ere himself was slain by the arrow which Apollo guided, was given in the dividing of the spoils to Neoptolemus, Achilles' son. So he took her oversea to the land of Thessaly, and loved her, and entreated her kindly, and she bare him a son in her captivity. But after ten years[1] Neoptolemus took to wife a princess of Sparta, Hermione, daughter of Menelaus and Helen. But to these was no child born, and the soul of Hermione grew bitter with jealousy against Andromache. Now Neoptolemus, in his indignation for his father's death, had upbraided Apollo therewith: wherefore he now journeyed to Delphi, vainly hoping by prayer and sacrifice to assuage the wrath of the God. But so soon as he was gone, Hermione sought to avenge herself on Andromache; and Menelaus came thither also, and these twain went about to slay the captive and her child. Wherefore Andromache hid her son, and took sanctuary at the altar of the Goddess Thetis, expecting till Peleus, her lord's grandsire, should come to save her. And herein are set forth her sore peril and deliverance: also it is told how Neoptolemus found death at Delphi, and how he that contrived his death took his wife.*

[1] See *Odyssey* iv. 3-9.

ΤΑ ΤΟΥ ΔΡΑΜΑΤΟΣ ΠΡΟΣΩΠΑ

ΑΝΔΡΟΜΑΧΗ
ΘΕΡΑΠΑΙΝΑ
ΧΟΡΟΣ
ΕΡΜΙΟΝΗ
ΜΕΝΕΛΑΟΣ
ΜΟΛΟΣΣΟΣ
ΠΗΛΕΥΣ
ΤΡΟΦΟΣ
ΟΡΕΣΤΗΣ
ΑΓΓΕΛΟΣ
ΘΕΤΙΣ

DRAMATIS PERSONAE

ANDROMACHE.

HANDMAID, *a Trojan captive.*

HERMIONE, *daughter of Menelaus, wife of Neoptolemus.*

MENELAUS, *king of Sparta, brother of Agamemnon.*

MOLOSSUS, *son of Neoptolemus and Andromache.*

PELEUS, *father of Achilles.*

NURSE *of Hermione.*

ORESTES, *son of Agamemnon.*

MESSENGER.

THETIS, *a Sea-goddess, wife of Peleus.*

CHORUS *of maidens of Phthia in Thessaly.*

Attendants of Menelaus, Peleus, and Orestes.

SCENE:—At the temple of Thetis, beside the palace of
Neoptolemus, in Phthia of Thessaly.

ΑΝΔΡΟΜΑΧΗ

ΑΝΔΡΟΜΑΧΗ

Ἀσιάτιδος γῆς σχῆμα, Θηβαία πόλις,
ὅθεν ποθ' ἕδνων σὺν πολυχρύσῳ χλιδῇ
Πριάμου τύραννον ἑστίαν ἀφικόμην
δάμαρ δοθεῖσα παιδοποιὸς Ἕκτορι,
ζηλωτὸς ἔν γε τῷ πρὶν Ἀνδρομάχη χρόνῳ,
νῦν δ' εἴ τις ἄλλη δυστυχεστάτη γυνή
[ἐμοῦ πέφυκεν ἢ γενήσεταί ποτε·]
ἥτις πόσιν μὲν Ἕκτορ' ἐξ Ἀχιλλέως
θανόντ' ἐσεῖδον, παῖδά θ' ὃν τίκτω πόσει
10 ῥιφθέντα πύργων Ἀστυάνακτ' ἀπ' ὀρθίων,
ἐπεὶ τὸ Τροίας εἷλον Ἕλληνες πέδον·
αὐτὴ δὲ δούλη τῶν ἐλευθερωτάτων
οἴκων νομισθεῖσ' Ἑλλάδ' εἰσαφικόμην
τῷ νησιώτῃ Νεοπτολέμῳ δορὸς γέρας
δοθεῖσα λείας Τρωικῆς ἐξαίρετον.
Φθίας δὲ τῆσδε καὶ πόλεως Φαρσαλίας
σύγχορτα ναίω πεδί', ἵν' ἡ θαλασσία
Πηλεῖ ξυνῴκει χωρὶς ἀνθρώπων Θέτις
φεύγουσ' ὅμιλον· Θεσσαλὸς δέ νιν λεὼς
20 Θετίδειον αὐδᾷ θεᾶς χάριν νυμφευμάτων.
ἔνθ' οἶκον ἔσχε τόνδε παῖς Ἀχιλλέως,
Πηλέα δ' ἀνάσσειν γῆς ἐᾷ Φαρσαλίας,
ζῶντος γέροντος σκῆπτρον οὐ θέλων λαβεῖν.

ANDROMACHE

ANDROMACHE *sitting on the steps of the altar of Thetis.*

ANDROMACHE

Beauty of Asian land, O town of Thebes,
Whence, decked with gold of costly bride-array,
To Priam's royal hearth long since I came
Espoused to Hector for his true-wed wife,—
I, envied in time past, Andromache,
But now above all others most unblest
Of women that have been or shall be ever;
Who saw mine husband Hector by Achilles
Slain, saw my Astyanax, the child I bare
Unto my lord, down from a high tower hurled,   10
That day the Hellenes won the plain of Troy.
Myself a slave, accounted erst the child
Of a free house, none freer, came to Hellas,
Spear-guerdon chosen out for the island-prince,
Neoptolemus, from Troy's spoil given to him.
Here on the marches 'twixt Pharsalia's town
And Phthia's plains I dwell, where that Sea-
      queen,
Thetis, with Peleus lived aloof from men,
Shunning the throng: wherefore Thessalians call it,
By reason of her bridal, "Thetis' Close."   20
Here made Achilles' son his dwelling-place,
And leaveth Peleus still Pharsalia's king,
Loth, while the ancient lives, to take his sceptre.

κἀγὼ δόμοις τοῖσδ' ἄρσεν' ἐντίκτω κόρον,
πλαθεῖσ' Ἀχιλλέως παιδί, δεσπότῃ δ' ἐμῷ.
καὶ πρὶν μὲν ἐν κακοῖσι κειμένην ὅμως
ἐλπίς μ' ἀεὶ προσῆγε σωθέντος τέκνου
ἀλκήν τιν' εὑρεῖν κἀπικούρησιν κακῶν·
ἐπεὶ δὲ τὴν Λάκαιναν Ἑρμιόνην γαμεῖ

30   τοὐμὸν παρώσας δεσπότης δοῦλον λέχος,
κακοῖς πρὸς αὐτῆς σχετλίοις ἐλαύνομαι.
λέγει γὰρ ὥς νιν φαρμάκοις κεκρυμμένοις
τίθημ' ἄπαιδα καὶ πόσει μισουμένην,
αὐτὴ δὲ ναίειν οἶκον ἀντ' αὐτῆς θέλω
τόνδ', ἐκβαλοῦσα λέκτρα τἀκείνης βίᾳ·
ἁγὼ τὸ πρῶτον οὐχ ἑκοῦσ' ἐδεξάμην,
νῦν δ' ἐκλέλοιπα· Ζεὺς τάδ' εἰδείη μέγας
ὡς οὐχ ἑκοῦσα τῷδ' ἐκοινώθην λέχει.
ἀλλ' οὔ σφε πείθω, βούλεται δέ με κτανεῖν,

40   πατήρ τε θυγατρὶ Μενέλεως συνδρᾷ τάδε.
καὶ νῦν κατ' οἴκους ἔστ', ἀπὸ Σπάρτης μολὼν
ἐπ' αὐτὸ τοῦτο· δειματουμένη δ' ἐγὼ
δόμων πάροικον Θέτιδος εἰς ἀνάκτορον
θάσσω τόδ' ἐλθοῦσ', ἤν με κωλύσῃ θανεῖν.
Πηλεύς τε γάρ νιν ἔκγονοί τε Πηλέως
σέβουσιν, ἑρμήνευμα Νηρῇδος γάμων.
ὃς δ' ἔστι παῖς μοι μόνος, ὑπεκπέμπω λάθρᾳ
ἄλλους ἐς οἴκους, μὴ θάνῃ φοβουμένη.
ὁ γὰρ φυτεύσας αὐτὸν οὔτ' ἐμοὶ πάρα
προσωφελῆσαι, παιδί τ' οὐδέν ἐστ', ἀπὼν
Δελφῶν κατ' αἶαν, ἔνθα Λοξίᾳ δίκην
δίδωσι μανίας, ᾗ ποτ' ἐς Πυθὼ μολὼν
ᾔτησε Φοῖβον πατρὸς οὗ κτείνει δίκην,
εἴ πως τὰ πρόσθε σφάλματ' ἐξαιτούμενος
θεὸν παράσχοιτ' εἰς τὸ λοιπὸν εὐμενῆ.

ANDROMACHE

And I have borne a manchild in these halls
Unto Achilles' son, my body's lord;
And, sunk albeit in misery heretofore,
Was aye lured on by hope, in my son's life
To find some help, some shield from all mine ills.
But since my lord hath wed Hermione
The Spartan, thrusting my thrall's couch aside,   30
With cruel wrongs she persecuteth me,
Saying that I by secret charms make her
A barren stock, and hated of her lord,
Would in her stead be lady of this house,
Casting her out, the lawful wife, by force.

Ah me! with little joy I won that place,
And now have yielded up: great Zeus be witness
That not of mine own will I shared this couch.
Yet will she not believe, but seeks to slay me;
And her sire Menelaus helpeth her.   40
He hath come from Sparta, now is he within
For this same end, and I in fear have fled
To Thetis' shrine anigh unto this house,
And crouch here, so to be redeemed from death.
For Peleus and his seed revere this place,
This witness to the bridal of Nereus' child.
But him, mine only son, by stealth I send
To another's home, in dread lest he be slain.

For now his father is not nigh to aid,
Nor helps his son, being gone unto the land   50
Of Delphi, to atone to Loxias
For that mad hour when he to Pytho went
And for his slain sire claimed redress of Phoebus,
If haply prayer for those transgressions past
Might win the God's grace for the days to be.

ΑΝΔΡΟΜΑΧΗ

ΘΕΡΑΠΑΙΝΑ

δέσποιν', ἐγώ τοι τοὔνομ' οὐ φεύγω τόδε
καλεῖν σ', ἐπείπερ καὶ κατ' οἶκον ἠξίουν
τὸν σόν, τὸ Τροίας ἡνίκ' ᾠκοῦμεν πέδον,
εὔνους δὲ καὶ σοὶ ζῶντί τ' ἦ τῷ σῷ πόσει·
60 καὶ νῦν φέρουσά σοι νέους ἥκω λόγους,
φόβῳ μέν, εἴ τις δεσποτῶν αἰσθήσεται,
οἴκτῳ δὲ τῷ σῷ· δεινὰ γὰρ βουλεύεται
Μενέλαος εἰς σὲ παῖς θ', ἅ σοι φυλακτέα.

ΑΝΔΡΟΜΑΧΗ

ὦ φιλτάτη σύνδουλε, σύνδουλος γὰρ εἶ
τῇ πρόσθ' ἀνάσσῃ τῇδε, νῦν δὲ δυστυχεῖ,
τί δρῶσι; ποίας μηχανὰς πλέκουσιν αὖ,
κτεῖναι θέλοντες τὴν παναθλίαν ἐμέ;

ΘΕΡΑΠΑΙΝΑ

τὸν παῖδά σου μέλλουσιν, ὦ δύστηνε σύ,
κτείνειν ὃν ἔξω δωμάτων ὑπεξέθου.

ΑΝΔΡΟΜΑΧΗ

70 οἴμοι· πέπυσται τὸν ἐμὸν ἔκθετον γόνον;
πόθεν ποτ'; ὦ δύστηνος, ὡς ἀπωλόμην.

ΘΕΡΑΠΑΙΝΑ

οὐκ οἶδ', ἐκείνων δ' ᾐσθόμην ἐγὼ τάδε·
φροῦδος δ' ἐπ' αὐτὸν Μενέλεως δόμων ἄπο.

ΑΝΔΡΟΜΑΧΗ

ἀπωλόμην ἄρ'· ὦ τέκνον, κτενοῦσί σε
δισσοὶ λαβόντες γῦπες. ὁ δὲ κεκλημένος
πατὴρ ἔτ' ἐν Δελφοῖσι τυγχάνει μένων.

ΘΕΡΑΠΑΙΝΑ

δοκῶ γὰρ οὐκ ἂν ὧδέ σ' ἂν πράσσειν κακῶς
κείνου παρόντος· νῦν δ' ἔρημος εἶ φίλων.

ΑΝΔΡΟΜΑΧΗ

οὐδ' ἀμφὶ Πηλέως ἦλθεν, ὡς ἥξοι, φάτις;

ANDROMACHE

Enter HANDMAID.

HANDMAID

Queen,—O, I shun not by this name to call
Thee, which I knew thy right in that old home,
Thine home what time in Troyland we abode,—
I love thee, as I loved thy living lord,
And now with evil tidings come to thee,   60
In dread lest any of our masters hear,
And ruth for thee; for fearful plots are laid
Of Menelaus and his child: beware!

ANDROMACHE

Dear fellow-thrall,—for fellow-thrall thou art
To her that once was queen, is now unblest,—
What do they?—what new web of guile weave they
Who fain would slay the utter-wretched, me?

HANDMAID

Thy son, O hapless, are they set to slay
Whom forth the halls thou tookest privily.

ANDROMACHE

Woe!—hath she learnt the hiding of my child?   70
How?—O unhappy, how am I undone!

HANDMAID

I know not: but themselves I heard say this.
Yea, seeking him Menelaus hath gone forth.

ANDROMACHE

Undone!—undone!—O child, these vultures twain
Will clutch thee and will slay! He that is named
Thy father, yet in Delphi lingereth.

HANDMAID

I ween thou shouldst not fare so evilly
If he were here: but friendless art thou now.

ANDROMACHE

Of Peleus' coming is there not a word?

ΑΝΔΡΟΜΑΧΗ

80 γέρων ἐκεῖνος ὥστε σ᾽ ὠφελεῖν παρών.

ΑΝΔΡΟΜΑΧΗ

καὶ μὴν ἔπεμψ᾽ ἐπ᾽ αὐτὸν οὐχ ἅπαξ μόνον.

ΘΕΡΑΠΑΙΝΑ

μῶν οὖν δοκεῖς σου φροντίσαι τιν᾽ ἀγγέλων;

ΑΝΔΡΟΜΑΧΗ

πόθεν; θέλεις οὖν ἄγγελος σύ μοι μολεῖν;

ΘΕΡΑΠΑΙΝΑ

τί δῆτα φήσω χρόνιος οὖσ᾽ ἐκ δωμάτων;

ΑΝΔΡΟΜΑΧΗ

πολλὰς ἂν εὕροις μηχανάς· γυνὴ γὰρ εἶ.

ΘΕΡΑΠΑΙΝΑ

κίνδυνος· Ἑρμιόνη γὰρ οὐ σμικρὸν φύλαξ.

ΑΝΔΡΟΜΑΧΗ

ὁρᾷς; ἀπαυδᾷς ἐν κακοῖς φίλοισι σοῖς.

ΘΕΡΑΠΑΙΝΑ

οὐ δῆτα· μηδὲν τοῦτ᾽ ὀνειδίσῃς ἐμοί.
ἀλλ᾽ εἶμ᾽, ἐπεί τοι κοὐ περίβλεπτος βίος
90 δούλης γυναικός, ἤν τι καὶ πάθω κακόν.

ΑΝΔΡΟΜΑΧΗ

χώρει νῦν· ἡμεῖς δ᾽, οἷσπερ ἐγκείμεσθ᾽ ἀεὶ
θρήνοισι καὶ γόοισι καὶ δακρύμασι,
πρὸς αἰθέρ᾽ ἐκτενοῦμεν· ἐμπέφυκε γὰρ
γυναιξὶ τέρψις τῶν παρεστώτων κακῶν
ἀνὰ στόμ᾽ ἀεὶ καὶ διὰ γλώσσης ἔχειν.
πάρεστι δ᾽ οὐχ ἓν ἀλλὰ πολλά μοι στένειν,
πόλιν πατρῴαν τὸν θανόντα θ᾽ Ἕκτορα
στερρόν τε τὸν ἐμὸν δαίμον᾽ ᾧ συνεζύγην
δούλειον ἦμαρ εἰσπεσοῦσ᾽ ἀναξίως.
100 χρὴ δ᾽ οὔποτ᾽ εἰπεῖν οὐδέν᾽ ὄλβιον βροτῶν,

HANDMAID

Too old is he to help thee, were he here.   80

ANDROMACHE

Yet did I send for him not once nor twice.

HANDMAID

Dost think the palace-messengers heed thee ?

ANDROMACHE

How should they ?—Wilt thou be my messenger ?

HANDMAID

But how excuse long absence from the halls ?

ANDROMACHE

Thou shalt find many pleas—a woman thou.

HANDMAID

'Twere peril : keen watch keeps Hermione.

ANDROMACHE

Lo there !—thy friends in woe dost thou renounce.

HANDMAID

No—no !   Cast thou no such reproach on me !
Lo, I will go.   What matter is the life
Of a bondwoman, though I light on death?   90

ANDROMACHE

Go then : and I to heaven will lengthen out
My lamentations and my moans and tears,
Wherein I am ever whelmed.   [*Exit* HANDMAID.
                              'Tis in the heart
Of woman with a mournful pleasure aye
To bear on lip and tongue her present ills.
Not one have I, but many an one to moan—
The city of my fathers, Hector slain,
The ruthless lot whereunto I am yoked,
Who fell on thraldom's day unmerited.
Never mayst thou call any mortal blest,   100

πρὶν ἂν θανόντος τὴν τελευταίαν ἴδῃς
ὅπως περάσας ἡμέραν ἥξει κάτω.

Ἰλίῳ αἰπεινᾷ Πάρις οὐ γάμον ἀλλά τιν' ἄταν
ἠγάγετ' εὐναίαν εἰς θαλάμους Ἑλέναν.
ἇς ἔνεκ', ὦ Τροία, δορὶ καὶ πυρὶ δηιάλωτον
εἷλέ σ' ὁ χιλιόναυς Ἑλλάδος ὠκὺς Ἄρης
καὶ τὸν ἐμὸν μελέας πόσιν Ἕκτορα, τὸν περὶ
    τείχη
    εἷλκυσε διφρεύων παῖς ἁλίας Θέτιδος·
αὐτὰ δ' ἐκ θαλάμων ἀγόμαν ἐπὶ θῖνα θαλ-
    άσσας,
110   δουλοσύναν στυγερὰν ἀμφιβαλοῦσα κάρα.
πολλὰ δὲ δάκρυά μοι κατέβα χροός, ἁνίκ' ἔλειπον
    ἄστυ τε καὶ θαλάμους καὶ πόσιν ἐν κονίαις.
ὤμοι ἐγὼ μελέα, τί μ' ἐχρῆν ἔτι φέγγος ὁρᾶσθαι
    Ἑρμιόνας δούλαν; ἇς ὕπο τειρομένα
πρὸς τόδ' ἄγαλμα θεᾶς ἱκέτις περὶ χεῖρε βαλοῦσα
    τάκομαι ὡς πετρίνα πιδακόεσσα λιβάς.

ΧΟΡΟΣ   στρ. α΄

ὦ γύναι, ἃ Θέτιδος δάπεδον καὶ ἀνάκτορα θάσσεις
δαρὸν οὐδὲ λείπεις,
Φθιὰς ὅμως ἔμολον ποτὶ σὰν Ἀσιήτιδα γένναν,
120   εἴ τί σοι δυναίμαν
ἄκος τῶν δυσλύτων πόνων τεμεῖν,
οἵ σε καὶ Ἑρμιόναν ἔριδι στυγερᾷ συνέκλησαν,
τλάμον' † ἀμφὶ λέκτρων

Or ever thou hast seen his dying day,
Seen how he passed therethrough and came on death.

No bride was the Helen with whom unto steep-built
    Ilium hasted   [espousal he passed.
  Paris ;—nay, bringing a Curse to his bowers of
O Troy, for her sake, by the thousand galleys of
    Hellas wasted,   [battle-spirit thou wast,
  With fire and with sword destroyed by her fierce
Thou and Hector my lord, whom the scion of Thetis
    the Sea-king's daughter—   [of Ilium dead ;
  O for mine anguish !—dragged round the ramparts
And myself from my bowers was hailed to the strand
    of the exile-water,   [head.
  Casting the sore-loathed veil of captivity over mine 110
Ah but my tears were down-streaming in flood when
    the galley swift-racing   [my lord in the tomb.
  Bore me afar from my town, from my bowers, from
Woe for mine anguish !—what boots it on light any
    more to be gazing,   [and hunted of whom
  Who am yonder Hermione's thrall ?—ever harried
Suppliant I cling to the Goddess's feet that mine
    hands are embracing,   [rock-riven gloom.
  Wasting in tears as a spring welling forth from the
Enter CHORUS *of Phthian Maidens.*

CHORUS   (Str. 1)

Lady, who, suppliant crouched on the pavement of
    Thetis' shrine,
        Clingest long to thy sanctuary,   [line,
I daughter of Phthia, yet come unto thee of an Asian
        If I haply may find for thee   120
  Some healing or help for the tangle of desperate
    trouble   [Hermione twine,
Whose meshes of bitterest feud around thee and
    For that, O thou afflicted one,

ΑΝΔΡΟΜΑΧΗ

διδύμων ἐπίκοινον ἐοῦσαν
†ἀμφὶ παῖδ᾽ Ἀχιλλέως.

ἀντ. α

γνῶθι τύχαν, λόγισαι τὸ παρὸν κακὸν εἰς ὅπερ
    ἥκεις.
δεσπόταις ἀμιλλᾷ
Ἰλιὰς οὖσα κόρα Λακεδαίμονος ἐγγενέταισιν;
λεῖπε δεξίμηλον
130 δόμον τᾶς ποντίας θεοῦ. τί σοι
καιρὸς ἀτυζομένᾳ δέμας αἰκέλιον καταλείβειν
δεσποτῶν ἀνάγκαις;
τὸ κρατοῦν δέ σ᾽ ἔπεισι. τί μόχθον
οὐδὲν οὖσα μοχθεῖς;

στρ. β'

ἀλλ᾽ ἴθι λεῖπε θεᾶς Νηρηΐδος ἀγλαὸν ἕδραν,
γνῶθι δ᾽ οὖσ᾽ ἐπὶ ξένας
δμωὶς ἐπ᾽ ἀλλοτρίας
πόλεος, ἔνθ᾽ οὐ φίλων τιν᾽ εἰσορᾷς
σῶν, ὦ δυστυχεστάτα,
140 παντάλαινα νύμφα.

ἀντ. β'

οἰκτροτάτα γὰρ ἔμοιγ᾽ ἔμολες, γύναι Ἰλιάς, οἴκους
δεσποτῶν ἐμῶν· φόβῳ δ᾽
ἡσυχίαν ἄγομεν,
τὸ δὲ σὸν οἴκτῳ φέρουσα τυγχάνω,
μὴ παῖς τᾶς Διὸς κόρας
σοί μ᾽ εὖ φρονοῦσαν ἴδῃ.

426

Ye twain are unequally yoked in the bride-bands
        double
                That compass Achilles' son.

                                (*Ant.* 1)
Look on thy lot, take account of the ills whereinto
        thou art come.
                Thy lady's rival art thou,—
An Ilian to rival a child of a lordly Laconian home !
                Forsake thou the temple now
        Wherein sheep to the Sea-queen are burned. What 130
                boots it with wailing   [sion's doom
And tears to consume thy beauty, aghast at oppres-
                Upon thee by thy lords' hands brought ?
        The might of the strong overbeareth thee : all
                unavailing
                Is thy struggling—lo, thou art naught.

                                (*Str.* 2)
Nay, leave thou the holy place of the Lady of Nereus'
        race :
                Discern how thou needs must abide
                In a land of strangers, an alien city
                Where thou seest no friend, neither any to pity,
                O thou who art whelmed in calamity's tide,
                        Unhappiest bride !   140

                                (*Ant.* 2)
I pitied thee, Ilian dame, when thy feet unto these
        halls came ;
                But I feared, for my lords be stern,
        That I held my peace : but thy lot ill-fated
        In silence aye I compassionated,   [discern
        Lest the child of the daughter of Zeus[1] should
                O'er thy woes how I yearn.

---

[1] Hermione, daughter of Helen.

                                                        427

ΑΝΔΡΟΜΑΧΗ

ΕΡΜΙΟΝΗ

κόσμον μὲν ἀμφὶ κρατὶ χρυσέας χλιδῆς
στολμόν τε χρωτὸς τόνδε ποικίλων πέπλων,
οὐ τῶν Ἀχιλλέως οὐδὲ Πηλέως ἄπο
150 δόμων ἀπαρχὰς δεῦρ' ἔχουσ' ἀφικόμην,
ἀλλ' ἐκ Λακαίνης Σπαρτιάτιδος χθονὸς
Μενέλαος ἡμῖν ταῦτα δωρεῖται πατὴρ
πολλοῖς σὺν ἕδνοις, ὥστ' ἐλευθεροστομεῖν.
ὑμᾶς μὲν οὖν τοῖσδ' ἀνταμείβομαι λόγοις·
σὺ δ' οὖσα δούλη καὶ δορίκτητος γυνὴ
δόμους κατασχεῖν ἐκβαλοῦσ' ἡμᾶς θέλεις
τούσδε, στυγοῦμαι δ' ἀνδρὶ φαρμάκοισι σοῖς,
νηδὺς δ' ἀκύμων διὰ σέ μοι διόλλυται·
δεινὴ γὰρ ἠπειρῶτις εἰς τὰ τοιάδε
160 ψυχὴ γυναικῶν· ὧν ἐπισχήσω σ' ἐγώ,
κοὐδέν σ' ὀνήσει δῶμα Νηρῇδος τόδε,
οὐ βωμὸς οὐδὲ ναός, ἀλλὰ κατθανεῖ.
ἢν δ' οὖν βροτῶν τίς σ' ἢ θεῶν σῶσαι θέλῃ,
δεῖ σ' ἀντὶ τῶν πρὶν ὀλβίων φρονημάτων
πτῆξαι ταπεινὴν προσπεσεῖν τ' ἐμὸν γόνυ,
σαίρειν τε δῶμα τοὐμὸν ἐκ χρυσηλάτων
τευχέων χερὶ σπείρουσαν Ἀχελῴου δρόσον,
γνῶναί θ' ἵν' εἶ γῆς. οὐ γάρ ἐσθ' Ἕκτωρ τάδε,
οὐ Πρίαμος οὐδὲ χρυσός, ἀλλ' Ἑλλὰς πόλις.
170 εἰς τοῦτο δ' ἥκεις ἀμαθίας, δύστηνε σύ,
ἣ παιδὶ πατρός, ὃς σὸν ὤλεσεν πόσιν,
τολμᾷς ξυνεύδειν καὶ τέκν' αὐθέντου πάρα
τίκτειν. τοιοῦτον πᾶν τὸ βάρβαρον γένος·
πατήρ τε θυγατρὶ παῖς τε μητρὶ μίγνυται
κόρη τ' ἀδελφῷ, διὰ φόνου δ' οἱ φίλτατοι
χωροῦσι, καὶ τῶνδ' οὐδὲν ἐξείργει νόμος.
ἃ μὴ παρ' ἡμᾶς εἴσφερ'· οὐδὲ γὰρ καλὸν

428

ANDROMACHE

Enter HERMIONE.

HERMIONE

With bravery of gold about mine head,
And on my form this pomp of broidered robes,
Hither I come :—no gifts be these I wear
Or from Achilles' or from Peleus' house ;   150
But from the Land Laconian Sparta-crowned
My father Menelaus with rich dower
Gave these, that so my tongue should not be curbed.
This is mine answer, maidens, unto you :
But thou, a woman-thrall, won by the spear,
Wouldst cast me out, and have this home thine
        own ;
And through thy spells I am hated by my lord ;
My womb is barren, ruined all of thee ;
For cunning is the soul of Asia's daughters
For such deeds.   Yet therefrom will I stay thee ;   160
And this the Nereid's fane shall help thee nought,
Altar nor temple ;—thou shalt die, shalt die !
Yea, though one stoop to save thee, man or God,
Yet must thou for thy haughty spirit of old
Crouch low abased, and grovel at my knee,
And sweep mine house, and sprinkle water dews
There from the golden ewers with thine hand,
And where thou art, know.   Hector is not here,
Nor Priam, nor his gold : a Greek town this.
Yet to such folly hast thou come, thou wretch,   170
That with this son of him who slew thy lord
Thou dar'st to lie, and to the slayer bear
Sons !   Suchlike is the whole barbaric race :—
Father with daughter, son with mother weds,
Sister with brother : kin the nearest wade
Through blood : their laws forbid no whit thereof.
Bring not such things midst us !   We count it shame

δυοῖν γυναικοῖν ἄνδρ' ἕν' ἡνίας ἔχειν,
ἀλλ' εἰς μίαν βλέποντες εὐναίαν Κύπριν
180 στέργουσιν, ὅστις μὴ κακῶς οἰκεῖν θέλει.

ΧΟΡΟΣ

ἐπίφθονόν τι χρῆμα θηλείας φρενὸς
καὶ ξυγγάμοισι δυσμενὲς μάλιστ' ἀεί.

ΑΝΔΡΟΜΑΧΗ

φεῦ φεῦ·
κακόν γε θνητοῖς τὸ νέον ἔν τε τῷ νέῳ
τὸ μὴ δίκαιον ὅστις ἀνθρώπων ἔχει.
ἐγὼ δὲ ταρβῶ μὴ τὸ δουλεύειν μέ σοι
λόγων ἀπώσῃ πόλλ' ἔχουσαν ἔνδικα,
ἢν δ' αὖ κρατήσω, μὴ 'πὶ τῷδ' ὄφλω βλάβην·
οἱ γὰρ πνέοντες μεγάλα τοὺς κρείσσους λόγους
190 πικρῶς φέρουσι τῶν ἐλασσόνων ὕπο·
ὅμως δ' ἐμαυτὴν οὐ προδοῦσ' ἁλώσομαι.
εἴπ', ὦ νεᾶνι, τῷ σ' ἐχεγγύῳ λόγῳ
πεισθεῖσ' ἀπωθῶ γνησίων νυμφευμάτων;
ὡς ἡ Λάκαινα τῶν Φρυγῶν μείων πόλις,
τύχῃ θ' ὑπερθεῖ, κἄμ' ἐλευθέραν ὁρᾷς;
ἢ τῷ νέῳ τε καὶ σφριγῶντι σώματι
πόλεως τε μεγέθει καὶ φίλοις ἐπηρμένη
οἶκον κατασχεῖν τὸν σὸν ἀντὶ σοῦ θέλω;
πότερον ἵν' αὐτὴ παῖδας ἀντὶ σοῦ τέκω
200 δούλους ἐμαυτῇ τ' ἀθλίαν ἐφολκίδα;
ἢ τοὺς ἐμούς τις παῖδας ἐξανέξεται
Φθίας τυράννους ὄντας, ἢν σὺ μὴ τέκῃς;
φιλοῦσι γάρ μ' Ἕλληνες Ἕκτορός τ' ἄπο;
αὐτή τ' ἀμαυρὰ κοὐ τύραννος ἦ Φρυγῶν;
οὐκ ἐξ ἐμῶν σε φαρμάκων στυγεῖ πόσις,
ἀλλ' εἰ ξυνεῖναι μὴ 'πιτηδεία κυρεῖς.
φίλτρον δὲ καὶ τόδ'· οὐ τὸ κάλλος, ὦ γύναι,

That o'er two wives one man hold wedlock's reins;
But to one lawful love men turn their eyes,
Content—all such as look for peace in the home.   180

CHORUS

In woman's heart is jealousy inborn,
'Tis bitterest unto wedlock-rivals aye.

ANDROMACHE

Out upon thee!
A curse is youth to mortals, when with youth
A man hath not implanted righteousness!
I fear me lest with thee my thraldom bar
Defence, though many a righteous plea I have,
And even my victory turn unto mine hurt.
They that are arrogant brook not to be
In argument o'ermastered by the lowly: 190
Yet will I not abandon mine own cause.

Say, thou rash girl, in what assurance strong
Should I thrust thee from lawful wedlock-rights?
Is Sparta meaner than the Phrygians' burg?
Soareth my fortune?—dost thou see me free?
Or by my young and rounded loveliness,
My city's greatness, and my noble friends
Exalted, would I wrest from thee thine home?
Sooth, to bear sons myself instead of thee—
Slave-sons, a wretched drag upon my life!   200
Nay, though thou bear no children, who will
          brook
That sons of mine be lords of Phthia-land?
O yea, the Greeks love me—for Hector's sake!—
Myself obscure, nor ever a Phrygian queen!
Not of my philtres thy lord hateth thee,
But that thy nature is no mate for his.
This is the love charm—woman, 'tis not beauty

ἀλλ' ἀρεταὶ τέρπουσι τοὺς ξυνευνέτας.
σὺ δ' ἤν τι κνισθῇς, ἡ Λάκαινα μὲν πόλις
210 μέγ' ἐστί, τὴν δὲ Σκῦρον οὐδαμοῦ τίθης,
πλουτεῖς δ' ἐν οὐ πλουτοῦσι, Μενέλεως δέ σοι
μείζων Ἀχιλλέως. ταῦτά τοί σ' ἔχθει πόσις.
χρὴ γὰρ γυναῖκα, κἂν κακῷ πόσει δοθῇ,
στέργειν, ἅμιλλάν τ' οὐκ ἔχειν φρονήματος.
εἰ δ' ἀμφὶ Θρῄκην χιόνι τὴν κατάρρυτον
τύραννον ἔσχες ἄνδρ', ἵν' ἐν μέρει λέχος
δίδωσι πολλαῖς εἷς ἀνὴρ κοινούμενος,
ἔκτεινας ἂν τάσδ'; εἶτ' ἀπληστίαν λέχους
πάσαις γυναιξὶ προστιθεῖσ' ἂν ηὑρέθης.
220 αἰσχρόν γε· καίτοι χείρον' ἀρσένων νόσον
ταύτην νοσοῦμεν, ἀλλὰ προὔστημεν καλῶς.
ὦ φίλταθ' Ἕκτορ, ἀλλ' ἐγὼ τὴν σὴν χάριν
σοὶ καὶ ξυνήρων, εἴ τί σε σφάλλοι Κύπρις,
καὶ μαστὸν ἤδη πολλάκις νόθοισι σοῖς
ἐπέσχον, ἵνα σοι μηδὲν ἐνδοίην πικρόν.
καὶ ταῦτα δρῶσα τἀρετῇ προσηγόμην
πόσιν· σὺ δ' οὐδὲ ῥανίδ' ὑπαιθρίας δρόσου
τῷ σῷ προσίζειν ἀνδρὶ δειμαίνουσ' ἐᾷς.
μὴ τὴν τεκοῦσαν τῇ φιλανδρίᾳ, γύναι,
230 ζήτει παρελθεῖν· τῶν κακῶν γὰρ μητέρων
φεύγειν τρόπους χρὴ τέκν', ὅσοις ἔνεστι νοῦς.

ΧΟΡΟΣ
δέσποιν', ὅσον σοι ῥᾳδίως προσίσταται,
τοσόνδε πείθου τῇδε συμβῆναι λόγοις.

ΕΡΜΙΟΝΗ
τί σεμνομυθεῖς κεἰς ἀγῶν' ἔρχει λογων,
ὡς δὴ σὺ σώφρων, τἀμὰ δ' οὐχὶ σώφρονα;

ΑΝΔΡΟΜΑΧΗ
οὔκουν ἐφ' οἷς γε νῦν καθέστηκας λογοις.

That witcheth bridegrooms, nay, but nobleness.
Let aught vex thee—O then a mighty thing
Is thy Laconian city, Scyros naught! 210
Thy wealth thou flauntest, settest above Achilles
Menelaus: therefore thy lord hateth thee.
A wife, though low-born be her lord, must yet
Content her, without wrangling arrogance.
But if in Thrace with snow-floods overstreamed
Thou hadst for lord a prince, where one man shares
The wedlock-right in turn with many wives,
Wouldst thou have slain these? Ay, and so be found
Branding all women with the slur of lust,
Which were our shame! True, more than men's,
    our hearts 220
Sicken for love; yet honour curbs desire.
Ah, dear, dear Hector, I would take to my heart
Even thy leman, if Love tripped thy feet.
Yea, often to thy bastards would I hold
My breast, that I might give thee none offence.
So doing, I drew with cords of wifely love
My lord :—but thou for jealous fear forbiddest
Even gloaming's dews to drop upon thy lord!
Seek not to o'erpass in cravings of desire
Thy mother, lady. Daughters in whom dwells 230
Discretion, ought to flee vile mothers' paths.

CHORUS

Mistress, so far as lightly thou mayst do,
Deign to make truce with her from wordy strife.

HERMIONE

And speak'st thou loftily, and wranglest thou,
As thou wert continent, I of continence void?

ANDROMACHE

Void? Yea, if thou be judged by this thy claim.

433

ΑΝΔΡΟΜΑΧΗ

ΕΡΜΙΟΝΗ
ὁ νοῦς ὁ σός μοι μὴ ξυνοικοίη, γύναι.

ΑΝΔΡΟΜΑΧΗ
νέα πέφυκας καὶ λέγεις αἰσχρῶν πέρι.

ΕΡΜΙΟΝΗ
σὺ δ᾽ οὐ λέγεις γε, δρᾷς δέ μ᾽ εἰς ὅσον δύνῃ.

ΑΝΔΡΟΜΑΧΗ
240 οὐκ αὖ σιωπῇ Κύπριδος ἀλγήσεις πέρι;

ΕΡΜΙΟΝΗ
τί δ᾽; οὐ γυναιξὶ ταῦτα πρῶτα πανταχοῦ;

ΑΝΔΡΟΜΑΧΗ
καλῶς γε χρωμέναισιν· εἰ δὲ μή, οὐ καλά.

ΕΡΜΙΟΝΗ
οὐ βαρβάρων νόμοισιν οἰκοῦμεν πόλιν.

ΑΝΔΡΟΜΑΧΗ
κἀκεῖ τά γ᾽ αἰσχρὰ κἀνθάδ᾽ αἰσχύνην ἔχει.

ΕΡΜΙΟΝΗ
σοφὴ σοφὴ σύ· κατθανεῖν δ᾽ ὅμως σε δεῖ.

ΑΝΔΡΟΜΑΧΗ
ὁρᾷς ἄγαλμα Θέτιδος εἴς σ᾽ ἀποβλέπον;

ΕΡΜΙΟΝΗ
μισοῦν γε πατρίδα σὴν Ἀχιλλέως φόνῳ.

ΑΝΔΡΟΜΑΧΗ
Ἑλένη νιν ὤλεσ᾽, οὐκ ἐγώ, μήτηρ δὲ σή.

ΕΡΜΙΟΝΗ
ἦ καὶ πρόσω γὰρ τῶν ἐμῶν ψαύσεις κακῶν;

ΑΝΔΡΟΜΑΧΗ
250 ἰδοὺ σιωπῶ κἀπιλάζυμαι στόμα.

ΕΡΜΙΟΝΗ
ἐκεῖνο λέξον, οὗπερ εἵνεκ᾽ ἐστάλην.

ANDROMACHE

HERMIONE

Never in my breast thy *discretion* dwell!

ANDROMACHE

A young wife thou for such immodest words.

HERMIONE

Words? Thine are deeds, to the uttermost of thy
power.

ANDROMACHE

Cannot thy hungry jealousy hold its peace?   240

HERMIONE

Why? Stands not this right first with women ever?

ANDROMACHE

In honour's limits. 'Tis dishonour else.

HERMIONE

We live not under laws barbaric here.

ANDROMACHE

There, even as here, shame waits on shameful things.

HERMIONE

Keen-witted! keen!—yet shalt thou surely die.

ANDROMACHE

Seest thou the eye of Thetis turned on thee?

HERMIONE

In hate of thy land for Achilles' blood.

ANDROMACHE

Helen slew him, not I; thy mother—thine!

HERMIONE

And wilt thou dare yet deeper prick mine hurt?

ANDROMACHE

Lo, I am silent and I curb my mouth.   250

HERMIONE

Confess thy sorceries! This I came to hear.

ΑΝΔΡΟΜΑΧΗ

ΑΝΔΡΟΜΑΧΗ
λέγω σ᾽ ἐγὼ νοῦν οὐκ ἔχειν ὅσον σε δεῖ.

ΕΡΜΙΟΝΗ
λείψεις τόδ᾽ ἁγνὸν τέμενος ἐναλίας θεοῦ ;

ΑΝΔΡΟΜΑΧΗ
εἰ μὴ θανοῦμαί γ᾽· εἰ δὲ μή, οὐ λείψω ποτέ.

ΕΡΜΙΟΝΗ
ὡς τοῦτ᾽ ἄραρε, κοὐ μενῶ πόσιν μολεῖν.

ΑΝΔΡΟΜΑΧΗ
ἀλλ᾽ οὐδ᾽ ἐγὼ μὴν πρόσθεν ἐκδώσω μέ σοι.

ΕΡΜΙΟΝΗ
πῦρ σοι προσοίσω κοὐ τὸ σὸν προσκέψομαι,

ΑΝΔΡΟΜΑΧΗ
σὺ δ᾽ οὖν κάταιθε· θεοὶ γὰρ εἴσονται τάδε.

ΕΡΜΙΟΝΗ
καὶ χρωτὶ δεινῶν τραυμάτων ἀλγηδόνας.

ΑΝΔΡΟΜΑΧΗ
260 σφάζ᾽, αἱμάτου θεᾶς βωμόν, ἣ μέτεισί σε.

ΕΡΜΙΟΝΗ
ὦ βάρβαρον σὺ θρέμμα καὶ σκληρὸν θράσος,
ἐγκαρτερεῖς δὴ θάνατον ; ἀλλ᾽ ἐγώ σ᾽ ἕδρας
ἐκ τῆσδ᾽ ἑκοῦσαν ἐξαναστήσω τάχα·
τοιόνδ᾽ ἔχω σου δέλεαρ. ἀλλὰ γὰρ λόγους
κρύψω, τὸ δ᾽ ἔργον αὐτὸ σημανεῖ τάχα.
κάθησ᾽ ἑδραία· καὶ γὰρ εἰ πέριξ σ᾽ ἔχει
τηκτὸς μόλυβδος, ἐξαναστήσω σ᾽ ἐγὼ
πρὶν ᾧ πέποιθας παῖδ᾽ Ἀχιλλέως μολεῖν.

ΑΝΔΡΟΜΑΧΗ
πέποιθα. δεινὸν δ᾽ ἑρπετῶν μὲν ἀγρίων
270 ἄκη βροτοῖσι θεῶν καταστῆσαί τινα·
ἃ δ᾽ ἔστ᾽ ἐχίδνης καὶ πυρὸς περαιτέρω,
οὐδεὶς γυναικὸς φάρμακ᾽ ἐξηύρηκέ πω
κακῆς· τοσοῦτόν ἐσμεν ἀνθρώποις κακόν.

436

ANDROMACHE

I say thou hast less wit than thou dost need.

HERMIONE

Wilt leave this hallowed close of the Sea-goddess?

ANDROMACHE

If I shall not die: else I leave it never.

HERMIONE

'Tis fixed: I wait not till my lord return.

ANDROMACHE

Yet will I yield me not ere then to thee.

HERMIONE

Fire will I bring: thy plea will I not heed,—

ANDROMACHE

Kindle upon me!—this the Gods shall mark.

HERMIONE

And to thy flesh bring anguish of dread wounds.

ANDROMACHE

Hack, crimson her altar: she shall visit for it.   260

HERMIONE

Barbarian chattel! Stubborn impudence!
Dost thou brave death! Soon will I make thee rise
From this thy session, yea, of thine own will!
Such lure have I for thee:—yet will I hide
The word: the deed itself shall soon declare.
Ay, sit thou fast!—though clamps of molten lead
Encompassed thee, yet will I make thee rise,
Ere come Achilles' son, in whom thou trustest. [*Exit.*

ANDROMACHE

I do trust . . . . Strange that God hath given to men
Salves for the venom of all creeping pests,   270
But none hath ever yet devised a balm
For venomous woman, worse than fire or viper:
So dire a mischief unto men are we.

ΑΝΔΡΟΜΑΧΗ

ΧΟΡΟΣ

ἦ μεγάλων ἀχέων ἄρ' ὑπῆρξεν, ὅτ'   στρ. α'
Ἰδαίαν ἐς νάπαν
ἦλθ' ὁ Μαίας τε καὶ Διὸς τόκος,
τρίπωλον ἅρμα δαιμόνων
ἄγων τὸ καλλιζυγές,
ἔριδι στυγερᾷ κεκορυθμένον εὐμορφίας
280 σταθμοὺς ἐπὶ βούτα
βοτῆρά τ' ἀμφὶ μονότροπον νεανίαν
ἔρημόν θ' ἑστιοῦχον αὐλάν.

ταὶ δ' ἐπεὶ ὑλόκομον νάπος ἤλυθον,   ἀντ. α'
οὐρειᾶν πιδάκων
νίψαν αἰγλᾶντα σώματα ῥοαῖς·
ἔβαν δὲ Πριαμίδαν ὑπερ-
βολαῖς λόγων δυσφρόνων
παραβαλλόμεναι. δολίοις δ' ἕλε Κύπρις λόγοις,[1]
290 τερπνοῖς μὲν ἀκοῦσαι,
πικρὰν δὲ σύγχυσιν βίου Φρυγῶν πόλει
ταλαίνᾳ περγάμοις τε Τροίας.

εἴθε δ' ὑπὲρ κεφαλὰν ἔβαλεν κακὸν   στρ. β'
ἁ τεκοῦσά νιν Πάριν,
πρὶν Ἰδαῖον κατοικίσαι λέπας,
ὅτε νιν παρὰ θεσπεσίῳ δάφνᾳ
βόασε Κασάνδρα κτανεῖν,
μεγάλαν Πριάμου πόλεως λώβαν.
τίν' οὐκ ἐπῆλθε, ποῖον οὐκ ἐλίσσετο
300 δαμογερόντων βρέφος φονεύειν;

οὔτ' ἂν ἐπ' Ἰλιάσι ζυγὸν ἤλυθε   ἀντ. β'
δούλιον, σύ τ' ἄν, γύναι,

---

[1] Murray : for MSS. Κύπρις εἷλε λόγοις δολίοις.

ANDROMACHE

Herald of woes, to the glen deep-hiding (*Str.* 1)
    In Ida came Zeus's and Maia's son;
As who reineth a triumph of white steeds, guiding
    The Goddesses three, did the God pace on.
With frontlet of beauty, with trappings of doom,
For the strife to the steadings of herds did they come, 280
To the stripling shepherd in solitude biding,
       And the hearth of the lodge in the forest lone.

                         (*Ant.* 1)
They have passed 'neath the leaves of the glen : from
    the plashing   [rise.
    Of the mountain-spring radiant in rose-flush they
To the King's Son they wended, while to and fro
    flashing   [eyes.
    The gibes of their lips matched the scorn of their 290
But 'twas Kypris by promise of guile overcame—
Ah sweet to the ear, but for deathless shame
And confusion to Phrygia, when Troy's towers
    crashing
    Ruinward toppled, her bitter prize !

                         (*Str.* 2)
Oh had she dealt him, that mother which bore him,
    A death-blow cleaving his head in twain,
When shrieked Kassandra her prophecy o'er him,—
    Ere his eyry on Ida o'erlooked Troy's plain,—
By the sacred bay shrieked "Slay without pity
The curse and the ruin of Priam's city !"
Unto prince, unto elder, she came, to implore him
    To slay it, the infant foredoomed their bane.

Then had he never been made an occasion (*Ant.* 2) 300
    Of thraldom to Ilium's daughters : O queen,

τυράννων ἔσχες ἂν δόμων ἕδρας·
παρέλυσε δ' ἂν Ἑλλάδος ἀλγεινοὺς
μόχθους, οὓς ἀμφὶ Τροίαν
δεκέτεις ἀλάληντο νέοι λόγχαις·
λέχη τ' ἔρημ' ἂν οὔποτ' ἐξελείπετο,
καὶ τεκέων ὀρφανοὶ γέροντες.

ΜΕΝΕΛΑΟΣ

ἥκω λαβὼν σὸν παῖδ', ὃν εἰς ἄλλους δόμους
310   λάθρα θυγατρὸς τῆς ἐμῆς ὑπεξέθου.
σὲ μὲν γὰρ ηὔχεις θεᾶς βρέτας σώσειν τόδε,
τοῦτον δὲ τοὺς κρύψαντας· ἀλλ' ἐφηυρέθης
ἧσσον φρονοῦσα τοῦδε Μενέλεω, γύναι.
κεἰ μὴ τόδ' ἐκλιποῦσ' ἐρημώσεις πέδον,
ὅδ' ἀντὶ τοῦ σοῦ σώματος σφαγήσεται.
ταῦτ' οὖν λογίζου, πότερα κατθανεῖν θέλεις
ἢ τόνδ' ὀλέσθαι σῆς ἁμαρτίας ὕπερ,
ἣν εἰς ἔμ' εἴς τε παῖδ' ἐμὴν ἁμαρτάνεις.

ΑΝΔΡΟΜΑΧΗ

ὦ δόξα δόξα, μυρίοισι δὴ βροτῶν
320   οὐδὲν γεγῶσι βίοτον ὤγκωσας μέγαν.
εὔκλεια δ' οἷς μὲν ἔστ' ἀληθείας ὕπο,
εὐδαιμονίζω· τοὺς δ' ὑπὸ ψευδῶν, ἔχειν
οὐκ ἀξιώσω, πλὴν τύχῃ φρονεῖν δοκεῖν.
σὺ δὴ στρατηγῶν λογάσιν Ἑλλήνων ποτὲ
Τροίαν ἀφείλου Πρίαμον, ὧδε φαῦλος ὤν;
ὅστις θυγατρὸς ἀντίπαιδος ἐκ λόγων
τοσόνδ' ἔπνευσας καὶ γυναικὶ δυστυχεῖ
δούλῃ κατέστης εἰς ἀγῶν'· οὐκ ἀξιῶ
οὔτ' οὖν σὲ Τροίας οὔτε σοῦ Τροίαν ἔτι.
330   ἔξωθέν εἰσιν οἱ δοκοῦντες εὖ φρονεῖν
λαμπροί, τὰ δ' ἔνδον πᾶσιν ἀνθρώποις ἴσοι,
πλὴν εἴ τι πλούτῳ· τοῦτο δ' ἰσχύει μέγα,

ANDROMACHE

Now wert thou throned in a palace : thy nation
  No ten years' agony then had seen,
With the war-cries of Hellas aye rolling their thunder
Round Troy, with spear-lightnings aye flashing there-
    under ;
Nor the couch of the bride were a desolation,
  Nor bereft of their sons had the grey sires been.

Enter MENELAUS, *with attendants, bringing* MOLOSSUS.

MENELAUS

I have caught thy son, whom thou didst hide, unmarked
Of her, my daughter, in a neighbour house.   310
So thee this Goddess' image was to save,
Him, they that hid him !—but thou hast been found,
Woman, less keen of wit than Menelaus.
Now if thou leave not and avoid this floor,
He shall be slaughtered, he, in thy life's stead.
Weigh this then, whether thou consent to die,
Or that for thy transgression he be slain,
Even thy sin against me and my child.

ANDROMACHE

Ah reputation !—many a man ere this
Of none account hast thou set up on high.   320
Such as have fair fame based upon true worth
Happy I count : but to these living lies
I grant no claim to wisdom save chance show.
Thou, captaining the chosen men of Greece,
Didst thou, weak dastard, wrest from Priam Troy,
Who at thy daughter's bidding, she a child,
Dost breathe such fury, enterest the lists
With a woman, a poor captive ? I count Troy
Shamed by thy touch, thee by her fall unraised !
Goodly in outward show be they which seem   330
Wise, but within they are as other men,
Save in wealth haply ; this is their great strength.

441

Μενέλαε, φέρε δὴ διαπεράνωμεν λόγους·
τέθνηκα τῇ σῇ θυγατρὶ καί μ' ἀπώλεσε·
μιαιφόνον μὲν οὐκέτ' ἂν φύγοι μύσος,
ἐν τοῖς δὲ πολλοῖς καὶ σὺ τόνδ' ἀγωνιεῖ
φόνον· τὸ συνδρῶν γάρ σ' ἀναγκάσει χρέος.
ἢν δ' οὖν ἐγὼ μὲν μὴ θανεῖν ὑπεκδράμω,
τὸν παῖδά μου κτενεῖτε ; κᾆτα πῶς πατὴρ
340   τέκνου θανόντος ῥᾳδίως ἀνέξεται ;
οὐχ ὧδ' ἄνανδρον αὐτὸν ἡ Τροία καλεῖ·
ἀλλ' εἰσὶν οἳ χρή· Πηλέως γὰρ ἄξια
πατρός τ' Ἀχιλλέως ἔργα δρῶν φανήσεται,
ὤσει δὲ σὴν παῖδ' ἐκ δόμων· σὺ δ' ἐκδιδοὺς
ἄλλῳ τί λέξεις ; πότερον ὡς κακὸν πόσιν
φεύγει τὸ ταύτης σῶφρον ; ἀλλὰ ψεύσεται.

γαμεῖ δὲ τίς νιν ; ἢ σφ' ἄνανδρον ἐν δόμοις
χήραν καθέξεις πολιόν ; ὦ τλήμων ἄνερ,
κακῶν τοσούτων οὐχ ὁρᾷς ἐπιρροάς ;
350   πόσας ἂν εὐνὰς θυγατέρ' ἠδικημένην
βούλοι' ἂν εὑρεῖν ἢ παθεῖν ἁγὼ λέγω ;
οὐ χρὴ 'πὶ μικροῖς μεγάλα πορσύνειν κακὰ
οὐδ', εἰ γυναῖκές ἐσμεν ἀτηρὸν κακόν,
ἄνδρας γυναιξὶν ἐξομοιοῦσθαι φύσιν.
ἡμεῖς γὰρ εἰ σὴν παῖδα φαρμακεύομεν
καὶ νηδὺν ἐξαμβλοῦμεν, ὡς αὐτὴ λέγει,
ἑκόντες οὐκ ἄκοντες, οὐδὲ βώμιοι
πίτνοντες, αὐτοὶ τὴν δίκην ὑφέξομεν
ἐν σοῖσι γαμβροῖς, οἷσιν οὐκ ἐλάσσονα
360   βλάβην ὀφείλω προστιθεῖσ' ἀπαιδίαν.
ἡμεῖς μὲν οὖν τοιοίδε· τῆς δὲ σῆς φρενὸς
ἕν σου δέδοικα· διὰ γυναικείαν ἔριν
καὶ τὴν τάλαιναν ὤλεσας Φρυγῶν πόλιν.

Menelaus, come now, reason we together:—
Grant that thy child have slain me, grant me dead:
Ne'er shall she flee my blood's pollution-curse;
And in men's eyes shalt thou too share this guilt:
Thy part in this her deed shall weigh thee down.
But if I 'scape your hands, that I die not,
Then will ye slay my son ?   And the child's death—
Think ye his sire shall hold it a little thing ?   340
So void of manhood Troy proclaims him not.
Nay, he shall follow duty's call, be proved,
By deeds, of Peleus worthy and Achilles,
Shall thrust thy child forth. Thou, what plea wilt
    find
For a new spouse ?   This lie—" the saintly soul
Of this pure thing shrank from her wicked lord " ?

Who shall wed such ?   Wilt keep her in thine halls
Spouseless, a grey-haired widow ?   O thou wretch,
Seest not the floods of evil bursting o'er thee ?
How many a wedlock-wrong wouldst thou be fain   350
Thy child knew rather than the ills I name !
We ought not for slight cause court grievous
    harm ;
Nor, if we women be a baleful curse,
Ought men to make their nature woman-like.
For, if I practise on thy child by philtres,
And seal her womb, according to her tale,
Willingly, nothing loth, nor low at altars
Crouching, myself will face the penalty
At her lord's hands, to whom I am guilty of wrong
No less, in blasting him with childlessness.   360
Hereon I stand :—but one thing in thy nature
I fear—'twas in a woman's quarrel too
Thou didst destroy the Phrygians' hapless town.

ΑΝΔΡΟΜΑΧΗ

ΧΟΡΟΣ

ἄγαν ἔλεξας ὡς γυνὴ πρὸς ἄρσενας,
καί σου τὸ σῶφρον ἐξετόξευσεν φρενός.

ΜΕΝΕΛΑΟΣ

γύναι, τάδ' ἐστὶ σμικρὰ καὶ μοναρχίας
οὐκ ἄξι', ὡς φής, τῆς ἐμῆς οὐδ' Ἑλλάδος.
εὖ δ' ἴσθ', ὅτου τις τυγχάνει χρείαν ἔχων,
τοῦτ' ἔσθ' ἑκάστῳ μεῖζον ἢ Τροίαν ἑλεῖν.
370 κἀγὼ θυγατρί, μεγάλα γὰρ κρίνω τάδε,
λέχους στέρεσθαι, σύμμαχος καθίσταμαι.
τὰ μὲν γὰρ ἄλλα δεύτερ' ἂν πάσχῃ γυνή·
ἀνδρὸς δ' ἁμαρτάνουσ' ἁμαρτάνει βίου.
δούλων δ' ἐκεῖνον τῶν ἐμῶν ἄρχειν χρεὼν
καὶ τῶν ἐκείνου τοὺς ἐμοὺς ἡμᾶς τε πρός·
φίλων γὰρ οὐδὲν ἴδιον οἵτινες φίλοι
ὀρθῶς πεφύκασ', ἀλλὰ κοινὰ χρήματα.
μένων δὲ τοὺς ἀπόντας, εἰ μὴ θήσομαι
τἄμ' ὡς ἄριστα, φαῦλός εἰμι κοὐ σοφός.
380 ἀλλ' ἐξανίστω τῶνδ' ἀνακτόρων θεᾶς·
ὡς, ἢν θάνῃς σύ, παῖς ὅδ' ἐκφεύγει μόρον,
σοῦ δ' οὐ θελούσης κατθανεῖν, τόνδε κτενῶ.
δυοῖν δ' ἀνάγκη θατέρῳ λιπεῖν βίον.

ΑΝΔΡΟΜΑΧΗ

οἴμοι, πικρὰν κλήρωσιν αἵρεσίν τέ μοι
βίου καθίστης, καὶ λαχοῦσά γ' ἀθλία
καὶ μὴ λαχοῦσα δυστυχὴς καθίσταμαι.
ὦ μεγάλα πράσσων αἰτίας μικρᾶς πέρι,
πιθοῦ· τί καίνεις μ'; ἀντὶ τοῦ; ποίαν πόλιν
προύδωκα; τίνα σῶν ἔκτανον παίδων ἐγώ;
390 ποῖον δ' ἔπρησα δῶμ'; ἐκοιμήθην βίᾳ
σὺν δεσπόταισι· κᾆτ' ἔμ', οὐ κεῖνον κτενεῖς
τὸν αἴτιον τῶνδ', ἀλλὰ τὴν ἀρχὴν ἀφεὶς

444

ANDROMACHE

CHORUS

Thou hast said too much, as woman against man :
Yea, and thy soul's discretion hath shot wide.

MENELAUS

Woman, these are but trifles, all unworthy
Of my state royal,—thou say'st it,—and of Greece.
Yet know, when one hath set his heart on aught,
More than to take a Troy is this to him.
I stand my daughter's champion, for I count   370
No trifle robbery of marriage-right.
Nought else a wife may suffer matcheth this.
Losing her husband, she doth lose her life.
Over my thralls her lord hath claim to rule,
And over his like right have I and mine :
For nought that friends have, if true friends
        they be,
Is private ; held in common is all wealth.
Waiting the absent, if I order not
Mine own things well, weak am I, and not wise.
But I will make thee leave the Goddess' shrine.   380
For, if thou die, this boy escapeth doom ;
But, if thou wilt not die, him will I slay.
One of you twain must needs bid life farewell.

ANDROMACHE

Woe ! Dire lot-drawing, bitter choice of life,
Thou giv'st me ! If I draw, I am wretched made ;
And if I draw not, all unblest I am.
O thou for paltry cause that dost great wrong,
Hearken : why slay me ?—for what crime ?—what
        town
Have I betrayed ?—have slain what child of thine ?—
Have fired what home ? Beside my lord I couched   390
Perforce—and lo, thou wilt slay me, not him,
The culprit ; but thou passest by the cause,

445

πρὸς τὴν τελευτὴν ὑστέραν οὖσαν φέρει·
οἴμοι κακῶν τῶνδ᾽, ὦ τάλαιν᾽ ἐμὴ πατρίς,
ὡς δεινὰ πάσχω· τί δέ με καὶ τεκεῖν ἐχρῆν
ἄχθος τ᾽ ἐπ᾽ ἄχθει τῷδε προσθέσθαι διπλοῦν;
[ἀτὰρ τί ταῦτα δύρομαι, τὰ δ᾽ ἐν ποσὶν
οὐκ ἐξικμάζω καὶ λογίζομαι κακά;] [1]
ἥτις σφαγὰς μὲν Ἕκτορος τροχηλάτους
400   κατεῖδον οἰκτρῶς τ᾽ Ἴλιον πυρούμενον,
αὐτὴ δὲ δούλη ναῦς ἐπ᾽ Ἀργείων ἔβην
κόμης ἐπισπασθεῖσ᾽· ἐπεὶ δ᾽ ἀφικόμην
Φθίαν, φονεῦσιν Ἕκτορος νυμφεύομαι.
τί δῆτ᾽ ἐμοὶ ζῆν ἡδύ; πρὸς τί χρὴ βλέπειν;
πρὸς τὰς παρούσας ἢ παρελθούσας τύχας;
εἷς παῖς ὅδ᾽ ἦν μοι λοιπὸς ὀφθαλμὸς βίου·
τοῦτον κτανεῖν μέλλουσιν οἷς δοκεῖ τάδε.
οὐ δῆτα τοὐμοῦ γ᾽ εἵνεκ᾽ ἀθλίου βίου·
ἐν τῷδε μὲν γὰρ ἐλπίς, εἰ σωθήσεται·
410   ἐμοὶ δ᾽ ὄνειδος μὴ θανεῖν ὑπὲρ τέκνου.
ἰδοὺ προλείπω βωμὸν ἥδε χειρία
σφάζειν, φονεύειν, δεῖν, ἀπαρτῆσαι δέρην.
ὦ τέκνον, ἡ τεκοῦσά σ᾽, ὡς σὺ μὴ θάνῃς,
στείχω πρὸς Ἅιδην· ἢν δ᾽ ὑπεκδράμῃς μόρον,
μέμνησο μητρός, οἷα τλᾶσ᾽ ἀπωλόμην,
καὶ πατρὶ τῷ σῷ διὰ φιλημάτων ἰὼν
δάκρυά τε λείβων καὶ περιπτύσσων χέρας
λέγ᾽ οἷ᾽ ἔπραξα. πᾶσι δ᾽ ἀνθρώποις ἄρ᾽ ἦν
ψυχὴ τέκν᾽· ὅστις δ᾽ αὔτ᾽ ἄπειρος ὢν ψέγει,
420   ἧσσον μὲν ἀλγεῖ, δυστυχῶν δ᾽ εὐδαιμονεῖ.

ΧΟΡΟΣ

ᾤκτειρ᾽ ἀκούσασ᾽· οἰκτρὰ γὰρ τὰ δυστυχῆ

---

[1] These two lines seem out of place. Various transpositions in the whole passage 397–410 have been proposed.

And to the after-issue hurriest.
Woe for these ills!   O hapless fatherland,
What wrongs I bear!   Why must I be a mother,
And add a double burden to my load?
[Why wail the past, and o'er the present woes
Shed not a tear, nor take account thereof?]
Hector by those wheels trailed to death I saw,
Saw Ilium piteously enwrapped in flame.   400

I passed aboard the Argive ships, a slave
Haled by mine hair, and when to Phthia-land
I came, to Hector's murderers was I wed.
What joy hath life for me?—what thing to look to?
Unto my present fortune, or the past?
This one child had I left, light of my life:
Him will these slay who count this righteousness.
No, never!—if my wretched life can save!
For him, for him, hope lives, if he be saved;
And mine were shame to die not for my child.   410

Lo, I forsake the altar—yours I am
To hack, bind, murder, strangle with the cord! [*Rises.*
O child, thy mother, that thou mayst not die,
Passeth to Hades.   If thou 'scape the doom,
Think on thy mother—how I suffered—died!
And to thy sire with kisses and with tears
Streaming, and little arms about his neck,
Tell how I fared!   To all mankind, I wot,
Children are life.   Who scoffs at joys unproved,
Though less his grief, a void is in his bliss.   420

CHORUS
Pitying I hear: for pitiful is woe

447

ΑΝΔΡΟΜΑΧΗ

βροτοῖς ἅπασι, κἂν θυραῖος ὢν κυρῇ.
εἰς ξύμβασιν δὲ χρῆν σε παῖδα σὴν ἄγειν,
Μενέλαε, καὶ τήνδ᾽, ὡς ἀπαλλαχθῇ πόνων.

ΜΕΝΕΛΑΟΣ
λάβεσθέ μοι τῆσδ᾽, ἀμφελίξαντες χέρας,
δμῶες· λόγους γὰρ οὐ φίλους ἀκούσεται.
ἔγωγ᾽, ἵν᾽ ἁγνὸν βωμὸν ἐκλίποις θεᾶς,
προύτεινα παιδὸς θάνατον, ᾧ σ᾽ ὑπήγαγον
εἰς χεῖρας ἐλθεῖν τὰς ἐμὰς ἐπὶ σφαγήν.
καὶ τἀμφὶ σοῦ μὲν ὧδ᾽ ἔχοντ᾽ ἐπίστασο·
τὰ δ᾽ ἀμφὶ παιδὸς τοῦδε παῖς ἐμὴ κρινεῖ,
ἤν τε κτανεῖν νιν ἤν τε μὴ κτανεῖν θέλῃ.
ἀλλ᾽ ἕρπ᾽ ἐς οἴκους τοῦσδ᾽, ἵν᾽ εἰς ἐλευθέρους
δούλη γεγῶσα μήποθ᾽ ὑβρίζειν μάθῃς.

ΑΝΔΡΟΜΑΧΗ
οἴμοι· δόλῳ μ᾽ ὑπῆλθες, ἠπατήμεθα.

ΜΕΝΕΛΑΟΣ
κήρυσσ᾽ ἅπασιν· οὐ γὰρ ἐξαρνούμεθα.

ΑΝΔΡΟΜΑΧΗ
ἦ ταῦτ᾽ ἐν ὑμῖν τοῖς παρ᾽ Εὐρώτᾳ σοφά;

ΜΕΝΕΛΑΟΣ
καὶ τοῖς γε Τροίᾳ, τοὺς παθόντας ἀντιδρᾶν.

ΑΝΔΡΟΜΑΧΗ
τὰ θεῖα δ᾽ οὐ θεῖ᾽ οὐδ᾽ ἔχειν ἡγεῖ δίκην;

ΜΕΝΕΛΑΟΣ
ὅταν τάδ᾽ ᾖ τότ᾽ οἴσομεν· σὲ δὲ κτενῶ.

ΑΝΔΡΟΜΑΧΗ
ἦ καὶ νεοσσὸν τόνδ᾽, ὑπὸ πτερῶν σπάσας;

ΜΕΝΕΛΑΟΣ
οὐ δῆτα· θυγατρὶ δ᾽, ἢν θέλῃ, δώσω κτανεῖν.

430

440

ANDROMACHE

To all men, alien though the afflicted be.
Thou shouldest, Menelaus, reconcile
Her and thy child, that she may rest from pain.

[ANDROMACHE *leaves the altar.*

MENELAUS

Seize me this woman!—round her coil your arms,
My thralls! No words of friendship shall she hear.
I, that thou mightest leave the holy altar,   [thee
Held forth the lure of thy child's death, and drew
To slip into mine hands for slaughtering.
And, for thy fate, know thou that this is so: 430
But, for thy son, my child shall be his judge,
Whether her pleasure be to slay or spare.
Hence to the house, that thou, slave as thou art,
Mayst learn no more to rail against the free.

ANDROMACHE

Woe's me! By guile thou hast stoln on me!—
    betrayed!

MENELAUS

Publish it to the world! Not I deny it.

ANDROMACHE

Count ye this wisdom, dwellers by Eurotas?

MENELAUS

Ay, Trojans too—that wronged ones should revenge.

ANDROMACHE

Is there no God, think'st thou, nor reckoning-day?

MENELAUS

I'll meet it when it comes. Thee will I kill.   440

ANDROMACHE

And this my birdie, torn from 'neath my wings?

MENELAUS

O nay—I yield him to my daughter's mercy.

449

ΑΝΔΡΟΜΑΧΗ

ΑΝΔΡΟΜΑΧΗ
οἴμοι· τί δῆτά σ' οὐ καταστένω, τέκνον;
ΜΕΝΕΛΑΟΣ
οὔκουν θρασεῖά γ' αὐτὸν ἐλπὶς ἀμμένει.
ΑΝΔΡΟΜΑΧΗ
ὦ πᾶσιν ἀνθρώποισιν ἔχθιστοι βροτῶν
Σπάρτης ἔνοικοι, δόλια βουλευτήρια,
ψευδῶν ἄνακτες, μηχανορράφοι κακῶν,
ἑλικτὰ κοὐδὲν ὑγιές, ἀλλὰ πᾶν πέριξ
φρονοῦντες, ἀδίκως εὐτυχεῖτ' ἀν' Ἑλλάδα.
450   τί δ' οὐκ ἐν ὑμῖν ἐστιν; οὐ πλεῖστοι φόνοι;
οὐκ αἰσχροκερδεῖς; οὐ λέγοντες ἄλλα μὲν
γλώσσῃ, φρονοῦντες δ' ἄλλ' ἐφευρίσκεσθ' ἀεί;
ὄλοισθ'. ἐμοὶ δὲ θάνατος οὐχ οὕτω βαρὺς
ὡς σοὶ δέδοκται· κεῖνα γάρ μ' ἀπώλεσεν,
ὅθ' ἡ τάλαινα πόλις ἀναλώθη Φρυγῶν
πόσις θ' ὁ κλεινός, ὅς σε πολλάκις δορὶ
ναύτην ἔθηκεν ἀντὶ χερσαίου κακόν.
νῦν δ' εἰς γυναῖκα γοργὸς ὁπλίτης φανεὶς
κτείνεις μ'; ἀπόκτειν'· ὡς ἀθώπευτόν γέ σε
460   γλώσσης ἀφήσω τῆς ἐμῆς καὶ παῖδα σήν.
ἐπεὶ σὺ μὲν πέφυκας ἐν Σπάρτῃ μέγας,
ἡμεῖς δὲ Τροίᾳ γ'. εἰ δ' ἐγὼ πράσσω κακῶς,
μηδὲν τόδ' αὔχει· καὶ σὺ γὰρ πράξειας ἄν.
ΧΟΡΟΣ
οὐδέποτε δίδυμα   στρ. α
λέκτρ' ἐπαινέσω βροτῶν
οὐδ' ἀμφιμάτορας κόρους,
ἔριδας οἴκων δυσμενεῖς τε λύπας.
μίαν μοι στεργέτω πόσις γάμοις
470   ἀκοινώνητον ἀνδρὸς εὐνάν.

450

ANDROMACHE

Well may I wail at once thy death, my child!

MENELAUS

Good sooth, but sorry hope remains for him.

ANDROMACHE

O ye in all folk's eyes most loathed of men,
Dwellers in Sparta, senates of treachery,
Princes of lies, weavers of webs of guile,
Thoughts crooked, wholesome never, devious all,—
A crime is your supremacy in Greece! [murders?
What   vileness   lives   not   with   you?—swarming   450
Covetousness?   Convicted liars, saying   [that,
This with the tongue, while still your hearts mean
Now ruin seize ye! . . . . Yet to me is death
Not grievous as thou think'st.   That was my death
When Phrygia's hapless city was destroyed,
And my renownèd lord, whose spear full oft
Made thee a seaman, dastard, from a landsman.[1]
Thou meet'st a woman, soul-appalling hero,   [fawn
Now,—and wouldst slay! Slay on! My tongue shall
In flattery never on thy child or thee.   460
What if thou be in Sparta some great one?
Even so in Troy was I.   Am I brought low?
Boast not herein:—thine hour shall haply come.

[*Exit, led by* MENELAUS.

CHORUS

Never rival brides blessed marriage-estate,   (*Str.* 1)
     Neither sons not born of one mother:
They were strife to the home, they were anguish of
     hate.
For the couch of the husband suffice one mate:
     Be it shared of none other.   470

---

[1] Drove thee to seek refuge in the ships. See *Iliad*, bk. xv.

ΑΝΔΡΟΜΑΧΗ

οὐδὲ γὰρ ἐν πόλεσι   ἀντ. α΄
δίπτυχοι τυραννίδες
μιᾶς ἀμείνονες φέρειν,
ἄχθος ἐπ' ἄχθει καὶ στάσις πολίταις·
τεκόντοιν θ' ὕμνον ἐργάταιν δυοῖν
ἔριν Μοῦσαι φιλοῦσι κραίνειν·

πνοαὶ δ' ὅταν φέρωσι ναυτίλους θοαί,   στρ. β΄
480   κατὰ πηδαλίων δίδυμαι πραπίδων γνῶμαι
σοφῶν τε πλῆθος ἀθρόον ἀσθενέστερον
φαυλοτέρας φρενὸς αὐτοκρατοῦς
ἑνός, ἃ δύνασις ἀνά τε μέλαθρα κατά τε πόλιας,
ὁπόταν εὑρεῖν θέλωσι καιρόν.

ἔδειξεν ἡ Λάκαινα τοῦ στρατηλάτα   ἀντ. β΄
Μενέλα· διὰ γὰρ πυρὸς ἦλθ' ἑτέρῳ λέχεϊ,
κτείνει δὲ τὴν τάλαιναν Ἰλιάδα κόραν
490   παῖδά τε δύσφρονος ἔριδος ὕπερ.
ἄθεος ἄνομος ἄχαρις ὁ φόνος· ἔτι σε, πότνια,
μετατροπὰ τῶνδ' ἔπεισιν ἔργων.

καὶ μὴν ἐσορῶ
τόδε σύγκρατον ζεῦγος πρὸ δόμων,
ψήφῳ θανάτου κατακεκριμένον.
δύστηνε γύναι, τλῆμον δὲ σὺ παῖ,
μητρὸς λεχέων ὃς ὑπερθνήσκεις
οὐδὲν μετέχων
500   οὐδ' αἴτιος ὢν βασιλεῦσιν.

ΑΝΔΡΟΜΑΧΗ

ἅδ' ἐγὼ χέρας αἱματη-   στρ.
ρὰς βρόχοισι κεκλημένα
πέμπομαι κατὰ γαίας.

Never land but hath borne a twofold yoke   (*Ant.* 1)
    Of kings with wearier straining :
There is burden on burden, and feud mid her
    folk :
And 'twixt rival lyres ever discord broke
      By the Muses' ordaining.

                           (*Str.* 2)
When the blasts hurl onward the staggering sail,
  Shall the galley by helmsmen twain be guided ?   480
Wise counsellors many far less shall avail
  Than the simple one's purpose and power undivided.
Even this in the home, in the city, is power
Unto such as have wit to discern the hour.

The child of the chieftain of Sparta's array   (*Ant.* 2)
    Hath proved it.   As fire is her jealousy burning :
Troy's hapless daughter she lusteth to slay,
    And her son, in her hatred's vengeance-yearning.   490
Godless and lawless and heartless it is !—
Queen, thou shalt yet be requited for this.

Enter MENELAUS *and* SERVANTS *leading* ANDROMACHE *and*
                CHILD.

Lo, these I behold, twain yoked as one
  In love, in sorrow, afront of the hall :
For the vote is cast and the doom forth gone.
O woeful mother, O hapless son,
  Who must die, since her master hath humbled his
    thrall,
Though naught death-worthy hast thou, child, done, 500
  That in condemnation of kings thou shouldst fall !

            ANDROMACHE
  Lo, blood my wrists red-staining   (*Str.*)
  From cruel bonds hard-straining,
  Lo, feet the grave's brink gaining !

ΑΝΔΡΟΜΑΧΗ

ΜΟΛΟΣΣΟΣ

μᾶτερ μᾶτερ, ἐγὼ δὲ σᾷ
πτέρυγι συγκαταβαίνω.

ΑΝΔΡΟΜΑΧΗ

θῦμα δάιον, ὦ χθονὸς
Φθίας κράντορες.

ΜΟΛΟΣΣΟΣ

ὦ πάτερ,
μόλε φίλοις ἐπίκουρος.

ΑΝΔΡΟΜΑΧΗ

510   κείσει δή, τέκνον, ὦ φίλος,
μαστοῖς ματέρος ἀμφὶ σᾶς
νεκρὸς ὑπὸ χθονὶ σὺν νεκρῷ.

ΜΟΛΟΣΣΟΣ

ὤμοι μοι, τί πάθω τάλας
δῆτ' ἐγὼ σύ τε, μᾶτερ ;

ΜΕΝΕΛΑΟΣ

ἴθ' ὑποχθόνιοι· καὶ γὰρ ἀπ' ἐχθρῶν
ἥκετε πύργων· δύο δ' ἐκ δισσαῖν
θνήσκετ' ἀνάγκαιν· σὲ μὲν ἡμετέρα
ψῆφος ἀναιρεῖ, παῖδα δ' ἐμὴ παῖς
τόνδ' Ἑρμιόνη· καὶ γὰρ ἀνοία
520   μεγάλη λείπειν ἐχθροὺς ἐχθρῶν,
ἐξὸν κτείνειν
καὶ φόβον οἴκων ἀφελέσθαι.

ΑΝΔΡΟΜΑΧΗ

ὦ πόσις πόσις, εἴθε σὰν   ἀντ.
χεῖρα καὶ δόρυ σύμμαχον
κτησαίμαν, Πριάμου παῖ.

ΜΟΛΟΣΣΟΣ

δύστανος, τί δ' ἐγὼ μόρου
παράτροπον μέλος εὕρω ;

ANDROMACHE

MOLOSSUS

O mother, 'neath thy wing
I crouch where death-shades gather.

ANDROMACHE

Death !—Phthians, name it rather
Butchery !

MOLOSSUS

O my father,
Help to thy loved ones bring !

ANDROMACHE

There, darling, shalt thou rest 510
Pillowed upon my breast,
Where corpse to corpse shall cling.

MOLOSSUS

Ah me, the torture looming
O'er me, o'er thee !—the coming,
Mother, of what dread thing ?

MENELAUS

Down, down to the grave !—from our foemen's towers
Ye came : and for several cause unto slaughter
Ye twain be constrainèd. The sentence is ours
That condemneth thee, woman : this boy my
daughter
Hermione dooms. Utter folly it were 520
For our foemen's avenging their offspring to spare,
When into our hands they be given to slay,
That fear from our house may be banished for aye.

ANDROMACHE

Oh for that hand I cry on ! (*Ant.*)
Ah husband, to rely on
Thy spear, O Priam's scion !

MOLOSSUS

Ah woe is me ! What spell
Find I for doom's undoing ?

455

ΑΝΔΡΟΜΑΧΗ

λίσσου, γούνασι δεσπότου
χρίμπτων, ὦ τέκνον.

ΜΟΛΟΣΣΟΣ

530   ὦ φίλος,
φίλος, ἄνες θάνατόν μοι.

ΑΝΔΡΟΜΑΧΗ

λείβομαι δάκρυσιν κόρας,
στάζω λισσάδος ὡς πέτρας
λιβὰς ἀνήλιος, ἁ τάλαιν᾽.

ΜΟΛΟΣΣΟΣ

ὤμοι μοι, τί δ᾽ ἐγὼ κακῶν
μῆχος ἐξανύσωμαι;

ΜΕΝΕΛΑΟΣ

τί με προσπίτνεις, ἁλίαν πέτραν
ἢ κῦμα λιταῖς ὡς ἱκετεύων;
τοῖς γὰρ ἐμοῖσιν γέγον᾽ ὠφελία,
540   σοὶ δ᾽ οὐδὲν ἔχω φίλτρον, ἐπεί τοι
μέγ᾽ ἀναλώσας ψυχῆς μόριον
Τροίαν εἷλον καὶ μητέρα σήν·
ἧς ἀπολαύων
Ἅιδην χθόνιον καταβήσει.

ΧΟΡΟΣ

καὶ μὴν δέδορκα τόνδε Πηλέα πέλας,
σπουδῇ τιθέντα δεῦρο γηραιὸν πόδα.

ΠΗΛΕΥΣ

ὑμᾶς ἐρωτῶ τόν τ᾽ ἐφεστῶτα σφαγῇ,
τί ταῦτα καὶ πῶς; ἐκ τίνος λόγου νοσεῖ
δόμος; τί πράσσετ᾽ ἄκριτα μηχανώμενοι;
550   Μενέλα᾽, ἐπίσχες· μὴ τάχυν᾽ ἄνευ δίκης.
ἡγοῦ σὺ θᾶσσον· οὐ γὰρ ὡς ἔοικέ μοι,

ANDROMACHE

ANDROMACHE

Pray, at thy lord's knees suing,
Child!

MOLOSSUS (*kneeling to* MENELAUS).

Friend, in mercy ruing   530
My death, of pardon tell!

ANDROMACHE

My streaming eyelids weep,
As from a sheer crag's steep
   The sunless waters well.

MOLOSSUS

Woe's me! O might revealing
But come of help, of healing,
   Our darkness to dispel!

MENELAUS

What dost thou to fall at my feet, making moan
  To a rock of the sea, to a wave doom-crested?
True helper am I, good sooth, to mine own:
  No love-spell from thee on my spirit hath rested.   540
Too deeply it drained my life-blood away
To win yon Troy and thy dam for a prey.
  Herein be thy joy and be this thy crown
  When thou passest to Hades' earth-dens down!

CHORUS

Lo, lo, I see yon Peleus drawing nigh!
In haste his agèd foot strides hitherward.

Enter PELEUS, *attended.*

PELEUS

Ho ye! ho thou, the overseer of slaughter!
What meaneth this?—how is the house, and why,
In evil case? What lawless plots weave ye?
Menelaus, hold! Press not where justice bars.   550
[*To attendant*] Lead the way faster! 'Tis a strait,
  methinks,

457

ΑΝΔΡΟΜΑΧΗ

σχολῆς τόδ᾽ ἔργον, ἀλλ᾽ ἀνηβητηριαν
ῥώμην μ᾽ ἐπαινῶ λαμβάνειν, εἴπερ ποτέ.
πρῶτον μὲν οὖν κατ᾽ οὖρον ὥσπερ ἱστίοις
ἐμπνεύσομαι τῇδ᾽· εἰπέ, τίνι δίκη χέρας
βρόχοισιν ἐκδήσαντες οἵδ᾽ ἄγουσί σε
καὶ παῖδ᾽; ὕπαρνος γάρ τις ὣς ἀπόλλυσαι,
ἡμῶν ἀπόντων τοῦ τε κυρίου σέθεν.

οἶδ᾽, ὦ γεραιέ, σὺν τέκνῳ θανουμένην
560 ἄγουσί μ᾽ οὕτως ὡς ὁρᾷς. τί σοι λέγω;
οὐ γὰρ μιᾶς σε κληδόνος προθυμίᾳ
μετῆλθον, ἀλλὰ μυρίων ὑπ᾽ ἀγγέλων.
ἔριν δὲ τὴν κατ᾽ οἶκον οἶσθά που κλύων
τῆς τοῦδε θυγατρός, ὧν τ᾽ ἀπόλλυμαι χάριν.
καὶ νῦν με βωμοῦ Θέτιδος, ἣ τὸν εὐγενῆ
ἔτικτέ σοι παῖδ᾽, ἣν σὺ θαυμαστὴν σέβεις,
ἄγουσ᾽ ἀποσπάσαντες, οὔτε τῳ δίκῃ
κρίναντες οὔτε τοὺς ἀπόντας ἐκ δόμων
μείναντες, ἀλλὰ τὴν ἐμὴν ἐρημίαν
570 γνόντες τέκνου τε τοῦδ᾽, ὃν οὐδὲν αἴτιον
μέλλουσι σὺν ἐμοὶ τῇ ταλαιπώρῳ κτανεῖν.
ἀλλ᾽ ἀντιάζω σ᾽, ὦ γέρον, τῶν σῶν πάρος
πίτνουσα γονάτων, χειρὶ δ᾽ οὐκ ἔξεστί μοι
τῆς σῆς λαβέσθαι φιλτάτης γενειάδος,
ῥῦσαί με πρὸς θεῶν· εἰ δὲ μή, θανούμεθα
αἰσχρῶς μὲν ὑμῖν, δυστυχῶς δ᾽ ἐμοί, γέρον.

ΠΗΛΕΥΣ

χαλᾶν κελεύω δεσμὰ πρὶν κλαίειν τινά,
καὶ τῆσδε χεῖρας διπτύχους ἀνιέναι.

ΜΕΝΕΛΑΟΣ

ἐγὼ δ᾽ ἀπαυδῶ γ᾽ ἄλλος οὐχ ἥσσων σέθεν
580 καὶ τῆσδε πολλῷ κυριώτερος γεγώς.

ANDROMACHE

Brooks no delay; but now, if ever, fain
Would I renew the vigour of my youth.
But first, like breeze that fills the sails, will I
Breathe life through her:—say, by what right have
    these
Pinioned thine hands in bonds, and with thy son
Hale—for like ewe with lamb thou goest to death—
Whilst I and thy true lord be far away?

ANDROMACHE

These, ancient, deathward hale me with my child,
As thou dost see.   Why should I tell it thee?   560
Seeing not once I sent thee instant summons,
But by the mouth of messengers untold.
Thou know'st, hast heard, I trow, the household strife
Of yon man's daughter, that means death to me.
And now from Thetis' altars,—hers who bare
Thy noble son, hers whom thou reverencest,—
They tear, they hale me, with no form of trial
Condemning, for the absent waiting not,
My lord, but knowing my defencelessness,
And this poor child's, the utter-innocent,   570
Whom they would slay along with hapless me.
But I beseech thee, ancient, falling low
Before thy knees—I cannot stretch my hand
Unto thy beard, O dear, O kindly face!—
In God's name save, else I shall surely die,
To your shame, ancient, and my misery.

PELEUS

Loose, I command, her bonds, ere some one rue,
And set ye free this captive's pinioned hands.

MENELAUS

This I forbid, who am no less than thou,
And have more right of lordship over her.   580

459

ΑΝΔΡΟΜΑΧΗ

ΠΗΛΕΥΣ

πῶς; ἢ σὺ τὸν ἐμὸν οἶκον οἰκήσεις μολὼν
δεῦρ'; οὐχ ἅλις σοι τῶν κατὰ Σπάρτην κρατεῖν;

ΜΕΝΕΛΑΟΣ

εἷλόν νιν αἰχμάλωτον ἐκ Τροίας ἐγώ.

ΠΗΛΕΥΣ

οὑμὸς δέ γ' αὐτὴν ἔλαβε παῖς παιδὸς γέρας.

ΜΕΝΕΛΑΟΣ

οὔκουν ἐκείνου τἀμὰ τἀκείνου τ' ἐμά;

ΠΗΛΕΥΣ

δρᾶν εὖ, κακῶς δ' οὔ, μηδ' ἀποκτείνειν βίᾳ.

ΜΕΝΕΛΑΟΣ

ὡς τήνδ' ἀπάξεις οὔποτ' ἐξ ἐμῆς χερός.

ΠΗΛΕΥΣ

σκήπτρῳ δὲ τῷδε σὸν καθαιμάξω κάρα.

ΜΕΝΕΛΑΟΣ

ψαῦσόν γ', ἵν' εἰδῇς, καὶ πέλας πρόσελθέ μου.

ΠΗΛΕΥΣ

590　σὺ γὰρ μετ' ἀνδρῶν, ὦ κάκιστε κἀκ κακῶν;
σοὶ ποῦ μέτεστιν ὡς ἐν ἀνδράσιν λόγου;
ὅστις πρὸς ἀνδρὸς Φρυγὸς ἀπηλλάγης λέχος,
ἄκλῃστ' ἄφρουρα[1] δώμαθ' ἑστίας λιπών,
ὡς δὴ γυναῖκα σώφρον' ἐν δόμοις ἔχων
πασῶν κακίστην. οὐδ' ἂν εἰ βούλοιτό τις
σώφρων γένοιτο Σπαρτιατίδων κόρη,
αἳ ξὺν νέοισιν ἐξερημοῦσαι δόμους
γυμνοῖσι μηροῖς καὶ πέπλοις ἀνειμένοις
δρόμους παλαίστρας τ' οὐκ ἀνασχετοὺς ἐμοὶ
600　κοινὰς ἔχουσι. κᾆτα θαυμάζειν χρεὼν
εἰ μὴ γυναῖκας σώφρονας παιδεύετε;

[1] Lenting : or MSS. ἄδουλα.

ANDROMACHE

PELEUS

How ?—hither wilt thou come to rule mine house ?
Sufficeth not thy sway of Sparta's folk ?

MENELAUS

'Twas I that took her captive out of Troy.

PELEUS

Ay, but my son's son gained her, prize of war.

MENELAUS

All mine are his, his mine—is this not so ?

PELEUS

For good, not evil dealing, nor for murder.

MENELAUS

Her shalt thou rescue never from mine hand.

PELEUS

This staff shall make thine head to stream with blood.

MENELAUS

Touch me, and thou shalt see !—ay, draw but near !

PELEUS

Thou, thou a man ?—Coward, of cowards bred !   590
What part or lot hast thou amongst true men ?
Thou, by a Phrygian from thy wife divorced,
Who leftest hearth and home unbarred, unwarded,
As who kept in his halls a virtuous wife,—
And she the vilest !   Though one should essay,
Virtuous could daughter of Sparta never be.
They gad abroad with young men from their
        homes,
And with bare thighs and loose disgirdled vesture
Race, wrestle with them,—things intolerable
To me !   And is it wonder-worthy then   600
That ye train not your women to be chaste ?

461

ΑΝΔΡΟΜΑΧΗ

Ἑλένην ἐρέσθαι χρῆν τάδ᾽, ἥτις ἐκ δόμων
τὸν σὸν λιποῦσα Φίλιον[1] ἐξεκώμασε
νεανίου μετ᾽ ἀνδρὸς εἰς ἄλλην χθόνα.
κἄπειτ᾽ ἐκείνης εἵνεχ᾽ Ἑλλήνων ὄχλον
τοσόνδ᾽ ἀθροίσας ἤγαγες πρὸς Ἴλιον·
ἣν χρῆν σ᾽ ἀποπτύσαντα μὴ κινεῖν δόρυ
κακὴν ἐφευρόντ᾽, ἀλλ᾽ ἐᾶν αὐτοῦ μένειν
μισθόν τε δόντα μήποτ᾽ εἰς οἴκους λαβεῖν.
610 ἀλλ᾽ οὔτι ταύτῃ σὸν φρόνημ᾽ ἐπούρισας·
ψυχὰς δὲ πολλὰς κἀγαθὰς ἀπώλεσας
παίδων τ᾽ ἄπαιδας γραῦς ἔθηκας ἐν δόμοις
πολιούς τ᾽ ἀφείλου πατέρας εὐγενῆ τέκνα.
ὧν εἷς ἐγὼ δύστηνος· αὐθέντην δὲ σὲ
μιάστορ᾽ ὥς τιν᾽ εἰσδέδορκ᾽ Ἀχιλλέως.
ὃς οὐδὲ τρωθεὶς ἦλθες ἐκ Τροίας μόνος,
κάλλιστα τεύχη δ᾽ ἐν καλοῖσι σάγμασιν
ὅμοι᾽ ἐκεῖσε δεῦρό τ᾽ ἤγαγες πάλιν.
κἀγὼ μὲν ηὔδων τῷ γαμοῦντι μήτε σοὶ
620 κῆδος συνάψαι μήτε δώμασιν λαβεῖν
κακῆς γυναικὸς πῶλον· ἐκφέρουσι γὰρ
μητρῷ᾽ ὀνείδη. τοῦτο καὶ σκοπεῖτέ μοι,
μνηστῆρες, ἐσθλῆς θυγατέρ᾽ ἐκ μητρὸς λαβεῖν.
πρὸς τοῖσδε δ᾽ εἰς ἀδελφὸν οἷ᾽ ἐφύβρισας,
σφάξαι κελεύσας θυγατέρ᾽ εὐηθέστατον.
οὕτως ἔδεισας μὴ οὐ κακὴν δάμαρτ᾽ ἔχῃς.
ἑλὼν δὲ Τροίαν, εἶμι γὰρ κἀνταῦθά σοι,
οὐκ ἔκτανες γυναῖκα χειρίαν λαβών·
ἀλλ᾽ ὡς ἐσεῖδες μαστόν, ἐκβαλὼν ξίφος
630 φίλημ᾽ ἐδέξω, προδότιν αἰκάλλων κύνα,
ἥσσων πεφυκὼς Κύπριδος, ὦ κάκιστε σύ.

---

[1] Sc. Δία, under his attribute as Ζεὺς Ἑρκεῖος.

ANDROMACHE

This well might Helen have asked thee, who forsook
Thine hearth, and from thine halls went revelling forth
With a young gallant to an alien land.
Yet for her sake thou gatheredst that huge host
Of Greeks, and leddest them to Ilium.
Thou shouldst have spued her forth, have stirred no
    spear,
Who hadst found her vile, but let her there abide.
Yea, paid a price to take her never back.
But nowise thus the wind of thine heart blew.   610
Nay, many a gallant life hast thou destroyed,
And childless made grey mothers in their halls,
And white-haired sires hast robbed of noble sons ;—
My wretched self am one, who see in thee,
Like some foul fiend, Achilles' murderer ;—
Thou who alone unwounded cam'st from Troy,
And daintiest arms in dainty sheaths unstained,
Borne thither, hither back didst bring again !
I warned my bridegroom-grandson not to make
Affinity with thee, nor to receive   620
In his halls a wanton's child : such bear abroad
Their mothers' shame.   Give heed to this my rede,
Wooers,—a virtuous mother's daughter choose.
Nay more—how didst thou outrage thine own brother,
Bidding him sacrifice his child—poor fool !
Such was thy dread to lose thy worthless wife.
And, when Troy fell,—ay, thither too I trace thee,—
Thy wife thou slew'st not when thou hadst her
    trapped.
Thou saw'st her bosom, didst let fall the sword,
Didst kiss her, that bold traitress, fondling her,   630
By Cypris overborne, O recreant wretch !

κἄπειτ᾽ ἐς οἴκους τῶν ἐμῶν ἐλθὼν τέκνων
πορθεῖς ἀπόντων καὶ γυναῖκα δυστυχῆ
κτείνεις ἀτίμως παῖδά θ᾽, ὃς κλαίοντά σε
καὶ τὴν ἐν οἴκοις σὴν καταστήσει κόρην,
κεἰ τρὶς νόθος πέφυκε. πολλάκις δέ τοι
ξηρὰ βαθεῖαν γῆν ἐνίκησε σπορά,
νόθοι τε πολλοὶ γνησίων ἀμείνονες.

ἀλλ᾽ ἐκκομίζου παῖδα. κύδιον βροτοῖς
640   πένητα χρηστὸν ἢ κακὸν καὶ πλούσιον
γαμβρὸν πεπᾶσθαι καὶ φίλον· σὺ δ᾽ οὐδὲν εἶ.

σμικρᾶς ἀπ᾽ ἀρχῆς νεῖκος ἀνθρώποις μέγα
γλῶσσ᾽ ἐκπορίζει· τοῦτο δ᾽ οἱ σοφοὶ βροτῶν
ἐξευλαβοῦνται, μὴ φίλοις τεύχειν ἔριν.

τί δῆτ᾽ ἂν εἴποις τοὺς γέροντας ὡς σοφοὶ
καὶ τοὺς φρονεῖν δοκοῦντας Ἕλλησίν ποτε;
ὅτ᾽ ὢν σὺ Πηλεὺς καὶ πατρὸς κλεινοῦ γεγώς,
κῆδος ξυνάψας, αἰσχρὰ μὲν σαυτῷ λέγεις
ἡμῖν δ᾽ ὀνείδη διὰ γυναῖκα βάρβαρον,
650   ἣν χρῆν σ᾽ ἐλαύνειν τήνδ᾽ ὑπὲρ Νείλου ῥοὰς
ὑπέρ τε Φᾶσιν κἀμὲ παρακαλεῖν ἀεί·
οὖσαν μὲν Ἠπειρῶτιν, οὗ πεσήματα
πλεῖσθ᾽ Ἑλλάδος πέπτωκε δοριπετῆ νεκρῶν,
τοῦ σοῦ δὲ παιδὸς αἵματος κοινουμένην.
Πάρις γάρ, ὃς σὸν παῖδ᾽ ἔπεφν᾽ Ἀχιλλέα,
Ἕκτορος ἀδελφὸς ἦν, δάμαρ δ᾽ ἥδ᾽ Ἕκτορος.
καὶ τῇδέ γ᾽ εἰσέρχει σὺ ταὐτὸν εἰς στέγος
καὶ ξυντράπεζον ἀξιοῖς ἔχειν βίον,
τίκτειν δ᾽ ἐν οἴκοις παῖδας ἐχθίστους ἐᾷς.
660   ἁγὼ προνοίᾳ τῇ τε σῇ κἀμῇ, γέρον,
κτανεῖν θέλων τήνδ᾽ ἐκ χερῶν ἁρπάζομαι.

ANDROMACHE

And to my son's house com'st thou, he afar,
And ravagest, wouldst slay a hapless woman
Shamefully, and her boy?—this boy shall make
Thee, and that daughter in thine halls, yet rue,
Though he were thrice a bastard.   Oft the yield
Of barren ground o'erpasseth deep rich soil;
And better are bastards oft than sons true-born.
Take hence thy daughter!   Better 'tis to have
The poor and upright, or for marriage-kin,   640
Or friend, than the vile rich:—thou, thou art
    naught!

CHORUS

From small beginnings bitter feuds the tongue
Brings forth: for this cause wise men take good heed
That with their friends they bring not strife to pass.

MENELAUS

Now wherefore should ye call the greybeards wise,
And them which Greece accounted prudent once?
When thou, thou Peleus, son of sire renowned,
Speakest, my marriage-kinsman, thine own shame,
Rail'st on me for a foreign woman's sake,
Whom thou shouldst chase beyond the streams of
    Nile,   650
And beyond Phasis, yea, and cheer me on,—
This dame of Asia's mainland, wherein fell
Unnumbered sons of Hellas slain with spears,—
This woman who had part in thy son's blood;
For Paris, he that slew thy son Achilles,
Was Hector's brother, and she Hector's wife.
And thou wouldst pass beneath one roof with her,
Wouldst stoop to break bread with her at thy board,
In thine house let her bear our bitterest foes,
Whom I, of forethought for thyself and me,   660
Would slay!—and lo, from mine hands is she torn.

465

καίτοι φέρ', ἅψασθαι γὰρ οὐκ αἰσχρὸν λόγου,
ἢν παῖς μὲν ἡμὴ μὴ τέκῃ, ταύτης δ' ἄπο
βλάστωσι παῖδες, τῆσδε γῆς Φθιώτιδος
στήσεις τυράννους, βάρβαροι δ' ὄντες γένος
Ἕλλησιν ἄρξουσ'; εἶτ' ἐγὼ μὲν οὐ φρονῶ
μισῶν τὰ μὴ δίκαια, σοὶ δ' ἔνεστι νοῦς;
κἀκεῖνο νῦν ἄθρησον· εἰ σὺ παῖδα σὴν
δούς τῳ πολιτῶν, εἶτ' ἔπασχε τοιάδε,
670 σιγῇ καθῆσ' ἄν; οὐ δοκῶ· ξένης δ' ὕπερ
τοιαῦτα λάσκεις τοὺς ἀναγκαίους φίλους;
καὶ μὴν ἴσον γ' ἀνήρ τε καὶ γυνὴ σθένει
ἀδικουμένη πρὸς ἀνδρός· ὡς δ' αὔτως ἀνὴρ
γυναῖκα μωραίνουσαν ἐν δόμοις ἔχων.
καὶ τῷ μὲν ἔστιν ἐν χεροῖν μέγα σθένος,
τῇ δ' ἐν γονεῦσι καὶ φίλοις τὰ πράγματα.
οὔκουν δίκαιον τοῖς γ' ἐμοῖς ἐπωφελεῖν;

γέρων γέρων εἶ· τὴν δ' ἐμὴν στρατηγίαν
λέγων ἔμ' ὠφελοῖς ἂν ἢ σιγῶν πλέον.
680 Ἑλένη δ' ἐμόχθησ' οὐχ ἑκοῦσ', ἀλλ' ἐκ θεῶν,
καὶ τοῦτο πλεῖστον ὠφέλησεν Ἑλλάδα·
ὅπλων γὰρ ὄντες καὶ μάχης ἄϊστορες
ἔβησαν εἰς τἀνδρεῖον· ἡ δ' ὁμιλία
πάντων βροτοῖσι γίγνεται διδάσκαλος.
εἰ δ' εἰς πρόσοψιν τῆς ἐμῆς ἐλθὼν ἐγὼ
γυναικὸς ἔσχον μὴ κτανεῖν, ἐσωφρόνουν.
οὐδ' ἄν σε Φῶκον ἤθελον κατακτανεῖν.
ταῦτ' εὖ φρονῶν σ' ἐπῆλθον, οὐκ ὀργῆς χάριν·
ἢν δ' ὀξυθυμῇς, σοὶ μὲν ἡ γλωσσαλγία
690 μείζων, ἐμοὶ δὲ κέρδος ἡ προμηθία.

ANDROMACHE

Come, reason we together—no shame this :—
If my child bear no sons, this woman's brood
Grow up, wilt thou establish these as lords
Of Phthia-land ?—shall they, barbarians born,
Rule Greeks ?   And I, forsooth, am all unwise,
Who hate the wrong, but wisdom dwells with thee !
Consider this, too—hadst thou given thy daughter,
To a citizen, and she were thus misused,
Hadst thou sat still ?   I trow not.   Yet thou railest   670
Thus for an alien's sake on friends, on kin !
" Yet husband's cause "—say'st thou—" and wife's
          alike
Are strong, if she be wronged of him, or he
Find her committing folly in his halls."
Yea, but in his hands is o'ermastering strength,
But upon friends and parents leans her cause.
Do I not justly then to aid mine own ?

Dotard—thou dotard ! —thou wouldst help me more
By praise than slurring of my leadership !
Not of her will, but Heaven's, came Helen's
          trouble,   680
And a great boon bestowed she thus on Greece ;
For they which were unschooled to arms and war
Turned them to brave deeds : fellowship in fight
Is the great teacher of all things to men.
And if I, soon as I beheld my wife,
Forbore to slay her, wise was I herein.
'Twere well had Phocus ne'er been slain by thee.[1]
Thus have I met thee in goodwill, not wrath.
If thou wax passionate, thou shalt but win
An aching tongue : my gain in forethought lies.   690

[1] Half-brother of Peleus and Telamon, murdered because
he surpassed them in heroic exercises.

ΧΟΡΟΣ

παύσασθον ἤδη, λῷστα γὰρ μακρῷ τάδε,
λόγων ματαίων, μὴ δύο σφαλῆθ' ἅμα.

ΠΗΛΕΥΣ

οἴμοι, καθ' Ἑλλάδ' ὡς κακῶς νομίζεται·
ὅταν τροπαῖα πολεμίων στήσῃ στρατός,
οὐ τῶν πονούντων τοὔργον ἡγοῦνται τόδε,
ἀλλ' ὁ στρατηγὸς τὴν δόκησιν ἄρνυται,
ὃς εἷς μετ' ἄλλων μυρίων πάλλων δόρυ,
οὐδὲν πλέον δρῶν ἑνὸς ἔχει πλείω λόγον.
σεμνοὶ δ' ἐν ἀρχαῖς ἥμενοι κατὰ πτόλιν
700 φρονοῦσι δήμου μεῖζον, ὄντες οὐδένες·
οἱ δ' εἰσὶν αὐτῶν μυρίῳ σοφώτεροι,
εἰ τόλμα προσγένοιτο βούλησίς θ' ἅμα.
ὡς καὶ σὺ σός τ' ἀδελφὸς ἐξωγκωμένοι
Τροίᾳ κάθησθε τῇ τ' ἐκεῖ στρατηγίᾳ,
μόχθοισιν ἄλλων καὶ πόνοις ἐπηρμένοι.
δείξω δ' ἐγώ σοι μὴ τὸν Ἰδαῖον Πάριν
ἥσσω νομίζειν Πηλέως ἐχθρόν ποτε,
εἰ μὴ φθερεῖ τῆσδ' ὡς τάχιστ' ἀπὸ στέγης
καὶ παῖς ἄτεκνος, ἣν ὅδ' ἐξ ἡμῶν γεγὼς
710 ἐλᾷ δι' οἴκων τῶνδ' ἐπισπάσας κόμης·
ἣ στερρὸς οὖσα μόσχος οὐκ ἀνέξεται
τίκτοντας ἄλλους, οὐκ ἔχουσ' αὐτὴ τέκνα.
ἀλλ' εἰ τὸ κείνης δυστυχεῖ παίδων πέρι,
ἄπαιδας ἡμᾶς δεῖ καταστῆναι τέκνων;
φθείρεσθε τῆσδε, δμῶες, ὡς ἂν ἐκμάθω
εἴ τίς με λύειν τῆσδε κωλύσει χέρας.
ἔπαιρε σαυτήν· ὡς ἐγὼ καίπερ τρέμων
πλεκτὰς ἱμάντων στροφίδας ἐξανήσομαι.
ὧδ', ὦ κάκιστε, τῆσδ' ἐλυμήνω χέρας;
720 βοῦν ἢ λέοντ' ἤλπιζες ἐντείνειν βρόχοις;

ANDROMACHE

Refrain, refrain you—better far were this—
From such wild words, lest both together err.

PELEUS
Ah me, what evil customs hold in Greece!
When hosts rear trophies over vanquished foes,
Men count not this the battle-toiler's work;
Nay, but their captain filcheth the renown:
Amidst ten thousand one, he raised a spear,
Wrought one man's work—no more; yet hath more
    praise.
In proud authority's pomp men sit, and scorn
The city's common folk, though they be naught.   700
Yet are those others wiser a thousandfold,
Had wisdom but audacity for ally.
Even so thou and thy brother sit enthroned,
Puffed up by Troy's fall, and your generalship,
By others' toils and pains exalted high.
But I will teach thee nevermore to count
Paris of Ida foe more stern than Peleus,
Except thou vanish from this roof with speed,
Thou and thy childless daughter, whom my son
By the hair shall grasp and hale her through these
    halls,—   710
The barren heifer, who will not endure
The fruitful, seeing herself hath children none!
What, if her womb from bearing is shut up,
Childless of issue must mine house abide?
Hence from her, thralls! E'en let me see the man
Will let me from unmanacling her wrists!
Uplift thee, that the trembling hands of eld
May now unravel these thongs' twisted knots.
Thus, O thou dastard, hast thou galled her wrists?
Didst think to enmesh a bull or lion here?   720

ἢ μὴ ξίφος λαβοῦσ᾽ ἀμυνάθοιτό σε
ἔδεισας ; ἕρπε δεῦρ᾽ ὑπ᾽ ἀγκάλας, βρέφος,
ξύλλυε δεσμὰ μητρός· ἐν Φθίᾳ σ᾽ ἐγὼ
θρέψω μέγαν τοῖσδ᾽ ἐχθρόν. εἰ δ᾽ ἀπῆν δορὸς
τοῖς Σπαρτιάταις δόξα καὶ μάχης ἀγών,
τἄλλ᾽ ὄντες ἴστε μηδενὸς βελτίονες.

ΧΟΡΟΣ
ἀνειμένον τι χρῆμα πρεσβυτῶν γένος
καὶ δυσφύλακτον ὀξυθυμίας ὕπο.

ΜΕΝΕΛΑΟΣ
ἄγαν προνωπὴς εἰς τὸ λοιδορεῖν φέρει·
730 ἐγὼ δὲ πρὸς βίαν μέν, εἰς Φθίαν μολών,
οὔτ᾽ οὖν τι δράσω φλαῦρον οὔτε πείσομαι.
καὶ νῦν μέν, οὐ γὰρ ἄφθονον σχολὴν ἔχω,
ἄπειμ᾽ ἐς οἴκους· ἔστι γάρ τις οὐ πρόσω
Σπάρτης πόλις τις, ἢ πρὸ τοῦ μὲν ἦν φίλη,
νῦν δ᾽ ἐχθρὰ ποιεῖ· τήνδ᾽ ἐπεξελθεῖν θέλω
στρατηλατήσας χὐποχείριον λαβεῖν.
ὅταν δὲ τἀκεῖ θῶ κατὰ γνώμην ἐμήν,
ἥξω· παρὼν δὲ πρὸς παρόντας ἐμφανῶς
γαμβροὺς διδάξω καὶ διδάξομαι λόγους.
740 κἂν μὲν κολάζῃ τήνδε καὶ τὸ λοιπὸν ἦ
σώφρων καθ᾽ ἡμᾶς, σώφρον᾽ ἀντιλήψεται.
θυμούμενος δὲ τεύξεται θυμουμένων,
ἔργοισι δ᾽ ἔργα διάδοχ᾽ ἀντιλήψεται.
τοὺς σοὺς δὲ μύθους ῥᾳδίως ἐγὼ φέρω·
σκιᾷ γὰρ ἀντίστοιχος ὢν[1] φωνὴν ἔχεις,
ἀδύνατος οὐδὲν ἄλλο πλὴν λέγειν μόνον.

ΠΗΛΕΥΣ
ἡγοῦ τέκνον μοι δεῦρ᾽ ὑπ᾽ ἀγκάλαις σταθείς,

---

[1] Reiske, Hermann, and Dindorf : for MSS. σκιὰ . . . ὡς.

ANDROMACHE

Didst fear lest she should snatch a sword, and chase
Thee hence? Steal hither 'neath mine arms, my
  bairn:
Help loose thy mother's bonds. I'll rear thee yet
In Phthia, their grim foe. If spear-renown
And battle-fame be ta'en from Sparta's sons,
In all else are ye meanest of mankind.

CHORUS

This race of old men may no man restrain,
Nor guard him 'gainst their sudden fiery mood.

MENELAUS

O'erhastily thou rushest into railing.
I came to Phthia not for violent deeds,   730
And will do naught unkingly, nor endure.
Now, seeing that my leisure serveth not,
Home will I go; for not from Sparta far
Some certain town there is, our friend, time was,
But now our foe: against her will I march,
Leading mine host, and bow her 'neath my sway.
Soon as things there be ordered to my mind,
I will return, will meet my marriage-kin
Openly, speak my mind, and hear reply.
And, if he punish her, and be henceforth   740
Temperate, he shall find me temperate too,
But, if he rage, shall meet his match in rage,
Yea, shall find deeds of mine to match his own.
But, for thy words, nothing I reck of them;
Thou art like a creeping shadow, voice thine all,
Impotent to do anything save talk.

[Exit.

PELEUS

Pass on, my child, sheltered beneath mine arms,

471

σύ τ', ὦ τάλαινα· χείματος γὰρ ἀγρίου
τυχοῦσα λιμένας ἦλθες εἰς εὐηνέμους.

ΑΝΔΡΟΜΑΧΗ

750 ὦ πρέσβυ, θεοί σοι δοῖεν εὖ καὶ τοῖσι σοῖς,
σώσαντι παῖδα κἀμὲ τὴν δυσδαίμονα.
ὅρα δὲ μὴ νῷν εἰς ἐρημίαν ὁδοῦ
πτήξαντες οἵδε πρὸς βίαν ἄγωσί με,
γέροντα μὲν σ' ὁρῶντες, ἀσθενῆ δ' ἐμὲ
καὶ παῖδα τόνδε νήπιον· σκόπει τάδε,
μὴ νῦν φυγόντες εἶθ' ἁλῶμεν ὕστερον.

ΠΗΛΕΥΣ

οὐ μὴ γυναικῶν δειλὸν εἰσοίσεις λόγον;
χώρει· τίς ὑμῶν ἅψεται; κλαίων ἄρα
760 ψαύσει. θεῶν γὰρ εἵνεχ' ἱππικοῦ τ' ὄχλου
πολλῶν θ' ὁπλιτῶν ἄρχομεν Φθίαν κάτα·
ἡμεῖς δ' ἔτ' ὀρθοὶ κοὐ γέροντες, ὡς δοκεῖς,
ἀλλ' εἴς γε τοιόνδ' ἄνδρ' ἀποβλέψας μόνον
τροπαῖον αὐτοῦ στήσομαι, πρέσβυς περ ὤν.
πολλῶν νέων γὰρ κἂν γέρων εὔψυχος ᾖ
κρείσσων· τί γὰρ δεῖ δειλὸν ὄντ' εὐσωματεῖν;

ΧΟΡΟΣ

ἢ μὴ γενοίμαν ἢ πατέρων ἀγαθῶν   στρ.
εἴην πολυκτήτων τε δόμων μέτοχος.
770 εἴ τι γὰρ πάσχοι τις ἀμήχανον, ἀλκᾶς
οὐ σπάνις εὐγενέταις,
κηρυσσομένοισι δ' ἀπ' ἐσθλῶν δωμάτων
τιμὰ καὶ κλέος· οὔτοι
λείψανα τῶν ἀγαθῶν
ἀνδρῶν ἀφαιρεῖται χρόνος· ἁ δ' ἀρετὰ
καὶ θανοῦσι λάμπει.

And, hapless, thou. Caught in a raging storm,
Thou hast come into a windless haven's calm.

ANDROMACHE

The gods reward thee, ancient, thee and thine,   750
Who hast saved my son and me the evil-starred!
Yet see to it, lest, where loneliest is the way,
These fall on us, and hale me thence by force,
Marking how thou art old, how I am weak,
This boy a babe : give thou heed unto this,
Lest, though we 'scape now, we be taken yet.

PELEUS

Out on thy words—a woman's faint-heart speech !
Pass on : whose hand shall stay you? At his peril
He toucheth. By heaven's grace o'er hosts of horse-
   men
And countless men-at-arms I rule in Phthia.   760
I am yet unbowed, not old as thou dost think.
Yea, if I flash but a glance on such an one,
Shall I put him to rout, old though I be.
Stronger a stout-heart greybeard is than youths
Many : what boots a coward's burly bulk?

        [*Exeunt* PELEUS, ANDROMACHE, MOLOSSUS,
           and Attendants.

CHORUS

Thou wert better unborn, save of noble fathers (*Str.*)
  Descended, in halls of the rich thou abide.
If the high-born have wrong, for his championing
    gathers   770
      A host that shall strike on his side.
There is honour for them that be published the scions
      Of princely houses : the tide
      Of time never drowneth the story
Of fathers heroic : it flasheth defiance
      To death from its deathless glory.

473

κρεῖσσον δὲ νίκαν μὴ κακόδοξον ἔχειν   ἀντ.
780   ἢ ξὺν φθόνῳ σφάλλειν δυνάμει τε δίκαν.
ἡδὺ μὲν γὰρ αὐτίκα τοῦτο βροτοῖσιν,
ἐν δὲ χρόνῳ τελέθει
ξηρὸν καὶ ὀνείδεσιν ἔγκειται δόμων.
ταύταν ἤνεσα ταύταν
καὶ φέρομαι βιοτάν,
μηδὲν δίκας ἔξω κράτος ἐν θαλάμοις
καὶ πόλει δύνασθαι.

790   ὦ γέρον Αἰακίδα,   ἐπῳδ.
πείθομαι καὶ σὺν Λαπίθαισί σε Κενταύροις
ὁμιλῆσαι δορὶ κλεινοτάτῳ
καὶ ἐπ' Ἀργῴου δορὸς ἄξενον ὑγρὰν
ἐκπερᾶσαι ποντιᾶν Ξυμπληγάδων
κλεινὰν ἐπὶ ναυστολίαν,
Ἰλιάδα τε πόλιν ὅτε πάρος
εὐδόκιμος Διὸς ἶνις
ἀμφέβαλεν φόνῳ,
800   κοινὰν τὰν εὔκλειαν ἔχοντ'
Εὐρώπαν ἀφικέσθαι.

ΤΡΟΦΟΣ
ὦ φίλταται γυναῖκες, ὡς κακὸν κακῶν
διάδοχον ἐν τῇδ' ἡμέρᾳ πορσύνεται.
δέσποινα γὰρ κατ' οἶκον, Ἑρμιόνην λέγω,
πατρός τ' ἐρημωθεῖσα συννοίᾳ θ' ἅμα
οἷον δέδρακεν ἔργον Ἀνδρομάχην κτανεῖν
καὶ παῖδα βουλεύσασα, κατθανεῖν θέλει,
πόσιν τρέμουσα, μὴ ἀντὶ τῶν δεδραμένων
ἐκ τῶνδ' ἀτίμως δωμάτων ἀποσταλῇ,
810   ἢ κατθάνῃ κτείνουσα τοὺς οὐ χρὴ κτανεῖν.
μόλις δέ νιν θέλουσαν ἀρτῆσαι δέρην

But a victory stained—ah, best forgo it,   (*Ant.*)
    If thy triumph must wrest to thy shame the right : 780
Yea, 'tis sweet at the first unto mortals, I know it ;
        But barren in time's long flight
Doth it wax : 'tis as infamy's cloud o'er thy towers.
        Nay, this be my song, the delight
        Of my days, and the prize worth winning,—
That I wield no dominion, in home's bride-bowers,
        Nor o'er men, that I may not unsinning.

        O ancient of Aeacus' line,   (*Epode*) 790
Now know I, when Lapithans dashing on Centaurs
    charged victorious,
        There did thy world-famed war-spear shine,—
        That, on Argo riding the havenless brine,
Thou didst burst through the gates of the Clashing
    Rocks on the sea-quest glorious ;   [past
        And when great Zeus' son in the days over-
        Round Ilium the meshes of slaughter had cast,
As ye sped unto Europe returning, there too was thy
    fame's star burning,   800
        For the half of the glory was thine.

Enter NURSE.

NURSE

O dear my friends, how evil in the steps
Of evil on this day still followeth !
For now my lady Hermione within,
Deserted by her father, conscience-stricken
For that her plotted crime of slaughtering
Andromache and her son, is fain to die,
Dreading her husband, lest for these her deeds
He drive her from yon halls with infamy,
Or slay her, who would fain have slain the guiltless. 810
And scarce, when she essayed to hang herself,

ΑΝΔΡΟΜΑΧΗ

εἴργουσι φύλακες δμῶες ἔκ τε δεξιᾶς
ξίφη καθαρπάζουσιν ἐξαιρούμενοι.
οὕτω μεταλγεῖ καὶ τὰ πρὶν δεδραμένα
ἔγνωκε πράξασ᾽ οὐ καλῶς. ἐγὼ μὲν οὖν
δέσποιναν εἴργουσ᾽ ἀγχόνης κάμνω, φίλαι·
ὑμεῖς δὲ βᾶσαι τῶνδε δωμάτων ἔσω
θανάτου νιν ἐκλύσασθε· τῶν γὰρ ἠθάδων
φίλων νέοι μολόντες εὐπιθέστεροι.

ΧΟΡΟΣ

820 καὶ μὴν ἐν οἴκοις προσπόλων ἀκούομεν
βοὴν ἐφ᾽ οἷσιν ἦλθες ἀγγέλλουσα σύ.
δείξειν δ᾽ ἔοικεν ἡ τάλαιν᾽ ὅσον στένει
πράξασα δεινά· δωμάτων γὰρ ἐκπερᾷ
φεύγουσα χεῖρας προσπόλων πόθῳ θανεῖν.

ΕΡΜΙΟΝΗ

ἰώ μοί μοι·   στρ. α΄
σπάραγμα κόμας ὀνύχων τε δάι᾽ ἀ-
μύγματα θήσομαι.

ΤΡΟΦΟΣ

ὦ παῖ, τί δράσεις ; σῶμα σὸν καταικιεῖ ;

ΕΡΜΙΟΝΗ

αἰαῖ αἰαῖ·   ἀντ. α΄
830 ἔρρ᾽ αἰθέριον πλοκάμων ἐμῶν ἄπο,
λεπτόμιτον φάρος.

ΤΡΟΦΟΣ

τέκνον, κάλυπτε στέρνα, σύνδησαι πέπλους.

ΕΡΜΙΟΝΗ

τί δέ με δεῖ στέρνα καλύπτειν πέπλοις ;   στρ. β΄
δῆλα καὶ ἀμφιφανῆ καὶ ἄκρυπτα
δεδράκαμεν πόσιν.

476

Her watching servants stayed her, from her hand
Catching the sword and wresting it away ;
With such fierce anguish seeth she her sins
Already wrought.   O friends, my strength is spent
Dragging my mistress from the noose of death !
Oh, enter ye yon halls, deliver her
From death : for oft new-comers more prevail
In such an hour than one's familiar friends.

CHORUS

Lo, in the palace hear we servants' cries   820
Touching that thing whereof thou hast made report.
Hapless !—she is like to prove how bitterly
She mourns her crimes : for, fleeing forth the house
Eager to die, she hath 'scaped her servants' hands.

HERMIONE *rushes on to the stage.*

HERMIONE

Woe's me ! with shriek on shriek   *(Str.* 1)
I will make of mine hair a rending, will tear with
    ruining fingers my red-furrowed cheek !

NURSE

Daughter, what wilt thou do ?—wilt mar thy form ?

HERMIONE

Alas, and well-a-day !   *(Ant.* 1)
Hence from mine head, thou gossamer-thread of my
    wimple !—float on the wind away !   830

NURSE

Child, veil thy bosom, gird thy vesture-folds '

HERMIONE

                    (Str. 2)
What have I to do, with my vesture to veil
My bosom, when bared are the crimes I have dared
    against my lord, bared naked to light ?

477

ΑΝΔΡΟΜΑΧΗ

ΤΡΟΦΟΣ

ἀλγεῖς, φόνον ῥάψασα συγγάμῳ σέθεν ;

ΕΡΜΙΟΝΗ

κατὰ μὲν οὖν στένω δαΐας τόλμας, ἃν ἔρεξ'   ἀντ. β
ἃ κατάρατος ἐγὼ κατάρατος
ἀνθρώποις.

ΤΡΟΦΟΣ

840 συγγνώσεταί σοι τήνδ' ἁμαρτίαν πόσις.

ΕΡΜΙΟΝΗ

τί μοι ξίφος ἐκ χερὸς ἠγρεύσω ;
ἀπόδος, ὦ φίλ', ἀπόδος, ἵν' ἀνταίαν
ἐρείσω πλαγάν· τί με βρόχων εἴργεις ;

ΤΡΟΦΟΣ

ἀλλ' εἴ σ' ἀφείην μὴ φρονοῦσαν, ὡς θάνοις ;

ΕΡΜΙΟΝΗ

οἴμοι πότμου.
ποῦ μοι πυρὸς φίλα φλόξ ;
ποῦ δ' εἰς πέτρας ἀερθῶ,
850 ἢ κατὰ πόντον ἢ καθ' ὕλαν ὀρέων,
ἵνα θανοῦσα νερτέροισιν μέλω ;

ΤΡΟΦΟΣ

τί ταῦτα μοχθεῖς ; συμφοραὶ θεήλατοι
πᾶσιν βροτοῖσιν ἢ τότ' ἦλθον ἢ τότε.

ΕΡΜΙΟΝΗ

ἔλιπες ἔλιπες, ὦ πάτερ, ἐπακτίαν
ὡσεὶ μονάδ' ἔρημον οὖσαν ἐνάλου κώπας.
ὀλεῖ ὀλεῖ με· τᾷδ' οὐκέτ' ἐνοικήσω
νυμφιδίῳ στέγᾳ.

478

NURSE

Griev'st thou to have contrived thy rival's death?

HERMIONE

(*Ant.* 2)

O yea, for my murderous daring I wail,
For my fury-burst, O woman accurst!—O woman
    accurst in all men's sight!

NURSE

Thy lord shall yet forgive thee this thy sin.   840

HERMIONE

O why didst thou wrest that sword from mine hand?
Give it back, give it back, dear friend; be the brand
Thrust home!—mine hanging why didst thou with-
    stand?

NURSE

What, should I leave thee thus distraught to die?

HERMIONE

Woe's me for my destiny.
O for the fire!—I would hail it my friend!
O to the height of a scaur to ascend—
To crash through the trees of the mountain, to plunge
    mid the sea,   [me!
To die, that the nethergloom shadows may welcome 850

NURSE

Why fret thyself for this?   Heaven's visitation
Sooner or later cometh on all men.

HERMIONE

Thou hast left me, my father, hast left, as a bark by
    the tide
Left stranded and stripped of the last sea-plashing oar!
He shall slay me, shall slay! 'Neath the roof that
    knew me a bride
        Shall I dwell never more!

ΑΝΔΡΟΜΑΧΗ

860   τίνος ἀγαλμάτων ἱκέτις ὁρμαθῶ,
         ἢ δούλα δούλας γόνασι προσπέσω ;
         Φθιάδος ἐκ γᾶς
         κυανόπτερος ὄρνις εἴθ' εἴην,
         ἢ πευκᾶεν σκάφος, ἃ
         διὰ Κυανέας ἐπέρασεν ἀκτὰς
         πρωτόπλοος πλάτα.

ΤΡΟΦΟΣ

     ὦ παῖ, τὸ λίαν οὔτ' ἐκεῖν' ἐπήνεσα,
     ὅτ' εἰς γυναῖκα Τρῳάδ' ἐξημάρτανες,
     οὔτ' αὖ τὸ νῦν σου δεῖμ' ὃ δειμαίνεις ἄγαν.
870   οὐχ ὧδε κῆδος σὸν διώσεται πόσις
     φαύλοις γυναικὸς βαρβάρου πεισθεὶς λόγοις.
     οὐ γάρ τί σ' αἰχμάλωτον ἐκ Τροίας ἔχει,
     ἀλλ' ἀνδρὸς ἐσθλοῦ παῖδα σὺν πολλοῖς λαβὼν
     ἕδνοισι, πόλεώς τ' οὐ μέσως εὐδαίμονος.
     πατὴρ δέ σ' οὐχ ὧδ' ὡς σὺ δειμαίνεις, τέκνον,
     προδοὺς ἐάσει δωμάτων τῶνδ' ἐκπεσεῖν.
     ἀλλ' εἴσιθ' εἴσω μηδὲ φαντάζου δόμων
     πάροιθε τῶνδε, μή τιν' αἰσχύνην λάβῃς
     πρόσθεν μελάθρων τῶνδ' ὁρωμένη, τέκνον.

ΧΟΡΟΣ

880   καὶ μὴν ὅδ' ἀλλόχρως τις ἔκδημος ξένος
     σπουδῇ πρὸς ἡμᾶς βημάτων πορεύεται.

ΟΡΕΣΤΗΣ

     ξέναι γυναῖκες, ἦ τάδ' ἔστ' Ἀχιλλέως
     παιδὸς μέλαθρα καὶ τυραννικαὶ στέγαι ;

ΧΟΡΟΣ

     ἔγνως· ἀτὰρ τίς ὢν σὺ πυνθάνει τάδε ;

ΟΡΕΣΤΗΣ

     Ἀγαμέμνονός τε καὶ Κλυταιμνήστρας τόκος,
     ὄνομα δ' Ὀρέστης. ἔρχομαι δὲ πρὸς Διὸς

To the feet of what statue of Gods shall the suppliant
  fly ?   [shall I lie ?
Or crouched at the bondwoman's knees like a slave 860
O that from Phthia, a bird dark-winged, I were soaring,
 Or were such as the pine-wrought galley, that flew
The first of the ships of earth her swift course oaring
   Through the Crags Dark-blue !

NURSE

My child, thy frenzy of rage I praised not then
When thou against the Trojan dame didst sin,
Nor praise the frenzy of dread that shakes thee now.
Not thus thy lord will thrust his wife away
By weak words of barbarian woman swayed.   870
In thee he wed no captive torn from Troy,
Nay, but a prince's child, and gat with thee
Rich dowry from a city of golden weal.
Nor will thy father, as thou fearest, child,
Forsake and let thee from these halls be driven.
Nay, pass within ; make not thyself a show
Before this house, lest thou shouldst get thee shame,
Before this palace seen of men, my child.

CHORUS

But lo, an outland stranger, alien-seeming,
With hasty steps to usward journeyeth.   880

Enter ORESTES.

ORESTES

Dames of a foreign land, be these the halls
And royal palace of Achilles' son ?

CHORUS

Thou sayest : but who art thou that askest this ?

ORESTES

Agamemnon's son and Clytemnestra's I,
My name Orestes : to Zeus' oracle

μαντεῖα Δωδωναῖ· ἐπεὶ δ' ἀφικόμην
Φθίαν, δοκεῖ μοι ξυγγενοῦς μαθεῖν περὶ
γυναικός, εἰ ζῇ κεὐτυχοῦσα τυγχάνει
ἡ Σπαρτιᾶτις Ἑρμιόνη· τηλουρὰ γὰρ
890 ναίουσ' ἀφ' ἡμῶν πεδί' ὅμως ἐστὶν φίλη.

ΕΡΜΙΟΝΗ

ὦ ναυτίλοισι χείματος λιμὴν φανεὶς
Ἀγαμέμνονος παῖ, πρός σε τῶνδε γουνάτων,
οἴκτειρον ἡμᾶς ὧν ἐπισκοπεῖς τύχας,
πράσσοντας οὐκ εὖ. στεμμάτων δ' οὐχ ἥσσονας
σοῖς προστίθημι γόνασιν ὠλένας ἐμάς.

ΟΡΕΣΤΗΣ

ἔα·
τί χρῆμα; μῶν ἐσφάλμεθ' ἢ σαφῶς ὁρῶ
δόμων ἄνασσαν τήνδε Μενέλεω κόρην;

ΕΡΜΙΟΝΗ

ἥνπερ μόνην γε Τυνδαρὶς τίκτει γυνὴ
Ἑλένη κατ' οἴκους πατρί· μηδὲν ἀγνόει.

ΟΡΕΣΤΗΣ

900 ὦ Φοῖβ' ἀκέστορ, πημάτων δοίης λύσιν.
τί χρῆμα; πρὸς θεῶν ἢ βροτῶν πάσχεις κακά;

ΕΡΜΙΟΝΗ

τὰ μὲν πρὸς ἡμῶν, τὰ δὲ πρὸς ἀνδρὸς ὅς μ' ἔχει,
τὰ δ' ἐκ θεῶν του· πανταχῇ δ' ὀλώλαμεν.

ΟΡΕΣΤΗΣ

τίς οὖν ἂν εἴη μὴ πεφυκότων γέ πω
παίδων γυναικὶ συμφορὰ πλὴν εἰς λέχος;

ΕΡΜΙΟΝΗ

τοῦτ' αὐτὸ καὶ νοσοῦμεν· εὖ μ' ὑπηγάγου.

ΟΡΕΣΤΗΣ

ἄλλην τίν' εὐνὴν ἀντὶ σοῦ στέργει πόσις;

ANDROMACHE

Bound, at Dodona.   Seeing I am come
To Phthia, good it seems that I inquire
Of my kinswoman, if she lives and thrives,
Hermione of Sparta.   Though she dwell
In a far land from us, she is all as dear.   890

HERMIONE

O haven in a storm by shipmen seen,
Agamemnon's son, by these thy knees I pray,
Pity me of whose lot thou questionest,
Afflicted me!   With arms, as suppliant wreaths
Strong to constrain, I clasp thy very knees.

ORESTES

What ails thee?   Have I erred, or see I clear
Menelaus' daughter here, this household's queen?

HERMIONE

Yea, the one daughter Helen Tyndarus' child
Bare in his halls unto my sire: doubt not.

ORESTES

O Healer Phoebus, grant from woes release!   900
What ails thee?   Art thou wronged of Gods or men?

HERMIONE

Of myself partly, partly of my lord,
In part of some God: ruin is everywhere!

ORESTES

Now what affliction to a childless wife
Could hap, except as touching wedlock-right?

. HERMIONE

That mine affliction is: thou promptest well.

ORESTES

What leman in thy stead doth thy lord love?

ΕΡΜΙΟΝΗ

τὴν αἰχμάλωτον Ἕκτορος ξυνευνέτιν.

ΟΡΕΣΤΗΣ

κακὸν γ᾽ ἔλεξας, ἄνδρα δίσσ᾽ ἔχειν λέχη.

ΕΡΜΙΟΝΗ

910   τοιαῦτα ταῦτα· κᾆτ᾽ ἔγωγ᾽ ἠμυνάμην.

ΟΡΕΣΤΗΣ

μῶν εἰς γυναῖκ᾽ ἔρραψας οἷα δὴ γυνή;

ΕΡΜΙΟΝΗ

φόνον γ᾽ ἐκείνῃ καὶ τέκνῳ νοθαγενεῖ.

ΟΡΕΣΤΗΣ

κἄκτεινας, ἤ τις συμφορά σ᾽ ἀφείλετο;

ΕΡΜΙΟΝΗ

γέρων γε Πηλεύς, τοὺς κακίονας σέβων.

ΟΡΕΣΤΗΣ

σοὶ δ᾽ ἦν τις ὅστις τοῦδ᾽ ἐκοινώνει φόνου;

ΕΡΜΙΟΝΗ

πατήρ γ᾽ ἐπ᾽ αὐτὸ τοῦτ᾽ ἀπὸ Σπάρτης μολών.

ΟΡΕΣΤΗΣ

κἄπειτα τοῦ γέροντος ἡσσήθη χερί;

ΕΡΜΙΟΝΗ

αἰδοῖ γε· καί μ᾽ ἔρημον οἴχεται λιπών.

ΟΡΕΣΤΗΣ

συνῆκα· ταρβεῖς τοῖς δεδραμένοις πόσιν.

ΕΡΜΙΟΝΗ

920   ἔγνως· ὀλεῖ γάρ μ᾽ ἐνδίκως. τί δεῖ λέγειν;
ἀλλ᾽ ἄντομαί σε Δία καλοῦσ᾽ ὁμόγνιον,
πέμψον με χώρας τῆσδ᾽ ὅποι προσωτάτω
ἢ πρὸς πατρῷον μέλαθρον· ὡς δοκοῦσί γε
δόμοι τ᾽ ἐλαύνειν φθέγμ᾽ ἔχοντες οἵδε με,
μισεῖ τε γαῖα Φθιάς· εἰ δ᾽ ἥξει πάρος

ANDROMACHE

HERMIONE

The captive woman that was Hector's wife.

ORESTES

An ill tale, that a man should have two wives!

HERMIONE

Even so it was, and I against it fought.   910

ORESTES

Didst thou for her devise a woman's vengeance?

HERMIONE

Ay, death for her and for her base-born child.

ORESTES

And slewest them?—or some mischance hath foiled
    thee?

HERMIONE

Old Peleus, championing the baser cause.

ORESTES

Did none in this blood-shedding take thy part?

HERMIONE

My father came from Sparta even for this.

ORESTES

How?—overmastered by the old man's hand?

HERMIONE

Nay, but by reverence;—and forsakes me now.

ORESTES

I see it: for thy deeds thou fear'st thy lord.

HERMIONE

Death is within his right.   What can I plead?   920
But I beseech thee by our Kin-god Zeus,
Help me from this land far as I may flee,
Or to my father's home.   These very halls
Seem now to have a voice to hoot me forth:
The land of Phthia hates me.   If my lord

Φοίβου λιπὼν μαντεῖον εἰς δόμους πόσις,
κτενεῖ μ' ἐπ' αἰσχίστοισιν, ἢ δουλεύσομεν
νόθοισι λέκτροις ὧν ἐδέσποζον πρὸ τοῦ.
πῶς οὖν τάδ', ὡς εἴποι τις, ἐξημάρτανες;
930 κακῶν γυναικῶν εἴσοδοί μ' ἀπώλεσαν,
αἵ μοι λέγουσαι τόνδ' ἐχαύνωσαν λόγους·
σὺ τὴν κακίστην αἰχμάλωτον ἐν δόμοις
δούλην ἀνέξει σοὶ λέχους κοινουμένην;
μὰ τὴν ἄνασσαν, οὐκ ἂν ἔν γ' ἐμοῖς δόμοις
βλέπουσ' ἂν αὐγὰς τἄμ' ἐκαρποῦτ' ἂν λέχη.
κἀγὼ κλύουσα τούσδε Σειρήνων λόγους
σοφῶν, πανούργων, ποικίλων λαλημάτων,
ἐξηνεμώθην μωρίᾳ. τί γάρ μ' ἐχρῆν
πόσιν φυλάσσειν, ᾗ παρῆν ὅσων ἔδει;
940 πολὺς μὲν ὄλβος, δωμάτων δ' ἠνάσσομεν,
παῖδας δ' ἐγὼ μὲν γνησίους ἔτικτον ἄν,
ἡ δ' ἡμιδούλους τοῖς ἐμοῖς νοθαγενεῖς.
ἀλλ' οὔποτ' οὔποτ', οὐ γὰρ εἰσάπαξ ἐρῶ,
χρὴ τούς γε νοῦν ἔχοντας οἷς ἔστιν γυνή,
πρὸς τὴν ἐν οἴκοις ἄλοχον εἰσφοιτᾶν ἐᾶν
γυναῖκας· αὗται γὰρ διδάσκαλοι κακῶν·
ἡ μέν τι κερδαίνουσα συμφθείρει λέχος,
ἡ δ' ἀμπλακοῦσα συννοσεῖν αὑτῇ θέλει,
πολλαὶ δὲ μαργότητι· κἀντεῦθεν δόμοι
950 νοσοῦσιν ἀνδρῶν. πρὸς τάδ' εὖ φυλάσσετε
κλῄθροισι καὶ μοχλοῖσι δωμάτων πύλας·
ὑγιὲς γὰρ οὐδὲν αἱ θύραθεν εἴσοδοι
δρῶσιν γυναικῶν, ἀλλὰ πολλὰ καὶ κακά.

ΧΟΡΟΣ
ἄγαν ἐφῆκας γλῶσσαν εἰς τὸ σύμφυτον.
συγγνωστὰ μέν νυν σοὶ τάδ', ἀλλ' ὅμως χρεὼν
κοσμεῖν γυναῖκας τὰς γυναικείας νόσους.

ANDROMACHE

Come home from Phoebus' oracle ere my flight,
On shamefullest charge I die, or shall be thrall
Unto his paramour, till now my slave.
" How then," shall one ask, " cam'st thou so to err ? "
'Twas pestilent women sought to me, and ruined, 930
Which spake and puffed me up with words like
    these :
" Thou, wilt thou suffer yon base captive thrall
Within thine halls to share thy bridal couch ?
By Heaven's Queen, were it in mine halls, she should
    not
See light and reap the harvest of my bed ! "
And I gave ear unto these sirens' words,
These crafty, knavish, subtle gossip-mongers,
And swelled with wind of folly.   Why behoved
To spy upon my lord ?   I had all my need,—
Great riches ; in his palace was I queen ; 940
The children I might bear should be true-born ;
But hers, the bastards, half-thrall unto mine.
But never, never—yea, twice o'er I say it,—
Ought men of wisdom, such as have a wife,
Suffer that women visit in their halls
The wife : they are teachers of iniquity.
One, for her own ends, beckons on to sin ;
One, that hath fallen, craves fellowship in shame ;
And of sheer wantonness many tempt.   And so
Men's homes are poisoned   Therefore guard ye well 950
With bolts and bars the portals of your halls ;
For nothing wholesome comes when enter in
Strange women, nay, but mischief manifold.

CHORUS

Thou hast loosed a reinless tongue against thy sisters.
In thee might one forgive it ; yet behoves
Woman with woman's frailty gently deal.

487

ΑΝΔΡΟΜΑΧΗ

σοφόν τι χρῆμα τοῦ διδάξαντος βροτοὺς
λόγους ἀκούειν τῶν ἐναντίων πάρα.
ἐγὼ γὰρ εἰδὼς τῶνδε σύγχυσιν δόμων
960 ἔριν τε τὴν-σὴν καὶ γυναικὸς Ἕκτορος,
φυλακὰς ἔχων ἔμιμνον, εἴτ᾽ αὐτοῦ μενεῖς
εἴτ᾽ ἐκφοβηθεῖσ᾽ αἰχμαλωτίδος φόβῳ
γυναικὸς οἴκων τῶνδ᾽ ἀπηλλάχθαι θέλεις.

ἦλθον δὲ σὰς μὲν οὐ σέβων ἐπιστολάς,
εἰ δ᾽ ἐνδιδοίης, ὥσπερ ἐνδίδως, λόγον,
πέμψων σ᾽ ἀπ᾽ οἴκων τῶνδ᾽. ἐμὴ γὰρ οὖσα πρὶν
σὺν τῷδε ναίεις ἀνδρὶ σοῦ πατρὸς κάκῃ,
ὃς πρὶν τὰ Τροίας εἰσβαλεῖν ὁρίσματα
γυναῖκ᾽ ἐμοί σε δοὺς ὑπέσχεθ᾽ ὕστερον
970 τῷ νῦν σ᾽ ἔχοντι, Τρῳάδ᾽ εἰ πέρσοι πόλιν.
ἐπεὶ δ᾽ Ἀχιλλέως δεῦρ᾽ ἐνόστησεν γόνος,
σῷ μὲν συνέγνων πατρί, τὸν δ᾽ ἐλισσόμην
γάμους ἀφεῖναι σούς, ἐμὰς λέγων τύχας
καὶ τὸν παρόντα δαίμον᾽, ὡς φίλων μὲν ἂν
γήμαιμ᾽ ἀπ᾽ ἀνδρῶν, ἔκτοθεν δ᾽ οὐ ῥᾳδίως,
φεύγων ἀπ᾽ οἴκων ἃς ἐγὼ φεύγω φυγάς.
ὁ δ᾽ ἦν ὑβριστὴς εἴς τ᾽ ἐμῆς μητρὸς φόνον
τάς θ᾽ αἱματωποὺς θεὰς ὀνειδίζων ἐμοί.

κἀγὼ ταπεινὸς ὢν τύχαις ταῖς οἴκοθεν
980 ἤλγουν μὲν ἤλγουν, ξυμφορὰς δ᾽ ἠνειχόμην,
σῶν δὲ στερηθεὶς ᾠχόμην ἄκων γάμων.
νῦν οὖν ἐπειδὴ περιπετεῖς ἔχεις τύχας
καὶ ξυμφορὰν τήνδ᾽ εἰσπεσοῦσ᾽ ἀμηχανεῖς,
ἄξω σ᾽ ἀπ᾽ οἴκων καὶ πατρὸς δώσω χερί.
τὸ συγγενὲς γὰρ δεινόν, ἔν τε τοῖς κακοῖς
οὐκ ἔστιν οὐδὲν κρεῖσσον οἰκείου φίλου.

ORESTES

Wise was the rede of him who taught that men
Should hear the reasonings of the other side.
I, knowing what confusions vexed this house,
And of the feud 'twixt thee and Hector's wife   960
Kept watch and waited, whether thou wouldst stay
Here, or, dismayed with dread of that spear-thrall,
Out of these halls were minded to avoid.

I came, not by thy message drawn so much,
As from this house to help thee, shouldst thou grant
     me
Speech of thee, as thou dost.   Mine wast thou once,
But liv'st with this man through thy father's
     baseness,
Who, ere he marched unto the coasts of Troy,
Betrothed thee mine, thereafter promised thee
To him that hath thee now, if he smote Troy.   970
Soon as to Greece returned Achilles' son,
Thy father I forgave : thy lord I prayed
To set thee free.   I pleaded mine hard lot,
The fate so haunting me, that I might wed
From friends indeed, but scarce of stranger folk,
Banished as I am banished from mine home.
Then he with insolent scorn cast in my teeth
My mother's blood, the gory-visaged fiends.

And I—my pride fell with mine house's fortunes—
Was heart-wrung, heart-wrung, yet endured my lot,   980
And loth departed, of thy love bereft.
But, now thy fortune's dice have fallen awry,
And in affliction plunged dost thou despair,
Hence will I lead and give thee to thy sire ;
For mighty is kinship, and in evil days
There is naught better than the bond of blood.

489

ΑΝΔΡΟΜΑΧΗ

ΕΡΜΙΟΝΗ

νυμφευμάτων μὲν τῶν ἐμῶν πατὴρ ἐμὸς
μέριμναν ἕξει, κοὐκ ἐμὸν κρίνειν τόδε.
ἀλλ' ὡς τάχιστα τῶνδέ μ' ἔκπεμψον δόμων,
990 μὴ φθῇ με προσβὰς δῶμα καὶ μολὼν πόσις,
ἢ παιδὸς οἴκους μ' ἐξερημοῦσαν μαθὼν
Πηλεὺς μετέλθῃ πωλικοῖς διώγμασιν.

ΟΡΕΣΤΗΣ

θάρσει γέροντος χεῖρα· τὸν δ' Ἀχιλλέως
μηδὲν φοβηθῇς παῖδ', ὅσ' εἰς ἔμ' ὕβρισε.
τοία γὰρ αὐτῷ μηχανὴ πεπλεγμένη
βρόχοις ἀκινήτοισιν ἕστηκεν φόνου
πρὸς τῆσδε χειρός· ἣν πάρος μὲν οὐκ ἐρῶ,
τελουμένων δὲ Δελφὶς εἴσεται πέτρα.
ὁ μητροφόντης δ', ἢν δορυξένων ἐμῶν
1000 μείνωσιν ὅρκοι Πυθικὴν ἀνὰ χθόνα,
δείξει γαμεῖν σε μηδέν', ἣν[1] ἐχρῆν ἐμέ.
πικρῶς δὲ πατρὸς φόνιον αἰτήσει δίκην
ἄνακτα Φοῖβον· οὐδέ νιν μετάστασις
γνώμης ὀνήσει θεῷ διδόντα νῦν δίκας,
ἀλλ' ἔκ τ' ἐκείνου διαβολαῖς τε ταῖς ἐμαῖς
κακῶς ὀλεῖται· γνώσεται δ' ἔχθραν ἐμήν.
ἐχθρῶν γὰρ ἀνδρῶν μοῖραν εἰς ἀναστροφὴν
δαίμων δίδωσι κοὐκ ἐᾷ φρονεῖν μέγα.

ΧΟΡΟΣ

ὦ Φοῖβε πυργώσας   στρ. α
1010 τὸν ἐν Ἰλίῳ εὐτειχῆ πάγον,
καὶ πόντιε κυανέαις
ἵπποις διφρεύων ἅλιον πέλαγος,
τίνος εἵνεκ' ἄτιμον ὀργά-
ναν χέρα τεκτοσύνας Ἐ-

---

[1] Paley: for MSS. σφε μηδέν' ὧν.

ANDROMACHE

My marriage—'tis my father shall take thought
Thereof: herein decision is not mine.
But help thou me with all speed forth this house,
Lest my lord coming home prevent me yet,   990
Or Peleus learn my flight from his son's halls,
And follow in our track with chasing steeds.

ORESTES

Fear not the greybeard's hand: yea, nowise fear
Achilles' son: his insolence-cup is full;
Such toils of doom by this hand woven for him
With murder-meshes round him steadfast-staked
Are drawn: thereof I speak not ere the time;
But, when I strike, the Delphian rock shall know.
This mother-murderer—if the oaths be kept
Of spear-confederates in the Delphian land—   1000
Shall prove none else shall wed thee, mine of right.
To his sorrow shall he ask redress of Phoebus
For a sire's blood! Nor shall repentance now
Avail him, who would make the God amends.
By that God's wrath, and slanders sown of me,
Die shall he foully, and shall know mine hate:
For the God turns the fortune of his foes
To overthrow, nor suffereth their high thoughts.

                    [*Exeunt* ORESTES *and* HERMIONE.

CHORUS

O Phoebus, who gavest to Ilium a glory   (*Str.* 1)
   Of diadem-towers on her heights,—and O Master 1010
Of Sea-depths, whose grey-gleaming steeds o'er the
       hoary
   Surf-ridges speed,—to the War-god, the Waster
   With spears, for what cause for a spoil did ye cast
       her,

νυαλίῳ δοριμήστορι προσθέντες τάλαιναν
τάλαιναν μεθεῖτε Τροίαν ;

πλείστους δ᾽ ἐπ᾽ ἀκταῖσιν   ἀντ. α
Σιμοεντίσιν εὐίππους ὄχους
1020 ἐζεύξατε καὶ φονίους
ἀνδρῶν ἁμίλλας ἔθετ᾽ ἀστεφάνους·
ἀπὸ δὲ φθίμενοι βεβᾶσιν
Ἰλιάδαι βασιλῆες,
οὐδ᾽ ἔτι πῦρ ἐπιβώμιον ἐν Τροίᾳ θεοῖσιν
λέλαμπεν καπνῷ θυώδει.

βέβακε δ᾽ Ἀτρείδας ἀλόχου παλάμαις·   στρ. β´
αὐτά τ᾽ ἐναλλάξασα φόνον θανάτῳ
1030 πρὸς τέκνων ἀπηύρα·
θεοῦ θεοῦ νιν κέλευσμ᾽ ἐπεστράφη
μαντόσυνον, ὅτε νιν Ἀργόθεν πορευθεὶς
Ἀγαμεμνόνιος κέλωρ
ἀδύτων ἐπιβὰς κτάνεν ματρὸς φονεύς·
ὦ δαῖμον, ὦ Φοῖβε, πῶς πείθομαι ;

πολλαὶ δ᾽ ἀν᾽ Ἑλλάνων ἀγόρους στοναχὰς   ἀντ. β´
μέλποντο δυστάνων τεκέων, ἄλοχοι δ᾽
1040 ἐξέλειπον οἴκους
πρὸς ἄλλον εὐνάτορ᾽. οὐχὶ σοὶ μόνᾳ
δύσφρονες ἐπέπεσον, οὐ φίλοισι, λῦπαι·
νόσον Ἑλλὰς ἔτλα, νόσον·

Whom your own hands had fashioned, dishonoured to
    lie
In wretchedness, wretchedness—her that was Troy?

(Ant. 1)

And by Simoïs ye yoked to the chariots fleet horses
    Unnumbered, in races of blood which contended,
Whose lords for no wreaths ran their terrible courses,   1020
    Where the princes of Ilium to Hades descended,
    Where upstreameth no more with the altar-flames
      blended
The odour of incense to dream through the sky
Round the feet of Immortals—from her that was Troy!

(Str. 2)

And Atreides hath passed; for on him lighted slaughter
At the hands of a wife : and with murder she bought
    her
    Death, at the hands of her child to receive it :
For a God's, O a God's hest levin-wise glared   1030
Bodings of death on her, doomings declared
In the hour Agamemnon's son forth fared
To his temple from Argos; then thundered it o'er him;
And he slew her, he murdered the mother that bore
    him !
    God, Phoebus !—ah must I, ah must I believe it ?

(Ant. 2)

And wherever the Hellenes were gathered was
    mourning
Of wives for their lost ones, the sons unreturning,
    And of brides from their bowers of espousal
      departing   1040
To another lord's couch :—O, not only on thee
Down swooping fell anguish of misery,
Nor alone on thy loved ones; but Hellas must be

493

διέβα δὲ Φρυγῶν πρὸς εὐκάρπους γύας
σκηπτὸς σταλάσσων τὸν "Αιδα φόνον.

ΠΗΛΕΥΣ

Φθιώτιδες γυναῖκες, ἱστοροῦντί μοι
σημήνατ'· ἠσθόμην γὰρ οὐ σαφῆ λόγον
ὡς δώματ' ἐκλιποῦσα Μενέλεω κόρη
1050　φρούδη τάδ'· ἥκω δ' ἐκμαθεῖν σπουδὴν ἔχων
εἰ ταῦτ' ἀληθῆ· τῶν γὰρ ἐκδήμων φίλων
δεῖ τοὺς κατ' οἶκον ὄντας ἐκπονεῖν τύχας.

ΧΟΡΟΣ

Πηλεῦ, σαφῶς ἤκουσας· οὐδ' ἐμοὶ καλὸν
κρύπτειν ἐν οἶσπερ οὖσα τυγχάνω κακοῖς.
βασίλεια γὰρ τῶνδ' οἴχεται φυγὰς δόμων.

ΠΗΛΕΥΣ

τίνος φόβου τυχοῦσα; διαπέραινέ μοι.

ΧΟΡΟΣ

πόσιν τρέμουσα, μὴ δόμων νιν ἐκβάλῃ.

ΠΗΛΕΥΣ

μῶν ἀντὶ παιδὸς θανασίμων βουλευμάτων;

ΧΟΡΟΣ

ναί, καὶ γυναικὸς αἰχμαλωτίδος φόβῳ.

ΠΗΛΕΥΣ

1060　σὺν πατρὶ δ' οἴκους ἢ τίνος λείπει μέτα;

ΧΟΡΟΣ

'Αγαμέμνονός νιν παῖς βέβηκ' ἄγων χθονός.

ΠΗΛΕΥΣ

ποίαν περαίνων ἐλπίδ'; ἢ γῆμαι θέλων;

ΧΟΡΟΣ

καὶ σοῦ γε παιδὸς παιδὶ πορσύνων μόρον.

Bowed 'neath the plague, 'neath the plague; and on-
   sweeping   [dripping,
Like a cloud whence the death-rain of Hades was
   Passed the scourge, o'er the Phrygians' fair harvest-
        fields darting.

Enter PELEUS, *attended.*

PELEUS

Women of Phthia, unto that I ask
Make answer, for a rumour have I heard
That Menelaus' child hath left these halls
And fled away.   In haste I come to learn   1050
If this be sooth ; for we which bide at home
Should bear the burdens of our absent friends.

CHORUS

Peleus, truth hast thou heard : 'twere for my shame
To hide the ills wherein my lot is cast.
O yea, the queen is gone—fled from these halls.

PELEUS

With what fear stricken ? Tell me all the tale.

CHORUS

Dreading her lord, lest forth the home he cast her.

PELEUS

For that her murder-plot against his son ?

CHORUS

Yea : of the captive dame adread withal.

PELEUS

Forth with her father went she, or with whom ?   1060

CHORUS

Agamemnon's son hath led her from the land.

PELEUS

Yea ?—furthering what hope ? Would he wed her ?

CHORUS

Yea : and for thy son's son he plotteth death.

495

ΑΝΔΡΟΜΑΧΗ

ΠΗΛΕΥΣ

κρυπτὸς καταστὰς ἢ κατ' ὄμμ' ἐλθὼν μάχῃ;

ΧΟΡΟΣ

ἁγνοῖς ἐν ἱεροῖς Λοξίου Δελφῶν μέτα.

ΠΗΛΕΥΣ

οἴμοι · τόδ' ἤδη δεινόν. οὐχ ὅσον τάχος
χωρήσεταί τις Πυθικὴν πρὸς ἑστίαν
καὶ τἀνθάδ' ὄντα τοῖς ἐκεῖ λέξει φίλοις
πρὶν παῖδ' Ἀχιλλέως κατθανεῖν ἐχθρῶν ὕπο;

ΑΓΓΕΛΟΣ

1070 ὤμοι μοι ·
οἵας ὁ τλήμων ἀγγελῶν ἥκω τύχας
σοί τ', ὦ γεραιέ, καὶ φίλοισι δεσπότου.

ΠΗΛΕΥΣ

αἰαῖ · πρόμαντις θυμὸς ὥς τι προσδοκᾷ.

ΑΓΓΕΛΟΣ

οὐχ ἔστι σοι παῖς παιδός, ὡς μάθῃς, γέρον
Πηλεῦ · τοιάσδε φασγάνων πληγὰς ἔχει
Δελφῶν ὑπ' ἀνδρῶν καὶ Μυκηναίου ξένου.

ΧΟΡΟΣ

ἆ ἆ, τί δράσεις, ὦ γεραιέ ; μὴ πέσῃς ·
ἔπαιρε σαυτόν.

ΠΗΛΕΥΣ

οὐδέν εἰμ' · ἀπωλόμην.
φρούδη μὲν αὐδή, φροῦδα δ' ἄρθρα μου κάτω.

ΑΓΓΕΛΟΣ

ἄκουσον, εἰ καὶ σοῖς φίλοις ἀμυναθεῖν
1080 χρῄζεις, τὸ πραχθέν, σὸν κατορθώσας δέμας.

ΠΗΛΕΥΣ

ὦ μοῖρα, γήρως ἐσχάτοις πρὸς τέρμασιν
οἵα με τὸν δύστηνον ἀμφιβᾶσ' ἔχεις.

ANDROMACHE

PELEUS

Lying in wait, or face to face in fight?

CHORUS

With Delphians, in Loxias' holy place.

PELEUS

Ah me! grim peril this! Away with speed
Let one depart unto the Pythian hearth,
And to our friends there tell the deeds here done,
Or ever Achilles' son be slain of foes.

Enter MESSENGER.

MESSENGER

Woe's me, woe's me!
Bearing what tidings of mischance to thee,   1070
Ancient, and all that love my lord, I come!

PELEUS

O my prophetic soul, what ill it bodes!

MESSENGER

Thy son's son, ancient Peleus, is no more,
Such dagger-thrusts hath he received of men
Of Delphi, and that stranger of Mycenae.

CHORUS

Ah, what wilt do, O ancient?—fall not thou!
Uplift thee!

PELEUS

I am naught: it is my death.
Faileth my voice, my limbs beneath me fail.

MESSENGER

Hearken, if thou wouldst also avenge thy friends.
Upraise thy body, hear what deed was done.   1080

PELEUS

O Fate, how hast thou compassed me about,
The hapless, upon eld's extremest verge!

497

πῶς δ' οἴχεταί μοι παῖς μόνου παιδὸς μόνος;
σήμαιν'· ἀκοῦσαι δ' οὐκ ἀκούσθ' ὅμως θέλω.

ΑΓΓΕΛΟΣ

ἐπεὶ τὸ κλεινὸν ἤλθομεν Φοίβου πέδον,
τρεῖς μὲν φαεννὰς ἡλίου διεξόδους
θέα διδόντες ὄμματ' ἐξεπίμπλαμεν.
καὶ τοῦθ' ὕποπτον ἦν ἄρ'· εἰς δὲ συστάσεις
κύκλους τ' ἐχώρει λαὸς οἰκήτωρ θεοῦ.
Ἀγαμέμνονος δὲ παῖς διαστείχων πόλιν
εἰς οὓς ἑκάστῳ δυσμενεῖς ηὔδα λόγους·
ὁρᾶτε τοῦτον, ὃς διαστείχει θεοῦ
χρυσοῦ γέμοντα γύαλα, θησαυροὺς βροτῶν,
τὸ δεύτερον παρόντ' ἐφ' οἷσι καὶ πάρος
δεῦρ' ἦλθε Φοίβου ναὸν ἐκπέρσαι θέλων;
κἀκ τοῦδ' ἐχώρει ῥόθιον ἐν πόλει κακόν,
ἀρχαί τ' ἐπληροῦντ' εἴς τε βουλευτήρια
ἰδίᾳ θ' ὅσοι θεοῦ χρημάτων ἐφέστασαν
φρουρὰν ἐτάξαντ' ἐν περιστύλοις δόμοις.
ἡμεῖς δὲ μῆλα, φυλλάδος Παρνασίας
παιδεύματ', οὐδὲν τῶνδέ πω πεπυσμένοι,
λαβόντες ἦμεν ἐσχάραις τ' ἐφέσταμεν
σὺν προξένοισι μάντεσίν τε Πυθικοῖς.
καί τις τόδ' εἶπεν· ὦ νεανία, τί σοι
θεῷ κατευξώμεσθα; τίνος ἥκεις χάριν;
ὁ δ' εἶπε· Φοίβῳ τῆς πάροιθ' ἁμαρτίας
δίκας παρασχεῖν βουλόμεσθ'· ᾔτησα γὰρ
πατρός ποτ' αὐτὸν αἵματος δοῦναι δίκην.
κἀνταῦθ' Ὀρέστου μῦθος ἰσχύων μέγα
ἐφαίνεθ', ὡς ψεύδοιτο δεσπότης ἐμὸς
ἥκων ἐπ' αἰσχροῖς. ἔρχεται δ' ἀνακτόρων
κρηπῖδος ἐντός, ὡς πάρος χρηστηρίων
εὔξαιτο Φοίβῳ, τυγχάνει δ' ἐν ἐμπύροις·

How perished he, my one son's only son?
Tell: though it blast mine ears, fain would I hear.

MESSENGER

When unto Phoebus' world-famed land we came,
Three radiant courses of the sun we gave
To gazing, and with beauty filled our eyes.
This bred mistrust: the folk in the God's close
That dwelt, drew into knots and muttering rings,
While Agamemnon's son passed through the town,   1090
And whispered deadly hints in each man's ear:—
"See ye yon man who prowls the God's shrines
    through,
Shrines full of gold, the nations' treasuries,
Who on the selfsame mission comes again
As erst he came, to rifle Phoebus' shrine?"
Therefrom ill rumour surged the city through:
Their magistrates the halls of council thronged;
And the God's treasure-warders, of their part,
Set guards along the temple colonnades.
But we, yet knowing nought of this, took sheep,   1100
The nurslings of the glades Parnassian,
And went and stood beside the holy hearths
With public-hosts and Pythian oracle-seers.
And one spake thus: "Prince, what request for thee
Shall we make to the God? For what com'st
    thou?"
"To Phoebus," said he, "would I make amends
For my past sin: for I required of him
Once satisfaction for my father's blood."
Then was Orestes' slander proved of might
In the hoarse murmur from the throng, "He lies!   1110
He hath come for felony!" On he passed, within
The temple-fence, before the oracle
To pray, and was in act to sacrifice:—

499

τῷ δὲ ξιφήρης ἆρ᾽ ὑφειστήκει λόχος
δάφνῃ σκιασθείς· ὧν Κλυταιμνήστρας τόκος
εἷς ἦν ἁπάντων τῶνδε μηχανορράφος.
χὠ μὲν κατ᾽ ὄμμα στὰς προσεύχεται θεῷ·
οἱ δ᾽ ὀξυθήκτοις φασγάνοις ὡπλισμένοι
κεντοῦσ᾽ ἀτευχῆ παῖδ᾽ Ἀχιλλέως λάθρα.
1120 χωρεῖ δὲ πρύμναν· οὐ γὰρ εἰς καιρὸν τυπεὶς
ἐτύγχαν᾽, ἐξέλκει δέ, καὶ παραστάδος
κρεμαστὰ τεύχη πασσάλων καθαρπάσας
ἔστη ᾽πὶ βωμοῦ γοργὸς ὁπλίτης ἰδεῖν,
βοᾷ δὲ Δελφῶν παῖδας ἱστορῶν τάδε·
τίνος μ᾽ ἕκατι κτείνετ᾽ εὐσεβεῖς ὁδοὺς
ἥκοντα; ποίας ὄλλυμαι πρὸς αἰτίας;
τῶν δ᾽ οὐδὲν οὐδεὶς μυρίων ὄντων πέλας
ἐφθέγξατ᾽, ἀλλ᾽ ἔβαλλον ἐκ χειρῶν πέτροις.
πυκνῇ δὲ νιφάδι πάντοθεν σποδούμενος
1130 προύτεινε τεύχη κἀφυλάσσετ᾽ ἐμβολὰς
ἐκεῖσε κἀκεῖσ᾽ ἀσπίδ᾽ ἐκτείνων χερί.
ἀλλ᾽ οὐδὲν ἦνεν· ἀλλὰ πόλλ᾽ ὁμοῦ βέλη,
οἰστοί, μεσάγκυλ᾽ ἔκλυτοί τ᾽ ἀμφώβολοι,
σφαγῆς ἐχώρουν βουπόροι ποδῶν πάρος·
δεινὰς δ᾽ ἂν εἶδες πυρρίχας φρουρουμένου
βέλεμνα παιδός. ὡς δέ νιν περισταδὸν
κύκλῳ κατεῖχον οὐ διδόντες ἀμπνοάς,
βωμοῦ κενώσας δεξίμηλον ἐσχάραν,
τὸ Τρωικὸν πήδημα πηδήσας ποδοῖν
1140 χωρεῖ πρὸς αὐτούς· οἱ δ᾽ ὅπως πελειάδες
ἱέρακ᾽ ἰδοῦσαι πρὸς φυγὴν ἐνώτισαν.
πολλοὶ δ᾽ ἔπιπτον μιγάδες ἔκ τε τραυμάτων
αὐτοί θ᾽ ὑφ᾽ αὑτῶν στενοπόρους κατ᾽ ἐξόδους,
κραυγὴ δ᾽ ἐν εὐφήμοισι δύσφημος δόμοις
πέτραισιν ἀντέκλαγξ· ἐν εὐδίᾳ δέ πως

Then rose with swords from ambush screened by bays
A troop against him : Clytemnestra's son
Was of them, weaver of this treason-web.
Full in view standing, still to the God he prayed,—
When lo, with swords keen-whetted unawares
They stab Achilles' son, a man unarmed !
Back drew he, stricken, yet not mortally ;   1120
He drew his sword, and, snatching helm and shield
Upon a column's nails uphung, he stood
On the altar-steps, a warrior grim to see ;
And cried to Delphi's sons, and this he asked :
" Why would ye slay me, who on holy mission
Have come ?—on what charge am I doomed to die ? "
But of the multitude that surged around
None answered word, but ever their hands hurled
    stones.

Then, by that hail-storm battered from all sides,
With shield outstretched he warded him therefrom,   1130
To this, to that side turning still the targe ;
But naught availed, for in one storm the darts,
The arrows, javelins, twy-point spits outlaunched,
And slaughter-knives, came hurtling to his feet.
Dread war-dance hadst thou seen of thy son's son
From darts swift-swerving ! Now they hemmed him
    round
On all sides, giving him no breathing space.
Then from the altar's hearth of sacrifice
Leaping with that leap which the Trojans knew,
He dashed upon them.   They, like doves that spy   1140
The hawk high-wheeling, turned their backs in flight.
Many in mingled turmoil fell, by wounds,
Or trampled of others in strait corridors.
Unhallowed· clamour broke the temple hush,
And far cliffs echoed.   As in a calm mid storm,

ἔστη φαεννοῖς δεσπότης στίλβων ὅπλοις,
πρὶν δή τις ἀδύτων ἐκ μέσων ἐφθέγξατο
δεινόν τε καὶ φρικῶδες, ὦρσε δὲ στρατὸν
στρέψας πρὸς ἀλκήν. ἔνθ᾽ Ἀχιλλέως πίτνει
1150 παῖς ὀξυθήκτῳ πλευρὰ φασγάνῳ τυπεὶς
Δελφοῦ πρὸς ἀνδρός, ὅσπερ αὐτὸν ὤλεσε
πολλῶν μετ᾽ ἄλλων· ὡς δὲ πρὸς γαῖαν πίτνει,
τίς οὐ σίδηρον προσφέρει, τίς οὐ πέτρον,
βάλλων ἀράσσων; πᾶν δ᾽ ἀνάλωται δέμας
τὸ καλλίμορφον τραυμάτων ὑπ᾽ ἀγρίων.
νεκρὸν δὲ δή νιν κείμενον βωμοῦ πέλας
ἐξέβαλον ἐκτὸς θυοδόκων ἀνακτόρων.
ἡμεῖς δ᾽ ἀναρπάσαντες ὡς τάχος χεροῖν
κομίζομέν νιν σοὶ κατοιμῶξαι γόοις
1160 κλαῦσαί τε, πρέσβυ, γῆς τε κοσμῆσαι τάφῳ.
τοιαῦθ᾽ ὁ τοῖς ἄλλοισι θεσπίζων ἄναξ,
ὁ τῶν δικαίων πᾶσιν ἀνθρώποις κριτής,
δίκας διδόντα παῖδ᾽ ἔδρασ᾽ Ἀχιλλέως.
ἐμνημόνευσε δ᾽ ὥσπερ ἄνθρωπος κακὸς
παλαιὰ νείκη· πῶς ἂν οὖν εἴη σοφός;

καὶ μὴν ὅδ᾽ ἄναξ ἤδη φοράδην
Δελφίδος ἐκ γῆς δῶμα πελάζει.
τλήμων ὁ παθών, τλήμων δέ, γέρον,
καὶ σύ· δέχει γὰρ τὸν Ἀχίλλειον
1170 σκύμνον ἐς οἴκους, οὐχ ὡς σὺ θέλεις·
αὐτός τε κακοῖς [πήμασι κύρσας]
εἰς ἓν μοίρας συνέκυρσας.

ὤμοι ἐγώ, κακὸν οἷον ὁρῶ τόδε   στρ. α
καὶ δέχομαι χερὶ δώμασί τ᾽ ἀμοῖς.
ἰώ μοί μοι, αἰαῖ,

ANDROMACHE

My lord stood flashing in his gleaming arms,
Till from the inmost shrine there pealed a voice
Awful and thrilling, kindling that array
And battleward turning. Then Achilles' son   [side
Fell, stabbed with a brand keen-whetted through the   1150
By a man of Delphi, one that laid him low
With helpers many : but, when he was down,
Who did not thrust the steel, or cast the stone,
Hurling and battering?   All his form was marred,
So goodly-moulded, by their wild-beast wounds.
Then him, beside the altar lying dead,
They cast forth from the incense-breathing shrine.
But with all speed our hands uplifted him,
And to thee bear him, to lament with wail
And weeping, ancient, and to ensepulchre.   1160
Thus he that giveth oracles to the world,
He that is judge to all men of the right,
Hath wreaked revenge upon Achilles' son,—
Yea, hath remembered, like some evil man,
An old, old feud !   How then shall he be wise ?

Enter bearers with corpse of NEOPTOLEMUS.

CHORUS

Lo, lo, where the prince, high borne on the bier,
From the Delphian land to his home draweth near !
Alas for the strong death-quelled !   Alas for thee,
    stricken with eld !
    Not as thou wouldest, Achilles' scion   1170
    To his home dost thou welcome, the whelp of the lion.
In oneness of weird, in affliction drear,
        Art thou linked with the dead lying here.

PELEUS

Woe for the sight breaking on me,   (*Str.* 1)
    That mine hands usher in at my door !
    Ah me, 'tis my death ! ah me,

ὦ πόλι Θεσσαλία, διολώλαμεν,
οἰχόμεθ'· οὐκέτι μοι γένος, οὐκέτι
λείπεται οἴκοις.
ὦ σχέτλιος παθέων ἐγώ· εἰς τίνα
1180 δὴ φίλον αὐγὰς βάλλων τέρψομαι ;
ὦ φίλιον στόμα καὶ γένυ καὶ χέρες,
εἴθε σ' ὑπ' Ἰλίῳ ἤναρε δαίμων
Σιμοεντίδα παρ' ἀκτάν

ΧΟΡΟΣ

οὗτός τ' ἂν ὡς ἐκ τῶνδ' ἐτιμᾶτ' ἄν, γέρον,
θανών, τὸ σὸν δ' ἦν ὧδ' ἂν εὐτυχέστερον.

ΠΗΛΕΥΣ

ὦ γάμος, ὦ γάμος, ὃς τάδε δώματα   ἀντ. α´
καὶ πόλιν ὤλεσας ὤλεσας ἀμάν,
† αἰαῖ αἰαῖ. ὦ παῖ,
μήποτε σῶν λεχέων τὸ δυσώνυμον
1190 ὤφελ', ἐμὸν γένος, εἰς τέκνα καὶ δόμον
ἀμφιβαλέσθαι
Ἑρμιόνας Ἀίδαν ἐπὶ σοί, τέκνον,† [1]
ἀλλὰ κεραυνῷ πρόσθεν ὀλέσθαι,
μηδ' ἐπὶ τοξοσύνα φονίῳ πατρὸς
† αἷμα τὸ διογενές ποτε Φοῖβον
βροτὸς εἰς θεὸν ἀνάψαι.†

ΧΟΡΟΣ

ὀτοτοῖ ὀτοτοῖ·   στρ. β´
θανόντα δεσπόταν γόοις
νόμῳ τῷ νερτέρων κατάρξω.

ΠΗΛΕΥΣ

1200 ὀτοτοῖ ὀτοτοῖ·   ἀντ. β´
διάδοχα δ', ὦ τάλας ἐγώ,
γέρων καὶ δυστυχὴς δακρύω.

[1] 1188–1192 corrupt : no satisfactory reading ascertained.

ANDROMACHE

Oh city of Thessaly,
No child have I,—this hath undone me,—
  Neither seed in mine halls any more.
Woe for me!—whitherward turning
  Shall mine eyes see the gladness of yore?   1180
O lips, cheek, and hands of my yearning!
O had a God but o'erthrown thee
  'Neath Ilium on Simoïs' shore!

CHORUS

Yea, he had fallen with honour, had he died
Thus, ancient, and thy lot were happier so.

PELEUS

Woe's me for the deadly alliance   *(Ant. 1)*
  That hath blasted my city, mine home!
  Ah my son, that the curse-haunted line
  Of thy bride,—unto me, unto mine
Evil-boding,—had trapped not my scion's   1190
  Dear limbs in the toils of the tomb,
  In the net of Hermione's flinging!
O that lightning had first dealt her doom!
And alas that the arrow, death-bringing
  To thy sire, stirred a man, for defiance
  Of a God, against Phoebus to come!

CHORUS

With a wail ringing up to the sky   *(Str. 2)*
In the measures of Hades' abider will I
Uplift for my lord stricken low lamentation's outcry.

PELEUS

                 (Ant. 2)
With a wail to the heavens upborne   1200
I take up the strain, ah me, and I mourn
And I weep, the unblest, the ill-fated, the eld-forlorn.

ΑΝΔΡΟΜΑΧΗ

ΧΟΡΟΣ

θεοῦ γὰρ αἶσα, θεὸς ἔκρανε συμφοράν.   στρ. γ΄

ΠΗΛΕΥΣ

ὦ φίλος, ἔλειπες ἐν δόμῳ μ᾽ ἔρημον,[1]
[ὤμοι μοι, ταλαίπωρον ἐμέ][2]
γέροντ᾽ ἄπαιδα νοσφίσας.

ΧΟΡΟΣ

στρ. δ΄
θανεῖν θανεῖν σε, πρέσβυ, χρῆν πάρος τέκνων.

ΠΗΛΕΥΣ

οὐ σπαράξομαι κόμαν,
1210 οὐκ ἐπιθήσομαι δ᾽ ἐμῷ
κάρᾳ κτύπημα χειρὸς ὀλοόν; ὦ πολις,
διπλῶν τέκνων μ᾽ ἐστέρησε Φοῖβος.

ΧΟΡΟΣ

ὦ κακὰ παθὼν ἰδών τε δυστυχὴς γέρων,   στρ. ε΄
τίν᾽ αἰῶν᾽ εἰς τὸ λοιπὸν ἕξεις;

ΠΗΛΕΥΣ

ἄτεκνος, ἔρημος, οὐκ ἔχων πέρας κακῶν   ἀντ. ε΄
διαντλήσω πόνους ἐς Ἅιδαν.

ΧΟΡΟΣ

μάτην δέ σ᾽ ἐν γάμοισιν ὤλβισαν θεοί.   ἀντ. γ΄

ΠΗΛΕΥΣ

ἀμπτάμενα φροῦδα τἀμὰ πάντα κεῖται
1220 κόμπων μεταρσίων πρόσω.

ΧΟΡΟΣ

μόνος μόνοισιν ἐν δόμοις ἀναστρέφει.   ἀντ. δ΄

---

[1] Paley : for δόμον ἔλιπες ἔρημον.
[2] Rejected by Matthiae.

506

ANDROMACHE

(Str. 3)

'Tis God's doom: thine affliction God hath wrought.

PELEUS

O my belovèd one, lone in his halls hast thou left,
    An old, old man of his children bereft.

CHORUS

(Str. 4)

Before thy sons shouldst thou have died, have died!

PELEUS

    And shall I not rend mine hair?
    And shall I from smiting spare   1210
    Mine head, from the ruining hand?   O city, see
    How Phoebus of children twain hath despoilèd me '

CHORUS

(Str. 5)

Ill-starred, who hast seen and suffered evil's stress,
    What life through the rest of thy days shalt thou
        have?

PELEUS

Childless, forlorn, my woes are limitless: *(Ant. 5)*
    I shall drain sorrow's dregs till I sink to the grave.

CHORUS

(Ant. 3)

Gods crowned with joy thy spousals all for naught.

PELEUS

Fleeted and vanished and fallen my glories are,
    Far from my boasts high-soaring, O far!   1220

CHORUS

Lone in the lonely halls must thou abide.   *(Ant. 4)*

ΑΝΔΡΟΜΑΧΗ

οὐκέτ᾽ ἔστι μοι πόλις,
σκῆπτρά τάδ᾽ ἐρρέτω ᾽πὶ γᾶν,
σύ τ᾽, ὦ κατ᾽ ἄντρα νύχια Νηρέως κόρη,
πανώλεθρον γᾷ πίτνοντά μ᾽ ὄψει.[1]

ἰὼ ἰώ·
τί κεκίνηται; τίνος αἰσθάνομαι
θείου; κοῦραι, λεύσσετ᾽ ἀθρήσατε·
δαίμων ὅδε τις λευκὴν αἰθέρα
πορθμευόμενος τῶν ἱπποβότων
1230   Φθίας πεδίων ἐπιβαίνει.

Πηλεῦ, χάριν σῶν τῶν πάρος νυμφευμάτων
ἥκω Θέτις λιποῦσα Νηρέως δόμους.
καὶ πρῶτα μέν σοι τοῖς παρεστῶσιν κακοῖς
μηδέν τι λίαν δυσφορεῖν παρήνεσα·
κἀγὼ γάρ, ἣν ἄκλαυστ᾽ ἐχρῆν τίκτειν τέκνα,
ἀπώλεσ᾽ ἐκ σοῦ παῖδα τὸν ταχὺν πόδας
Ἀχιλλέα τεκοῦσα πρῶτον Ἑλλάδος.
ὧν δ᾽ εἵνεκ᾽ ἦλθον σημανῶ, σὺ δ᾽ ἐνδέχου.
τὸν μὲν θανόντα τόνδ᾽ Ἀχιλλέως γόνον
1240   θάψον πορεύσας Πυθικὴν πρὸς ἐσχάραν,
Δελφοῖς ὄνειδος, ὡς ἀπαγγέλλῃ τάφος
φόνον βίαιον τῆς Ὀρεστείας χερός·
γυναῖκα δ᾽ αἰχμάλωτον, Ἀνδρομάχην λεγω,
Μολοσσίαν γῆν χρὴ κατοικῆσαι, γέρον,
Ἑλένῳ συναλλαχθεῖσαν εὐναίοις γάμοις,
καὶ παῖδα τόνδε τῶν ἀπ᾽ Αἰακοῦ μόνον
λελειμμένον δή· βασιλέα δ᾽ ἐκ τοῦδε χρὴ
ἄλλον δι᾽ ἄλλου διαπερᾶν Μολοσσίας

---

[1] Hermann : for MSS. μ᾽ ὄψεαι πίτνοντα πρὸς γᾶν.

PELEUS

No city is mine—none now !
Down, sceptre, in dust lie thou !
Thou, daughter of Nereus, from twilight of thy sea-hall
Shalt behold me, in ruin and wrack to the earth as I
    fall.

CHORUS

What ho ! what ho !
What stir in the air, what fragrance divine ?
Look yonder !—O mark it, companions mine !
Some God through the stainless sky doth speed ;
    And the car swings low
To the plains of Phthia the nurse of the steed.   1230

THETIS *descends to the stage.*

THETIS

Peleus, for mine espousals' sake of old
To thee, I Thetis come from Nereus' halls.
And, first, I counsel thee, repine not thou
Overmuch for the woes that compass thee.
I too, who ought to have borne no child of sorrow,
Lost him I bare to thee, my fleetfoot son,
Achilles, who in Hellas had no peer.
Now hearken while I tell my coming's cause :
Thou to the Pythian temple journey ; there
Bury thou this thy dead, Achilles' seed,   1240
Delphi's reproach, that his tomb may proclaim
His death, his murder, by Orestes' hand.
And that war-captive dame, Andromache,
In the Molossian land must find a home
In lawful wedlock joined to Helenus,
With that child, who alone is left alive
Of Aeacus' line.   And kings Molossian
From him one after other long shall reign

509

εὐδαιμονοῦντας· οὐ γὰρ ὧδ' ἀνάστατον
γένος γενέσθαι δεῖ τὸ σὸν κἀμόν, γέρον,
Τροίας τε· καὶ γὰρ θεοῖσι κἀκείνης μέλει,
καίπερ πεσούσης Παλλάδος προθυμίᾳ.
σὲ δ', ὡς ἂν εἰδῇς τῆς ἐμῆς εὐνῆς χάριν,
[θεὰ γεγῶσα καὶ θεοῦ πατρὸς τέκος,]
κακῶν ἀπαλλάξασα τῶν βροτησίων
ἀθάνατον ἄφθιτόν τε ποιήσω θεόν.
κἄπειτα Νηρέως ἐν δόμοις ἐμοῦ μέτα
τὸ λοιπὸν ἤδη θεὸς συνοικήσεις θεᾷ·
ἔνθεν κομίζων ξηρὸν ἐκ πόντου πόδα
τὸν φίλτατον σοὶ παῖδ' ἐμοί τ' Ἀχιλλέα
ὄψει δόμους ναίοντα νησιωτικοὺς
Λευκὴν κατ' ἀκτὴν ἐντὸς Εὐξείνου πόρου.
ἀλλ' ἕρπε Δελφῶν εἰς θεόδμητον πόλιν
νεκρὸν κομίζων τόνδε, καὶ κρύψας χθονὶ
ἐλθὼν παλαιᾶς χοιράδος κοῖλον μυχὸν
Σηπιάδος ἵζου· μίμνε δ', ἔστ' ἂν ἐξ ἁλὸς
λαβοῦσα πεντήκοντα Νηρήδων χορὸν
ἔλθω κομιστήν σου· τὸ γὰρ πεπρωμένον
δεῖ σ' ἐκκομίζειν· Ζηνὶ γὰρ δοκεῖ τάδε.
παῦσαι δὲ λύπης τῶν τεθνηκότων ὕπερ·
πᾶσιν γὰρ ἀνθρώποισιν ἥδε πρὸς θεῶν
ψῆφος κέκρανται κατθανεῖν τ' ὀφείλεται.

ΠΗΛΕΥΣ

ὦ πότνι', ὦ γενναῖα συγκοιμήματα,
Νηρέως γένεθλον, χαῖρε· ταῦτα δ' ἀξίως
σαυτῆς τε ποιεῖς καὶ τέκνων τῶν ἐκ σέθεν.
παύσω δὲ λύπην σοῦ κελευούσης, θεά,
καὶ τόνδε θάψας εἶμι Πηλίου πτυχάς,
οὗπερ σὸν εἷλον χερσὶ κάλλιστον δέμας.
κᾆτ' οὐ γαμεῖν δῆτ' ἔκ τε γενναίων χρεὼν

1250

1260

1270

In bliss; for, ancient, nowise thus thy line
And mine is destined to be brought to naught: 1250
No, neither Troy; the Gods yet hold her dear,
Albeit by Pallas' eager hate she fell.
Thee too—so learn what grace comes of my couch;
A Goddess I, whose father was a God—
Will I deliver from all mortal ills,
And set thee above decay and death, a God.
Henceforth in Nereus' palace thou with me,
As God with Goddess, shalt for ever dwell.
Thence rising dry-shod from the sea, shalt thou
Behold Achilles, thy belovèd son   1260
And mine, abiding in his island home
On the White Strand, within the Euxine Sea.
Now fare thou to the Delphians' God-built burg
Bearing this corpse, and hide it in the ground;
Then seek the deep cave 'neath the ancient rock
Sepias; abide there: tarry till I rise
With fifty chanting Nereids from the sea,
To lead thee thence; for all the doom of fate
Must thou accomplish: Zeus's will is this.
Refrain thou then from grieving for the dead: 1270
For unto all men is this lot ordained
Of heaven: from all the debt of death is due.

PELEUS

O couch-mate mine, O high-born Majesty,
Offspring of Nereus, hail thou! Worthy thee,
Worthy thy children, are the things thou dost.
Goddess, at thy command my grief shall cease.
Him will I bury, and go to Pelion's glens,
Where in mine arms I clasped thy loveliest form.

                                 [*Exit* THETIS.

Now, shall not whoso is prudent choose his wife,

511

1280

δοῦναί τ' ἐς ἐσθλούς, ὅστις εὖ βουλεύεται,
κακῶν δὲ λέκτρων μὴ 'πιθυμίαν ἔχειν,
μηδ' εἰ ζαπλούτους οἴσεται φερνὰς δόμοις ;
οὐ γάρ ποτ' ἂν πράξειαν ἐκ θεῶν κακῶς.

ΧΟΡΟΣ

πολλαὶ μορφαὶ τῶν δαιμονίων,
πολλὰ δ' ἀέλπτως κραίνουσι θεοί·
καὶ τὰ δοκηθέντ' οὐκ ἐτελέσθη,
τῶν δ' ἀδοκήτων πόρον εὗρε θεός.
τοιόνδ' ἀπέβη τόδε πρᾶγμα.

And for his children mates, of noble strain,   1280
And nurse no longing for an evil bride,
Not though she bring his house a regal dower?
So should men ne'er receive ill of the Gods.

CHORUS

O the works of the Gods—in manifold forms they
    reveal them:
  Manifold things unhoped-for the Gods to accom-
    plishment bring.
And the things that we looked for, the Gods deign
    not to fulfil them;
And the paths undiscerned of our eyes, the Gods
    unseal them.
      So fell this marvellous thing.

                        [*Exeunt* OMNES.

CYCLOPS

INTRODUCTION

THE *Satyric Drama*, of which the Cyclops *is the solitary
example extant, is especially interesting as being a
survival in literature. The Greek drama originally, as
being designed for representation at the great annual
festival of Dionysus or Bacchus, had for its subject
some incident in the adventures of that god or his fol-
lowers. When, early in the fifth century* B.C., *it became
the rule that each dramatic poet should present a trilogy of
tragedies at the Greater Dionysia, it was required that to
these should be added a fourth play, founded on the
ancient theme, as a concession to the popular feeling
connected with the Wine-god's festival, and as a recogni-
tion of his presence. As the chorus in such plays was
invariably composed of Satyrs, the peculiar attendants of
Bacchus, such plays were called Satyric Dramas. In
these, incidents in the legends of gods and heroes were
treated with an approach to burlesque, the high style of
tragedy was abandoned at pleasure, the vocabulary
contained many words which were beneath the dignity of
the serious drama, the dances were wild, and not always
decent, the versification was more irregular, broad and
wanton jests were not only admitted, but perhaps even
prescribed: in short, the unrestrained licence of the
original Dionysia found here its literary expression.*

*The subject of the Cyclops is taken from that adven-
ture of Odysseus which is related with Epic dignity by
Homer in the Odyssey, Bk. IX. The divergences,
rendered inevitable by the special character of the
Satyric Drama, are so great that it cannot be affirmed
with certainty that this play was really based on Homer.*

ΤΑ ΤΟΥ ΔΡΑΜΑΤΟΣ ΠΡΟΣΩΠΑ

ΣΕΙΛΗΝΟΣ
ΧΟΡΟΣ ΣΑΤΥΡΩΝ
ΟΔΥΣΣΕΥΣ
ΚΥΚΛΩΨ

DRAMATIS PERSONAE

SILENUS, *an old attendant of Bacchus.*
ODYSSEUS, *king of Ithaca.*
CYCLOPS, *a one-eyed giant.*
CHORUS, *consisting of Satyrs.*
Men of Odysseus' crew.

SCENE: At the entrance to a great cave at the foot of
Mount Etna.

ΚΥΚΛΩΨ

ΣΕΙΛΗΝΟΣ

Ὦ Βρόμιε, διὰ σὲ μυρίους ἔχω πόνους
νῦν χὥτ᾽ ἐν ἥβῃ τοὐμὸν εὐσθένει δέμας·
πρῶτον μέν, ἡνίκ᾽ ἐμμανὴς Ἥρας ὕπο
Νύμφας ὀρείας ἐκλιπὼν ᾠχου τροφούς·
ἔπειθ᾽ ὅτ᾽ ἀμφὶ γηγενῆ μάχην δορὸς
ἐνδέξιος σῷ ποδὶ παρασπιστὴς γεγὼς
Ἐγκέλαδον ἰτέαν εἰς μέσην θενὼν δορὶ
ἔκτεινα—φέρ᾽ ἴδω, τοῦτ᾽ ἰδὼν ὄναρ λέγω;
οὐ μὰ Δί᾽, ἐπεὶ καὶ σκῦλ᾽ ἔδειξα Βακχίῳ.
10 καὶ νῦν ἐκείνων μείζον᾽ ἐξαντλῶ πόνον.
ἐπεὶ γὰρ Ἥρα σοι γένος Τυρσηνικὸν
λῃστῶν ἐπῶρσεν, ὡς ὁδηθείης μακράν,
ἐγὼ πυθόμενος σὺν τέκνοισι ναυστολῶ
σέθεν κατὰ ζήτησιν. ἐν πρύμνῃ δ᾽ ἄκρᾳ
αὐτὸς λαβὼν ηὔθυνον ἀμφῆρες δόρυ,
παῖδες τ᾽ ἐρετμοῖς ἥμενοι, γλαυκὴν ἅλα
ῥοθίοισι λευκαίνοντες, ἐζήτουν σ᾽, ἄναξ.
ἤδη δὲ Μαλέας πλησίον πεπλευκότας
ἀπηλιώτης ἄνεμος ἐμπνεύσας δορὶ
20 ἐξέβαλεν ἡμᾶς τήνδ᾽ ἐς Αἰτναίαν πέτραν,
ἵν᾽ οἱ μονῶπες ποντίου παῖδες θεοῦ
Κύκλωπες οἰκοῦσ᾽ ἄντρ᾽ ἔρημ᾽ ἀνδροκτόνοι.

CYCLOPS

Enter from the cave SILENUS, *dragging after him a rusty iron rake.*

SILENUS

O Bacchus!—oh the back-aches that I got
In your cause, when my youthful blood was hot:
First, when, with addled brains through Hera's
    curses,
You bolted from the Mountain-maids, your nurses;
Next time, when, in the Battle o' Phlegra Field,
I was your right-hand man, and through the shield
Of Giant Whatshisname I neatly put
A yard of spear—what, dreamed all this? Tut, tut!
Did Bacchus dream I showed the monster's spoils
To him? Ah, that was play beside these toils!
For, O my Bacchus, Hera set on you   10
A gang of thieves, a Tuscan pirate-crew,
To take you on a very distant trip.
I heard of it, and promptly manned a ship
With my wild boys, and sailed upon the quest.
I took the helm, and—well, I did my best;
And the boys rowed—at least, made shift to fling
Some foam about; and so we sought our king.
But, just as on our quarter Malea lay,
An east wind blew, and cast our ship away
Upon this rocky shore by Etna's roots,   20
Home of the Cyclops (Neptune's amours' fruits),
One-eyed, cave-kennelled, man-devouring brutes.

τούτων ἑνὸς ληφθέντες ἐσμὲν ἐν δόμοις
δοῦλοι· καλοῦσι δ' αὐτὸν ᾧ λατρεύομεν
Πολύφημον. ἀντὶ δ' εὐίων βακχευμάτων
ποίμνας Κύκλωπος ἀνοσίου ποιμαίνομεν.
παῖδες μὲν οὖν μοι κλιτύων ἐν ἐσχάτοις
νέμουσι μῆλα νέα νέοι πεφυκότες,
ἐγὼ δὲ πληροῦν πίστρα καὶ σαίρειν στέγας

30 μένων τέταγμαι τάσδε, τῷ τε δυσσεβεῖ
Κύκλωπι δείπνων ἀνοσίων διάκονος.
καὶ νῦν, τὰ προσταχθέντ', ἀναγκαίως ἔχει
σαίρειν σιδηρᾷ τῇδέ μ' ἁρπάγῃ δόμους,
ὡς τόν τ' ἀπόντα δεσπότην Κύκλωπ' ἐμὸν
καθαροῖσιν ἄντροις μῆλά τ' εἰσδεχώμεθα.
ἤδη δὲ παῖδας προσνέμοντας εἰσορῶ
ποίμνας. τί ταῦτα; μῶν κρότος σικινίδων
ὅμοιος ὑμῖν νῦν τε χὤτε Βακχίῳ
κώμοις συνασπίζοντες Ἀλθαίας δόμους

40 προσῇτ' ἀοιδαῖς βαρβίτων σαυλούμενοι;

ΧΟΡΟΣ

πᾷ μοι γενναίων πατέρων   στρ.
γενναίων τ' ἐκ τοκάδων,
πᾷ δή μοι νίσει σκοπέλους;
οὐ τᾷδ' ὑπήνεμος αὔρα
καὶ ποιηρὰ βοτάνα,
δινᾶέν θ' ὕδωρ ποταμῶν
ἐν πίστραις κεῖται πέλας ἄν-
τρων; οὔ σοι βλαχαὶ τεκέων;

One of them caught us, so that we became
Slaves in his den ; and this slave-driver's name
Is Polyphemus.   No more Bacchanal song
And dance for us !   We've got to herd a throng
Of this ungodly villain's goats and sheep :
Yes, my poor boys on far-off hill-sides steep—
My tender ones—are tending flocks for him !
And I'm a prisoner here, must fill to the brim
His sheep-troughs : I must sweep this stinking den
For godless Goggle-eye, must turn cook then,   30
And serve his cursèd dinners up—fried men !
Now with this clumsiest of iron rakes   (*kicks it.*)
I must needs clear up all the mess *he* makes,
To welcome home my lord, old Saucer-eye,
And his sheep with him, into a clean—sty.
Ah, here my boys come, driving home the bleating
Flocks ; yes, I see them—what, is that the beating
Of dancing feet?   It's like old times, when round
Althaea's house, with Bacchus, to the sound
Of song and harp, your toes scarce touched the
     ground.   40

Enter CHORUS, *driving goats and sheep.*

A SATYR (*to a he-goat*)
O come along, Sir Billy !   If your father *was* a king,
And your mother queen of Nannies, still you needn't
     go and spring
Over cliff and crag up yonder : it's good enough for
     you
Down here, where winds are sleeping, and where
     green as ever grew
          Is the grass that waits the cropping ;
          And the rippling water, slopping
Out of all the troughs full-brimming by the cave, is
     full in view ;

ψύττα, σὺ τάδ᾽ οὔ, κοὐ τάδε νεμεῖ,
50   * * κλιτὺν δροσεράν;
ὠή, ῥίψω πέτρον τάχα σου·
ὕπαγ᾽ ὦ ὕπαγ᾽ ὦ κεράστα,
μηλοβότα στασιωρὸν
Κύκλωπος ἀγροβάτα.

σπαργῶντας μαστοὺς χάλασον·   ἀντ.
δέξαι θηλαῖσι σποράς,
ἃς λείπεις ἀρνῶν θαλάμοις.
ποθοῦσί σ᾽ ἁμερόκοιτοι
βλαχαὶ σμικρῶν τεκέων.
60   εἰς αὐλάν ποτ᾽ ἀμφιβαλεῖς
ποιηροὺς λείπουσα νομούς,
Αἰτναίων εἴσω σκοπέλων; [1]
οὐ τάδε Βρόμιος, οὐ τάδε χοροὶ
Βάκχαι τε θυρσοφόροι,
οὐ τυμπάνων ἀλαλαγμοί,
οὐκ οἴνου χλωραὶ σταγόνες
κρήναις παρ᾽ ὑδροχύτοις,
οὐ δινεύματα[2] Νυμφᾶν.

ἴακχον ἴακχον ᾠδὰν
70   μέλπω πρὸς τὰν Ἀφροδίταν,
ἃν θηρεύων πετόμαν

---

[1] After v. 62 Kirchoff, followed by Murray, repeats vv. 49-54.
[2] Nauck: for MSS. οὐδ᾽ ἐννύσσα and οὐ νύσσα. Portus, οὐδ᾽ ἐν Νύσᾳ μετὰ Νυμφᾶν . . . . μέλπω.

And your little kids are pleading
    " Come you down ! "—and never heeding   50
From the steep you still are hanging, all bedraggled
    with the dew.   [rascal ! Shoo !
Here goes a stone to stir you ! Shoo, you wilful
Come you down, and come this minute, you nasty
    hornèd thing !   [underling ?
Don't you hear your keeper calling, farmer Giant's

ANOTHER SATYR (to a she-goat)

Come, my pretty, to the milking ; then away you
    skip, to meet
Your little babies, hungry to nose the heavy teat ;
For you left them at the dawning, on the rushes
    where they lay,   [the day.
And they sorely need refreshment, after sleeping all
        Don't you see your little sweeting ?
        Can't you hear his hungry bleating ?
O leave the grassy pasture, to the folding come away !   60
        Enter here, your cave is ready
        Under Etna, clean and shady :—
O dear ! no sign of Bacchus nor his Bacchanal array !
There's no clashing of the cymbals, no dances reel
    and sway,   [sweet,
Nothing trickling from a wine-jar in droppings honey-
Nor beside the gushing fountains trip the Mountain-
    maidens' feet.

CHORUS OF ALL THE SATYRS

O Aphrodite ! and O the mighty
Spell of the chant that thrilled the air,   70
When to its cadence I chased the maidens,

ΚΥΚΛΩΨ

Βάκχαις σὺν λευκόποσιν.
ὦ φίλος, ὦ φίλε Βακχεῖε, ποῖ οἰοπολῶν
ξανθὰν χαίταν σείεις;
ἐγὼ δ᾽ ὁ σὸς πρόπολος
θητεύω Κύκλωπι
τῷ μονοδέρκτᾳ, δοῦλος ἀλαίνων
80 σὺν τᾷδε τράγου χλαίνᾳ μελέᾳ
σᾶς χωρὶς φιλίας.

ΣΕΙΛΗΝΟΣ

σιγήσατ᾽, ὦ τέκν᾽, ἄντρα δ᾽ εἰς πετρηρεφῆ
ποίμνας ἀθροῖσαι προσπόλους κελεύσατε.

ΧΟΡΟΣ

χωρεῖτ᾽· ἀτὰρ δὴ τίνα, πάτερ, σπουδὴν ἔχεις;

ΣΕΙΛΗΝΟΣ

ὁρῶ πρὸς ἀκταῖς ναὸς Ἑλλάδος σκάφος
κώπης τ᾽ ἄνακτας σὺν στρατηλάτῃ τινὶ
στείχοντας εἰς τόδ᾽ ἄντρον, ἀμφὶ δ᾽ αὐχέσι
τεύχη φέρονται κενά, βορᾶς κεχρημένοι,
κρωσσούς θ᾽ ὑδρηλούς. ὦ ταλαίπωροι ξένοι.
90 τίνες ποτ᾽ εἰσίν; οὐκ ἴσασι δεσπότην
Πολύφημον οἷός ἐστιν, ἄξενον στέγην
τήνδ᾽ ἐμβεβῶτες καὶ Κυκλωπίαν γνάθον
τὴν ἀνδροβρῶτα δυστυχῶς ἀφιγμένοι.
ἀλλ᾽ ἥσυχοι γίγνεσθ᾽, ἵν᾽ ἐκπυθώμεθα
πόθεν πάρεισι Σικελὸν Αἰτναῖον πάγον.

ΟΔΥΣΣΕΥΣ

ξένοι, φράσαιτ᾽ ἂν νᾶμα ποτάμιον πόθεν
δίψης ἄκος λάβοιμεν, εἴ τε τις θέλει

The Bacchanal girls, and the feet snow-fair !
O Bacchus, only-beloved, all lonely
Now, you are wandering where, ah where,
Of me unbeholden, tossing the golden
Nectar-breathing cloud of your hair ?
And I, your vassal, a slave in the castle-
Dungeon of one-eyed Giant Despair,
A slave sheep-drover, with naught to cover
My limbs but a foul goat's skin worn bare,   80
I wander, breaking my heart with aching
For my lost love far from the voice of my prayer.

SILENUS

Hush, boys !   Quick, tell the lads to get the flock
In haste beneath the cavern's roof of rock.

CHORUS

Look sharp there !   Where's the hurry, father, now?

SILENUS

Down on the beach I spy a Greek ship's prow ;
I see the kings o' the oar—their captain's there—
Come tramping towards this cave. Aha, they bear
Slung round their necks some baskets. Come to beg
For food, of course—and water ; there's the keg.
O you poor wretches !   Who on earth are these ?
Little they dream what hospitalities   90
Are by the master of this house bestowed,
Who tread this strangely hospitable road
Up to the doors of—Goggle-eyes's jaw,
For right warm welcome to his cannibal maw !
Now we shall learn—if you will just keep still—
Whence come these to Sicilian Etna's hill.

Enter ODYSSEUS *and crew.*

ODYSSEUS

Friends, can you tell us whereabouts to find
Some running water ?   If you'd be so kind,

527

ΚΥΚΛΩΨ

βορὰν ὁδῆσαι ναυτίλοις κεχρημένοις;
τί χρῆμα ; Βρομίου πόλιν ἔοιγμεν εἰσβαλεῖν.
100 Σατύρων πρὸς ἄντροις τόνδ' ὅμιλον εἰσορῶ.
χαίρειν προσεῖπα πρῶτα τὸν γεραίτατον.

ΣΕΙΛΗΝΟΣ

χαῖρ', ὦ ξέν', ὅστις δ' εἶ φράσον πάτραν τε σήν.

ΟΔΥΣΣΕΥΣ

Ἴθακος Ὀδυσσεύς, γῆς Κεφαλλήνων ἄναξ.

ΣΕΙΛΗΝΟΣ

οἶδ' ἄνδρα, κρόταλον δριμύ, Σισύφου γένος.

ΟΔΥΣΣΕΥΣ

ἐκεῖνος οὗτός εἰμι· λοιδόρει δὲ μή.

ΣΕΙΛΗΝΟΣ

πόθεν Σικελίαν τήνδε ναυστολῶν πάρει ;

ΟΔΥΣΣΕΥΣ

ἐξ Ἰλίου γε κἀπὸ Τρωικῶν πόνων.

ΣΕΙΛΗΝΟΣ

πῶς; πορθμὸν οὐκ ᾔδησθα πατρῴας χθονός;

ΟΔΥΣΣΕΥΣ

ἀνέμων θύελλαι δεῦρό μ' ἥρπασαν βίᾳ.

ΣΕΙΛΗΝΟΣ

110 παπαῖ· τὸν αὐτὸν δαίμον' ἐξαντλεῖς ἐμοί.

ΟΔΥΣΣΕΥΣ

ἦ καὶ σὺ δεῦρο πρὸς βίαν ἀπεστάλης;

ΣΕΙΛΗΝΟΣ

λῃστὰς διώκων, οἳ Βρόμιον ἀνήρπασαν.

ΟΔΥΣΣΕΥΣ

τίς δ' ἥδε χώρα, καὶ τίνες ναίουσί νιν;

ΣΕΙΛΗΝΟΣ

Αἰτναῖος ὄχθος Σικελίας ὑπέρτατος.

Moreover, as to sell us hungry tars
Something to eat—but what, what? O my stars!
Is this the City of Bacchus that we've found?
Here's quite a crowd of Satyrs standing round   100
A cave!   A fatherly old party, too,
A patriarch quite—good morning, Sir, to you!

SILENUS

Good morning.   What's your name and whence d'you
   come?

ODYSSEUS

Odysseus—Isle-king—Ithaca's my home.

SILENUS

Ah, Sisyphus' son!   Sharp rogue, a sight too clever!

ODYSSEUS

That's me.   You needn't call hard names, however.

SILENUS

And whence do you come to Sicily, may I ask?

ODYSSEUS

From taking Troy—tough job, a ten years' task.

SILENUS

What, didn't you know the way back to your door?

ODYSSEUS

A hurricane caught us, cast us on this shore   110

SILENUS

Heavens!   You and I are in one boat together!

ODYSSEUS

What? you too driven here by stress of weather?

SILENUS

Pirates had kidnapped Bacchus : we gave chase.

ODYSSEUS

H'm—what's the land called?   Who live in this place?

SILENUS

That's Etna—highest point of Sicily.

ΚΥΚΛΩΨ

ΟΔΥΣΣΕΥΣ
τείχη δὲ ποῦ 'στι καὶ πόλεως πυργώματα;

ΣΕΙΛΗΝΟΣ
οὐκ εἴσ'· ἔρημοι πρῶνες ἀνθρώπων, ξένε.

ΟΔΥΣΣΕΥΣ
τίνες δ' ἔχουσι γαῖαν; ἢ θηρῶν γένος;

ΣΕΙΛΗΝΟΣ
Κύκλωπες, ἄντρ' οἰκοῦντες, οὐ στέγας δόμων.

ΟΔΥΣΣΕΥΣ
τίνος κλύοντες; ἢ δεδήμευται κράτος;

ΣΕΙΛΗΝΟΣ
120   νομάδες· ἀκούει δ' οὐδὲν οὐδεὶς οὐδενός.

ΟΔΥΣΣΕΥΣ
σπείρουσι δ'—ἢ τῷ ζῶσι;—Δήμητρος στάχυν;

ΣΕΙΛΗΝΟΣ
γάλακτι καὶ τυροῖσι καὶ μήλων βορᾷ.

ΟΔΥΣΣΕΥΣ
Βρομίου δὲ πῶμ' ἔχουσιν, ἀμπέλου ῥοάς;

ΣΕΙΛΗΝΟΣ
ἥκιστα· τοιγὰρ ἄχορον οἰκοῦσι χθόνα.

ΟΔΥΣΣΕΥΣ
φιλόξενοι δὲ χὤσιοι περὶ ξένους;

ΣΕΙΛΗΝΟΣ
γλυκύτατά φασι τὰ κρέα τοὺς ξένους φορεῖν.

ΟΔΥΣΣΕΥΣ
τί φής; βορᾷ χαίρουσιν ἀνθρωποκτόνῳ·

ΣΕΙΛΗΝΟΣ
οὐδεὶς μολὼν δεῦρ' ὅστις οὐ κατεσφάγη.

ΟΔΥΣΣΕΥΣ
αὐτὸς δὲ Κύκλωψ ποῦ 'στιν; ἢ δόμων ἔσω;

CYCLOPS

ODYSSEUS

But—where's the city? Never a tower I see.

SILENUS

There's none, nor any men—waste hills and lonely.

ODYSSEUS

What, no inhabitants?—the wild beasts only?

SILENUS

Cyclops—no houses—burrow in caves, like rats.

ODYSSEUS

Who is their king?—or are they democrats?

SILENUS

Shepherds—and not for nobody they don't care. 120

ODYSSEUS

Do they sow corn?—or what's their daily fare?

SILENUS

Milk, cheese—and the eternal mutton-chop.

ODYSSEUS

Do they grow vines, make wine? (*sees Silenus'
expression.*) What, never a drop?

SILENUS (*with bitter emphasis*)

Not—one—least—drop! No songs or dances here!

ODYSSEUS

Hospitable? Do strangers get good cheer?

SILENUS

Their special dainty is—the flesh of strangers!

ODYSSEUS

What, what?—they're cannibals, these desert-
rangers?

SILENUS

So far, they've butchered every man who's come.

ODYSSEUS

And where's this Cyclops?—don't say he's at home !

ΣΕΙΛΗΝΟΣ

130   φροῦδος πρὸς Αἴτνην, θῆρας ἰχνεύων κυσίν.

ΟΔΥΣΣΕΥΣ

οἶσθ' οὖν ὃ δρᾶσον, ὡς ἀπαίρωμεν χθονός;

ΣΕΙΛΗΝΟΣ

οὐκ οἶδ', Ὀδυσσεῦ· πᾶν δέ σοι δρῷημεν ἄν.

ΟΔΥΣΣΕΥΣ

ὅδησον ἡμῖν σῖτον, οὗ σπανίζομεν.

ΣΕΙΛΗΝΟΣ

οὐκ ἔστιν, ὥσπερ εἶπον, ἄλλο πλὴν κρέας.

ΟΔΥΣΣΕΥΣ

ἀλλ' ἡδὺ λιμοῦ καὶ τόδε σχετήριον.

ΣΕΙΛΗΝΟΣ

καὶ τυρὸς ὀπίας ἔστι καὶ βοὸς γάλα.

ΟΔΥΣΣΕΥΣ

ἐκφέρετε· φῶς γὰρ ἐμπολήμασιν πρέπει.

ΣΕΙΛΗΝΟΣ

σὺ δ' ἀντιδώσεις, εἰπέ μοι, χρυσὸν πόσον;

ΟΔΥΣΣΕΥΣ

οὐ χρυσόν, ἀλλὰ πῶμα Διονύσου φέρω.

ΣΕΙΛΗΝΟΣ

140   ὦ φίλτατ' εἰπών, οὗ σπανίζομεν πάλαι.

ΟΔΥΣΣΕΥΣ

καὶ μὴν Μάρων μοι πῶμ' ἔδωκε, παῖς θεοῦ.

ΣΕΙΛΗΝΟΣ

ὃν ἐξέθρεψα ταῖσδ' ἐγώ ποτ' ἀγκάλαις;

ΟΔΥΣΣΕΥΣ

ὁ Βακχίου παῖς, ὡς σαφέστερον μάθῃς.

ΣΕΙΛΗΝΟΣ

ἐν σέλμασι νεώς ἐστιν, ἢ φέρεις σύ νιν;

CYCLOPS

SILENUS

No, gone to Etna with his hounds to-day.   130

ODYSSEUS

Do something for us : then we'll get away.

SILENUS

What is it ? (*unctuously*)   I'd do anything for you.

ODYSSEUS

Sell us some food.   They're famished, are my crew.

SILENUS

There's nothing, as I said, save only meat.

ODYSSEUS

Tough mutton ?—h'm : well, starving men must eat.

SILENUS

Cream-cheeses too, and milk—a very sea.

ODYSSEUS

Let's see 'em first—no pig-in-a-poke for me !

SILENUS

You show your money—pay before you dine !

ODYSSEUS

Better than money : what I've got here—wine !

SILENUS

Wine ? Blessèd word—last tasted long agone !   140

ODYSSEUS

'Twas Maron gave it me, your Wine-god's son.

SILENUS

Dear boy !—these arms have nursed you, and here I
      find you !

ODYSSEUS

Yes, Bacchus' best brew, from his own son, mind you.

SILENUS

Got the wine with you ?—*not* in yon ship's hold ?

ΚΥΚΛΩΨ

ΟΔΥΣΣΕΥΣ

ὅδ' ἀσκός, ὃς κεύθει νιν· ὡς ὁρᾷς, γέρον.

ΣΕΙΛΗΝΟΣ

οὗτος μὲν οὐδ' ἂν τὴν γνάθον πλήσειέ μου.

ΟΔΥΣΣΕΥΣ

ναὶ δὶς τόσον πῶμ' ὅσον ἂν ἐξ ἀσκοῦ ῥυῇ.

ΣΕΙΛΗΝΟΣ

καλήν γε κρήνην εἶπας ἡδεῖάν τ' ἐμοί.

ΟΔΥΣΣΕΥΣ

βούλει σε γεύσω πρῶτον ἄκρατον μέθυ;

ΣΕΙΛΗΝΟΣ

150   δίκαιον· ἦ γὰρ γεῦμα τὴν ὠνὴν καλεῖ.

ΟΔΥΣΣΕΥΣ

καὶ μὴν ἐφέλκω καὶ ποτήρ' ἀσκοῦ μέτα.

ΣΕΙΛΗΝΟΣ

φέρ' ἐκπάταξον, ὡς ἀναμνησθῶ πιών.

ΟΔΥΣΣΕΥΣ

ἰδού.

ΣΕΙΛΗΝΟΣ

παπαιάξ, ὡς καλὴν ὀσμὴν ἔχει.

ΟΔΥΣΣΕΥΣ

εἶδες γὰρ αὐτήν;

ΣΕΙΛΗΝΟΣ

οὐ μὰ Δί', ἀλλ' ὀσφραίνομαι.

ΟΔΥΣΣΕΥΣ

γεῦσαί νυν, ὡς ἂν μὴ λόγῳ 'παινῇς μόνον.

ΣΕΙΛΗΝΟΣ

βαβαί· χορεῦσαι παρακαλεῖ μ' ὁ Βάκχιος.
ἂ ἂ ἂ.

CYCLOPS

ODYSSEUS

Old man, it's in this very skin—behold !
                    [Shows corner of skin.

SILENUS

That !—why there's not a toothful in't, I swear '

ODYSSEUS

There's twice as much as *you* can hold in there.
                      [Shows whole skin.

SILENUS

Oh—h ! what a fountain of delight !   O sweet !

ODYSSEUS

Have a small taste ?   No water in it—neat.

SILENUS

Right ! "Wet a bargain with a glass," you know.   150

ODYSSEUS

Here then :—his skinship's got his boat in tow.
               [Shows cup hanging from wine-skin.

SILENUS

Quick ! Trot him out : revive my memory.
I've clean forgot the taste of it.

            ODYSSEUS (*pouring*)
                  There—see ?

SILENUS

Oh—oh ! I say ! What a bouquet !—di̇vine !

ODYSSEUS

Bouquet ?—d'ye see one ?

            SILENUS
              No ; this nose of mine,
By Jove, can answer for it right enough.

ODYSSEUS

Try if it's worth your praise—just taste the stuff.

       SILENUS (*drinks*)

Oh ! oh ! I *must* dance ! Bacchus sounds the note !

ΚΥΚΛΩΨ

ΟΔΥΣΣΕΥ.

μῶν τὸν λάρυγγα διεκάναξέ σου καλῶς ;

ΣΕΙΛΗΝΟΣ

ὥστ᾽ εἰς ἄκρους γε τοὺς ὄνυχας ἀφίκετο.

ΟΔΥΣΣΕΥΣ

160   πρὸς τῷδε μέντοι καὶ νόμισμα δώσομεν.

ΣΕΙΛΗΝΟΣ

χάλα τὸν ἀσκὸν μόνον· ἔα τὸ χρυσίον.

ΟΔΥΣΣΕΥΣ

ἐκφέρετέ νυν τύρευμα καὶ[1] μήλων τόκον.

ΣΕΙΛΗΝΟΣ

δράσω τάδ᾽, ὀλίγον φροντίσας γε δεσποτῶν.
ὡς ἐκπιεῖν γ᾽ ἂν κύλικα μαινοίμην μίαν,
πάντων Κυκλώπων ἀντιδοὺς βοσκήματα,
ῥῖψαί τ᾽ ἐς ἅλμην λισσάδος πέτρας ἄπο,
ἅπαξ μεθυσθεὶς καταβαλών τε τὰς ὀφρῦς.
ὡς ὅς γε πίνων μὴ γέγηθε μαίνεται·
ἵν᾽ ἔστι τουτί τ᾽ ὀρθὸν ἐξανιστάναι
170   μαστοῦ τε δραγμὸς καὶ παρεσκευασμένου
ψαῦσαι χεροῖν λειμῶνος, ὀρχηστύς θ᾽ ἅμα
κακῶν τε λῆστις. εἶτ᾽ ἐγὼ οὐ κυνήσομαι
τοιόνδε πῶμα, τὴν Κύκλωπος ἀμαθίαν
κλαίειν κελεύων καὶ τὸν ὀφθαλμὸν μέσον ;

ΧΟΡΟΣ

ἄκου᾽, Ὀδυσσεῦ, διαλαλήσωμέν τί σοι.

ΟΔΥΣΣΕΥΣ

καὶ μὴν φίλοι γε προσφέρεσθε πρὸς φίλον.

---

[1] Wilamowitz : for MSS. τυρεύματ᾽ ἤ.

CYCLOPS

ODYSSEUS

Did it slip *very* sweetly down your throat?

SILENUS

Throat, man?—to my very toes! I feel 'em tingling.

ODYSSEUS

I'll pay cash too: I've got it ready-jingling.   160

SILENUS

Wine! wine!—for money I don't care a button.

ODYSSEUS

All right.   Fetch out your cheeses and your mutton.

SILENUS

I will!   For master I don't care one fig!
So mad I am for just another swig,
That I'd sell for it all the giants' flocks—
Ay, chuck them in the sea from yonder rocks,
If once I get well drunk, and smooth my brow
Clear of the wrinkles drawn by trouble's plough.
The man that isn't jolly after drinking
Is just a drivelling idiot, to my thinking.
Jolly's no word for it!—I see a vision
Of snowy bosoms, of delights Elysian;   170
Of fingers fondling silken hair, of dancing,
Oblivion of all care!—O dream entrancing!
And shall my lips not kiss the cup whence come
Such raptures?   And shall I not snap my thumb
At Goggle-eye, the blockhead, and the horrid
One eye stuck in the middle of his forehead?
                    [*Goes off to collect the goods.*

A SATYR

Look here, Odysseus; let me ask some questions.

ODYSSEUS

Of course : from friends I welcome all suggestions.

537

ΚΥΚΛΩΨ

ΧΟΡΟΣ

ἐλάβετε Τροίαν τὴν Ἑλένην τε χειρίαν;

ΟΔΥΣΣΕΥΣ

καὶ πάντα γ᾽ οἶκον Πριαμιδῶν ἐπέρσαμεν.

ΧΟΡΟΣ

οὔκουν ἐπειδὴ τὴν νεᾶνιν εἵλετε,
180   ἅπαντες αὐτὴν διεκροτήσατ᾽ ἐν μέρει,
ἐπεί γε πολλοῖς ἥδεται γαμουμένη;
τὴν προδότιν, ἣ τοὺς θυλάκους τοὺς ποικίλους
περὶ τοῖν σκελοῖν ἰδοῦσα καὶ τὸν χρύσεον
κλῳὸν φοροῦντα περὶ μέσον τὸν αὐχένα
ἐξεπτοήθη, Μενέλεων, ἀνθρώπιον
λῷστον, λιποῦσα. μηδαμοῦ γένος ποτὲ
φῦναι γυναικῶν ὤφελ᾽—εἰ μὴ ᾽μοὶ μόνῳ.

ΣΕΙΛΗΝΟΣ

ἰδοὺ τάδ᾽ ὑμῖν ποιμνίων βοσκήματα,
ἄναξ Ὀδυσσεῦ, μηκάδων ἀρνῶν τροφαί,
190   πηκτοῦ γάλακτός τ᾽ οὐ σπάνια τυρεύματα.
φέρεσθε, χωρεῖθ᾽ ὡς τάχιστ᾽ ἄντρων ἄπο,
βότρυος ἐμοὶ πῶμ᾽ ἀντιδόντες εὐίου.
οἴμοι· Κύκλωψ ὅδ᾽ ἔρχεται· τί δράσομεν;

ΟΔΥΣΣΕΥΣ

ἀπολώλαμεν γάρ, ὦ γέρον· ποῖ χρὴ φυγεῖν;

ΣΕΙΛΗΝΟΣ

ἔσω πέτρας τῆσδ᾽, οὗπερ ἂν λάθοιτέ γε.

ΟΔΥΣΣΕΥΣ

δεινὸν τόδ᾽ εἶπας, ἀρκύων μολεῖν ἔσω.

CYCLOPS

SATYR

Did you take Troy, and capture Helen too?

ODYSSEUS

O yes : all Priam's house we overthrew.

SATYR

Well, when you'd caught the naughty little jade,
Didn't each man whip out his vorpal blade,   180
And thrust her through, one after another, then,
And let her have for once her fill of men !
The baggage !—fell in love, all in a twinkle,
With Paris's gaudy bags,[1] without a wrinkle
Fitted to his fine legs, and lost her heart
To his gold necklace !   And she must depart,
And leave the best of little chaps all lonely,
Menelaus !   'Tell you what it is—if only
No woman lived, a good thing would it be—
Not one on earth—except a few for me.

Enter SILENUS *with* SATYRS *bringing bowls and lambs.*

SILENUS

Here, king Odysseus, here they come, the lambs,
Warranted tender babes of bleating dams ;
Here are the curds, and cheeses too galore.   190
Catch hold, and hurry 'em down from cave to shore.
Now for the grape's pure soul, for Bacchus' brew !—
O lor !—the Cyclops !   Oh, what shall we do ?

ODYSSEUS

Done for, old man !   Where can we run to ?—where ?

SILENUS

Into the cave—good hiding-places there.

ODYSSEUS

Not likely !—to walk straight into the snare !

[1] Here Greek and English slang are identical.

ΚΥΚΛΩΨ

ΣΕΙΛΗΝΟΣ

οὐ δεινόν· εἰσὶ καταφυγαὶ πολλαὶ πέτρας.

ΟΔΥΣΣΕΥΣ

οὐ δῆτ'· ἐπεί τὰν μεγάλα γ' ἡ Τροία στένοι,
εἰ φευξόμεσθ' ἕν' ἄνδρα· μυρίον δ' ὄχλον
200 Φρυγῶν ὑπέστην πολλάκις σὺν ἀσπίδι.
ἀλλ' εἰ θανεῖν δεῖ, κατθανούμεθ' εὐγενῶς,
ἢ ζῶντες αἶνον τὸν πάρος γ' εὖ σώσομεν.

ΚΥΚΛΩΨ

ἄνεχε, πάρεχε, τί τάδε ; τίς ἡ ῥαθυμία ;
τί βακχιάζετ' ; οὐχὶ Διόνυσος τάδε,
οὐ κρόταλα χαλκοῦ τυμπάνων τ' ἀράγματα.
πῶς μοι κατ' ἄντρα νεόγονα βλαστήματα ;
ἦ πρός τε μαστοῖς εἰσι χὐπὸ μητέρων
πλευρὰς τρέχουσι, σχοινίνοις τ' ἐν τεύχεσι
πλήρωμα τυρῶν ἐστιν ἐξημελγμένον ;
210 τί φατε ; τί λέγετε ; τάχα τις ὑμῶν τῷ ξύλῳ
δάκρυα μεθήσει· βλέπετ' ἄνω καὶ μὴ κάτω.

ΧΟΡΟΣ

ἰδού, πρὸς αὐτὸν τὸν Δί' ἀνακεκύφαμεν,
τά τ' ἄστρα καὶ τὸν Ὠρίωνα δέρκομαι.

ΚΥΚΛΩΨ

ἄριστόν ἐστιν εὖ παρεσκευασμένον ;

ΧΟΡΟΣ

πάρεστιν. ὁ φάρυγξ εὐτρεπὴς ἔστω μόνον.

ΚΥΚΛΩΨ

ἦ καὶ γάλακτός εἰσι κρατῆρες πλέῳ ;

CYCLOPS

SILENUS

Quite likely. Plenty of rat-holes there, my boy.

ODYSSEUS

Never! 'twould stain my laurels won at Troy
To run from one man. I stood under shield
Against a host of Trojans in the field. **200**
If I must die, I'll die in a blaze of glory,
Or live, and be yet more renowned in story.

Enter CYCLOPS. ODYSSEUS *and his men shrink away to
one side.* SILENUS *slips into cave.*

CYCLOPS

Now then! Come, come! What's this? What,
standing round
All idle, revelling! Don't think you have found
Your Bacchus here! No brazen clashing comes
Of cymbals here, nor thump of silly drums.
Here, how about those kids of mine, those lambs?
Are they all sucking, nuzzling at their dams?
What have you done with all the milk you drew
For cheese? Are those rush-crates brim-full?—
speak, you! [drown
Why don't you answer? Where's that stick?—I'll **210**
Your eyes with tears! Look up, and don't look
down!

CHÓRUS *(pointing their noses at the sky)*

Oh, please! I'm looking at great Zeus this minute:
I see Orion's belt, and seven stars in it.

CYCLOPS

And where's my breakfast? What, not ready yet?

CHORUS

Quite ready. Hope your gullet's quite sharp-set.

CYCLOPS

Are the bowls ready yet for me to swig?

ΧΟΡΟΣ

ὥστ᾽ ἐκπιεῖν γέ σ᾽, ἢν θέλῃς, ὅλον πίθον.

ΚΥΚΛΩΨ

μήλειον ἢ βόειον ἢ μεμιγμένον ;

ΧΟΡΟΣ

ὃν ἂν θέλῃς σύ· μὴ ᾽μὲ καταπίῃς μόνον.

ΚΥΚΛΩΨ

220 ἥκιστ᾽· ἐπεί μ᾽ ἂν ἐν μέσῃ τῇ γαστέρι
πηδῶντες ἀπολέσαιτ᾽ ἂν ὑπὸ τῶν σχημάτων.
ἔα· τίν᾽ ὄχλον τόνδ᾽ ὁρῶ πρὸς αὐλίοις ;
λῃσταί τινες κατέσχον ἢ κλῶπες χθόνα :
ὁρῶ γέ τοι τούσδ᾽ ἄρνας ἐξ ἄντρων ἐμῶν
στρεπταῖς λύγοισι σῶμα συμπεπλεγμένους,
τεύχη τε τυρῶν συμμιγῆ, γέροντά τε
πληγαῖς πρόσωπον φαλακρὸν ἐξῳδηκότα.

ΣΕΙΛΗΝΟΣ

ὤμοι, πυρέσσω συγκεκομμένος τάλας.

ΚΥΚΛΩΨ

ὑπὸ τοῦ ; τίς εἰς σὸν κρᾶτ᾽ ἐπύκτευσεν, γέρον ;

ΣΕΙΛΗΝΟΣ

230 ὑπὸ τῶνδε, Κύκλωψ, ὅτι τὰ σ᾽ οὐκ εἴων φέρειν.

ΚΥΚΛΩΨ

οὐκ ᾖσαν ὄντα θεόν με καὶ θεῶν ἄπο ;

ΣΕΙΛΗΝΟΣ

ἔλεγον ἐγὼ τάδ᾽· οἱ δ᾽ ἐφόρουν τὰ χρήματα·
καὶ τόν γε τυρὸν οὐκ ἐῶντος ἤσθιον
τούς τ᾽ ἄρνας ἐξεφοροῦντο· δήσαντες δὲ σὲ

CYCLOPS

CHORUS

Drink, if you like, a hogshead—*(aside)* like a pig!

CYCLOPS *(looks at bowls)*

Ewes' milk, or cows', or half-and-half, are these?

CHORUS

Whichever you like—but don't swig me up, please?

CYCLOPS

Not I!   Fine rumpus would my belly feel—   220
You capering there, and going toe-and-heel!   *(sees*
    ODYSSEUS *and his men.)*
Hullo! what's this here rabble at my door?
Have thieves or pirates run their ship ashore?
And what?—these lambs—they're *my* lambs, taken
    out
From *my* caves, and with plaited withs about
Their bodies coiled!—what, bowls with cheeses
    packed?
And here's my old man with his bald pate cracked!

SILENUS *comes out of cave, artistically made up as victim
            of assault and battery.*

SILENUS

Oh! oh!   They've pummelled me into a fever!

CYCLOPS

Who?   Who has punched your head, you old
    deceiver?

SILENUS

These rogues.   I tried to stop their robbing you.   230

CYCLOPS

What?   I'm a God, a God's son!   Sure, they knew?

SILENUS

Yes, I kept telling them; but still they hauled
The goods out; and they gobbled—though I bawled
" You mustn't!"—gobbled up your cheese, and stole

543

ΚΥΚΛΩΨ

κλῳῷ τριπήχει κατὰ τὸν ὀμφαλὸν[1] μέσον
τὰ σπλάγχν' ἔφασκον ἐξαμήσεσθαι βίᾳ,
μάστιγί τ' εὖ τὸ νῶτον ἀπολέψειν[2] σέθεν,
κἄπειτα συνδήσαντες εἰς θἀδώλια
τῆς νηὸς ἐμβαλόντες ἀποδώσειν τινὶ
240 πέτρους μοχλεύειν, ἢ 's μυλῶνα καταβαλεῖν.

ΚΥΚΛΩΨ

ἄληθες; οὔκουν κοπίδας ὡς τάχιστ' ἰὼν
θήξεις μαχαίρας καὶ μέγαν φάκελον ξύλων
ἐπιθεὶς ἀνάψεις; ὡς σφαγέντες αὐτίκα
πλήσουσι νηδὺν τὴν ἐμὴν ἀπ' ἄνθρακος
θερμὴν ἔδοντος δαῖτ' ἄτερ κρεανόμων,[3]
τὰ δ' ἐκ λέβητος ἐφθὰ καὶ τετηκότα·
ὡς ἔκπλεώς γε δαιτός εἰμ' ὀρεσκόου·
ἅλις λεόντων ἐστί μοι θοινωμένῳ
ἐλάφων τε, χρόνιος δ' εἴμ' ἀπ' ἀνθρώπων βορᾶς.

ΣΕΙΛΗΝΟΣ

250 τὰ καινά γ' ἐκ τῶν ἠθάδων, ὦ δέσποτα,
ἥδιόν' ἐστίν, οὐ γὰρ αὖ νεωστί γε
ἄλλοι πρὸς ἄντρα τὰ σά γ' ἀφίκοντο ξένοι.

ΟΔΥΣΣΕΥΣ

Κύκλωψ, ἄκουσον ἐν μέρει καὶ τῶν ξένων.
ἡμεῖς βορᾶς χρῄζοντες ἐμπολὴν λαβεῖν
σῶν ἆσσον ἄντρων ἤλθομεν νεὼς ἄπο.

---

[1] Scaliger : for MSS. ὀφθαλμόν.
[2] Ruhnken : for MSS. ἀποθλίψειν.
[3] Dobree : for MSS. τῷ κρεανόμῳ.

CYCLOPS

All these dear little lambs ; and, on my soul,
They swore they'd tie a long rope round your waist,
And rip your noble guts out, give you a taste
Of whip-lash, flay your royal back, my lord,
Of all the skin, then bind you, drag you aboard
Their ship, and tumble you into the hold,
And take you overseas, Sir, to be sold
There to some quarryman, to heave big stones,
Or grind in some corn-mill with weary bones.   240

CYCLOPS

Oh, did they ?   Just you look sharp, then, and set
A fine edge on my carving-knives, and get
A good big faggot on the hearth, and start
The fire ; and these shall promptly do their part
Of filling up my crop.   Hot from the embers
I'll eat them.   I'm the carver who dismembers
My game, and I'm the cook who does the boiling
And stewing here !   My appetite's been spoiling
For something of a change from one long run
Of mountain-game : my stomach's overdone
With lion-steaks and venison.   Now for a taste
Of man !—I don't know when I ate one last.

SILENUS   250

Yes, Master ; the same dishes every day
Do pall, and change is pleasant, as you say ;
Yes, and it's quite an age since guests like these
Have sought your cave's fine hospitalities.

ODYSSEUS

Cyclops, do let the strangers make reply.
We wanted food, and so we came to buy
Some at your cave : we came from yonder ship.

ΚΥΚΛΩΨ

τοὺς δ᾽ ἄρνας ἡμῖν οὗτος ἀντ᾽ οἴνου σκύφου
ἀπημπόλα τε κἀδίδου πιεῖν λαβὼν
ἑκὼν ἑκοῦσι, κοὐδὲν ἦν τούτων βίᾳ.
ἀλλ᾽ οὗτος ὑγιὲς οὐδὲν ὧν φησιν λέγει,
260 ἐπεὶ κατελήφθη σοῦ λάθρᾳ πωλῶν τὰ σά.

ΣΕΙΛΗΝΟΣ

ἐγώ; κακῶς γὰρ ἐξόλοι᾽.

ΟΔΥΣΣΕΥΣ

εἰ ψεύδομαι.

ΣΕΙΛΗΝΟΣ

μὰ τὸν Ποσειδῶ τὸν τεκόντα σ᾽, ὦ Κύκλωψ,
μὰ τὸν μέγαν Τρίτωνα καὶ τὸν Νηρέα,
μὰ τὴν Καλυψὼ τάς τε Νηρέως κόρας,
μά θ᾽ ἱερὰ κύματ᾽ ἰχθύων τε πᾶν γένος,
ἀπώμοσ᾽, ὦ κάλλιστον, ὦ Κυκλώπιον,
ὦ δεσποτίσκε, μὴ τὰ σ᾽ ἐξοδᾶν ἐγὼ
ξένοισι χρήματ᾽. ἢ κακῶς οὗτοι κακοὶ
οἱ παῖδες ἀπόλοινθ᾽, οὓς μάλιστ᾽ ἐγὼ φιλῶ.

ΧΟΡΟΣ

270 αὐτὸς ἔχ᾽. ἔγωγε τοῖς ξένοις τὰ χρήματα
περνάντα σ᾽ εἶδον· εἰ δ᾽ ἐγὼ ψευδῆ λέγω,
ἀπόλοιθ᾽ ὁ πατήρ μου· τοὺς ξένους δὲ μὴ ἀδίκει.

ΚΥΚΛΩΨ

ψεύδεσθ᾽· ἔγωγε τῷδε τοῦ Ῥαδαμάνθυος
μᾶλλον πέποιθα καὶ δικαιότερον λέγω.
θέλω δ᾽ ἐρέσθαι· πόθεν ἐπλεύσατ᾽, ὦ ξένοι;
ποδαποί, τίς ὑμᾶς ἐξεπαίδευσεν πόλις;

CYCLOPS

And this fat rogue was ready, for a sip
Of wine, to sell these lambs : he got one drink
As earnest money, and straightway, in a wink,
He offered us the lot, of his own accord.
We never laid a finger on him, my lord.
All that he's said to you was one big lie
To excuse his selling your goods on the sly.   260

SILENUS

I ?—devil take you !

ODYSSEUS

If I'm lying now.

SILENUS

By the Sea-god your father, Sir, I vow,
By mighty Triton, Nereus, Lord of Waters,
Calypso, and all Nereus' pretty daughters,
By every holy wave that swings and swishes—
In short, by all the gods and little fishes
I swear—my beautiful ! my Cyclops sweet !
My lordykin ! I never sold one bleat
Of all your flocks ! Else—may they go to hell,
These bad boys, whom their father loves so well !

CHORUS

Go there yourself ! I saw you with these eyes   270
Trading with them. And if I'm telling lies,
May father burn for ever and a day !
Sir, don't you do the strangers wrong, I pray !

CYCLOPS

You're liars ! As for me, I'd sooner credit
What he says, than if Rhadamanthus said it ;
I call him the more righteous of the two.
But now I'll question this same stranger-crew :—
Where did you sail from, strangers ? What's your
    nation ?
In what town did you get your education ?

ΚΥΚΛΩΨ

ΟΔΥΣΣΕΥΣ

Ἰθακήσιοι μὲν τὸ γένος, Ἰλίου δ᾽ ἄπο,
πέρσαντες ἄστυ, πνεύμασιν θαλασσίοις
σὴν γαῖαν ἐξωσθέντες ἥκομεν, Κύκλωψ.

ΚΥΚΛΩΨ

280   ἦ τῆς κακίστης οἳ μετήλθεθ᾽ ἁρπαγὰς
Ἑλένης Σκαμάνδρου γείτον᾽ Ἰλίου πόλιν;

ΟΔΥΣΣΕΥΣ

οὗτοι, πόνον τὸν δεινὸν ἐξηντληκότες.

ΚΥΚΛΩΨ

αἰσχρὸν στράτευμά γ᾽, οἵτινες μιᾶς χάριν
γυναικὸς ἐξεπλεύσατ᾽ εἰς γαῖαν Φρυγῶν.

ΟΔΥΣΣΕΥΣ

θεοῦ τὸ πρᾶγμα· μηδέν᾽ αἰτιῶ βροτῶν.
ἡμεῖς δέ σ᾽, ὦ θεοῦ ποντίου γενναῖε παῖ,
ἱκετεύομέν τε καὶ λέγομεν ἐλευθέρως,
μὴ τλῇς πρὸς ἄντρα σοὺς ἀφιγμένους ξένους
κτανεῖν βοράν τε δυσσεβῆ θέσθαι γνάθοις·
290   οἳ τὸν σόν, ὦναξ, πατέρ᾽ ἔχειν ναῶν ἕδρας
ἐρρυσάμεσθα γῆς ἐν Ἑλλάδος μυχοῖς.
ἱερός τ᾽ ἄθραυστος Ταινάρου μένει λιμήν,
Μαλέας τ᾽ ἄκροι κευθμῶνες, ἥ τε Σουνίου
δίας Ἀθάνας σῶς ὑπάργυρος πέτρα,
Γεραίστιοί τε καταφυγαί, τά θ᾽ Ἑλλάδος
δύσφορά γ᾽ ὀνείδη Φρυξὶν οὐκ ἐδώκαμεν·
ὧν καὶ σὺ κοινοῖ· γῆς γὰρ Ἑλλάδος μυχοὺς

CYCLOPS

ODYSSEUS

We're Ithacans born and bred : from Ilium—
After destroying the city—we have come
To this your land, being driven tempest-tossed
Out of our course, Sir Cyclops, to your coast.

CYCLOPS

Oho ! then you're the men who went in search   280
Of Helen, who left her husband in the lurch,
And ran away to Ilium by Scamander ?

ODYSSEUS

Yes : slippery fish—hard work to hook and land her.

CYCLOPS (*with air of virtuous indignation*)

Yes—and a most disgraceful exhibition
You made of your own selves !—an expedition
To Phrygia, for one petticoat !—disgusting !

ODYSSEUS

Don't blame us men : it was the Gods' on-thrusting.
But, noble son of the great Lord of Sea,
We beg you, we beseech you earnestly,—
Don't be so cruel as to kill and feast,
With cannibal jawbones, like a godless beast,
On guests, whose claims you surely will not spurn !
Lord king, we've done your father a good turn :   290
We've saved his temples for him in every corner
Of all Greece : after this, no pirate scorner
Of holy things will smash his temple-doors
On the Taenarian haven's peaceful shores ;
And upon Malea's height his holy fane
Is safe now, and the rocks of silver vein
On Sunium—Athena's property,—
And on Geraestus his great sanctuary.
In fact, we put our foot down—wouldn't stand
The intolerable reproach on Hellas-land
Brought by those Phrygian thieves.   And in the fruits

549

οἰκεῖς ὑπ' Αἴτνῃ τῇ πυριστάκτῳ πέτρᾳ.
νόμος δὲ θνητοῖς, εἰ λόγους ἐπιστρέφει,
ἱκέτας δέχεσθαι ποντίους ἐφθαρμένους
ξένιά τε δοῦναι καὶ πέπλοις ἐπαρκέσαι,
οὐκ ἀμφὶ βουπόροισι πηχθέντας μέλη
ὀβελοῖσι νηδὺν καὶ γνάθον πλῆσαι σέθεν.
ἅλις δὲ Πριάμου γαῖ' ἐχήρωσ' Ἑλλάδα,
πολλῶν νεκρῶν πιοῦσα δοριπετῆ φόνον,
ἀλόχους τ' ἀνάνδρους γραῦς τ' ἄπαιδας ὤλεσε
πολιούς τε πατέρας. εἰ δὲ τοὺς λελειμμένους
σὺ συμπυρώσας δαῖτ' ἀναλώσεις πικράν,
ποῖ τρέψεταί τις; ἀλλ' ἐμοὶ πιθοῦ, Κύκλωψ,
πάρες τὸ μάργον σῆς γνάθου, τὸ δ' εὐσεβὲς
τῆς δυσσεβείας ἀνθελοῦ· πολλοῖσι γὰρ
κέρδη πονηρὰ ζημίαν ἠμείψατο.

παραινέσαι σοι βούλομαι· τῶν γὰρ κρεῶν
μηδὲν λίπῃς τοῦδ'· ἢν δὲ τὴν γλῶσσαν δάκῃς,
κομψὸς γενήσει καὶ λαλίστατος, Κύκλωψ.

ὁ πλοῦτος, ἀνθρωπίσκε, τοῖς σοφοῖς θεός·
τὰ δ' ἄλλα κόμποι καὶ λόγων εὐμορφίαι.
ἄκρας δ' ἐναλίας ἃς καθίδρυται πατὴρ
χαίρειν κελεύω· τί τάδε προυστήσω λόγῳ;
Ζηνὸς δ' ἐγὼ κεραυνὸν οὐ φρίσσω, ξένε,
οὐδ' οἶδ' ὅ τι Ζεύς ἐστ' ἐμοῦ κρείσσων θεός.
οὔ μοι μέλει τὸ λοιπόν· ὡς δ' οὔ μοι μέλει
ἄκουσον. ὅταν ἄνωθεν ὄμβρον ἐκχέῃ,

CYCLOPS

Of this you share ; for here by Etna's roots,
Below his rocky lava-welling dome,
Just on the skirts of Greece you have your home.
And 'tis the law of nations (*Cyclops yawns*)—if I may
Ask your attention to the words I say—
To welcome suppliant castaways—indeed,   300
To give them gifts, and fresh rig-outs at need,
Not stick their limbs on great ox-roasting spits
To cram your jaws and belly with tit-bits.
Enough has Priam's land bereaved our Hellas
By drinking blood of thousands slain, as well as
By widowing wives, and robbing grey-haired mothers
And fathers of their sons.   Now, if the others,
The few survivors, are to be by you
Roasted for horrible feastings, whereunto
Shall one for justice look ?   Hear reason and right,
Cyclops ; restrain your savage appetite :   310
Choose fear of God for godlessness !   A host
Of men, in making sinful gains, have lost.

SILENUS

Now just take my advice :—of this chap's meat
Don't leave one scrap.   And if you also eat
His nice long tongue, you'll grow as smart as he
In making speeches, and in repartee.

CYCLOPS

Wealth, master Shrimp, is to the truly wise
The one true god ; the rest are mockeries
Of tall talk, naught but mere word-pageantries.
As for my father's fanes by various seas,
That for them !—why d'ye talk to me of these ?
And as for Zeus's thunder—I've no fear   320
Of that, sir stranger ! it's by no means clear
To me that he's a mightier god than I ;
So I don't care for *him* ; I'll tell you why :—

ἐν τῇδε πέτρᾳ στέγν' ἔχω σκηνώματα,
ἢ μόσχον ὀπτὸν ἤ τι θήρειον δάκος
δαινύμενος, εὖ τέγγων τε γαστέρ' ὑπτίαν,
ἐπεκπιὼν γάλακτος ἀμφορέα, πέπλον
κρούω, Διὸς βρονταῖσιν εἰς ἔριν κτυπῶν.
ὅταν δὲ βορρᾶς χιόνα Θρήκιος χέῃ,
330 δοραῖσι θηρῶν σῶμα περιβαλὼν ἐμὸν
καὶ πῦρ ἀναίθων, χιόνος οὐδέν μοι μέλει.
ἡ γῆ δ' ἀνάγκῃ, κἂν θέλῃ κἂν μὴ θέλῃ,
τίκτουσα ποίαν τἀμὰ πιαίνει βοτά.
ἀγὼ οὔτινι θύω πλὴν ἐμοί, θεοῖσι δ' οὔ,
καὶ τῇ μεγίστῃ γαστρὶ τῇδε δαιμόνων·
ὡς τοὐμπιεῖν γε καὶ φαγεῖν τοὐφ' ἡμέραν,
Ζεὺς οὗτος ἀνθρώποισι τοῖσι σώφροσι,
λυπεῖν δὲ μηδὲν αὑτόν· οἱ δὲ τοὺς νόμους
ἔθεντο ποικίλλοντες ἀνθρώπων βίον,
340 κλαίειν ἄνωγα· τὴν δ' ἐμὴν ψυχὴν ἐγὼ
οὐ παύσομαι δρῶν εὖ—κατεσθίων τε σέ.
ξένια δὲ λήψει τοιάδ', ὡς ἄμεμπτος ὦ,
πῦρ καὶ πατρῷον τόδε,[1] λέβητά θ', ὃς ζέσας
σὴν σάρκα διαφόρητον ἀμφέξει καλῶς.
ἀλλ' ἕρπετ' εἴσω, τῷ κατ' αὔλιον θεῷ
ἵν' ἀμφὶ βωμὸν στάντες εὐωχῆτέ με.

ΟΔΥΣΣΕΥΣ

αἰαῖ, πόνους μὲν Τρωικοὺς ὑπεξέδυν
θαλασσίους τε, νῦν δ' ἐς ἀνδρὸς ἀνοσίου

---

[1] Sc. ὕδωρ. Hermann : for MSS. τόνδε λέβητά γ'.

CYCLOPS

When he pours down his rain from yonder sky,
I have snug lodgings in this cave of mine.
On roasted veal or some wild game I dine,
Then drench my belly, sprawling on my back,
With a whole butt of milk.   His thunder-crack—
I answer it, when he splits the clouds asunder,
With boomings of my cavern-shaking thunder.
And when the north-east wind pours down the snow,
I wrap my body round with furs, and so   330
I light my fire, and naught for snow I care.
And, willy-nilly, earth has got to bear
The grass that makes my sheep and cattle fat.
I sacrifice to my great Self, sir Sprat,
And to no god beside—except, that is,
My belly, greatest of all deities.
Eat plenty and drink plenty every day,
And never worry—*that* is, so I say,
The Zeus that suits a level-headed man;
But as for those who framed an artful plan
Of laws, to puzzle plain men's lives with these—
I snap my thumb at them.   I'll never cease   340
Seeking my own soul's good—by eating you.
And, as for guest-gifts, you shall have your due—
Oh no, I won't be niggard !—a hot fire,
And yonder caldron, which my Sea-god sire
Will fill up with his special private brew
To make your chop-steaks into a savoury stew
Now, toddle in, and all stand ready near
The Paunch-god's altar, and make your host good
  cheer.   [*Begins to drive the crew in.*
ODYSSEUS

Alas ! through Trojan conflicts have I won
And perils of the sea, only to run

553

γνώμην κατέσχον ἀλίμενόν τε καρδίαν.
350 ὦ Παλλάς, ὦ δέσποινα Διογενὲς θεά,
νῦν νῦν ἄρηξον· κρείσσονας γὰρ Ἰλίου
πόνους ἀφῖγμαι κἀπὶ κινδύνου βάθρα.
σύ τ', ὦ φαεννῶν ἀστέρων οἴκων ἕδρας
Ζεῦ ξένι', ὅρα τάδ'· εἰ γὰρ αὐτὰ μὴ βλέπεις,
ἄλλως νομίζει Ζεύς, τὸ μηδὲν ὤν, θεός.

ΧΟΡΟΣ

εὐρείας φάρυγγος, ὦ Κύκλωψ,
ἀναστόμου τὸ χεῖλος· ὡς ἕτοιμά σοι
ἑφθὰ καὶ ὀπτὰ καὶ ἀνθρακιᾶς ἄπο χναύειν,
βρύκειν, κρεοκοπεῖν μέλη ξένων,
360 δασυμάλλῳ ἐν αἰγίδι κλινομένῳ.

μή μοι μὴ προσδίδου·
μόνος μόνῳ κόμιζε [1] πορθμίδος σκάφος.
χαιρέτω μὲν αὖλις ἅδε,
χαιρέτω δὲ θυμάτων
ἀποβώμιος ἃν ἔχει θυσίαν
Κύκλωψ Αἰτναῖος ξενικῶν
κρεῶν κεχαρμένος βορᾷ·

νηλής, ὦ τλᾶμον, ὅστις
370 δωμάτων ἐφεστίους ξενικοὺς
ἱκτῆρας ἐκθύει δόμων,

[1] So MSS.   Wecklein would read γέμιζε.

554

CYCLOPS

Aground on a godless villain's evil will,
And on his iron-bound heart my life to spill !
O Pallas, Child of Zeus, O Heavenly Queen,   350
Help, help me now, for never have I been,
Mid all Troy's travail, in such strait as this !
Oh, this is peril's bottomless abyss !
O Dweller in the starry Halls of Light,
Zeus, thou Guest-champion, look upon my plight !
If thou regard not, vainly we confess
Thy godhead, Zeus, who art mere nothingness !
   [*Follows his men into the cave, followed by* CYCLOPS.

CHORUS

Gape wide your jaws, you one-eyed beast,
   Your tiger-fangs, an' a' that ;
Hot from the coals to make your feast
   Here's roast, an' boiled, an' a' that.
For a' that, an' a' that,
His guid fur-rug, an' a' that,
He's tearin', champin' flesh o' guests !
   So nane for me, for a' that.   360

Ay, paddle your ain canoe, One-eye,
   Wi' bluidy oars, an' a' that ;
Your impious hall, I pass it by !
   I cry "avaunt !" for a' that.
For a' that, an' a' that,
Your " Etna Halls," an' a' that,
You joy in gorgin' strangers' flesh '
   Awa' wi' ye, for a' that !

A heartless wretch is he, whoe'er,
   When shipwrecked men, an' a' that,
Draw nigh his hearth wi' suppliant prayer,   370
   Slays, eats them up, an' a' that.

ΚΥΚΛΩΨ

κόπτων βρύκων,
ἐφθά τε δαινύμενος μυσαροῖσί τ᾽ ὀδοῦσιν
ἀνθρώπων θέρμ᾽ ἀπ᾽ ἀνθράκων κρέα.

ὦ Ζεῦ, τί λέξω, δείν᾽ ἰδὼν ἄντρων ἔσω
κοὐ πιστά, μύθοις εἰκότ᾽, οὐδ᾽ ἔργοις βροτῶν;

τί δ᾽ ἔστ᾽, Ὀδυσσεῦ; μῶν τεθοίναται σέθεν
φίλους ἑταίρους ἀνοσιώτατος Κύκλωψ;

δισσούς γ᾽ ἀθρήσας κἀπιβαστάσας χεροῖν,
380 οἳ σαρκὸς εἶχον εὐτρεφέστατον πάχος.

πῶς, ὦ ταλαίπωρ᾽, ἦτε πάσχοντες τάδε;

ἐπεὶ πετραίαν τήνδ᾽ ἐσήλθομεν στέγην,[1]
ἀνέκαυσε μὲν πῦρ πρῶτον, ὑψηλῆς δρυὸς
κορμοὺς πλατείας ἐσχάρας βαλὼν ἔπι,
τρισσῶν ἁμαξῶν ὡς ἀγώγιμον βάρος.
ἔπειτα φύλλων ἐλατίνων χαμαιπετῆ
ἔστρωσεν εὐνὴν πλησίον πυρὸς φλογί.
κρατῆρα δ᾽ ἐξέπλησεν ὡς δεκάμφορον,
μόσχους ἀμέλξας, λευκὸν εἰσχέας γάλα.
390 σκύφος τε κισσοῦ παρέθετ᾽ εἰς εὖρος τριῶν
πήχεων, βάθος δὲ τεσσάρων ἐφαίνετο.

---

[1] For (corrupt) MSS. χθόνα. Other proposed emendations
are πτύχα, γνάθον.

For a' that, an' a' that,
    His stews an' steaks, an' a' that,
    His teeth are foul wi' flesh o' man !
        He's damned to hell, for a' that !

Enter ODYSSEUS *from cave.*

ODYSSEUS

Oh God, that cave !—that mine eyes should behold
Horrors incredible, things that might be told
In nightmare demon-legends, never found
In acts of men !

CHORUS

        What is it ?   Has that hound
Of hell yet feasted on your friends, poor man ?

ODYSSEUS

Yes, two.   He glared on all ; then he began
To weigh them in his hands, to find out who
Were fattest and best-nourished of my crew !   380

CHORUS

Poor soul !   How did your sufferings befall ?

ODYSSEUS

When in yon dungeon he had herded all,
He kindled first a fire, and then hurled down
On that broad hearth a tall oak's branching crown,
A mass of wood three waggons scarce could bear ;
Then he spread out, hard by the red flame's glare,
A deep broad bed of fallen leaves of pine.
Next, with the milk he drew from all his kine
He filled a ninety-gallon cask : beside
This tank he set a bowl some five feet wide,   390
And, by the looks, 'twas more than two yards deep ;
Then round his brazen caldron made flames leap,

καὶ χάλκεον λέβητ᾽ ἐπέζεσεν πυρί,
ὀβελούς τ᾽, ἄκρους μὲν ἐγκεκαυμένους πυρί,
ξεστοὺς δὲ δρεπάνῳ τἆλλα, παλιούρου κλάδων,
Αἰτναῖά τε σφαγεῖα πελέκεων γνάθοις.†
ὡς δ᾽ ἦν ἕτοιμα πάντα τῷ θεοστυγεῖ
Ἅιδου μαγείρῳ, φῶτε συμμάρψας δύο
ἔσφαζ᾽ ἑταίρων τῶν ἐμῶν ῥυθμῷ τινι
τὸν μὲν λέβητος εἰς κύτος χαλκήλατον,
400 τὸν δ᾽ αὖ, τένοντος ἁρπάσας ἄκρου ποδός,
παίων πρὸς ὀξὺν στόνυχα πετραίου λίθου,
ἐγκέφαλον ἐξέρρανε, καὶ καθαρπάσας
λάβρῳ μαχαίρᾳ σάρκας ἐξώπτα πυρί,
τὰ δ᾽ εἰς λέβητ᾽ ἐφῆκεν ἕψεσθαι μέλη.
ἐγὼ δ᾽ ὁ τλήμων δάκρυ᾽ ἀπ᾽ ὀφθαλμῶν χέων
ἐχριμπτόμην Κύκλωπι κἀδιακόνουν·
ἄλλοι δ᾽ ὅπως ὄρνιθες ἐν μυχοῖς πέτρας
πτήξαντες εἶχον, αἷμα δ᾽ οὐκ ἐνῆν χροΐ.
ἐπεὶ δ᾽ ἑταίρων τῶν ἐμῶν πλησθεὶς βορᾶς
410 ἀνέπεσε, φάρυγος αἰθέρ᾽ ἐξιεὶς βαρύν,
εἰσῆλθέ μοί τι θεῖον· ἐμπλήσας σκύφος
Μάρωνος αὐτῷ τοῦδε προσφέρω πιεῖν,
λέγων τάδ᾽· ὦ παῖ ποντίου θεοῦ, Κύκλωψ,
σκέψαι τόδ᾽ οἷον Ἑλλὰς ἀμπέλων ἄπο
θεῖον κομίζει πῶμα, Διονύσου γάνος.
ὁ δ᾽ ἔκπλεως ὢν τῆς ἀναισχύντου βορᾶς
ἐδέξατ᾽ ἔσπασέν τ᾽ ἄμυστιν ἑλκύσας,
κἀπῄνεσ᾽ ἄρας χεῖρα· φίλτατε ξένων,
καλὸν τὸ πῶμα δαιτὶ πρὸς καλῇ δίδως.

CYCLOPS

Next, got his spits out, limbs of blackthorn roughly
Trimmed with a bill, the points fire-hardened toughly;
Then, bowls to hold the blood made forth to well
By cleavers of this fiend of Etna's hell.
When all was ready for this devil-cook
God-hated, with a sudden snatch he took
Two of my comrades, and, as one might beat
A hideous music out, so did he treat
These in the killing: one man's head he swung
Against the caldron's brass that hollow rung;
By the heel-sinew he gripped the other, dashed   400
The wretch against a sharp rock-spur, and splashed
His brains all round: then with swift savage knife
Sliced off the flesh yet quivering with life:
He set some o'er the fire on spits to broil,
And into his caldron flung whole limbs to boil,
Then I—oh misery!—shedding tear on tear
To wait upon this Cyclop fiend drew near;
While all the rest in crannies of the rock
With bloodless faces cowered, like a flock
Of scared birds.   When he had gorged himself at last
With my friends' flesh, he flung him down; a blast
Of foul breath from his throat burst loathsomely.   410

Then a great inspiration came to me:
With Maron's mighty wine I filled a cup,
And offered it, saying, as I held it up,
" Son of the Sea-king, Cyclops, taste and know
What heavenly draughts from vines of Hellas flow.
This is the glory of our Vineyard-lord."
And he, gorged with that banqueting abhorred,
Took it, and swilled it all down at one draught.
Up went his praising hands: " Dear guest," he laughed,
" With glorious drink you crown a glorious feast ! "

420 ἡσθέντα δ᾽ αὐτὸν ὡς ἐπῃσθόμην ἐγώ,
ἄλλην ἔδωκα κύλικα, γιγνώσκων ὅτι
τρώσει νιν οἶνος καὶ δίκην δώσει τάχα.
καὶ δὴ πρὸς ᾠδὰς εἶρπ᾽· ἐγὼ δ᾽ ἐπεγχέων
ἄλλην ἐπ᾽ ἄλλῃ σπλάγχν᾽ ἐθέρμαινον ποτῷ.
ᾄδει δὲ παρὰ κλαίουσι συνναύταις ἐμοῖς
ἄμουσ᾽, ἐπήχει δ᾽ ἄντρον. ἐξελθὼν δ᾽ ἐγὼ
σιγῇ, σὲ σῶσαι κἄμ᾽, ἐὰν βούλῃ, θέλω.
ἀλλ᾽ εἴπατ᾽ εἴτε χρῄζετ᾽ εἴτ᾽ οὐ χρῄζετε
φεύγειν ἄμικτον ἄνδρα καὶ τὰ Βακχίου
430 ναίειν μέλαθρα Ναΐδων[1] νυμφῶν μέτα.
ὁ μὲν γὰρ ἔνδον σὸς πατὴρ τάδ᾽ ἤνεσεν.
ἀλλ᾽ ἀσθενὴς γὰρ κἀποκερδαίνων ποτοῦ,
ὥσπερ πρὸς ἰξῷ τῇ κύλικι λελημμένος
πτέρυγας ἀλύει· σὺ δέ, νεανίας γὰρ εἶ,
σώθητι μετ᾽ ἐμοῦ καὶ τὸν ἀρχαῖον φίλον
Διόνυσον ἀνάλαβ᾽, οὐ Κύκλωπι προσφερῆ.

ΧΟΡΟΣ

ὦ φίλτατ᾽, εἰ γὰρ τήνδ᾽ ἴδοιμεν ἡμέραν,
Κύκλωπος ἐκφυγόντες ἀνόσιον κάρα.
ὡς διὰ μακροῦ γε † τὸν σίφωνα τὸν φίλον
440 χηρεύομεν, τὸν δ᾽ οὐκ ἔχομεν καταφαγεῖν.†

ΟΔΥΣΣΕΥΣ

ἄκουε δή νυν ἣν ἔχω τιμωρίαν
θηρὸς πανούργου σῆς τε δουλείας φυγήν.

---

[1] Casaubon : for MSS. Δαναΐδων.

So, when I saw how much it pleased the beast,   420
I filled his cup again, for well I knew
The wine would trip him up, and full soon too
Would give me my revenge.   And now he roared
Forth into singing : still I poured and poured
Cup after cup, till glowed his villain bowels
With that good liquor.   Dissonant rang his howls
By my men's moans and sobs, and all about
The cavern echoed.   I have stolen out,
And mean, if you are willing, to rescue you
And myself too.   Say, what d'you mean to do ?
Do you, or do you not, consent to flee
From this inhospitable brute, and be
Dwellers henceforth in Bacchus' halls afar—
Where also the sweet Fountain-maidens are ?   430
Your father in there—well, he did approve ;
But he's too weak to help : he's fallen in love,
Moreover, with the wine, can think of naught
But trying to get his share.   His wings are caught,
As if with birdlime, by the cup : his wit
Is all abroad.   But you are young and fit :
Escape with me, and meet your dear old lord
Dionysus—how unlike yon brute abhorred !

CHORUS

O dearest friend, that I might flee away
From godless Goggle-eye, and see that day !
The pipe of pleasure has for long been pining,
For on no dainty things have I been dining.   440

ODYSSEUS

Hear then, the vengeance that it's in my mind
To wreak upon that scoundrel beast, and find
Therein your own escape from slavery.

ΚΥΚΛΩΨ

ΧΟΡΟΣ

λέγ', ὡς Ἀσιάδος οὐκ ἂν ἥδιον ψόφον
κιθάρας κλύοιμεν ἢ Κύκλωπ' ὀλωλότα.

ΟΔΥΣΣΕΥΣ

ἐπὶ κῶμον ἕρπειν πρὸς κασιγνήτους θέλει
Κύκλωπας ἡσθεὶς τῷδε Βακχίου ποτῷ.

ΧΟΡΟΣ

ξυνῆκ', ἔρημον ξυλλαβὼν δρυμοῖσί νιν
σφάξαι μενοινᾷς ἢ πετρῶν ὦσαι κάτα.

ΟΔΥΣΣΕΥΣ

οὐδὲν τοιοῦτον, δόλιος ἡ 'πιθυμία.

ΧΟΡΟΣ

450   πῶς δαί; σοφόν τοί σ' ὄντ' ἀκούομεν πάλαι.

ΟΔΥΣΣΕΥΣ

κώμου μὲν αὐτὸν τοῦδ' ἀπαλλάξω, λέγων
ὡς οὐ Κύκλωψι πῶμα χρὴ δοῦναι τόδε,
μόνον δ' ἔχοντα βίοτον ἡδέως ἄγειν.
ὅταν δ' ὑπνώσσῃ Βακχίου νικώμενος,
ἀκρεμὼν ἐλαίας ἔστιν ἐν δόμοισί τις,
ὃν φασγάνῳ τῷδ' ἐξαποξύνας ἄκρον,
εἰς πῦρ καθήσω· κᾆθ', ὅταν κεκαυμένον
ἴδω νιν, ἄρας θερμὸν εἰς μέσην βαλὼν
Κύκλωπος ὄψιν ὄμματ' ἐκτήξω πυρί.
460   ναυπηγίαν δ' ὡσεί τις ἁρμόζων ἀνὴρ
διπλοῖν χαλινοῖν τρύπανον κωπηλατεῖ,
οὕτω κυκλώσω δαλὸν ἐν φαεσφόρῳ
Κύκλωπος ὄψει καὶ συναναλῶ κόρας.

ΧΟΡΟΣ

ἰοὺ ἰού,
γέγηθα, μαινόμεσθα τοῖς εὑρήμασιν.

CYCLOPS

O speak !   Not more delightfully to me
The music of an Indian harp would sound
Than tidings of his death—the Cyclop hound !

ODYSSEUS
He wants to go forth, full of wine and glee,
To his brother Cyclops for wild revelry.

CHORUS
I see—you ambush him in some lone copse,
Or,—one sly push, and over the cliff he drops.

ODYSSEUS
No, no ; my trick is artfuller by far.

CHORUS
What ?   Long ago I heard how 'cute you are.   450

ODYSSEUS
I'll put him off this revel-game ; I'll say
He shouldn't give such wine as this away
To his fellow-beasts, but keep it, only thinking
Of having a high old time of private drinking.
And, when he's sleeping, Bacchus' captive, then—
A stake of olive lies in yonder den :
My sword shall shape to a point yon bit of tree ;
I'll thrust it in the fire ; and when I see
That it is well ablaze, I'll whip the thing
Out, and all glowing-red I'll slip the thing
Into the middle of Master Cyclops' eye,
And melt his vision out with fire thereby.
And, just as shipwrights fitting beams together   460
Will twirl the big drill with long straps of leather,
So in this fellow's eye I'll twirl about
My firebrand till I scorch his eyeball out.

CHORUS
Callooh ! Callay !
I'm glad—I'm mad with joy at your invention !

ΚΥΚΛΩΨ

κἄπειτα καὶ σὲ καὶ φίλους γέροντά τε
νεὼς μελαίνης κοῖλον ἐμβήσας σκάφος
διπλαῖσι κώπαις τῆσδ᾽ ἀποστελῶ χθονός.

ἔστ᾽ οὖν ὅπως ἂν ὡσπερεὶ σπονδῆς θεοῦ
470 κἀγὼ λαβοίμην τοῦ τυφλοῦντος ὄμματα
δαλοῦ; πόνου γὰρ τοῦδε κοινωνεῖν θέλω.

δεῖ γοῦν· μέγας γὰρ δαλός, ὃν ξυλληπτέον.

ὡς κἂν ἁμαξῶν ἑκατὸν ἀραίμην βάρος,
εἰ τοῦ Κύκλωπος τοῦ κακῶς ὀλουμένου
ὀφθαλμὸν ὥσπερ σφηκιὰν ἐκθύψομεν.

σιγᾶτε νῦν. δόλον γὰρ ἐξεπίστασαι·
χὤταν κελεύω, τοῖσιν ἀρχιτέκτοσι
πείθεσθ᾽· ἐγὼ γὰρ ἄνδρας ἀπολιπὼν φίλους
τοὺς ἔνδον ὄντας οὐ μόνος σωθήσομαι.
480 καίτοι φύγοιμ᾽ ἄν, κἀκβέβηκ᾽ ἄντρου μυχῶν·
ἀλλ᾽ οὐ δίκαιον ἀπολιπόντ᾽ ἐμοὺς φίλους,
ξὺν οἷσπερ ἦλθον δεῦρο, σωθῆναι μόνον.

ἄγε, τίς πρῶτος, τίς δ᾽ ἐπὶ πρώτῳ
ταχθεὶς δαλοῦ κώπην ὀχμάσας
Κύκλωπος ἔσω βλεφάρων ὤσας
λαμπρὰν ὄψιν διακναίσει;

[ᾠδὴ ἔνδοθεν]

564

ODYSSEUS

Then in my black ship it is my intention
To put your father, you, and my friends freed:
Then with oars double-manned away we speed.

CHORUS

And in the handling of this burning brand
That scoops his eye out, can't I bear a hand,
Just as in sacrifices all have part?   470
I'll take my little share with all my heart.

ODYSSEUS

O yes, you *must*: the brand is monstrous great,
And all must help at it.

CHORUS

           I'd lift a weight
Enough for a hundred carts, if so I might,
As one burns out a wasps' nest, quench the light
Of One-eye—damn him down to lowest hell!

ODYSSEUS

Now, mum's the word!   You know the trick right
    well;
So, when I call on you, do you obey
The master-mind—that's me.   No running away
For me, to save myself, and leave my crew
Inside!   I *might* escape: I got clear through   480
A tunnel in the rock with small ado,
But—give my friends the slip, with whom I came
Here, and escape alone!—'twould be a shame!

                          [*Exit into cave.*

CHORUS

O who, and O who will come and take his stand,
And grip the shaft and plunge beneath his brow the
    glowing brand?
And it's O, but a Cyclop with eye on fire is grand!

[*Sound of singing in cave*]

σίγα σίγα. καὶ δὴ μεθύων
ἄχαριν κέλαδον μουσιζόμενος
490   σκαιὸς ἀπῳδὸς καὶ κλαυσόμενος
χωρεῖ πετρίνων ἔξω μελάθρων.
φέρε νιν κώμοις παιδεύσωμεν
τὸν ἀπαίδευτον.
πάντως μέλλει τυφλὸς εἶναι.

μάκαρ ὅστις εὐιάζει
βοτρύων φίλαισι πηγαῖς
ἐπὶ κῶμον ἐκπετασθείς,
φίλον ἄνδρ' ὑπαγκαλίζων,
ἐπὶ δεμνίοισί τε ξανθὸν
500   χλιδανῆς ἔχων ἑταίρας
μυρόχριστος λιπαρὸν βό-
στρυχον, αὐδᾷ δέ· θύραν τίς οἴξει μοι;

παπαπαῖ, πλέως μὲν οἴνου,
γάννυμαι δὲ δαιτὸς ἥβῃ,
σκάφος ὁλκὰς ὣς γεμισθεὶς
ποτὶ σέλμα γαστρὸς ἄκρας.
ὑπάγει μ' ὁ χόρτος εὔφρων
ἐπὶ κῶμον ἦρος ὥραις,
ἐπὶ Κύκλωπας ἀδελφούς.
510   φέρε μοι, ξεῖνε, φέρ', ἀσκὸν ἔνδος μοι.

καλὸν ὄμμασιν δεδορκὼς
καλὸς ἐκπερᾷ μελάθρων.
[φίλος ὤν]¹ φιλεῖ τις ἡμᾶς.

---

¹ Hermann, to supply lacuna in MSS.

566

CYCLOPS

O hush, and O hush ! for he howls a drunken song,
A hideous discord bellowed by an unmelodious
    tongue.
And it's O, but his music shall turn to wails ere long ! 490
He comes, O he comes ; he has left his cave behind.
Some revel-song adapted to his thick head let us find.
And it's O, but for certain he'll very soon be blind.

Enter CYCLOPS *with* ODYSSEUS *and* SILENUS.

    O bliss to be chanting the Song of the Wine,
        When the cluster's fountain is flowing,
    When your soul floats forth on the revel divine,
        And your love in your arms is glowing,
    When you play with the odorous golden hair
        Of a fairy-like sweet wee love,   500
    And you murmur through shining curls the
        prayer—
      " Unlock love's door unto me, love ! "

CYCLOPS

    Oho ! Oho ! I am full of good drink,
        Full of glee from a good feast's revel !
    I'm a ship that is laden till ready to sink
        Right up to my crop's deck-level !
    The jolly spring season is tempting me out
        To dance on the meadow-clover
    With my Cyclop brothers in revel-rout !—
        Here, hand the wine-skin over !   510

CHORUS [1]

    With eyes lit up with the love-light's spell
        From his halls is the bridegroom pacing,—
    " O, somebody loves me, but I won't tell ! ".—

---

[1] This verse is full of veiled ironic reference to the fiery
stake, and its expected effect on the appearance of his fore-
head.

ΚΥΚΛΩΨ

λύχνα δ' ἀμμένει δάϊα σὸν
χρόα, χἠ τέρεινα νύμφα
δροσερῶν ἔσωθεν ἄντρων.
στεφάνων δ' οὐ μία χροιὰ
περὶ σὸν κρᾶτα τάχ' ἐξομιλήσει.

Κύκλωψ, ἄκουσον, ὡς ἐγὼ τοῦ Βακχίου
520   τούτου τρίβων εἴμ', ὃν πιεῖν ἔδωκά σοι.

ὁ Βάκχιος δὲ τίς; θεὸς νομίζεται;

μέγιστος ἀνθρώποισιν εἰς τέρψιν βίου.

ἐρυγγάνω γοῦν αὐτὸν ἡδέως ἐγώ.

τοιόσδ' ὁ δαίμων· οὐδένα βλάπτει βροτῶν.

θεὸς δ' ἐν ἀσκῷ πῶς γέγηθ' οἴκους ἔχων;

ὅπου τιθῇ τις, ἐνθάδ' ἐστὶν εὐπετής.

οὐ τοὺς θεοὺς χρῆν σῶμ' ἔχειν ἐν δέρμασιν.

τί δ', εἴ σε τέρπει γ'; ἢ τὸ δέρμα σοι πικρόν;

μισῶ τὸν ἀσκόν· τὸ δὲ ποτὸν φιλῶ τόδε.

530   μένων νυν αὐτοῦ πῖνε κεὐθύμει, Κύκλωψ.

οὐ χρή μ' ἀδελφοῖς τοῦδε προσδοῦναι ποτοῦ;

ἔχων γὰρ αὐτὸς τιμιώτερος φανεῖ.

CYCLOPS

And the bridal-torch is blazing.
 O the warm warm clasp of a glowing bride
  In the cave, and the fervid bosom !
 O the garland of roses and paeonies pied
  That around thy brows shall blossom !

ODYSSEUS

Cyclops, heed me, for I know all about
This Wine-god in the cup that you've drained out. 520

CYCLOPS

Who is this Bacchus ?—not a real god, is he ?

ODYSSEUS

In giving men good times there's none so busy.

CYCLOPS

I belch him out, and find that very pleasant.

ODYSSEUS

That's him—hurts nobody—it shows he's present.

CYCLOPS

How does this god like lodging in a skin ?

ODYSSEUS

He's all serene, wherever you stick him in.

CYCLOPS

Gods shouldn't wear hide-jackets : that's my view.

ODYSSEUS

Pho ! if you like him, what's his coat to you ?

CYCLOPS

Can't say I like the skin : the drink is prime.

ODYSSEUS

Now just stop here, and have a high old time. 530

CYCLOPS

What ?—give my brethren none of this rich hoard ?

ODYSSEUS

Keep it for your own drinking, like a lord.

569

ΚΥΚΛΩΨ

ΚΥΚΛΩΨ
διδοὺς δὲ τοῖς φίλοισι χρησιμώτερος.

ΟΔΥΣΣΕΥΣ
πυγμὰς ὁ κῶμος λοίδορόν τ' ἔριν φιλεῖ.

ΚΥΚΛΩΨ
μεθύω μέν· ἔμπας δ' οὔτις ἂν ψαύσειέ μου.

ΟΔΥΣΣΕΥΣ
ὦ τᾶν, πεπωκότ' ἐν δόμοισι χρὴ μένειν.

ΚΥΚΛΩΨ
ἠλίθιος ὅστις μὴ πιὼν κῶμον φιλεῖ.

ΟΔΥΣΣΕΥΣ
ὃς δ' ἂν μεθυσθείς γ' ἐν δόμοις μείνῃ, σοφός.

ΚΥΚΛΩΨ
τί δρῶμεν, ὦ Σειληνέ; σοὶ μένειν δοκεῖ;

ΣΕΙΛΗΝΟΣ
540   δοκεῖ. τί γὰρ δεῖ συμποτῶν ἄλλων, Κύκλωψ;

ΚΥΚΛΩΨ
καὶ μὴν λαχνῶδές γ' οὖδας ἀνθηρᾷ χλόῃ.

ΣΕΙΛΗΝΟΣ
καὶ πρός γε θάλπος ἡλίου πίνειν καλόν.
κλίθητί νύν μοι πλευρὰ θεὶς ἐπὶ χθονός.

ΚΥΚΛΩΨ
τί δῆτα τὸν κρατῆρ' ὄπισθέ μου τίθης;

ΣΕΙΛΗΝΟΣ
ὡς μὴ παριών τις καταβάλῃ.

ΚΥΚΛΩΨ
                πίνειν μὲν οὖν
κλέπτων σὺ βούλει· κάτθες αὐτὸν εἰς μέσον.
σὺ δ', ὦ ξέν', εἰπὲ τοὔνομ' ὅ τι σε χρὴ καλεῖν.

ΟΔΥΣΣΕΥΣ
Οὖτιν· χάριν δὲ τίνα λαβών σ' ἐπαινέσω;

CYCLOPS

But it's more neighbourly to share with friends.

ODYSSEUS

Well, revelling in blows and brawling ends.

CYCLOPS

I'm drunk; but none dare touch me! I'm all right.

ODYSSEUS

My dear Sir, home's the place when one is tight.

CYCLOPS

Not revel after a booze?—that's silly, very!

ODYSSEUS

Wise men stay indoors when wine makes them merry.

CYCLOPS

Shall I stay in, Silenus? What d'ye think?

SILENUS

Stay. Why have other noses in your drink?　　　　540

CYCLOPS

Well, to be sure, this long thick grass is fine.

SILENUS

Yes, and it's nice to drink in warm sunshine.
Down with you then, in lordly ease to lie.

[*Slides wine-bowl behind* CYCLOPS' *back.*

CYCLOPS

Now then, you've put that bowl behind me!—why?

SILENUS

Lest some one passing by us might upset it.

CYCLOPS

Ha, I know better! You are trying to get it
For stolen drinks. Just set it in full view.
Now, stranger, what's to be my name for you?

ODYSSEUS

Nobody. Haven't you a gift for me
To bless you for?

ΚΥΚΛΩΨ

550   πάντων δ' ἑταίρων ὕστατον θοινάσομαι.

ΣΕΙΛΗΝΟΣ

καλόν γε τὸ γέρας τῷ ξένῳ δίδως, Κύκλωψ.

ΚΥΚΛΩΨ

οὗτος, τί δρᾷς; τὸν οἶνον ἐκπίνεις λάθρᾳ;

ΣΕΙΛΗΝΟΣ

οὔκ, ἀλλ' ἔμ' οὗτος ἔκυσεν, ὅτι καλὸν βλέπω.

ΚΥΚΛΩΨ

κλαύσει, φιλῶν τὸν οἶνον οὐ φιλοῦντά σε.

ΣΕΙΛΗΝΟΣ

ναὶ μὰ Δί', ἐπεί μού φησ' ἐρᾶν ὄντος καλοῦ.

ΚΥΚΛΩΨ

ἔγχει, πλέων δὲ τὸν σκύφον. δίδου μόνον.

ΣΕΙΛΗΝΟΣ

πῶς οὖν κέκραται; φέρε διασκεψώμεθα.

ΚΥΚΛΩΨ

ἀπολεῖς· δὸς οὕτως.

ΣΕΙΛΗΝΟΣ

ναὶ μὰ Δί' οὐ πρὶν ἄν γε σὲ
στέφανον ἴδω λαβόντα, γεύσωμαί τέ τι.

ΚΥΚΛΩΨ

ὦ οἰνοχόος ἄδικος.

CYCLOPS

CYCLOPS
Of all your company
I'll feast on you the last.

SILENUS
O Cyclops, best   550
Of hosts, a noble gift you give your guest!
(stealthily drinks.)

CYCLOPS
Ah! what are you up to?—drinking on the sly!

SILENUS
No, no: the wine kissed me, so fair am I.

CYCLOPS
I'll teach you, if you make love to the wine
Which loves you not!

SILENUS
It does: these charms of mine,
It says, have won its heart.

CYCLOPS
Here, fill the cup.
Pour in—up to the brim.   Now, hand it up.

SILENUS
Is it the proper mixture?—let me see.
(stoops his face to bowl.)

CYCLOPS
You'll be the death of me!   Quick, hand it me
Just as it is!

SILENUS *(puts wreath on CYCLOPS'
head, so as to cover his eye.)*
By Jove, no!   I must first
Crown with this wreath your brow, and—quench my
thirst.   *(drinks.)*

CYCLOPS
You thieving cupbearer!

573

ΣΕΙΛΗΝΟΣ

560   οὐ μὰ Δί, ἀλλ' ὦ οἶνος γλυκύς.
ἀπομυκτέον δέ σοί γ', ὅπως λήψει πιεῖν.

ΚΥΚΛΩΨ

ἰδού, καθαρὸν τὸ χεῖλος αἱ τρίχες τέ μου.

ΣΕΙΛΗΝΟΣ

θές νυν τὸν ἀγκῶν' εὐρύθμως, κᾆτ' ἔκπιε,
ὥσπερ μ' ὁρᾷς πίνοντα—χὤσπερ οὐκ ἐμέ.

ΚΥΚΛΩΨ

ἆ ἆ, τί δράσεις;

ΣΕΙΛΗΝΟΣ

         ἡδέως ἡμύστισα.

ΚΥΚΛΩΨ

λάβ', ὦ ξέν', αὐτὸς οἰνοχόος τέ μοι γενοῦ.

ΟΔΥΣΣΕΥΣ

γιγνώσκεται γοῦν ἄμπελος τἠμῇ χερί.

ΚΥΚΛΩΨ

φέρ' ἔγχεόν νυν.

ΟΔΥΣΣΕΥΣ

         ἐγχέω, σίγα μόνον.

ΚΥΚΛΩΨ

χαλεπὸν τόδ' εἶπας, ὅστις ἂν πίῃ πολύν.

ΟΔΥΣΣΕΥΣ

570   ἰδοὺ λαβὼν ἔκπιθι καὶ μηδὲν λίπῃς.
συνεκθανεῖν δὲ σπῶντα χρὴ τῷ πώματι.

CYCLOPS

SILENUS

Good heavens ! not so. 560
You *should* say, "You delicious wine!" you know.
Now let me wipe your nose, that you may sip
Your wine genteelly.

CYCLOPS

Go along ! my lip
And my moustache are clean enough for me.

SILENUS

Now sink down on your elbow gracefully;
 (Cyclops rolls on his back.)
Then drain the cup, just as you see me do—
I mean, just as you don't. *(takes a big drink.)*

CYCLOPS *(sitting up)*

Hi ! stop there, you !
What are you up to ?

SILENUS

A bumper ! Joys untold

CYCLOPS

Here, stranger, be my cupbearer. Catch hold !

ODYSSEUS

The wine knows me : my hand brings out its savour.

CYCLOPS

Fill up.

ODYSSEUS

All right. Don't talk—you'll miss the flavour.

CYCLOPS

Can't help but talk, with a pailful in one's crop.

ODYSSEUS

Here, tip it off. Mind, don't you leave one drop. 570
The rule is, don't give in until the wine
Gives out.

ΚΥΚΛΩΨ

ΚΥΚΛΩΨ

παπαῖ, σοφόν γε τὸ ξύλον τῆς ἀμπέλου.

ΟΔΥΣΣΕΥΣ

κἂν μὲν σπάσῃς γε δαιτὶ πρὸς πολλῇ πολύν,
τέγξας ἄδιψον νηδύν, εἰς ὕπνον βαλεῖ·
ἢν δ᾽ ἐκλίπῃς τι, ξηρανεῖ σ᾽ ὁ Βάκχιος.

ΚΥΚΛΩΨ

ἰοὺ ἰού,
ὡς ἐξένευσα μόγις· ἄκρατος ἡ χάρις·
ὁ δ᾽ οὐρανός μοι συμμεμιγμένος δοκεῖ
τῇ γῇ φέρεσθαι, τοῦ Διός τε τὸν θρόνον
580   λεύσσω, τὸ πᾶν τε δαιμόνων ἁγνὸν σέβας.
οὐκ ἂν φιλήσαιμ᾽—αἱ Χάριτες πειρῶσί με—
ἅλις Γανυμήδην τόνδ᾽ ἔχων ἀναπαύσομαι
κάλλιστα, νὴ τὰς Χάριτας, ἥδομαι δέ πως
τοῖς παιδικοῖσι μᾶλλον ἢ τοῖς θήλεσιν.

ΣΕΙΛΗΝΟΣ

ἐγὼ γὰρ ὁ Διός εἰμι Γανυμήδης, Κύκλωψ;

ΚΥΚΛΩΨ

ναὶ μὰ Δί᾽, ὃν ἁρπάζω γ᾽ ἐγὼ ᾽κ τοῦ Δαρδάνου.

ΣΕΙΛΗΝΟΣ

ἀπόλωλα, παῖδες· σχέτλια πείσομαι κακά.

ΧΟΡΟΣ

μέμφει τὸν ἐραστὴν κἀντρυφᾷς πεπωκότα;

ΣΕΙΛΗΝΟΣ

οἴμοι· πικρότατον οἶνον ὄψομαι τάχα.

CYCLOPS

CYCLOPS (*drinks.*)

      Oh my! a clever tree that vine
Must be!

ODYSSEUS

     And if you pour full bumpers down
On top of a full meal, and fairly drown
The thirst out of your paunch, 'twill veil your eye
With sweet sleep. If the cup be not drained dry,
Bacchus will parch your throat most damnably.

CYCLOPS (*buries his face in bowl.*)

Oho! oho! I've dived deep into this,
And just come up again! Unmingled bliss!
I see heaven floating down, blended in one
With earth below! I see Zeus on his throne,
And all the Gods, the holy heavenly faces!   580
No, I won't kiss you!—that's the naughty Graces
Tempting me. Ganymede will do for me! (*seizes* SIL.)
I've got him here; and, by the Graces Three,
I'll have a lovely time with him: I care
Never a straw for all the female fair.

SILENUS

What? what? Are you Zeus, and I Ganymede?

CYCLOPS (*catching him up*)

Yes!—up from Troy I snatch you—yes indeed!

SILENUS

Boys! murder! help! I'm in an awful plight!

CHORUS

What?—scorn your lover?—snub him 'cause he's tight?

SILENUS

This wine is bitter beer!—O cursèd spite!

[**CYCLOPS** *staggers into cave, with* SILENUS *under his arm.*]

ΚΥΚΛΩΨ

ΟΔΥΣΣΕΥΣ

590
ἄγε δή, Διονύσου παῖδες, εὐγενῆ τέκνα,
ἔνδον μὲν ἀνήρ· τῷ δ' ὕπνῳ παρειμένος
τάχ' ἐξ ἀναιδοῦς φάρυγος ὠθήσει κρέα,
δαλὸς δ' ἔσωθεν αὐλίων ὠθεῖ καπνόν.
παρευτρέπισται δ' οὐδὲν ἄλλο πλὴν πυροῦν
Κύκλωπος ὄψιν· ἀλλ' ὅπως ἀνὴρ ἔσει.

ΧΟΡΟΣ

πέτρας τὸ λῆμα κἀδάμαντος ἕξομεν.
χώρει δ' ἐς οἴκους, πρίν τι τὸν πατέρα παθεῖν
ἀπάλαμνον, ὥς σοι τἀνθάδ' ἐστὶν εὐτρεπῆ.

ΟΔΥΣΣΕΥΣ

Ἥφαιστ', ἄναξ Αἰτναῖε, γείτονος κακοῦ
600
λαμπρὸν πυρώσας ὄμμ' ἀπαλλάχθηθ' ἅπαξ,
σύ τ' ὦ μελαίνης Νυκτὸς ἐκπαίδευμ', Ὕπνε,
ἄκρατος ἐλθὲ θηρὶ τῷ θεοστυγεῖ,
καὶ μὴ 'πὶ καλλίστοισι Τρωικοῖς πόνοις
αὐτόν τε ναύτας τ' ἀπολέσητ' Ὀδυσσέα
ὑπ' ἀνδρός, ᾧ θεῶν οὐδὲν ἢ βροτῶν μέλει.
ἢ τὴν τύχην μὲν δαίμον' ἡγεῖσθαι χρεών,
τὰ δαιμόνων δὲ τῆς τύχης ἐλάσσονα.

ΧΟΡΟΣ

λήψεται τὸν τράχηλον
ἐντόνως ὁ καρκίνος
610
τοῦ ξένων δαιτυμόνος· πυρὶ γὰρ τάχα
φωσφόρους ὀλεῖ κόρας·
ἤδη δαλὸς ἠνθρακωμένος
κρύπτεται εἰς σποδιάν, δρυὸς ἄσπετον ἔρνος.
ἀλλ' ἴτω Μάρων, πρασσέτω
μαινομένου 'ξελέτω βλέφαρον

578

ODYSSEUS

Come, Bacchus' children, brave lads, up, be doing ! 590
Our foe's in there !   Right soon will he be spewing
Gobbets of flesh from a shameless gullet deep,
Sprawling upon his back in drunken sleep.
The stake in there jets forth a fiery fume.
All's ready for the last act, to consume
The Cyclops' eye with fire. Be men !

CHORUS

We pant
To show a soul of rock, of adamant !
In then, before our father come to grief.
We're ready all to follow you, our chief.

ODYSSEUS

O Fire-god, king of Etna, burn away
The eye of thy vile neighbour, and for aye 600
Rid thee of him ! O child of black Night, Sleep,
On this god-hated brute in full power leap !
Bring not Odysseus and his crew to naught,
After those glorious toils in Ilium wrought,
Through one who gives to God nor man a thought !
Else must we think that Chance bears rule in heaven,
That lordship over Gods to her is given.

[*Exit into cave.*

CHORUS

As I cam' through a cave's gate,
A slaves' gate, a knave's gate,
A " Shipwrecked Sailors' Grave's " gate, 610
I heard a caldron sing—
" O weel may the fire glow, the reek blow, the
stake go !   [are in !"
O weel may his throat crow for the eye that flames
And it's O for my Lord's shout ringing,
For the singing, the swinging

Κύκλωπος, ὡς πίῃ κακῶς.

620 κἀγὼ τὸν φιλοκισσοφόρον Βρόμιον
ποθεινὸν εἰσιδεῖν θέλω,
Κύκλωπος λιπὼν ἐρημίαν.
ἆρ᾽ ἐς τοσόνδ᾽ ἀφίξομαι;

ΟΔΥΣΣΕΥΣ
σιγᾶτε πρὸς θεῶν, θῆρες, ἡσυχάζετε,
συνθέντες ἄρθρα στόματος· οὐδὲ πνεῖν ἐῶ,
οὐ σκαρδαμύσσειν οὐδὲ χρέμπτεσθαί τινα,
ὡς μὴ ᾽ξεγερθῇ τὸ κακόν, ἔστ᾽ ἂν ὄμματος
ὄψις Κύκλωπος ἐξαμιλληθῇ πυρί.

ΧΟΡΟΣ
σιγῶμεν ἐγκάψαντες αἰθέρα γνάθοις.

ΟΔΥΣΣΕΥΣ
630 ἄγε νυν ὅπως ἅψεσθε τοῦ δαλοῦ χεροῖν
ἔσω μολόντες· διάπυρος δ᾽ ἐστὶν καλῶς.

ΧΟΡΟΣ α'
οὔκουν σὺ τάξεις οὕστινας πρώτους χρεὼν
καυτὸν μοχλὸν λαβόντας ἐκκάειν τὸ φῶς
Κύκλωπος, ὡς ἂν τῆς τύχης κοινώμεθα;

ΧΟΡΟΣ β'
ἡμεῖς μέν ἐσμεν μακρότερον πρὸ τῶν θυρῶν
ἑστῶτες ὠθεῖν ἐς τὸν ὀφθαλμὸν τὸ πῦρ.

ΧΟΡΟΣ γ'
ἡμεῖς δὲ χωλοί γ᾽ ἀρτίως γεγενήμεθα.

ΧΟΡΟΣ δ'
ταὐτὸν πεπόνθατ᾽ ἆρ᾽ ἐμοί· τοὺς γὰρ πόδας
ἑστῶτες ἐσπάσθημεν οὐκ οἶδ᾽ ἐξ ὅτου.

ΟΔΥΣΣΕΥΣ
ἑστῶτες ἐσπάσθητε;

Dance, for the ivy clinging!
    And good-bye to the desolate shore!   620
So weel may the wine flow, and lay low our brute foe,
To wake up in mad throe, in darkness evermore!

Re-enter ODYSSEUS *from cave.*

ODYSSEUS

Hush, you wild things, for Heaven's sake!—still as death!
Shut your lips tight together!—not a breath!
Don't wink, don't cough, for fear the beast should wake
Ere we twist out his eye with that red stake.

CHORUS

We are mum : we clench our teeth tight on the air.

ODYSSEUS

Now then, in with you! Grasp the brand in there   630
With brave hands : glowing red-hot is the tip.

CHORUS (*edging away*)

You, please, appoint who must be first to grip
The burning stake, and scorch out Cyclops' eye,
That all may share the grand chance equally.

A SATYR

Oh, we—too far outside the door we are !—
Can't reach his eye—can't poke the fire so far.

ANOTHER SATYR

And we—O dear, we've fallen lame just now!

ANOTHER SATYR

And so have we : we've sprained—I can't tell how—
Our ankles, standing here.   Oh my poor foot!

ODYSSEUS

Sprained standing still ?

581

ΚΥΚΛΩΨ

ΧΟΡΟΣ ε΄

640
καὶ τά γ᾽ ὄμματα
μέστ᾽ ἐστὶν ἡμῶν κόνεος ἢ τέφρας ποθέν.

ΟΔΥΣΣΕΥΣ
ἄνδρες πονηροὶ κοὐδὲν οἵδε σύμμαχοι.

ΧΟΡΟΣ
ὁτιὴ τὸ νῶτον τὴν ῥάχιν τ᾽ οἰκτείρομεν
καὶ τοὺς ὀδόντας ἐκβαλεῖν οὐ βούλομαι
τυπτόμενος, αὕτη γίγνεται πονηρία ;
ἀλλ᾽ οἶδ᾽ ἐπῳδὴν Ὀρφέως ἀγαθὴν πάνυ,
ὡς αὐτόματον τὸν δαλὸν εἰς τὸ κρανίον
στείχονθ᾽ ὑφάπτειν τὸν μονῶπα παῖδα γῆς.

ΟΔΥΣΣΕΥΣ
650
πάλαι μὲν ἤδη σ᾽ ὄντα τοιοῦτον φύσει,
νῦν δ᾽ οἶδ᾽ ἄμεινον. τοῖσι δ᾽ οἰκείοις φίλοις
χρῆσθαί μ᾽ ἀνάγκη. χειρὶ δ᾽ εἰ μηδὲν σθένεις,
ἀλλ᾽ οὖν ἐπεγκέλευέ γ᾽, ὡς εὐψυχίαν
φίλων κελευσμοῖς τοῖσι σοῖς κτησώμεθα.

ΧΟΡΟΣ
δράσω τάδ᾽. ἐν τῷ Καρὶ κινδυνεύσομεν.
κελευσμάτων δ᾽ ἕκατι τυφέσθω Κύκλωψ.
ἰὼ ἰώ,
γενναιότατ᾽ ὠθεῖτε, σπεύδετε.
ἐκκαίετε τὴν ὀφρὺν
θηρὸς τοῦ ξενοδαίτα.
τύφετ᾽ ὤ, καίετ᾽ ὤ
660
τὸν Αἴτνας μηλονόμον.

CYCLOPS

               Oh dear! a lot of soot,   640
Or dust, into our eyes the wind has brought!

The cowards! At a pinch they're good for naught!

Because I have compassion on my back,
And don't want all my teeth by one big smack
Knocked down my throat, d'ye call that cowardice?
Look here—I know a song of Orpheus's,
A lovely incantation! 'twill constrain
The stake to plunge itself into his brain,
And burn the giant's eye out—a grand song!

Poor chicken-hearts! I knew you all along.
I'll do what's better, use my trusty crew—   650
Indeed I've no choice. There's no fight in you:
Still, cheer us on with some good rousing chanty,
And screw to the sticking-point our courage, can't
    ye?   [*Enters cave.*

Instead of the tongs, sir, dear pussy's paw, sir, will
    get *my* chestnuts out very well;
But, as far as a song, sir, can go, old Saucer-eye shall
    frizzle in flames of hell.
        So yeo-heave-ho! and in she'll go!
Give way, my hearties! Put your backs to it! Stick
    to the work!—   [a shirk!
A brave tar's part is to stick like wax to it—never
    Burn out his eye, sir, the gormandizer,
    Who goes and fries, sir, the trustful stranger!
    With a red-hot poker make him a smoker
    Like Etna—the soaker, the sheepwalk-ranger! 660

τόρνευ’, ἕλκε, μή σ’ ἐξοδυνηθεὶς
δράσῃ τι μάταιον.

ΚΥΚΛΩΨ

ὤμοι, κατηνθρακώμεθ’ ὀφθαλμοῦ σέλας.

ΧΟΡΟΣ

καλός γ’ ὁ παιάν· μέλπε μοι τόνδ’, ὦ Κύκλωψ.

ΚΥΚΛΩΨ

ὤμοι μάλ’, ὡς ὑβρίσμεθ’, ὡς ὀλώλαμεν.
ἀλλ’ οὔτι μὴ φύγητε τῆσδ’ ἔξω πέτρας
χαίροντες, οὐδὲν ὄντες· ἐν πύλαισι γὰρ
σταθεὶς φάραγγος τῆσδ’ ἐναρμόσω χέρας.

ΧΟΡΟΣ

τί χρῆμ’ ἀυτεῖς, ὦ Κύκλωψ;

ΚΥΚΛΩΨ

ἀπωλόμην.

ΧΟΡΟΣ

αἰσχρός γε φαίνει.

ΚΥΚΛΩΨ

670   κἀπὶ τοῖσδέ γ’ ἄθλιος.

ΧΟΡΟΣ

μεθύων κατέπεσες εἰς μέσους τοὺς ἄνθρακας;

ΚΥΚΛΩΨ

Οὖτίς μ’ ἀπώλεσ’.

ΧΟΡΟΣ

οὐκ ἄρ’ οὐδείς σ’ ἠδίκει;

ΚΥΚΛΩΨ

Οὖτίς με τυφλοῖ βλέφαρον.

584

CYCLOPS

ODYSSEUS *and his men bring the burning stake, and plunge it into the* CYCLOPS' *eye.*

    In you go quick with it !—twirl it about !
    You've done the trick with it !—now whip it out
    Ere he catch you a lick with it, a terrible clout ;
    For he feels pretty sick with it—of that there's
      no doubt.

CYCLOPS (*starting up*)

Ah-h ! my eye's turned to a red-hot coal !   Oh my !

CHORUS

Well sung ! Encore ! Encore, old Saucer-eye !

CYCLOPS

Oh ! blackguard villains ! Oh ! They've done for me '
Don't think to escape, you paltry rascalry,
Out of this cave, and laugh at me ! I'll stand
Here, barring the only door with either hand.

CHORUS

Why bawl so, Goggle-eye ?

CYCLOPS

      I'm kilt intirely !

CHORUS

You do look bad.

CYCLOPS

      What's more, I feel so—direly !   670

CHORUS

You fell face down in the fire when you were tight ?

CYCLOPS

No !—Nobody's killed me !

CHORUS

      No ?—then you're all right.

CYCLOPS

Nobody's blinded me !

ΚΥΚΛΩΨ

ΧΟΡΟΣ

οὐκ ἄρ' εἶ τυφλός ;

ΚΥΚΛΩΨ

ὡς δὴ σύ—

ΧΟΡΟΣ

καὶ πῶς σ' οὔτις ἂν θείη τυφλόν ;

ΚΥΚΛΩΨ

σκώπτεις. ὁ δ' Οὖτις ποῦ 'στιν ;

ΧΟΡΟΣ

οὐδαμοῦ, Κύκλωψ.

ΚΥΚΛΩΨ

ὁ ξένος, ἵν' ὀρθῶς ἐκμάθῃς, μ' ἀπώλεσεν,
ὁ μιαρός, ὅς μοι δοὺς τὸ πῶμα κατέκλυσε.

ΧΟΡΟΣ

δεινὸς γὰρ οἶνος καὶ παλαίεσθαι βαρύς.

ΚΥΚΛΩΨ

πρὸς θεῶν, πεφεύγασ' ἢ μένουσ' εἴσω δόμων ;

ΧΟΡΟΣ

680 οὖτοι σιωπῇ τὴν πέτραν ἐπήλυγα
λαβόντες ἑστήκασι.

ΚΥΚΛΩΨ

ποτέρας τῆς χερός ;

ΧΟΡΟΣ

ἐν δεξιᾷ σου.

ΚΥΚΛΩΨ

ποῦ ;

ΧΟΡΟΣ

πρὸς αὐτῇ τῇ πέτρᾳ.

ἔχεις ;

586

CHORUS
Then you can't be blind.

CYCLOPS
I wish you were!

CHORUS
Please make it to my mind
Quite clear, how nobody could poke your eye out.

CYCLOPS
You're chaffing me! Where's Nobody?

CHORUS
Don't cry out,
Because he's nowhere, Blunderbore—don't you see?

CYCLOPS
I tell you again, that stranger's murdered me,
The dirty spalpeen, who drenched me with drink!

CHORUS
Ah, wine's the chap to trip your legs, I think.

CYCLOPS
For Heaven's sake tell me—are they still inside?
Or have they got away?

CHORUS
They're trying to hide
Under that rock-ledge: they stand silent there.

CYCLOPS
On which side of me?

CHORUS
On your right.

CYCLOPS
Oh where?

CHORUS
Close up against the rock. Ha!—got the lot?

680

587

ΚΥΚΛΩΨ

κακόν γε πρὸς κακῷ· τὸ κρανίον
παίσας κατέαγα.

ΧΟΡΟΣ

καί σε διαφεύγουσί γε;

ΚΥΚΛΩΨ

οὐ τῇδ'· ἐπεὶ τῇδ' εἶπας;

ΧΟΡΟΣ

οὔ, ταύτῃ λέγω.

ΚΥΚΛΩΨ

πῇ γάρ;

ΧΟΡΟΣ

περιάγου, κεῖσε, πρὸς τἀριστερά.

ΚΥΚΛΩΨ

οἴμοι γελῶμαι· κερτομεῖτέ μ' ἐν κακοῖς.

ΧΟΡΟΣ

ἀλλ' οὐκέτ', ἀλλὰ πρόσθεν Οὖτις ἐστί σου.

ΚΥΚΛΩΨ

ὦ παγκάκιστε, ποῦ ποτ' εἶ;

ΟΔΥΣΣΕΥΣ

τηλοῦ σέθεν
φυλακαῖσι φρουρῶ σῶμ' Ὀδυσσέως τόδε.

ΚΥΚΛΩΨ

πῶς εἶπας; ὄνομα μεταβαλὼν καινὸν λέγεις;

ΟΔΥΣΣΕΥΣ

ὅπερ μ' ὁ φύσας ὠνόμαζ' Ὀδυσσέα.
δώσειν δ' ἔμελλες ἀνοσίου δαιτὸς δίκας·

CYCLOPS

CYCLOPS *makes a wild plunge, and dashes his head against the rock. Some of the crew slip out.*

CYCLOPS

Oh misery on misery! I've caught
My head a bang that's split it!

CHORUS

What?—slipped clear
Between your fingers?

CYCLOPS (*groping with his hands*)
I can't find them here!
You said they *were* here?

CHORUS

No, *this* side, I told you.

CYCLOPS

Where? where?

CHORUS

Whisk round!—to your left! Aha!
they've sold you!

[*The last of the crew slip by.*

CYCLOPS

You're laughing at me!—jeering at my woes!

CHORUS

No, no! Look! Nobody's right before your nose!

CYCLOPS (*making plunge at nothing*)

Villain! where are you?

ODYSSEUS

Out of reach, I assure ye,
I ward Odysseus' body from your fury.   690

CYCLOPS

What?—a new name?—that doesn't sound the same!

ODYSSEUS

My father called me Odysseus: that's my name.
And so you thought that you'd get off scot-free

589

ΚΥΚΛΩΨ

κακῶς γὰρ ἂν Τροίαν γε διεπυρώσαμεν,
εἰ μή σ᾽ ἑταίρων φόνον ἐτιμωρησάμην.

ΚΥΚΛΩΨ

αἰαῖ· παλαιὸς χρησμὸς ἐκπεραίνεται.
τυφλὴν γὰρ ὄψιν ἐκ σέθεν σχήσειν μ᾽ ἔφη
Τροίας ἀφορμηθέντος. ἀλλὰ καὶ σέ τοι
δίκας ὑφέξειν ἀντὶ τῶνδ᾽ ἐθέσπισε,
πολὺν θαλάσσῃ χρόνον ἐναιωρούμενον.

700

ΟΔΥΣΣΕΥΣ

κλαίειν σ᾽ ἄνωγα· καὶ δέδραχ᾽ ὅπερ λέγεις.
ἐγὼ δ᾽ ἐπ᾽ ἀκτὰς εἶμι καὶ νεὼς σκάφος
ἥσω ᾽πὶ πόντον Σικελὸν ἔς τ᾽ ἐμὴν πάτραν.

ΚΥΚΛΩΨ

οὐ δῆτ᾽, ἐπεί σε τῆσδ᾽ ἀπορρήξας πέτρας
αὐτοῖσι συνναύταισι συντρίψω βαλών.
ἄνω δ᾽ ἐπ᾽ ὄχθον εἶμι, καίπερ ὢν τυφλός,
δι᾽ ἀμφιτρῆτος τῆσδε προσβαίνων ποδί.

ΧΟΡΟΣ

ἡμεῖς δὲ συνναῦταί γε τοῦδ᾽ Ὀδυσσέως
ὄντες τὸ λοιπὸν Βακχίῳ δουλεύσομεν.

CYCLOPS

For your unhallowed feast! A shame 'twould be
If, after burning Troy, I took on you
No vengeance for the murder of my crew!

CYCLOPS

Woe's me! the ancient prophecy comes true
Which said that you would blind me on your way
Homeward from Troy. Ha! this too did it say,
That you'ld be punished for this wrong to me,
Tossed through long years about the homeless sea. 700

ODYSSEUS

I laugh to scorn your bodings. I have done
All that your prophet said. Now will I run
My good ship's keel adown the sloping strand;
Then, ho for Sicily's sea and fatherland!

CYCLOPS

Not you! I'll tear this rock up, hurl, and smash
You and your men all to a bloody mash!
I'll climb a crag, and do it. Though I'm blind,
My way out through this rifted rock I'll find.

CHORUS

We will sail with Odysseus from this shore,
And serve Lord Bacchus henceforth evermore.

Exeunt OMNES, *leaving* CYCLOPS *groping and stumbling
amongst the rocks.*

THE LOEB CLASSICAL LIBRARY

VOLUMES ALREADY PUBLISHED

Latin Authors

AMMIANUS MARCELLINUS. Translated by J. C. Rolfe. 3 Vols.

APULEIUS: THE GOLDEN ASS (METAMORPHOSES). W. Adlington (1566). Revised by S. Gaselee.

ST. AUGUSTINE: CITY OF GOD. 7 Vols. Vol. I. G. E. McCracken. Vols. II and VII. W. M. Green. Vol. III. D. Wiesen. Vol. IV. P. Levine. Vol. V. E. M. Sanford and W. M. Green. Vol. VI. W. C. Greene.

ST. AUGUSTINE, CONFESSIONS OF. W. Watts (1631). 2 Vols.

ST. AUGUSTINE, SELECT LETTERS. J. H. Baxter.

AUSONIUS. H. G. Evelyn White. 2 Vols.

BEDE. J. E. King. 2 Vols.

BOETHIUS: TRACTS and DE CONSOLATIONE PHILOSOPHIAE. Rev. H. F. Stewart and E. K. Rand. Revised by S. J. Tester.

CAESAR: ALEXANDRIAN, AFRICAN and SPANISH WARS. A. G. Way.

CAESAR: CIVIL WARS. A. G. Peskett.

CAESAR: GALLIC WAR. H. J. Edwards.

CATO: DE RE RUSTICA. VARRO: DE RE RUSTICA. H. B. Ash and W. D. Hooper.

CATULLUS. F. W. Cornish. TIBULLUS. J. B. Postgate. PERVIGILIUM VENERIS. J. W. Mackail.

CELSUS: DE MEDICINA. W. G. Spencer. 3 Vols.

CICERO: BRUTUS and ORATOR. G. L. Hendrickson and H. M. Hubbell.

[CICERO]: AD HERENNIUM. H. Caplan.

CICERO: DE ORATORE, etc. 2 Vols. Vol. I. DE ORATORE, Books I and II. E. W. Sutton and H. Rackham. Vol. II. DE ORATORE, Book III. DE FATO; PARADOXA STOICORUM; DE PARTITIONE ORATORIA. H. Rackham.

CICERO: DE FINIBUS. H. Rackham.

CICERO: DE INVENTIONE, etc. H. M. Hubbell.

CICERO: DE NATURA DEORUM and ACADEMICA. H. Rackham.

CICERO: DE OFFICIIS. Walter Miller.

CICERO: DE REPUBLICA and DE LEGIBUS. Clinton W. Keyes.

1

2

Nepos Cornelius. J. C. Rolfe.

Ovid: The Art of Love and Other Poems. J. H. Mosley. Revised by G. P. Goold.

Ovid: Fasti. Sir James G. Frazer

Ovid: Heroides and Amores. Grant Showerman. Revised by G. P. Goold

Ovid: Metamorphoses. F. J. Miller. 2 Vols. Revised by G. P. Goold.

Ovid: Tristia and Ex Ponto. A. L. Wheeler. Revised by G. P. Goold.

Persius. Cf. Juvenal.

Pervigilium Veneris. Cf. Catullus.

Petronius. M. Heseltine. Seneca: Apocolocyntosis. W. H. D. Rouse. Revised by E. H. Warmington.

Phaedrus and Babrius (Greek). B. E. Perry.

Plautus. Paul Nixon. 5 Vols.

Pliny: Letters, Panegyricus. Betty Radice. 2 Vols.

Pliny: Natural History. 10 Vols. Vols. I–V and IX. H. Rackham. VI.–VIII. W. H. S. Jones. X. D. E. Eichholz.

Propertius. H. E. Butler.

Prudentius. H. J. Thomson. 2 Vols.

Quintilian. H. E. Butler. 4 Vols.

Remains of Old Latin. E. H. Warmington. 4 Vols. Vol. I. (Ennius and Caecilius) Vol. II. (Livius, Naevius Pacuvius, Accius) Vol. III. (Lucilius and Laws of XII Tables) Vol. IV. (Archaic Inscriptions)

Res Gestae Divi Augusti. Cf. Velleius Paterculus.

Sallust. J. C. Rolfe.

Scriptores Historiae Augustae. D. Magie. 3 Vols.

Seneca, The Elder: Controversiae, Suasoriae. M. Winterbottom. 2 Vols.

Seneca: Apocolocyntosis. Cf. Petronius.

Seneca: Epistulae Morales. R. M. Gummere. 3 Vols.

Seneca: Moral Essays. J. W. Basore. 3 Vols.

Seneca: Tragedies. F. J. Miller. 2 Vols.

Seneca: Naturales Quaestiones. T. H. Corcoran. 2 Vols.

Sidonius: Poems and Letters. W. B. Anderson. 2 Vols.

Silius Italicus. J. D. Duff. 2 Vols.

Statius. J. H. Mozley. 2 Vols.

Suetonius. J. C. Rolfe. 2 Vols.

Tacitus: Dialogus. Sir Wm. Peterson. Agricola and Germania. Maurice Hutton. Revised by M. Winterbottom, R. M. Ogilvie, E. H. Warmington.

Tacitus: Histories and Annals. C. H. Moore and J. Jackson. 4 Vols.

TERENCE. John Sargeaunt. 2 Vols.

TERTULLIAN: APOLOGIA and DE SPECTACULIS. T. R. Glover. MINUCIUS FELIX. G. H. Rendall.

TIBULLUS. Cf. CATULLUS.

VALERIUS FLACCUS. J. H. Mozley.

VARRO: DE LINGUA LATINA. R. G. Kent. 2 Vols.

VELLEIUS PATERCULUS and RES GESTAE DIVI AUGUSTI. F. W. Shipley.

VIRGIL. H. R. Fairclough. 2 Vols.

VITRUVIUS: DE ARCHITECTURA. F. Granger. 2 Vols.

Greek Authors

ACHILLES TATIUS. S. Gaselee.

AELIAN: ON THE NATURE OF ANIMALS. A. F. Scholfield. 3 Vols.

AENEAS TACTICUS. ASCLEPIODOTUS and ONASANDER. The Illinois Greek Club.

AESCHINES. C. D. Adams.

AESCHYLUS. H. Weir Smyth. 2 Vols.

ALCIPHRON, AELIAN, PHILOSTRATUS: LETTERS. A. R. Benner and F. H. Fobes.

ANDOCIDES, ANTIPHON. Cf. MINOR ATTIC ORATORS.

APOLLODORUS. Sir James G. Frazer. 2 Vols.

APOLLONIUS RHODIUS. R. C. Seaton.

APOSTOLIC FATHERS. Kirsopp Lake. 2 Vols.

APPIAN: ROMAN HISTORY. Horace White. 4 Vols.

ARATUS. Cf. CALLIMACHUS.

ARISTIDES: ORATIONS. C. A. Behr. Vol. I.

ARISTOPHANES. Benjamin Bickley Rogers. 3 Vols. Verse trans.

ARISTOTLE: ART OF RHETORIC. J. H. Freese.

ARISTOTLE: ATHENIAN CONSTITUTION, EUDEMIAN ETHICS, VICES AND VIRTUES. H. Rackham.

ARISTOTLE: GENERATION OF ANIMALS. A. L. Peck.

ARISTOTLE: HISTORIA ANIMALIUM. A. L. Peck. Vols. I.-II.

ARISTOTLE: METAPHYSICS. H. Tredennick. 2 Vols.

ARISTOTLE: METEOROLOGICA. H. D. P. Lee.

ARISTOTLE: MINOR WORKS. W. S. Hett. On Colours, On Things Heard, On Physiognomies, On Plants, On Marvellous Things Heard, Mechanical Problems, On Indivisible Lines, On Situations and Names of Winds, On Melissus, Xenophanes, and Gorgias.

ARISTOTLE: NICOMACHEAN ETHICS. H. Rackham.

4

ARISTOTLE: OECONOMICA and MAGNA MORALIA. G. C. Armstrong (with METAPHYSICS, Vol. II).

ARISTOTLE: ON THE HEAVENS. W. K. C. Guthrie.

ARISTOTLE: ON THE SOUL, PARVA NATURALIA, ON BREATH. W. S. Hett.

ARISTOTLE: CATEGORIES, ON INTERPRETATION, PRIOR ANALYTICS. H. P. Cooke and H. Tredennick.

ARISTOTLE: POSTERIOR ANALYTICS, TOPICS. H. Tredennick and E. S. Forster.

ARISTOTLE: ON SOPHISTICAL REFUTATIONS.
On Coming to be and Passing Away, On the Cosmos. E. S. Forster and D. J. Furley.

ARISTOTLE: PARTS OF ANIMALS. A. L. Peck; MOTION AND PROGRESSION OF ANIMALS. E. S. Forster.

ARISTOTLE: PHYSICS. Rev. P. Wicksteed and F. M. Cornford. 2 Vols.

ARISTOTLE: POETICS and LONGINUS. W. Hamilton Fyfe; DEMETRIUS ON STYLE. W. Rhys Roberts.

ARISTOTLE: POLITICS. H. Rackham.

ARISTOTLE: PROBLEMS. W. S. Hett. 2 Vols.

ARISTOTLE: RHETORICA AD ALEXANDRUM (with PROBLEMS. Vol. II). H. Rackham.

ARRIAN: HISTORY OF ALEXANDER and INDICA. Rev. E. Iliffe Robson. 2 Vols. New version P. Brunt.

ATHENAEUS: DEIPNOSOPHISTAE. C. B. Gulick. 7 Vols.

BABRIUS AND PHAEDRUS (Latin). B. E. Perry.

ST. BASIL: LETTERS. R. J. Deferrari. 4 Vols.

CALLIMACHUS: FRAGMENTS. C. A. Trypanis. MUSAEUS: HERO AND LEANDER. T. Gelzer and C. Whitman.

CALLIMACHUS, Hymns and Epigrams, and LYCOPHRON. A. W. Mair; ARATUS. G. R. Mair.

CLEMENT OF ALEXANDRIA. Rev. G. W. Butterworth.

COLLUTHUS. Cf. OPPIAN.

DAPHNIS AND CHLOE. Thornley's Translation revised by J. M. Edmonds: and PARTHENIUS. S. Gaselee.

DEMOSTHENES I.: OLYNTHIACS, PHILIPPICS and MINOR ORATIONS I.–XVII. AND XX. J. H. Vince.

DEMOSTHENES II.: DE CORONA and DE FALSA LEGATIONE. C. A. Vince and J. H. Vince.

DEMOSTHENES III.: MEIDIAS, ANDROTION, ARISTOCRATES, TIMOCRATES and ARISTOGEITON I. and II. J. H. Vince.

DEMOSTHENES IV.–VI: PRIVATE ORATIONS and IN NEAERAM. A. T. Murray.

DEMOSTHENES VII: FUNERAL SPEECH, EROTIC ESSAY, EXORDIA and LETTERS. N. W. and N. J. DeWitt.

DIO CASSIUS: ROMAN HISTORY. E. Cary. 9 Vols.

5

Dio Chrysostom. J. W. Cohoon and H. Lamar Crosby. 5 Vols.

Diodorus Siculus. 12 Vols. Vols. I.–VI. C. H. Oldfather. Vol. VII. C. L. Sherman. Vol. VIII. C. B. Welles. Vols. IX. and X. R. M. Geer. Vol. XI. F. Walton. Vol. XII. F. Walton. General Index. R. M. Geer.

Diogenes Laertius. R. D. Hicks. 2 Vols. New Introduction by H. S. Long.

Dionysius of Halicarnassus: Roman Antiquities. Spelman's translation revised by E. Cary. 7 Vols.

Dionysius of Halicarnassus: Critical Essays. S. Usher. 2 Vols.

Epictetus. W. A. Oldfather. 2 Vols.

Euripides. A. S. Way. 4 Vols. Verse trans.

Eusebius: Ecclesiastical History. Kirsopp Lake and J. E. L. Oulton. 2 Vols.

Galen: On the Natural Faculties. A. J. Brock.

Greek Anthology. W. R. Paton. 5 Vols.

Greek Bucolic Poets (Theocritus, Bion, Moschus). J. M. Edmonds.

Greek Elegy and Iambus with the Anacreontea. J. M. Edmonds. 2 Vols.

Greek Lyric. D. A. Campbell. 4 Vols. Vols. I and II.

Greek Mathematical Works. Ivor Thomas. 2 Vols.

Herodes. Cf. Theophrastus: Characters.

Herodian. C. R. Whittaker. 2 Vols.

Herodotus. A. D. Godley. 4 Vols.

Hesiod and The Homeric Hymns. H. G. Evelyn White.

Hippocrates and the Fragments of Heracleitus. W. H. S. Jones and E. T. Withington. 5 Vols. Vols. I.–IV.

Homer: Iliad. A. T. Murray. 2 Vols.

Homer: Odyssey. A. T. Murray. 2 Vols.

Isaeus. E. W. Forster.

Isocrates. George Norlin and LaRue Van Hook. 3 Vols.

[St. John Damascene]: Barlaam and Ioasaph. Rev. G. R. Woodward, Harold Mattingly and D. M. Lang.

Josephus. 10 Vols. Vols. I.–IV. H. Thackeray. Vol. V. H. Thackeray and R. Marcus. Vols. VI.–VII. R. Marcus. Vol. VIII. R. Marcus and Allen Wikgren. Vols. IX.–X. L. H. Feldman.

Julian. Wilmer Cave Wright. 3 Vols.

Libanius. A. F. Norman. 3 Vols. Vols. I.–II.

Lucian. 8 Vols. Vols. I.–V. A. M. Harmon. Vol. VI. K. Kilburn. Vols. VII.–VIII. M. D. Macleod.

Lycophron. Cf. Callimachus.

LYRA GRAECA, III   J. M. Edmonds.   (Vols. I. and II. have been replaced by GREEK LYRIC I. and II.

LYSIAS.   W. R. M. Lamb.

MANETHO.   W. G. Waddell.

MARCUS AURELIUS.   C. R. Haines.

MENANDER.   W. G. Arnott. 3 Vols. Vol. I.

MINOR ATTIC ORATORS (ANTIPHON, ANDOCIDES, LYCURGUS, DEMADES, DINARCHUS, HYPERIDES).   K. J. Maidment and J. O. Burtt.   2 Vols.

MUSAEUS: HERO AND LEANDER.   Cf. CALLIMACHUS.

NONNOS: DIONYSIACA.   W. H. D. Rouse. 3 Vols.

OPPIAN, COLLUTHUS, TRYPHIODORUS.   A. W. Mair.

PAPYRI.   NON-LITERARY SELECTIONS.   A. S. Hunt and C. C. Edgar.   2 Vols.   LITERARY SELECTIONS (Poetry).   D. L. Page.

PARTHENIUS.   Cf. DAPHNIS and CHLOE.

PAUSANIAS: DESCRIPTION OF GREECE.   W. H. S. Jones.   4 Vols. and Companion Vol. arranged by R. E. Wycherley.

PHILO.   10 Vols.   Vols. I.–V.   F. H. Colson and Rev. G. H. Whitaker.   Vols. VI.–IX.   F. H. Colson.   Vol. X.   F. H. Colson and the Rev. J. W. Earp.

PHILO: two supplementary Vols. (*Translation only.*)   Ralph Marcus.

PHILOSTRATUS: THE LIFE OF APOLLONIUS OF TYANA.   F. C. Conybeare.   2 Vols.

PHILOSTRATUS: IMAGINES; CALLISTRATUS: DESCRIPTIONS.   A. Fairbanks.

PHILOSTRATUS and EUNAPIUS: LIVES OF THE SOPHISTS.   Wilmer Cave Wright.

PINDAR.   Sir J. E. Sandys.

PLATO: CHARMIDES, ALCIBIADES, HIPPARCHUS, THE LOVERS, THEAGES, MINOS and EPINOMIS.   W. R. M. Lamb.

PLATO: CRATYLUS, PARMENIDES, GREATER HIPPIAS, LESSER HIPPIAS.   H. N. Fowler.

PLATO: EUTHYPHRO, APOLOGY, CRITO, PHAEDO, PHAEDRUS.   H. N. Fowler.

PLATO: LACHES, PROTAGORAS, MENO, EUTHYDEMUS.   W. R. M. Lamb.

PLATO: LAWS.   Rev. R. G. Bury. 2 Vols.

PLATO: LYSIS, SYMPOSIUM, GORGIAS.   W. R. M. Lamb.

PLATO: Republic.   Paul Shorey.   2 Vols.

PLATO: STATESMAN, PHILEBUS.   H. N. Fowler; ION.   W. R. M. Lamb.

PLATO: THEAETETUS and SOPHIST.   H. N. Fowler.

PLATO: TIMAEUS, CRITIAS, CLITOPHO, MENEXENUS, EPISTULAE.   Rev. R. G. Bury.

PLOTINUS: A. H. Armstrong. 7 Vols.

PLUTARCH: MORALIA. 16 Vols. Vols I.–V. F. C. Babbitt. Vol. VI. W. C. Helmbold. Vols. VII. and XIV. P. H. De Lacy and B. Einarson. Vol. VIII. P. A. Clement and H. B. Hoffleit. Vol. IX. E. L. Minar, Jr., F. H. Sandbach, W. C. Helmbold. Vol. X. H. N. Fowler. Vol. XI. L. Pearson and F. H. Sandbach. Vol. XII. H. Cherniss and W. C. Helmbold. Vol. XIII 1–2. H. Cherniss. Vol. XV. F. H. Sandbach.

PLUTARCH: THE PARALLEL LIVES. B. Perrin. 11 Vols.

POLYBIUS. W. R. Paton. 6 Vols.

PROCOPIUS. H. B. Dewing. 7 Vols.

PTOLEMY: TETRABIBLOS. F. E. Robbins.

QUINTUS SMYRNAEUS. A. S. Way. Verse trans.

SEXTUS EMPIRICUS. Rev. R. G. Bury. 4 Vols.

SOPHOCLES. F. Storr. 2 Vols. Verse trans.

STRABO: GEOGRAPHY. Horace L. Jones. 8 Vols.

THEOCRITUS. Cf. GREEK BUCOLIC POETS.

THEOPHRASTUS: CHARACTERS. J. M. Edmonds. HERODES, etc. A. D. Knox.

THEOPHRASTUS: ENQUIRY INTO PLANTS. Sir Arthur Hort, Bart. 2 Vols.

THEOPHRASTUS: DE CAUSIS PLANTARUM. G. K. K. Link and B. Einarson. 3 Vols. Vol. I.

THUCYDIDES. C. F. Smith. 4 Vols.

TRYPHIODORUS. Cf. OPPIAN.

XENOPHON: CYROPAEDIA. Walter Miller. 2 Vols.

XENOPHON: HELLENCIA. C. L. Brownson. 2 Vols.

XENOPHON: ANABASIS. C. L. Brownson.

XENOPHON: MEMORABILIA AND OECONOMICUS. E. C. Marchant. SYMPOSIUM AND APOLOGY. O. J. Todd.

XENOPHON: SCRIPTA MINORA. E. C. Marchant. CONSTITUTION OF THE ATHENIANS. G. W. Bowersock.